Matthias Hoffmann

Jeden Tag geliebt leben

365 Impulse aus dem Vaterherzen Gottes

cap-books

Bestell-Nr.: 52 50499
ISBN 978-3-86773-317-5

Oberer Garten 8
D-72221 Haiterbach-Beihingen
07456-9393-0
info@cap-music.de
www.cap-books.de

Umschlaggestaltung: Olaf Johannson, spoon design
Satz: Nils Großbach
Printed in EU

INHALT

Teil 11: Lebendig – leben in SEINER Fülle 157

Johannes 10,10

Teil 12: Die Farben der Liebe 171

Matthäus 22,37-39

Teil 27: Wegweiser SEINER Liebe ... 387

Klagelieder 3,22-23

Teil 28: Im Strom SEINER Liebe ... 405

Römer 5,5

Teil 32: Lebensstil der Liebe 467

Johannes 13,34+35

Teil 33: Versprochen ist versprochen 483

Römer 8,39

Anhang

Vorwort

Dies ist ein Andachtsbuch für jeden Tag. Es ist für Eilige und für Heilige. Für Unstrukturierte und für Vollverplante. Für Zweifler und für Glaubenshelden. Für Normalos und Realos.

Man kann es ein Jahr lang Tag für Tag lesen. Aber man darf auch gerne verweilen, unterbrechen und beliebig fortfahren, so wie das eigene Leben die Melodie vorgibt.

Nachdem in der Vergangenheit meine beiden Andachtsbücher „100 Tage in der Liebe des Vaters“ und „Gottes Vaterherz in den Psalmen entdecken“ für sehr viele Leser ein ermutigender Segen waren (beide sind nach mehreren Auflagen vergriffen), haben Abba-Vater und ich zusammen die alten Zutaten neu besehen und überarbeitet, eine Menge frischer Impulse hinzugefügt und aus allem dieses ganz spezielle Andachtsbuch kreiert. Das hat richtig Spaß gemacht!

Es gibt eine Fülle von guten geistlichen Begleitbüchern durchs Jahr. Jedes Buch hat seinen eigenen Schwerpunkt und seine bestimmte Zielgruppe. Dieses Buch, das du jetzt in Händen hältst, lädt dich ein, **Gottes Vaterherz täglich besser, tiefer und näher kennenzulernen.** Dabei wirst du eine Menge schöner Entdeckungen im Wort Gottes machen können. Und ganz gewiss werden sich dir viele neue Lebensräume für deinen Alltag eröffnen.

Jetzt noch ein paar **praktische Hilfestellungen** für den täglichen Gebrauch:

- In der Regel benötigst du **15-30 Minuten**
  (je nach Persönlichkeitstyp).
  Am besten eignet sich der Tagesanfang.

- Das Buch ist in **Zehn-Tage-Schritte** eingeteilt
  (mit Ausnahme des Schlussteils).

- Du kannst es vom 1. Januar bis 31. Dezember eines Jahres **täglich** lesen. Aber es bietet sich auch an, dann einzusteigen, wenn es **in deinen Lebensrhythmus hineinpasst** und einfach weiterzumachen, wenn es für dich wieder dran ist. Ganz flexibel: du kannst verweilen, wiederholen, überspringen. Denn es geht nicht um ein Abhaken von Pflichtlektüre, sondern um die Begegnung mit deinem himmlischen Vater, der dich unbeschreiblich liebt!

- Du bist eingeladen, passende **Lernverse** auswendig und inwendig zu verinnerlichen. So wirst du übers Jahr hin einige Schätze in deinem Herzen ansammeln können.

- Ein **kurzes Gebet** zu Beginn soll dir eine Starthilfe geben, selbst mit Abba ins Gespräch zu kommen.

- Die jeweilige **Bibellese** mit dem anschließenden **Impuls** aus dem Vaterherzen Gottes will dich segnen und ermutigen, eine Freundschaft mit Abba-Vater aufzubauen und zu intensivieren.

- Zum Schluss lade ich dich jeweils noch ein, unter der Überschrift **Mein Schritt heute** den Impuls praktisch umzusetzen. Vielleicht wird mancher Schritt dir etwas ungewohnt erscheinen. Aber ich ermutige dich: probiere doch mal etwas Neues aus! Du musst es ja nicht weiter machen, wenn es nicht zu dir passen sollte. Aber wer keine neuen Schritte lernt, kann auch keine neuen Lebenstänze tanzen. Du verstehst?!

So, nun segne ich dich und wünsche dir ganz viel Freude und Genuss bei der täglichen Lektüre.

Lebe geliebt und liebe das Leben mit deinem Abba an jedem neuen Tag!

Matthias Hoffmann
Sommer 2019

Teil 1

Gottes Liebe ist das Größte

1. Korinther 13,13

Tag 1 **1. Januar**

Gottes Copyright auf Liebe

Lernvers: 1. Korinther 13,13
**„Nun aber bleibt Glaube, Hoffnung, Liebe, diese drei;
die Größte aber von diesen ist die Liebe."**
(Lerne diesen Vers auswendig und wiederhole ihn die nächsten Tage!)

Gebet:

„Vater, ich bete an die Macht der Liebe, mit der Du mich von Ewigkeit her geliebt hast. Auch heute liebst Du mich neu. Das werde ich erfahren. Ich bin völlig geborgen, weil ich weiß, dass ich immer bei Dir ein Zuhause habe. Danke für Deine große Liebe für mich!" …
(Bete doch jetzt mit deinen eigenen Worten weiter!)

Bibellese: 1. Korinther 13

Impuls:

Es gibt kaum etwas in der Geschichte der Menschheit, das so missverständlich wäre wie das Wort „Liebe". Die Schlagerliedchen trällern davon, man liebt sein Auto, sein Hobby, seinen Beruf. Doch „Liebe" und „Liebe" ist ein gewaltiger Unterschied. Deshalb unterscheidet die Bibel deutlich und hat extra ein neues Wort für die Liebe Gottes – nämlich „Agape". Auf diese Art von Liebe hat Gott SEIN ureigenes Copyright, quasi die Urheberrechte. Diese Agape-Liebe ist einmalig, himmlisch, göttlich. Sie ist nicht zu verwechseln mit all den ach-so-menschlichen Abwandlungen davon: Elternliebe, Partnerliebe, Freundschaft usw.

Unser Vater-Gott hat uns in Jesus Christus SEINE einzigartige Liebe gezeigt. Deshalb müssten wir jetzt 1. Korinther 13 noch einmal lesen und jedes Mal, wo „Liebe" steht, den Namen „Jesus" einsetzen. Ja, so kann nur Einer lieben!

Mein Schritt heute:

Ich öffne mein Herz und meine Hände und empfange ganz bewusst neu die Agape-Liebe meines himmlischen Vaters!
(Sei mutig und probiere es selber mal aus!)

Tag 2 **2. Januar**

Liebe, nicht von dieser Welt

Lernvers: 1. Korinther 13,13
**„Nun aber bleibt Glaube, Hoffnung, Liebe, diese drei;
die Größte aber von diesen ist die Liebe.“**

Gebet:

„Danke für Deine unfassbar große Liebe, die mein Denken und Fühlen übersteigt. Du bist so groß und sprengst alle Dimensionen meiner kleinen Welt. Und doch bist Du mir so nahe. Ich liebe Dich, mein Vater.“ …

Bibellese: Epheser 3,14-21

Impuls:

Die Agape-Liebe unseres Vater-Gottes ist nicht von dieser Welt. Sie ist absolut anders als alles andere, was wir bisher kennengelernt haben! Menschliche Liebe sucht oftmals nur den eigenen Vorteil. Man will geliebt werden, anstatt selber Liebe zu geben. Doch Gottes Agape-Liebe hat noch eine vierte Dimension des Himmels. Gott liebte uns, als wir noch SEINE Feinde waren, und ER liebte uns, obwohl wir IHN nicht liebten. SEINE Liebe ist selbstlos, so völlig anders. Kein Mensch könnte aus sich selbst heraus so lieben wie ER. Und weil diese Liebe übernatürlich ist, wird sie auch nicht vergehen, wie alles Menschliche vergeht, sondern in Ewigkeit bestehen.

Wir können uns das nur so schwer vorstellen, weil wir vielfach enttäuscht wurden. Die Liebe anderer Menschen hat einfach nicht gereicht. Selbst in Familie, Ehe und Freundschaft haben wir bitteren Mangel erlebt. Auch wir selber kommen oftmals mit unserer Kapazität zu lieben an ein Ende. Das hat uns misstrauisch werden lassen, wenn es um das Thema Liebe geht. Bei Abba-Vater können wir behutsam lernen, alle falschen Schutzmechanismen abzulegen. Denn SEINER Liebe können wir voll vertrauen!

Mein Schritt heute:

Ich stehe auf und mache einen Schritt vorwärts. So trete ich heute bewusst neu in die Liebe meines Vaters hinein.

Gott ist die Liebe in Person

Lernvers: Korinther 13,13
„Nun aber bleibt Glaube, Hoffnung, Liebe, diese drei; die Größte aber von diesen ist die Liebe."

Gebet:

„Vater, in Dir ist mir die Liebe in Person begegnet. Ich wusste vorher nicht, was wirkliche Liebe bedeutet. Doch jetzt habe ich angefangen, eine Ahnung zu bekommen, was es heißt, geliebt zu sein. Tausend Mal Danke!" ...

Bibellese: 1. Johannes 4,7-16

Impuls:

Kennst du den Unterschied zwischen Haben und Sein?!

Ich habe ein Auto, aber ich bin kein Auto!

Gott hat nicht nur Liebe, ER ist Agape-Liebe – die wahre Liebe in Person!

Wenn man Gott mit Röntgenstrahlen durchleuchten könnte, würde man nichts anderes sehen als pure, reine Agape-Liebe. Alle SEINE Gedanken, Gefühle, SEIN ganzes Wesen und Charakter, SEIN heiliger Wille – alles ist von SEINER vollkommenen Liebe durchtränkt. Jedes Motiv SEINES Herzens ist perfekte Liebe. ER kann gar nicht anders, dann wäre ER nicht mehr unser Gott. Auch in SEINEM Zorn und in den Gerichten bleibt ER SICH selbst treu. ER straft nicht aus Rachegelüsten oder Willkür; nein, SEINE Liebe will immer nur zurechtbringen, Heilung und Wiederherstellung schaffen. Dieser Liebe können wir uns völlig anvertrauen.

Mein Schritt heute:

Ich erinnere mich an die „Namen Gottes", die SEIN Wesen beschreiben. Wer und wie ist ER?

Tag 4 — 4. Januar

Liebe ohne Grenzen

Lernvers: 1. Korinther 13,13
„Nun aber bleibt Glaube, Hoffnung, Liebe, diese drei; die Größte aber von diesen ist die Liebe.“

Gebet:

„Mein liebender Vater, so grenzenlos wie der Sternenhimmel über mir, so unendlich weit wie der Horizont am Ozean – so unfassbar groß wie das Weltall, so groß und noch viel größer ist Deine Liebe für mich. Halleluja!“ …

Bibellese: Epheser 2,4-10

Impuls:

Unser Vater-Gott ist reich an Barmherzigkeit, Güte, Vergebung und Treue. SEINE himmlischen Schatzkammern sind nicht mit Gold, Dollars und Edelsteinen gefüllt. Damit pflastert ER bestenfalls die Straßen und dekoriert die Wände SEINER Wohnstatt. SEINE Reichtümer sind nicht materieller Art. Darum werden sie auch nicht vergehen oder weniger werden. SEIN Schatz besteht aus den nie versiegenden Quellen SEINER Person. Gott hat nicht nur Liebe – ja, ER ist Liebe. Und weil ER Gott ist, größer als alles Geschaffene SEINER Hand, deshalb ist auch SEINE Liebe größer als alles und wird ewig bestehen.

Was lässt dich staunen? Wo bleibt dir der Mund offen stehen vor Bewunderung? Selbst das Schönste, Größte und Vollkommenste, was wir sehen und erleben könnten, kann niemals die Macht der Liebe unseres himmlischen Vaters überbieten! SEINE Liebe ist absolut grenzenlos – maßlos – riesengroß!

Mein Schritt heute:

Ich nehme mir Zeit, in den grenzenlosen Himmel zu schauen und mache mir bewusst, dass Gottes Liebe noch viel grenzenloser für mich ist.

Liebe, die für uns ist

Lernvers: 1. Korinther 13,13
**„Nun aber bleibt Glaube, Hoffnung, Liebe, diese drei;
die Größte aber von diesen ist die Liebe.“**

Gebet:

„Du bist für mich! Du hast Dich für mich entschieden und stehst auf meiner Seite. Das gibt mir Geborgenheit und Zuversicht. Ich will Dir vertrauen in allen Situationen meines Lebens und nie an Deiner Liebe für mich zweifeln.“ …

Bibellese: Römer 8,31-39

Impuls:

Das ist die beste Nachricht für meine ängstliche Seele: Gott ist immer für mich! ER ist pro! Und nichts kann mich von SEINER Liebe trennen! Nichts, absolut nichts, selbst der Teufel und die ganze Hölle, ja selbst der Tod – nichts ist größer als SEINE Liebe für mich. Warum fällt es uns Menschen bloß so schwer, diese Gute Nachricht zu hören und zu glauben? Warum fällt es uns leichter zu denken, dass das Leiden unseres Lebens sicherlich eine Strafe Gottes oder eine verdiente Prüfung für unseren sowieso viel zu mickerigen Glauben sei?

Höre die Freudenbotschaft: Gott ist für dich! ER liebt dich!

Warum? Weil ER dich liebt! So einfach …!

Und wenn dir deine ängstliche Seele mal wieder etwas anderes zuflüstern oder entgegenschreien will, dann halte dich fest an diesen Worten aus Römer 8!

NICHTS! NICHTS! NICHTS! Nichts kann dich von Abbas Liebe trennen!

Mein Schritt heute:

Ich spreche mehrmals laut aus: „Gott ist für mich!“ Und wenn Schweres heute kommt, werde ich diesen Satz erneut bekennen, weil es die Wahrheit ist.

Tag 6 **6. Januar**

Eingehüllt von Liebe

Lernvers: 1. Korinther 13,13
**„Nun aber bleibt Glaube, Hoffnung, Liebe, diese drei;
die Größte aber von diesen ist die Liebe."**

Gebet:

„Wohin ich auch blicke, überall umgibt mich Deine wunderbar Liebe. Die ganze Welt ist voll von der Güte meines Herrn. Ich bin so unendlich dankbar, dass Du mich so gut versorgst, leitest und beschützt. Du bist nur gut!" …

Bibellese: Psalm 23

Impuls:

Wahrscheinlich zählt dieser Psalm zu den bekanntesten Bibelworten. Seit Jahren beherrsche ich die Worte sogar auswendig. Aber ich will sie auch inwendig aufnehmen und an mich heranlassen. So wie es David damals erlebt hat, so haben es Millionen und Abermillionen Gläubige durch die Jahrtausende erfahren: unser Gott ist nur gut! SEINE Liebe umgibt unser Leben wie die Luft zum Atmen. Diese Welt hat einen „väterlichen Hintergrund". Hier liegt die Basis für das Urvertrauen der Kinder Gottes. Weil unser Papa gut, stark und mächtig ist, kann uns nichts passieren, werden wir keinen Mangel haben und sind eingehüllt von SEINER Güte Tag für Tag.

David hatte kein leichtes Leben. In seinem Elternhaus wurde er übersehen und übergangen. Vermutlich war er der uneheliche Sohn einer Magd und besaß deshalb nicht die gleichen Rechte wie seine Brüder. Sein irdischer Vater hat nicht an ihn geglaubt und war ungerecht zu ihm. Seine Biografie liest sich wie eine Mängelliste: ständig wurde ihm böse zugesetzt, Leute hintergingen ihn, bekämpften ihn, wollten ihn sogar vernichten. Dennoch konnte David solch einen Song voller Hoffnung und Liebe schreiben, der dann zum Welthit avancierte.

Was war Davids Geheimnis?

Wenn selbst Vater und Mutter uns verlassen, wenn Freunde uns verraten und engste Vertraute uns in den Rücken fallen – Jahwe ist mein Hirte! David fand in Gottes Vaterliebe die Liebe, die er unter Menschen nicht finden konnte!

Mein Schritt heute:

Ich lese diese Worte des Psalms noch einmal und halte Abschnitt für Abschnitt inne und übersetze es auf meine eigene Lebenssituation.

Tag 7 **7. Januar**

Liebe, die Wunder wirkt

Lernvers: 1. Korinther 13,13
„Nun aber bleibt Glaube, Hoffnung, Liebe, diese drei; die Größte aber von diesen ist die Liebe.“

Gebet:

„Vater, Du bist ein Gott, der Wunder wirkt! Du bist einfach Gott und nicht Mensch! Alles an Dir ist himmlisch-übernatürlich-wunderbar … und doch bist Du mir so zärtlich zugewandt. Ich liebe es, von Deinen Wundern zu hören, zu lesen und sie ab und zu in meinem Leben selber zu erfahren. Aber das größte Wunder bleibt für mich, dass Du mich liebst – gerade mich!“ …

Bibellese: 2. Mose 13,21-22; 14,1-24

Impuls:

In der Geschichte Israels gab es kein größeres Wunder als den Exodus – die Rettung am Roten Meer. Israel sah viele Wunder im Laufe der Jahrhunderte, aber dieses machtvolle Eingreifen sollte das Lebensgefühl dieser Nation für immer verändern!

Was war das Besondere daran?

Israel war verwundbar, schwach und absolut hilflos, aber es hatte einen starken Gott, der kam, um SEIN Volk zu retten. War diese Rettung schon atemberaubend, umso mehr würde Israel nie mehr vergessen: unser Gott liebt uns so sehr, dass ER selber kommt, um uns zu befreien. Irgendwie klingt das doch auch nach Golgatha!

Das ist einzigartig auf der ganzen Welt! In keiner Religion oder Philosophie gibt es so etwas. Unser Gott wird Mensch. ER tritt auf unsere Seite, wird klein und schwach. Ein Gott am Kreuz. Wo gibt es so etwas?! Das Blut an den Türposten in der Passahnacht und das Blut unserer Osterlammes Jesu – dieses Blut öffnet den Weg der Rettung. Jetzt kann uns kein Meer mehr aufhalten. Kein Dämon und auch nicht die Macht des Todes können verhindern, dass wir aus dem Land der Sklaverei der Sünde hinausziehen in das gelobte Land der herrlichen Freiheit der Kinder Gottes!

Nur SEINE Liebe kann dieses Wunder wirken!

Mein Schritt heute:

Ich erinnere mich an ein Wunder Gottes in meinem Leben und mache mir die Liebe des Vaters darin bewusst!

Tag 8 **8. Januar**

Ewige Liebe

Lernvers: 1. Korinther 13,13
„Nun aber bleibt Glaube, Hoffnung, Liebe, diese drei; die Größte aber von diesen ist die Liebe."

Gebet:

„Vater, Du bist ewig und Deine Güte bleibt für immer! Danke, dass Du nicht so kurzatmig und schnelllebig bist wie alles um mich her. Wenn Du bei mir bist, umgibt mich ein Hauch Deiner Ewigkeit und ich vergesse Zeit und Raum." ...

Bibellese: Jeremia 31

Impuls:

Wie lange dauert ewig?

Der Vater hat uns schon geliebt, als wir noch gar nicht auf der Welt waren. Vor Grundlegung der Welt, von Ewigkeit her – bereits von dort stammen SEINE Gedanken der Liebe über unserem Leben. Kein Mensch ist zufällig auf dieser Erde oder gar ein „Unfall". Jeder Einzelne ist gewollt, geplant und geliebt vom Vater der Schöpfung. ER wollte, dass wir leben, und ER will sogar in Ewigkeit mit uns verbunden bleiben. SEINE Liebe hat Zeit, Ewigkeit. Sie stört sich nicht an dem Warten. Sie ist ohne Anfang und ohne Ende, wie der Ehering als Zeichen menschlicher Liebe – Gottes Vaterherz liebt persönlich und individuell. SEINE Liebe hat kein Verfallsdatum.

Unser Ewig-Vater steht über Zeit und Raum! So ist auch SEINE Liebe. Sie besitzt eine andere Qualität und Quantität. Sie entspringt in einer anderen göttlichen Dimension und ist deshalb grenzenlos.

Mein Schritt heute:

Ich schaue auf eine Uhr und betrachte das Phänomen der Zeit. Dann schließe ich die Augen und genieße die ewige Liebe meines Vaters einige Minuten.

Das Feuer der Liebe

Lernvers: 1. Korinther 13,13
„Nun aber bleibt Glaube, Hoffnung, Liebe, diese drei; die Größte aber von diesen ist die Liebe."

Gebet:

„Brenne in mir, Feuer der Liebe! Ja, ich will heiß sein, brennend für Dich, mein Gott. Brenne weg, was Dir nicht an mir gefällt. Und entfache neu, wo ich kalt geworden bin. Komm und taufe mich neu mit dem Feuer Deiner Liebe!" …

Bibellese: 2. Mose 34,5-7; Hebräer 12,29

Impuls:

Als Gott SICH SEINEM Volk Israel auf dem Berg Sinai offenbarte, stand der Gipfel des Berges eingehüllt in Feuerflammen und die Wolke der Herrlichkeit lagerte sich darauf. Unser Gott wohnt in einem Licht, im Feuerglanz SEINER Herrlichkeit. Das ist das Feuer SEINER Liebe und Leidenschaft, die für uns brennen. Gott will SEINE Liebe mit keinem anderen Götzen teilen (so wie ein Ehemann seine Frau auch nicht mit anderen Männern teilen würde!). Eifernd hält ER Wacht, dass ER allein die Nummer 1 im Leben SEINER Kinder ist und bleibt!

Beim Lesen dieser vertrauten Gottesworte schmerzt es mich jedes Mal, dass Israel nicht in die Shekina-Wolke hineingehen wollte. Sie fürchteten sich vor ihrem Gott – weil sie IHN nicht wirklich kannten. Israel schickte lieber stellvertretend den Gottesmann Moses hinein. Die Menschen waren beeindruckt vom Feuerglanz, aber sie scheuten davor, selber Feuer zu fangen.

Noch heute sehe ich viele Gotteskinder, die das Feuer der Liebe Gottes von außen bewundern und sich daran erfreuen, wenn andere ihnen davon predigen und erzählen, wie es in der Feuersäule aussieht – aber sie selber kommen nicht näher. Das Feuer könnte ihr Leben verändern … und genau das ist es, was das Feuer der Liebe Gottes tun will! Bei dir und bei mir!

Mein Schritt heute:

Ich schaue mir Feuer an (Kerze, Ofen usw.) und tue Buße über meine Lauheit; ich entscheide mich neu, mich von Gottes Liebe anzünden zu lassen.

Tag 10 **10. Januar**

Liebe, stärker als der Tod

Lernvers: 1. Korinther 13,13

„Nun aber bleibt Glaube, Hoffnung, Liebe, diese drei; die Größte aber von diesen ist die Liebe."

Gebet:

„Vater, ich kenne nichts Stärkeres im ganzen Universum als die Macht Deiner Liebe! Diese Liebe ist sogar stärker als der Tod! Keine Kerkermauer kann sie zurückhalten, kein Grab kann sie stoppen! Deine Liebe ist „unkaputtbar", sie hört niemals auf." ...

Bibellese: Hohelied 8,1-7

Impuls:

Menschliche Liebe ist bald am Ende. Wenn sie nicht erwidert wird, geht ihr schnell die Puste aus und sie verwandelt sich in triefendes Selbstmitleid. Liebeskummer schreibt herzzerreißende Geschichten. Unerfüllte Liebe kann krank machen; sie kann zu glühender Eifersucht mutieren. Wir hören immer wieder davon, wie Menschen, die sich ehemals geliebt haben, nun einander hassen und sich das Leben zur Hölle machen. Mancher Ex-Liebhaber wurde sogar vor blinder Wut und gekränktem Stolz zum Mörder des Menschen, den er mal geliebt hat.

Die Agape-Liebe des Vaters ist die absolut stärkste Macht im Kosmos. Die ganze Hölle hat dem nichts entgegenzusetzen, die stärkste Waffe des Teufels ist der Tod. Der Teufel dachte vor 2000 Jahren, er hätte bereits gesiegt. Er hob triumphierend seine Faust über dem Kreuz von Golgatha. Aber dass Gottes Liebe so stark sein würde, sogar stärker als der Tod – damit hatte keiner gerechnet. Nicht einmal die Jünger Jesu. Ja, haben wir es denn schon begriffen?

Ewig werden wir davon erzählen, singen und schwärmen, was Jesus am Kreuz von Golgatha für uns getan hat. So kann nur EINER lieben! So kann nur Gottes Liebe siegen!

Mein Schritt heute:

Ich stelle ein Kreuz her (malen, basteln, töpfern usw.) und schaue es mir anbetend an, als Zeichen der stärksten Liebe des Vaters.

Teil 2

Die Vaterliebe Gottes

1. Johannes 3,1

Das Vaterherz Gottes

Lernvers: 1. Johannes 3,1
„Seht, welch eine Liebe uns der Vater gegeben hat, dass wir Kinder Gottes heißen sollen! Und wir sind es!"

Gebet:

„Du bist mein Vater, den ich liebe. Und Du liebst mich wie Dein eigenes Kind. Unfassbar nahe kommst Du mir. Ich spüre Deinen Herzschlag für mich. Freude überflutet mein Innerstes. Ich habe den allmächtigen Gott zum Vater. Halleluja!" …

Bibellese: Lukas 15,11-32

Impuls:

Das gibt es wirklich nur einmal! In keiner anderen Religion wird uns ein Gott als liebender Vater vorgestellt. Allah ist kein liebender Vater. Im Hinduismus gibt es unter Millionen von Göttern keinen einzigen Papa-Gott. Der Buddhismus kennt kein persönlich liebendes Vaterherz Gottes.

Das passt nicht in unsere Gottesbilder. Darauf wären wir nie allein gekommen. Deshalb musste Jesus kommen, um uns Abba-Vater und den Weg zurück zum Vaterhaus zu zeigen. Die offenen Arme des Vaters im Gleichnis, das sind dieselben offenen Arme Jesu am Kreuz! So kann nur EINER lieben: ohne Vorbedingungen, ohne Gegenleistung. Der Vater liebt uns! Nicht, weil wir so besonders wertvoll wären – aber wir sind so unendlich wertvoll, weil ER uns liebt!

ER hat uns geliebt, als wir nichts von IHM wissen wollten. ER ist uns nachgegangen, entgegengekommen und hat den ersten Schritt auf uns zu gemacht, als wir noch ganz weit entfernt von IHM waren. Die Initiative der Liebe geht immer zuerst von Abba aus! ER liebt uns so viel mehr, als wir es jemals verstehen könnten!

Mein Schritt heute:

Ich suche mir jemanden, der mich herzlich umarmt. Dabei denke und fühle ich nach, wie dem heimkehrenden Sohn wohl zumute war.

Tag 12 12. Januar

Papas Liebe

Lernvers: 1. Johannes 3,1
**„Seht, welch eine Liebe uns der Vater gegeben hat,
dass wir Kinder Gottes heißen sollen! Und wir sind es!"**

Gebet:

„Papa, ich liebe Dich! Ich finde Dich einfach spitze! Ich könnte schwärmen von Dir, wie gut Du zu mir bist. Immer bist Du bei mir und immer bist Du für mich da! Ich laufe in Deine Arme und Du wirbelst mich durch die Luft! Papa, Du bist einfach der Größte!" ...

Bibellese: Römer 8,14-17

Impuls:

Nicht genug, dass wir Gott zum Vater haben. ER ist auch noch mehr, noch näher, noch zärtlicher. ER ist unser „Abba", das bedeutet: Papi, Daddy. So nennt ein Kind seinen Vater, zu dem es volles Vertrauen hat. Da gibt es keine Distanz und steife Höflichkeit, sondern da wird gekuschelt, gekitzelt und getobt. Da darf man auf den Schoß krabbeln und einfach sein, wie man ist – nämlich Kind, Kind Gottes.

Das Wort „Abba" – Papa-Gott – ist für viele Christen eine echte Zumutung! Wie passt das mit dem Vorverständnis eines heiligen Herrgott zusammen?!

Aber genau deshalb kam Jesus, um uns die Augen zu öffnen, wer und wie Jahwe wirklich ist. Jahwe ist unser Abba! Kein Mensch würde zärtlich „Papa" zu einer Person sagen, die einen missbraucht, schlägt und Böses antut. „Abba" sagen Kinder nur zu demjenigen, dem sie absolut vertrauen können.

Wenn Jesus uns ermutigt, SEINEN Vater mit „Abba-Papa" anzusprechen, dann bedeutet das: Dieser gute Vater im Himmel wird dich niemals missbrauchen, quälen oder dir Herzeleid zufügen. Diesem Abba-Vater kannst du voll vertrauen!

Wie sieht deine Beziehung zu Gott, dem Vater aus? Lass dich von IHM lieben wie ein Kind. Selbst erwachsene Kinder mit Wunden sind sicher bei IHM.

Mein Schritt heute:

Ich versuche bei meinem Gebet, Gott als „Papa/Vati" anzusprechen. Was macht das mit mir?

So liebt der Vater

Lernvers: 1. Johannes 3,1
„Seht, welch eine Liebe uns der Vater gegeben hat, dass wir Kinder Gottes heißen sollen! Und wir sind es!“

Gebet:

„Himmlischer Vater, bei Dir berge ich mich. Das Leben wächst mir manchmal einfach über den Kopf. Da gibt es so viele Probleme und Herausforderungen. Ich spüre meine Angst und Grenzen. Danke, dass ich an Deiner starken Hand gehen kann und Du mich nicht loslässt – komme, was wolle!“ …

Bibellese: Psalm 103

Impuls:

Wir Menschen gehören zu den vergesslichen Wesen der Schöpfung. Wie schnell habe ich vergessen, was mein Vater-Gott mir Gutes getan hat: Versorgung, Vergebung, Heilung, Rettung, Bewahrung, Durchhilfe in schweren Zeiten – ER ist wirklich der gute Vater, der unseren ganzen Menschen rundherum liebt. An SEINEM Vaterherzen finde ich Hilfe für all den Mangel, den meine irdischen Eltern oder andere Leute hinterlassen haben.

So liebt nur EINER. Deshalb verdient auch nur ER den Ehrentitel „guter, liebender, himmlischer Vater“ (viel mehr als ein irdischer Vater oder eine Mutter es kann). Ich muss an jenen alten Bruder denken, der in seiner Bibel immer einen vergilbten Zettel bei sich trug. Als ich ihn bei einer Gelegenheit einmal danach fragte, was darauf geschrieben steht, antwortete er mir: „Da habe ich mir Stichworte aufgeschrieben, die mich an die großen Wunder meines Gottes in meinem kleinen Leben erinnern sollen. Denn ich vergesse sie immer wieder so schnell. An dunklen Tagen, an denen es mir schwerfällt, meinem Gott zu glauben, da hole ich diesen Zettel hervor und erinnere mein Herz an die Spuren der Liebe Gottes in meinem Leben!“

So hat es auch David gemacht, so will auch ich es tun! Nicht vergessen, was Abba, mir Gutes getan hat!

Mein Schritt heute:

Ich nehme einen Zettel und schreibe mindestens zwanzig Dinge auf, für die ich meinem Vater-Gott danken werde.

Tag 14 — 14. Januar

Liebende Fürsorge

Lernvers: 1. Johannes 3,1
„Seht, welch eine Liebe uns der Vater gegeben hat, dass wir Kinder Gottes heißen sollen! Und wir sind es!"

Gebet:

„Du bist Jahwe Jireh, mein Versorger. Alles, was ich zum Leben brauche, gibst Du mir. Danke, dass ich keinen Hunger kenne, keinen echten materiellen Mangel. Ich will mich nicht daran gewöhnen, sondern Dir täglich für alles danken. Du sorgst wirklich sehr gut für mich." …

Bibellese: Matthäus 6,24-34

Impuls:

Wie oft haben wir das gelesen, dass Gott SICH wie ein sehr guter Vater in allen Belangen unseres Lebens um uns kümmert. Alle Haare auf unserem Kopf sind gezählt und auch die tiefsten Wünsche unseres Herzens sind IHM wohlvertraut. Es gehört zu den schönsten Zügen SEINES Vaterherzens, wie ER uns versorgt – ja, geradezu mit SEINER Fürsorge überrascht. Der Vater weiß, was für ein Gebilde wir sind. Wie schnell können uns Sorgen um den Alltag über den Kopf wachsen. Darum gilt SEINE Einladung, IHM zu vertrauen, die Sorgen auf IHN zu werfen; loszulassen, was uns besorgt macht.

Kinder machen sich in der Regel keine Sorgen, denn sie wissen, dass die Eltern das schon gut hinbekommen werden. Unsere eigenen Kinder haben, als sie noch kleiner waren, niemals nachgefragt: „Papa, hast du auch das Auto vollgetankt?" Oder: „Mama, hast du auch genug Essen eingekauft?!" – Sie durften klein sein und geborgen in unserer Liebe leben. Wir hatten als Mama und Papa die Aufgabe übernommen, auf sie aufzupassen und gut für sie zu sorgen. Und obwohl wir unperfekte Eltern waren und manches Mal versagt haben, haben unsere Kinder uns doch vertraut; denn sie kannten unser Innerstes und wussten, dass wir sie von ganzen Herzen lieben (so gut wir es halt können)!

Um wieviel mehr können wir unserem himmlischen Vater Vertrauen schenken!

Lasst uns neu kindlich SEINER Vater-Güte vertrauen!

Mein Schritt heute:

Ich suche mir ein paar kleine Steine und werfe sie samt meinen Sorgen weit weg – Papa kümmert SICH jetzt darum.

Vater unser – mein Vater

Lernvers: 1. Johannes 3,1
„Seht, welch eine Liebe uns der Vater gegeben hat, dass wir Kinder Gottes heißen sollen! Und wir sind es!“

Gebet:

„Unser Vater, mein Vater, der Vater Jesu – was für ein Vorrecht, Dein Kind zu sein. Ich darf Dir so nahekommen. Du wirst mir immer vertrauter. Und je mehr ich von Dir sehe, desto mehr staune ich über Deine riesengroße Liebe für mich.“ …

Bibellese: Matthäus 6,5-15

Impuls:

Obwohl das „Vater-Unser“ das bekannteste christliche Gebet auf der Welt ist, ist diese Wahrheit, dass unser Gott ein liebevoller Vater ist, leider gar nicht so weit verbreitet. Die Jünger Jesu spürten damals den gewaltigen Unterschied. Wenn sie beteten, machten sie viele Worte, strengten sich an, aber fühlten sich doch so fern von Gott. Aber wenn der Meister mit Gott sprach, dann spürten sie die Nähe Gottes.

Der Unterschied macht die Beziehung zum Vater. Der Meister benutzte keine heiligen Formeln und heiligen Wörter. ER sprach zu Gott wie zu einem realen, guten Vater, dem ER voll vertrauen kann. So nimmt Jesus SEINE Jünger (und auch uns) mit hinein in diese wunderbare einzigartige Gemeinschaft mit SEINEM Abba. Wir dürfen jetzt auch „Unser Vater – mein Vater“ sagen – zu dem Vater Jesu Christi. Jesus zeigt uns den Weg zum Vaterherzen Gottes. Das Kreuz ist die Tür zum Vaterhaus. Bleibe bitte nicht nur vor dem Kreuz stehen, sondern gehe weiter durchs Kreuz, durch die offene Tür, hinein ins Vaterhaus!

Mein Schritt heute:

Ich bete das „Unser-Vater-Gebet“ Satz für Satz und übertrage es auf meine Alltagssituationen.

Geliebtes Kind

Lernvers: 1. Johannes 3,1
„Seht, welch eine Liebe uns der Vater gegeben hat, dass wir Kinder Gottes heißen sollen! Und wir sind es!"

Gebet:

„Ich bin Dein geliebtes Kind. Du rufst mich bei meinem Namen. Ja, Du sprichst sogar mit Kosenamen zu mir, wie Verliebte es tun. Für Dich ist das nicht alberner Firlefanz, sondern Ausdruck Deines Herzens. Dein Herz schlägt in Liebe für mich." …

Bibellese: 1. Johannes 3,1-3

Impuls:

Das ist wirklich ein Grund zur Freude, dass Gott uns SEINE Kinder nennt. Und wir sind es auch!!! Genauso wenig, wie ich im Natürlichen etwas dazu tun konnte, dass ich auf die Welt kam, genauso wenig war es mein Verdienst, dass Gott mich als SEIN Kind haben wollte. Es ist Gnade pur! Das ist ein Megageschenk des Himmels! Aber Geschenke haben es nun mal so an sich, dass sie empfangen und ausgepackt werden wollen. Erst wenn wir das Geschenk, eine Tochter/ein Sohn Gottes sein zu dürfen, für uns annehmen und darin leben, können wir sagen: „Und das bin ich auch, ein Kind Gottes!"

Nicht umsonst schreibt der Apostel Johannes: „Seht!" – wir müssen schon hinschauen lernen. Auf den ersten Blick sehen wir nur anderes. Da sehe ich mein Versagen, meine Minderwertigkeit, meine Unzulänglichkeit …, aber wenn ich noch einmal neu hinschaue und dabei meinem himmlischen Abba-Vater in die Augen blicke, dann kann ich etwas völlig anderes entdecken. Ein neues Bild von mir. Ich sehe mich auf einmal in den Augen meines Abbas. So, wie ER mich sieht. ER sieht mich versöhnt durch DEN Sohn, Jesus Christus. Ich bin jetzt SEIN Kind. Ein Königskind, das bei IHM zuhause ist und Wohnrecht hat. Nichts und niemand darf mich hier von SEINEM Schoss vertreiben. Ich bin zuhause angekommen. In der Liebe meines Vaters!

Mein Schritt heute:

Ich nehme ein (möglichst aktuelles) Foto von mir, klebe es auf ein Blatt Papier, schreibe darauf: „Ich bin ein Kind meines himmlischen Vaters" und hänge es gut sichtbar als Erinnerung für mich auf.

Tag 17 | 17. Januar

Seile der Liebe

Lernvers: 1. Johannes 3,1
„Seht, welch eine Liebe uns der Vater gegeben hat, dass wir Kinder Gottes heißen sollen! Und wir sind es!"

Gebet:
„Vater, alles, was von Dir kommt, ist gut. Selbst wenn Du mich mal härter anfassen musst und mir dabei wehtust – so ist doch Dein Motiv dafür nur Liebe. Ich kann Dir absolut vertrauen, Du meinst es nur gut mit mir." ...

Bibellese: Hosea 11

Impuls:
In unserem Bibelabschnitt nennt Gott SEIN Volk Israel „SEINEN Sohn", dem ER von klein auf das Laufen beigebracht hat. Bilder voller Zärtlichkeit. Selbst die Erziehungsmaßnahmen, die bei jedem Kind notwendig sind, hat unser himmlischer Vater bei SEINEM Volk nie aus Willkür, gereizter Ungeduld oder Hilflosigkeit angewandt. ER erzog SEIN Volk, indem ER es mit „Seilen der Liebe" zurück auf den richtigen Weg zog. Ein wunderschönes Bildwort.

Nicht die Peitsche oder Rute lenkt unseren Weg, sondern wir werden von SEINEN Augen geleitet und mit Banden der Liebe gezogen. Die göttliche Pädagogik hat nur ein Motiv: reine Liebe aus der tiefsten Quelle des Herzens Gottes!

Wo haben wir noch Angst vor den Erziehungsmaßnahmen unseres Vaters im Himmel? Wo befürchtet meine Seele, dass ich am Schluss doch gezüchtigt werde, als Strafe für mein Versagen? Wo zucke ich vor der Hand des Vaters zurück, weil ich befürchte, sie holt aus, um mich zu schlagen?

Dabei ist Abbas Hand nur ausgestreckt, um mich zu segnen und mir Gutes zu tun! Ich will neu hinschauen: es ist nicht der Riemen, der mich versohlen wird, sondern was der Vater da in der Hand hält, ist das Seil SEINER Liebe, das mich zu IHM zieht.

Mein Schritt heute:
Ich suche mir ein Seil (oder eine Schnur) und hänge es zur Erinnerung an „die Seile der Liebe Gottes" sichtbar auf.

Tag 18 **18. Januar**

Die harte Seite der Liebe

Lernvers: 1. Johannes 3,1
„Seht, welch eine Liebe uns der Vater gegeben hat, dass wir Kinder Gottes heißen sollen! Und wir sind es!“

Gebet:

„Mein Vater, ich mag keine Schmerzen. Ich umgehe jede Form von Leiden. Und doch gibt es immer wieder Dinge in meinem Leben, die mir wehtun. Danke, dass Du dann bei mir bist, mich tröstest, mir hilfst. Bitte lehre mich zu unterscheiden, welche Schmerzen vom Feind kommen und welche Du mir zumutest, damit ich daran wachse.“ ...

Bibellese: Hebräer 12,4-11

Impuls:

Ich habe neulich junge Eltern beobachtet, die sich rührend liebevoll um ihren kleinen Jungen kümmerten, der gerade mitten in einem bockigen Wutanfall steckte und alles zusammenschrie, weil er seinen Willen nicht bekam. Die beiden sprachen liebevoll und beruhigend auf ihn ein. Aber alles half nichts. Keine Ablenkung und kein Trost. Der kleine Mann hatte sich völlig in seiner Wut verrannt und steckte fest. Er sah nur noch den einen Weg vor sich: er wollte seinen Willen durchbekommen und sonst nichts! Die Eltern blieben konsequent, gerade weil sie den Jungen liebten!

Mit der „harten Liebe“ Gottes haben viele ihre Schwierigkeiten. Man denkt, wenn Gott mich wirklich lieben würde, würde er mir diesen Schmerz ersparen. Andere lesen diese Verse, und ihre alten Ängste, dass Gott doch ein strafender Richter ist, steigen in ihnen wieder auf. So wie kein Vater der Welt seine Kinder erziehen kann, ohne sie auch mal hart anzupacken, so will Gott-Vater uns nur zu unserem Besten durch manche „Schicksalsschläge“ und Leiden hindurch formen. SEINE harte Liebe ist dabei immer SEIN letztes Mittel, wenn alles andere nicht mehr hilft. Wir brauchen keine Angst davor zu haben. Unser Vater im Himmel leidet viel mehr mit uns über unseren bockigen Sturkopf, als dass ER Freude am harten Anfassen hätte. Vertraue SEINER Liebe, wenn du gerade SEIN hartes Eingreifen in deinem Leben spürst und bitte IHN, dass du deine Lektion schnell lernen wirst.

Das Wort „Erziehung“ kommt nicht von „Zucht und Ordnung“ oder „Zuchthaus“, sondern von Pädagogik (dem Kind Gutes tun; sich beugen und auf die Ebene des Kindes kommen)! Und genau das macht unser vollkommener Abba-Vater!

Mein Schritt heute:
Ich nehme mir heute Zeit, über die Dinge nachzudenken, die mir momentan wehtun. Wo entdecke ich die Seile der Liebe Gottes darin, die mich zu IHM ziehen wollen?

Tag 19 19. Januar

Der Vater hört mich

Lernvers: 1. Johannes 3,1
„Seht, welch eine Liebe uns der Vater gegeben hat, dass wir Kinder Gottes heißen sollen! Und wir sind es!“

Gebet:

„Ich bin begeistert, dass Du mich hörst, lieber Vater! Und noch mehr – Du erhörst mein Gebet! Danke, dass Du auf die Anliegen meines Herzens so liebevoll eingehst. Und danke auch, dass Du nicht alle meine Gebete erhörst – sondern nur das, was für mich richtig und gut ist. Ich vertraue Dir, Du hast ganz gewiss den Überblick.“ …

Bibellese: Johannes 14,11-14

Impuls:

Konnte dein Papa gut zuhören? Hat dein irdischer Vater gehört, wenn du mit ihm gesprochen hast? Hat er dir deine Wünsche erfüllt, selbst die unausgesprochenen? – Wohl nur in den wenigsten Fällen gelingt das bei uns Menschen. Aber tröste dich, dein Vater im Himmel hört dir immer zu, mit voller Aufmerksamkeit. ER versteht dich sogar ohne Worte und ER kennt deine innersten Gedanken und Gefühle und Wünsche. Es ist IHM eine Lust, SEINEN Kindern Freude zu machen und ihre Gebete zu erhören. Tja, leider aber nicht ganz so, wie du es dir gerade gedacht hast. Es kann ja auch nicht jeden Tag die Sonne scheinen und Pizza zum Mittagessen geben, aber der Vater weiß, was für uns das Beste ist. Schütte dein Herz vor IHM aus und lass Jesus sortieren, was dran ist.

Wir dürfen fest damit rechnen, dass unser Abba alle unsere Gebete hört und erhört – aber halt auf SEINE himmlische Art. IN SEINER Weisheit und Liebe beantwortet ER unsere Gebete oftmals anders, als wir dachten oder es uns wünschten, aber immer zu unserem Besten!

Und das ist gut so! Wirklich! – Wenn es nur nach mir und meinen Wünschen, nach meinem beschränkten Horizont gegangen wäre, dann wäre ich heute mit der falschen Frau verheiratet, hätte einen anderen Beruf ergriffen und würde wohlmöglich ganz woanders leben.

Puh! Danke, Abba, dass Du es wirklich besser wusstest. Das motiviert mich, Dir neu zu vertrauen!

Mein Schritt heute:

Ich rufe mir mindestens drei Gebetserhörungen in Erinnerung und danke dem Vater dafür.

Tag 20 **20. Januar**

Im Vaterhaus der Liebe Gottes

Lernvers: 1. Johannes 3,1
„Seht, welch eine Liebe uns der Vater gegeben hat, dass wir Kinder Gottes heißen sollen! Und wir sind es!“

Gebet:

„Danke, dass ich im Vaterhaus Deiner Liebe wohnen darf. Es gibt für mich keinen schöneren Ort auf der Welt, als ganz nah bei Dir zu sein. Dich, Vater, zu lieben, ist der Himmel auf Erden. Bei Dir bin ich geborgen und glücklich und komme zur Ruhe.“ …

Bibellese: Johannes 14,1-6

Impuls:

Seit 2000 Jahren bereitet uns Jesus die Wohnung beim Vater vor. Keith Green sang einmal in einem Song: Wenn Gott unsere wunderschöne Welt an sechs Tagen geschaffen hat und Jesus bereits über 2000 Jahre für unser neues Zuhause braucht; wow, wie muss dann das Leben im Himmel erst sein?! – Ein wirkliches Vaterhaus SEINER Liebe! Gott wird bei uns wohnen, von Angesicht zu Angesicht! Auch wenn das noch zukünftige Himmelsmusik ist, so erleben wir schon hier auf Erden einen wunderbaren Vorgeschmack. Hole den Himmel herunter zu dir!

Jesus ist der Weg zum Vater, zum Vaterhaus! Wenn du den Vater hier und heute bei dir hast, dann ist dir der Himmel schon ganz nahe. Beziehe deine Wohnung im Vaterhaus der Liebe Gottes!

Bleibe bitte nicht draußen vor der Tür stehen, so wie der ältere Sohn im Gleichnis. Sondern komme herein! Die Tür steht weit offen. Ein Platz ist für dich frei!

Darum geht es hier auf der Erde. Wir lernen schon hier und heute im Vaterhaus der Liebe Gottes zu leben. Wir glauben bereits an ein Leben vor dem Tod. Wenngleich das Leben nach dem Tod weitergehen wird …, dann aber in einer anderen Dimension von Schönheit und Herrlichkeit in der Auferstehungskraft. Das eine greift in das andere Leben über und beides gehört zusammen!

Mein Schritt heute:

Ich gehe heute durch meine Wohnung von Raum zu Raum und sage laut: „Hier ist das Vaterhaus der Liebe Gottes, denn der Vater ist bei mir allezeit!“

Teil 3

Nahe am Vaterherzen Gottes

Johannes 14,6

Tag 21 21. Januar

Von allen Seiten umgeben

Lernvers: Johannes 14,6
„Ich bin der Weg und die Wahrheit und das Leben.
Niemand kommt zum Vater, als nur durch mich!"

Gebet:

„Von allen Seiten umgibt mich Deine Liebe! Ich kann keinen Schritt machen, ohne dass ich auf neue Spuren Deiner Gnade und Freundlichkeit stoßen würde. Mein Leben ist so reich durch Dich." ...

Bibellese: Psalm 139

Impuls:

Mit diesem Psalm ist David wieder mal ein Riesenhit gelungen! Fast jeden Vers kann ich eins zu eins auf mein Leben übertragen. Beter zu allen Zeiten haben Gleiches empfunden. Was für ein Lied der Geborgenheit und des Vertrauens in Gottes Größe und Liebe!

David vergegenwärtigt sich und uns: Mein Leben ist kein Zufall! Ich entstamme dem Herzen Gottes. Ich bin ein Gedanke aus SEINER Ewigkeit. Weil der Vater im Himmel mich wollte und SEIN Ja-Wort zu mir sprach, darf ich leben! Meine Existenz ist kein Fehler, sondern volle Absicht. Der Vater hat mich wunderbar gemacht! Mein ganzer Lebensweg findet statt unter SEINEN liebenden Augen. Von allen Seiten bin ich umgeben von SEINER Güte. Eingehüllt wie in einen Mantel der Liebe. Mein Schöpfer kennt mich durch und durch. ER hat den Schlüssel zu meinem Herzen und auch zu den tiefsten geheimen Räumen meines Unterbewusstseins. Selbst im Rachen des Todes bin ich noch geborgen bei IHM. Weil ER das Licht des Lebens ist, das alle Finsternis durchbricht. Wer in diesem Bewusstsein lebt, dem kann wirklich nichts mehr passieren! Der ist nach Hause gekommen. Ins Vaterhaus der Liebe Gottes. Der ist am Ziel seiner Träume angelangt, obgleich er noch unterwegs sein mag. Das ist nicht übertrieben, auch wenn es sich sehr vollmundig anhört. Menschen wie David, mit einer Biografie voller Brüche, sind der Beweis dafür, dass Gottes Gnade es mit uns allen schafft.

Auch mit deinem und meinem kleinen Leben!

Mein Schritt heute:

Ich kuschele mich in eine Decke und danke dem Vater für SEINE Liebe, die mich von allen Seiten umgibt.

Tag 22 22. Januar

Abba – mein Papa

Lernvers: Johannes 14,6

„Ich bin der Weg und die Wahrheit und das Leben. Niemand kommt zum Vater, als nur durch mich!“

Gebet:

„Manchmal ist es noch ganz ungewohnt für mich, ‚Papa‘ zu Dir, dem Allmächtigen, zu sagen. Aber Du bist wirklich mein guter, liebevoller Vater und liebst mich viel mehr als irgendein Mensch hier auf dieser Welt es könnte! Danke für Dein Vater-Sein!“ …

Bibellese: Galater 4,4-6

Impuls:

Jetzt ist Vater-Zeit! Jetzt ist „erfüllte Zeit“ – das Maß der Zeiten ist voll! Es ist Zeit, Gott als liebenden Vater kennenzulernen!

Es gab und gibt im Laufe der Geschichte der Menschenkinder besondere Zeitpunkte, an denen sich der Himmel uns offenbart. So war es vor 500 Jahren, als das Scheinwerferlicht des Himmels auf das Kreuz Jesu fiel und die Reformation uns die Augen für die Gnade neu öffnete. So war es vor 100 Jahren, als die Pfingstbewegung begann und überall auf unserem Erdball kleine und große Feuerherde des Heiligen Geistes hell entfacht wurden. Und so ist es jetzt. In den letzten Jahrzehnten offenbart uns der Himmel mehr und mehr das Herz unseres wunderbaren, himmlischen Vaters.

Eigentlich hätten wir es immer schon wissen müssen. Aber es geht nicht nur um „Erkenntnis“, wir brauchen „Offenbarung“. Das ist mehr und entzieht sich menschlicher Machbarkeit. Du kannst Gott in deinen Gebeten mit „Abba“ oder „Papa“ ansprechen, aber dabei keine Offenbarung vom Vaterherzen Gottes haben. Die richtigen Worte allein machen es noch nicht. Vielmehr geht es um eine persönliche Begegnung und Berührung mit dieser Macht der Liebe. Ja, um ein Hineingezogenwerden in die Realität dieser Liebe. Wer Gottes Vaterliebe für sein eigenes Leben empfängt, der betritt einen neuen Lebensraum – noch mehr: ein neues Land der Hoffnung: Vaterland! Der kommt zuhause an und will dort nie mehr fort!

Mein Schritt heute:

Ich werde mich heute still hinsetzen und den Vater in meinem Herzen bitten, mir SEIN Vaterherz zu offenbaren!

Bei Abba ist das Leben

Lernvers: Johannes 14,6
„Ich bin der Weg und die Wahrheit und das Leben. Niemand kommt zum Vater, als nur durch mich!"

Gebet:

„Jesus, ich liebe Dich und ich vertraue Dir! Du zeigst und offenbarst mir den Vater. Bei Abba-Vater finde ich das Leben, das ich stets suchte und nach dem ich mich immer gesehnt habe. Du bringst mich nach Hause, ins Vaterhaus der Liebe Gottes!" …

Bibellese: Johannes 14,1-6

Impuls:

Durch den Bibelvers Johannes 14,6 bin ich vor vielen Jahren (als Teenager) mit dem Auferstandenen in Kontakt gekommen. Das ist mein Schlüsselbibelwort!

Zunächst hat es mir die Wahrheit eröffnet, dass Jesus Christus der einzige Weg zum wahren Leben mit Gott ist. Diese Wahrheit habe ich viele Jahre geglaubt und anderen weitergesagt. Dann, in der Mitte meines Lebens, in einer schweren Lebenskrise, durfte ich eine zweite Entdeckung machen. Eine neue Tür der Offenbarung wurde aufgeschlossen und eröffnete mir eine neue Dimension der Liebe Gottes. Das Kreuz Jesu ist die Tür zum Vaterhaus. Der Vater ist das Ziel am Ende des Weges. Mein Jesus bringt mich nach Hause in die herrlichste Gottesbeziehung, die ich mir je wünschen und vorstellen kann. Hier bei Abba wartet das Leben auf mich!

Ich machte in der Bibel eine erstaunliche Entdeckung, dass die drei Portale des Tempels „Weg – Wahrheit – Leben" genannt wurden. Somit sprach Jesus prophetisch-allegorisch über SEINEN Auftrag hier auf der Erde. ER zeigt uns den Weg zum Vater. ER offenbart uns die Wahrheit, dass Jahwe unser liebender Abba ist. Im selben Moment, als das Leben Jesu am Kreuz von Golgatha zerriss, zerriss auch der Vorhang im Tempel. Der Vorhang, dem man den Namen „Leben" gab. Das Allerheiligste wurde sichtbar. Und was konnten die Menschen da sehen? – Hier sitzt kein ehrfurchtgebietender Herrscher-Gott auf dem Gnadenthron, sondern ein liebevoller Abba-Vater! Und bei Abba finden wir das wahre Leben!

Mein Schritt heute:

Ich nehme drei große Blätter Papier und schreibe jeweils eines dieser Worte darauf: „Weg – Wahrheit – Leben". Dann breite ich sie vor mir aus und stelle mich jeweils auf ein Blatt und sinne einige Momente darüber nach, wie reich beschenkt ich bin!

Tag 24 | 24. Januar

Der gute Hirte

Lernvers: Johannes 14,6
„Ich bin der Weg und die Wahrheit und das Leben. Niemand kommt zum Vater, als nur durch mich!"

Gebet:

„Du bist mein guter Hirte! Und ich bin so gern ganz nahe bei Dir! Danke, dass Du mich so tief berührst, wie kein anderer. Bei Dir kommt mein Herz zur Ruhe." …

Bibellese: Psalm 23

Impuls:

An keiner anderen Stelle des Alten Testaments können wir das Angesicht unseres Abba-Vaters klarer sehen als in diesem genialen Psalm. Das ist mein absoluter Hit unter all den Songs von David! Ich kenne ihn schon so lange in- und auswendig; und lerne ihn doch immer wieder mit neuen Augen zu sehen: Jahwe, mein Vater, der für mich ist und mich wirklich liebt – der ist mein Hirte!

Draußen auf den kahlen Feldern Bethlehems, in kalten durchwachten Nächten, den Gefahren von wilden Raubtieren ausgesetzt, da wurden diese Zeilen im Herzen vom Hirtenjungen David geformt: „Mir fehlt nichts, denn Jahwe ist mein guter Hirte! ER ist mein Vater, der auf mich aufpasst!" Da traf David die Entscheidung seines Lebens: Ich werde mich nicht den Umständen beugen und mein Leben von außen bestimmen lassen, sondern ich werde meinem Gott vertrauen!

Es ist die Schlichtheit und kindliche Hingabe dieses Gebetes, die mein Herz erobert! So möchte auch ich mich meinem Vater im Himmel vollkommen anvertrauen. So will auch ich mich führen, beschützen und umsorgen lassen. Ja, auch ich will mein Leben lang im Vaterhaus SEINER Liebe bleiben.

Ich stolpere über den kleinen Satz: „ER erquickt meine Seele!" Im Hebräischen steht dort das Wort *schub*, was meistens „umkehren, Buße tun" bedeutet – aber hier in diesem Fall mit „wiederherstellen, erquicken" übersetzt wird. Abba, mein Hirte, stellt meine Seele wieder her; ER gibt ihr den „Umkehrschub" und erfrischt sie an Orten der Ruhe. Das ist die grüne Wiese, nach der mein Herz jeden Tag aufs Neue verlangt. Zur Ruhe kommen beim Vater, aufhören mit den eigenen Werken, nicht mehr selbst für sich sorgen müssen. Wer so lebt, der ist beim guten Hirten angekommen und fühlt sich umzingelt von der Güte und Gnade Gottes!

Mein Schritt heute:

Ich suche mir ein paar Utensilien zusammen (eine Decke, ein Becher, duftendes Öl, Wasser, einen Stock usw.) und erlebe die Worte des Psalms mit allen Sinnen.

Tag 25 — 25. Januar

Ich kann Dich hören!

Lernvers: Johannes 14,6
**„Ich bin der Weg und die Wahrheit und das Leben.
Niemand kommt zum Vater, als nur durch mich!"**

Gebet:

„Danke, dass ich Deine Stimme kennen darf. Danke, dass Du mir Ohren zum Hören gegeben hast. Ich will still werden und auf Dich achten. Du sollst nicht umsonst zu mir gesprochen haben." …

Bibellese: Psalm 81

Impuls:

In diesem Psalm kommt Gottes Sehnsucht zum Ausdruck, dass wir SEINE Stimme hören und danach leben. Das bewahrt uns vor falschen Wegen und vor Herzeleid. Wenn wir IHN hören und IHM folgen, dann gelingt unser Leben.

Das klingt so einfach und ist doch so stark umkämpft. Jesus sagt: „Meine Schafe hören meine Stimme und sie folgen mir!" Gottes Stimme hören ist also etwas ganz Normales für jeden Christen, sollte man meinen. Umso mehr verwundert mich, dass viele Kinder Gottes sagen, sie selbst könnten nicht direkt Gottes Stimme hören. Sie versuchen durch Umstände, Predigten oder Hinweise anderer ihren Weg mit Gott herauszufinden.

Es gibt aber die leise Stimme des Heiligen Geistes im Leben eines jeden Jüngers Jesu. Jahwe spricht: „Höre mein Volk! Wenn du mir doch dein Gehör schenken wolltest!" Der Vater sehnt SICH nach Kommunikation mit SEINEN Kindern!

Viele fragen bei diesem Thema gleich skeptisch: „Aber woher weiß man denn, was Gottes Stimme in unseren Herzen ist und was nur unsere eigenen Wünsche sind?" – Das kann man in der Regel ganz leicht auseinanderhalten. Wenn der Vater redet, dann liebt ER es, das Gehörte mit SEINEN aufgeschriebenen Worten zu untermauern (darum ist es so wichtig, die Bibel zu kennen!). Und es werden immer Worte der Liebe sein, weil das SEINEM Wesen entspricht.

Also probiere es am besten gleich mal aus. Setz dich hin, mit Schreibzeug und einem Blatt Papier. Dann lade den Heiligen Geist ein und bitte den Vater, zu dir zu sprechen. Versuch einen Augenblick, mit den Ohren deines Herzens in die Stille zu lauschen und schreibe die Gedanken auf, die dir dann kommen. Zum Beispiel in der Form eines Briefes, den der Vater an dich, SEIN geliebtes Kind, adressiert. Du wirst dich wundern, was für ein Segen dabei herauskommt. Und habe keine Angst, du hast immer noch die Bibel als Maßstab daneben. Glaub mir, du kannst SEINE Stimme hören!

Mein Schritt heute:
Ich höre auf die Stimme des Vaters und schreibe SEINEN Liebesbrief an mich auf.

Tag 26 **26. Januar**

Jada-Intimität

Lernvers: Johannes 14,6

„Ich bin der Weg und die Wahrheit und das Leben. Niemand kommt zum Vater, als nur durch mich!“

Gebet:

„Ich finde es ganz wunderbar, dass ich Dich, mein Gott, zum Freund haben darf! Ich darf mit Dir per ‚DU‘ sein! Ich muss nicht komische Verrenkungen und religiöse Anstrengungen unternehmen. Ich darf so kommen, wie ich bin!“ …

Bibellese: Jeremia 24,7; Lukas 3,21-22

Impuls:

Das kleine hebräische Wörtlein *jada* hat es uns, den Vaterherz-Bewegten, angetan! Damit verbinden wir das Lebensgefühl der vielgeliebten Kinder Gottes; aber auch die Nähe des Himmels. Die Bedeutungsvielfalt von *jada* ist sehr reichhaltig, dahinter verbirgt sich so manches Himmelsgeschenk: erkennen, kennenlernen, vertrautes intimes Miteinander, körperliches Einswerden bis hin zur Zeugung neuen Lebens, erforschen, einen Weg suchen und finden, sinnliche Wahrnehmung, Herzensbegegnung, prüfend nachsinnen und zu einem Ergebnis kommen, ein prozessualer Vorgang, wiedererkennen, freundschaftlicher Umgang, einsehen, verstehen und begreifen … Wow!

Gott auf dieser *jada-Ebene* zu kennen, das bedeutet Leben!

Das macht den großen Unterschied! – Früher kannten wir unseren Gott nur vom Hörensagen. Vielleicht kannten wir sogar SEINEN Willen, SEINE Wünsche und Absichten. Aber wir kannten IHN nicht so persönlich – von Herz zu Herz!

Der Sohn Gottes kennt – *jada* – SEINEN Vater, denn der Vater hat SICH IHM offenbart! Das ist das Geschenk des Himmels: Du bist mein geliebtes Kind!

Mit weniger brauchen auch wir uns nicht mehr zufrieden zu geben. Wir sind eingeladen zu einem innigen, freundschaftlichen, kindlich vertrauensvollen Umgang mit dem Allerhöchsten!

Mein Schritt heute:

Worauf freue ich mich heute? Was mag ich besonders gerne? – Dazu will ich den Vater einladen, mit dabei zu sein. Ich will es mit IHM zusammen erleben – zu zweit!

Schau mir in die Augen

Lernvers: Johannes 14,6
„Ich bin der Weg und die Wahrheit und das Leben. Niemand kommt zum Vater, als nur durch mich!“

Gebet:

„Jesus, ich liebe Deine Augen! Diese Augen, wie Feuerflammen! Ich liebe es, Dich zu betrachten, wenn ich von Dir in der Bibel lese. Ich schaue Dich so gerne an und ich mag es, wenn ich Dich mitten in meinem Alltags-Durcheinander erblicke! Danke, dass Du da bist und mit mir gehst!“ …

Bibellese: Psalm 27,8

Impuls:

Die biblische Redewendung „das Angesicht Gottes suchen“ hat einen interessanten Hintergrund: in der Antike durfte man einem König oder Herrscher nicht einfach so in die Augen schauen. Unter Androhung der Todesstrafe mussten sogar alle der Länge nach auf ihr Angesicht fallen, wenn ein mächtiger König den Raum betrat. So ist auch eines der vorherrschenden Vokabeln für „anbeten“ im Alten Testament ein Wort, das soviel bedeutet wie „auf das Angesicht fallen“. Aber hier fordert uns nun unser König auf: „Schau mir in die Augen, Kleines!“ – Was bedeutet das?

Nur die Familienangehörigen, die besten Freunde und die engsten Vertrauten eines Königs durften ihm auf Augenhöhe begegnen, also: sein Angesicht suchen!

Abba will, dass wir IHM, unserem König-Papa, auf Augenhöhe und Herzenshöhe begegnen. Wir gehören zur Familie. Wir stehen im Rat des Königs und sind SEINE Freunde. Wir dürfen uns bei IHM sehen lassen – und wir werden von IHM gesehen! Ich finde, das ist ein „starkes Stück“ Herrlichkeit!

Mein Schritt heute:

Ich lege mich ein paar Minuten lang auf mein Angesicht auf die Erde. Dann stehe ich wieder auf, schaue in einen Spiegel und danke meinem König-Papa, dass ich in SEINE Augen schauen darf!

Den Herzschlag Jesu hören

Lernvers: Johannes 14,6
„Ich bin der Weg und die Wahrheit und das Leben. Niemand kommt zum Vater, als nur durch mich!"

Gebet:

„Jesus, ich liege so gern an Deiner Brust und höre Deinen Herzschlag! Dein Herz schlägt in Liebe für mich! Du liebst mich wirklich! Das kann ich kaum verstehen. Ich bin nur einer unter Milliarden. Und doch kennst Du mich so gut! Danke für Deine Nähe!" …

Bibellese: Johannes 13,21-25

Impuls:

Wir stellen uns meistens so einander vor: „Ich bin der und der, wohne da und mache das, bin verheiratet oder Single, habe Kinder oder keine …" Mir gefällt es so gut, dass der Apostel Johannes sich selber in seinem Evangelium folgendermaßen beschreibt: „der Jünger, der an der Brust Jesu lag" – oder „der Jünger, den Jesus liebte"!

Dies wurde zu seiner Identität! Ich bin der von Abba-Vater-Geliebte! Das soll auch meine erste Identität sein!

In der damaligen Zeit lag man zu Tisch auf der Erde auf Decken, von Kissen abgestützt.

So nahm der Freund Jesu, Johannes, eine ganz besondere Position ein. Er lag direkt neben Jesus, nahe an SEINEM Herzen. Johannes konnte den Herzschlag Jesu hören. Er bekam intensiver mit, was Jesus dachte und in SEINEN Gesprächen bewegte. Ja, das liebe ich so sehr an Johannes und seinen Schriften. Da empfinde ich solch eine besondere Freundschaft und Innigkeit im Umgang mit unserem Meister. Das will auch ich haben!

„Jesus, was bewegt Dich? Was fühlst Du in Deinem Herzen? Was wünscht Du Dir? Womit kann ich Dir gefallen? Und was willst Du gar nicht haben?"

Mein Schritt heute:

Ich nehme mir Zeit, über die letzten Fragen nachzusinnen und mit Jesus darüber zu sprechen.

Zu Jesu Füßen

Lernvers: Johannes 14,6
„Ich bin der Weg und die Wahrheit und das Leben. Niemand kommt zum Vater, als nur durch mich!"

Gebet:

„Du kommst mir so nahe! Und auch ich darf Dir nahe sein, mein wunderbarer Gott! Ich will auf Deinem Schoß liegen, an Deinem Herzen ausruhen und zu Deinen Füßen sitzen und lauschen. Bei Dir ist mir wohl und ich fühle mich zuhause!" …

Bibellese: Lukas 10,38-42

Impuls:

Diese Geschichte hat es mir angetan: Martha und Maria! – Es gab Zeiten, da fand ich es richtig gemein und ungerecht, wie unser Meister die „arme Martha" da behandelt hat. Schließlich hat sie die ganze Arbeit gemacht; sie hat die anderen von morgens bis abends bedient und am Schluss bekommt sie noch einen oben drauf. Ist das fair?!

Warum springt mein Herz da so schnell an und wechselt in den „Gewerkschafts-Modus"? Warum meine ich denn, die „arme Martha" Jesus gegenüber verteidigen zu müssen? Warum schaue ich missbilligend auf ihre „faule Schwester Maria", die da zu den Füßen Jesu sitzt und sich nicht zuständig fühlt, wenn es um die „wirklichen Aufgaben des Lebens" geht?

Ups – genau da liegt wohl mein Problem! Denn auch ich habe mich schon oft wie Martha gefühlt. Ich habe so viel für Jesus gerackert und getan. Aber dabei wollte ER viel lieber, dass ich Zeit bei IHM und mit IHM verbringe. ER will nicht meine Leistung, sondern meine Liebe! Wie heißt es so schön: Nie ist es wichtiger, etwas für Gott zu tun, als ganz nahe bei IHM an SEINEM Herzen zu sein! Das ist der Schatz, den Maria entdeckt hat. Das ist das bessere Erbteil, das sie erwählt hat.

Übrigens, die Redewendung „zu Füßen von jemanden sitzen" ist ein Synonym für „in die Schule bei einem Rabbi zu gehen". Somit wurde Maria die erste neutestamentliche Bibelschülerin, die von unserem großen Lehrer Jesus lernte. Und das als Frau!!!

Mein Schritt heute:

Ich setzte mich auf die Erde vor einen Stuhl und lehne mich an. Dann lese ich die Bibelstelle nochmals und frage meinen Meister, was ER mich heute lehren will.

Auf Abbas Schoß

Lernvers: Johannes 14,6
„Ich bin der Weg und die Wahrheit und das Leben. Niemand kommt zum Vater, als nur durch mich!“

Gebet:

„Papa, heute brauche ich eine ganz besondere Schoßzeit bei Dir! Mein Herz ist so in Unruhe und ich mache mir viele Gedanken und Sorgen. Darf ich Dir mein aufgewühltes Inneres bringen? Bitte hilf mir, Dir fest zu vertrauen. Ich schaffe es nicht allein!“ …

Bibellese: Johannes 1,14+16-18

Impuls:

Bei den Seminaren und Vaterherz-Schulen, die wir durchführen, sagen wir den Menschen: Bei Abba-Vater ist das Klassenziel … sitzenbleiben!

Jesus, der Sohn Gottes, bleibt sitzen auf dem Schoß des Vaters. Hier steht im griechischen Original eine Zeitform, die ausdrückt, dass Jesus *sitzen bleibt* und nicht mehr davon weg geht. Das Wort für Schoß *kolpos* beschreibt den Bereich, der nahe am Herzen liegt, zwischen Brustkorb und Lenden. Mit anderen Worten: wer hier sitzen bleibt, ist dem Vaterherzen Gottes ganz besonders nahe!

Dies sollte ein sicherer Ort sein – so wie es im Wort „Abrahams Schoß“ schon anklingt. Leider ist dies für viele Zeitgenossen, die durch sexuellen Missbrauch und Übergriffe gegangen sind, nicht mehr ein Ort der Geborgenheit und Liebe, sondern der Schmerzen und geraubten Würde.

Wer sitzt heutzutage eigentlich noch auf dem Schoß? Kinder, Verliebte und Schwache, die Trost und Zuwendung brauchen.

Egal, wie dein Lebensweg aussieht – du darfst ganz nahe ans Vaterherz Gottes kommen. Finde deinen Platz! Zu SEINEN Füßen, an SEINER Hand, unter SEINEM strahlenden Lächeln … oder sogar auf SEINEM Schoß. SEINE Liebe will dir guttun, dich heilen, trösten und gesund lieben! Du kannst IHM voll vertrauen und darfst bei IHM „sitzenbleiben“!

Mein Schritt heute:

Gibt es einen Menschen, bei dem ich mich heute mal auf den Schoß setzen kann (oder umgekehrt: ich nehme jemand anderen auf meinen Schoß)? Wie fühlt sich das an? Nun denke ich an Abbas Schoß und danke IHM, dass ich dort sitzen bleiben darf!

Teil 4

Ach so ist mein Gott

1. Mose 15,18

Mein Papa ist König

Lernvers: 1. Mose 15,18
„Der HERR ist König auf immer und ewig!"

Gebet:

„Mein Papa, Du bist König über alle Welt! Dein Königreich ist riesengroß. Deine Herrschaft hat kein Ende. Alles ist Dir möglich. Du sitzt auf dem Thron und regierst in Macht und Herrlichkeit." ...

Bibellese: Psalm 47

Impuls:

Monarchien übten zu allen Zeiten etwas märchenhaft Anziehendes aus – der pompöse Prunk der Macht und die strahlende Schönheit von Eleganz und Reichtum. Ein ganzes Genre von Frauenzeitschriften lebt von dieser Glitzerwelt. Und bei Kinder-Verkleide-Partys sind *Ritter und Prinzessinnen* immer noch der Klassiker. Da schwingen die geheimsten Sehnsüchte in uns mit: einmal reich und mächtig sein. Sich alle Wünsche erfüllen. Tun, was immer man will. Leben wie ein *Lottokönig* oder *Gott in Frankreich*!

Der Königshof Davids bot für seine Zeit ganz gewiss eine gute Inspirationsquelle in Sachen Majestät und Herrschaft. Jedoch selbst die größte menschliche Machtanhäufung ist so lächerlich klein, gemessen an der Macht unseres Abbas. ER ist der König der ganzen Welt, der uneingeschränkte Herrscher über alle Reiche und Gewalten, in der sichtbaren und in der unsichtbaren Realität!

„Jahwe ist König über die ganze Erde!" Das heißt doch: „Mein Papa ist der König!" Insofern sind unsere kindlichen Sehnsüchte, in einem Schloss zu leben und auf weißen Pferden zu reiten, vielleicht dann doch gar nicht so verkehrt. Sie brauchen nur die richtigen Vorzeichen: Ja, du bist eine Prinzessin! Du bist ein Prinz! Und unser Vater ist der mächtigste König von allen! Alles, was du hier auf Erden siehst, gehört IHM. ER ist himmelreich! Und wir sitzen mit IHM auf dem Thron SEINER Gnade!

Vielleicht müssen wir die *Narnia-Bücher* mal wieder hervorholen und uns vor Augen malen lassen, wie ein Leben als Königskind aussehen kann. Die Vorstellung, nicht nur irgendjemand unbedeutend Kleines zu sein, sondern ein Kind des größten Königs, sollte heilsame Wirkung auf uns und unser Selbstwertgefühl ausüben!

Mein Schritt heute:

Ich stelle mich vor einen Spiegel und sage laut zu mir: Mein Papa ist der König und ich bin SEINE geliebte Prinzessin bzw. SEIN geliebter Prinz!

Tag 32 **1. Februar**

Mein König regiert

Lernvers: 1. Mose 15,18
„Der HERR ist König auf immer und ewig!"

Gebet:

„Mein König regiert! Du bist mein wunderbarer König-Papa! Was kann mir Besseres passieren? Du hast den absoluten Überblick und ich bin geborgen an Deiner Hand. Nichts wird geschehen, was nicht vorher an Deinen liebenden Augen vorüber müsste. Deine Liebe, Weisheit und Macht begleiten mich heute durch den Tag!" …

Bibellese: 2. Mose 15,18

Impuls:

Alles ist eine Frage der richtigen Perspektive!

Wenn ich morgens die Nachrichten per Internet, Radio oder TV aufmerksam verfolge, dann wollen mich die Schreckensneuigkeiten aus aller Welt überfallen und den Eindruck erwecken, dass unser Planet aus den Fugen gerät. Wer hat da noch den Überblick? Wer hat Antwort auf die brennenden Fragen unserer Zeit? Wer kann helfen? Wir sehen die Ohnmacht der Mächtigen. Wir werden digitale Augenzeugen der schlimmsten Katastrophen. Zeitnah und hautnah werden wir von dem Sog der Medien verschlungen.

Ist das auch dein Lebensgefühl, dass alles nur schlimmer wird und die Erde sich in einer rasant drehten Abwärtsspirale befindet? Und dann kommt noch dein kleines Leben dazu, mit all den persönlichen Alltagskatastrophen!

Andererseits: noch nie ging es der Menschheit so gut wie heute! Wir haben mehr Wohlstand, Bildung, Frieden als je zuvor. Wir sind gesünder, leben länger und arbeiten weniger als alle Generationen vor uns. – Wer hat denn nun recht?!

Wie gesagt, es ist eine Frage des Blickwinkels. Die Bibel sagt uns, dass beides ausreifen muss: Das Reich der Finsternis mit all dem dämonischen Zerstörungspotenzial der sündigen, abgefallenen Schöpfung. Und daneben das Reich des Lichtes, das Reich des geliebten Sohnes Gottes, unseres Königs. Beides wächst nebeneinander zur gleichen Zeit, wie Unkraut mitten unter Weizen. Worauf schauen wir mehr?

Christus regiert! Mein König regiert! Für immer und ewig! ER hat das erste und das letzte Wort! Das gilt für die ganze Welt! Das gilt auch für mein kleines Leben!

Mein Schritt heute:

Wenn ich heute die Nachrichten aus aller Welt höre, dann spreche ich immer wieder zwischendurch laut aus: „Mein König regiert!"

Tag 33 2. Februar

Küsse den Sohn

Lernvers: 2. Mose 15,18
„Der HERR ist König auf immer und ewig!"

Gebet:

„Jesus, Du bist mein König und mein Herr! Ich beuge mich vor Dir und bete Dich an! Du sitzt auf dem Thron der Gnade und regierst. Meine Liebe soll Dich heute erreichen." ...

Bibellese: Psalm 2

Impuls:

Dieser Psalm handelt prophetisch bereits von Jesus, dem Messias-König. Jesus ist unser Herr und großes Vorbild in allem. Umso mehr berührt es mein Herz, dass der Vater im Himmel SICH wünscht, dass wir „den Sohn küssen" – das ist eine wirklich passende Umschreibung für „anbeten". Wenn ich Jesus meine Lobpreislieder zusinge, wenn ich mit meinen deutschen oder himmlischen Worten versuche IHM zu sagen, was ER mir bedeutet, dann ist das für IHN wie Küsse meiner Lippen. Und Verliebte küssen sich nun mal gern!

Ein Kuss zwischen Liebenden ist keine Einbahnstraße. Der Vater küsst uns zurück: „Schmatz – Du bist mein geliebter Schatz!" Als unser König Jesus hier über die Erde ging, lebte ER täglich von diesen Küssen SEINES Vaters. Bei SEINER Taufe, auf dem Berg der Verklärung, im Garten Gethsemane und bei vielen anderen Gelegenheiten hörte ER diese Worte aus dem Himmel. Das gab IHM Kraft für den ganzen Weg.

Manchmal weiß ich einfach nicht, wer mit dem Küssen angefangen hat?!

Auf jeden Fall lebe auch ich davon, jeden Tag neu die Worte des Vaters in meinem Herzen zu hören: „Du bist mein geliebtes Kind!" Seit einigen Jahren darf ich in dieser herrlichen Offenbarung SEINER Vaterliebe leben. Seitdem höre ich täglich diese bekannten Worte: „Du bist mein geliebter Sohn!" Ich kann einfach nicht genug von SEINEN Küssen bekommen. Das ist meine neue Identität: Leben als Vielgeliebter! Und meine Antwort darauf soll sein: „Und Du, mein Papa, bist meine große Liebe! Gruß und Kuss, dein Filius!"

Mein Schritt heute:

Ich werde mir etwas Zeit nehmen, meinen König Jesus anzubeten; ich werde neu hinhören auf die Worte des Vaters: „Du bist mein geliebtes Kind!"

Tag 34 **3. Februar**

König und Priester

Lernvers: 2. Mose 15,18
„Der HERR ist König auf immer und ewig!“

Gebet:

„Jesus, Du bist für mich alles in Person: König und Priester und Prophet. Mein Meister und mein Herr. Du bist die große Liebe meines Lebens. Dir vertraue ich. Mein Freund und Tröster.“ …

Bibellese: Psalm 110

Impuls:

Kaum ein Psalm wird im ganzen Neuen Testament so vielfältig auf Christus hin ausgelegt wie dieser. Was ist daran nur so faszinierend? Für die meisten Leser klingt das alles auf den ersten Blick eher fremdartig und nur sehr schwer verständlich.

Wir brauchen da ein wenig bibelkundlichen Nachhilfeunterricht: König David spricht hier prophetisch von der Thronbesteigung des kommenden, einzig wahren Königs Jesus. Der himmlische Vater, der Königvater, spricht zu Jesus, dem Königssohn: „Setze Dich zu meiner Rechten!“ Das heißt: „Ich übergebe Dir die Autorität!“

Das ist 1000 Jahre später geschehen, nachdem unser Herr Jesus von den Toten auferweckt wurde und zum Vater in den Himmel aufgefahren ist. „ER herrscht inmitten der Feinde!“ und ist zum „Haupt“ geworden, das bedeutet: „zum Ersten“ unter allen Mächten und Gewalten im Himmel und auf der Erde. Mit anderen Worten: Jesus ist der rechtmäßige Sieger und König! ER sitzt auf dem Thron und regiert über die ganze Welt!

Doch nun kommt ein zweiter Aspekt hinzu, den David über Jesus vorhersagt: Jesus, der Messias-König Gottes, hat einen prophetischen Vorläufer in der geheimnisvollen Gestalt des Königs Melchisedek von Salem. Der Name dieses Königs von Salem (was Stadt des „Friedens“ heißt und später Jerusalem genannt wird) bedeutet übersetzt: „König der Gerechtigkeit“. Wir wissen von Melchisedek, dass er ein König und ein Hohepriester Jahwes in einer Person war, ohne einen Stammbaum – was einen Hinweis darauf gab, dass sein Geschlecht keinen Anfang und kein Ende hat. In alldem sieht das Neue Testament einen klaren Hinweis auf Jesus, den wahren königlichen Hohenpriester. Unseren König der Gerechtigkeit!

Mein Schritt heute:

Ich rufe mir die verschiedenen Würdetitel Jesu in Erinnerung und spreche sie laut über meinem Leben aus.

Gnade vor Recht

Lernvers: 2. Mose 15,18
„Der HERR ist König auf immer und ewig!“

Gebet:

Danke, Du gütiger Gott, dass ich Gnade vor Deinen Augen gefunden habe. Danke, dass Du mir meine Schuld nicht anrechnest. Danke, Jesus, für Deinen Weg ans Kreuz! Du lässt Gnade vor Recht ergehen.“ …

Bibellese: Psalm 106

Impuls:

Das Alte Testament ist wie ein Bilderbuch. Jesus machte im Neuen Testament gleich damit weiter, indem ER Parabeln erzählte. Kinder können noch nicht richtig lesen und brauchen deshalb Geschichten und Gleichnisse, um besser zu verstehen. So lässt sich die Geschichte Israels wie eine Allegorie deuten. Das Volk Israel ist der verlorene Sohn oder die treulose Braut. Es geht seinen eigenen rebellischen Weg. Immer wieder kommt der Vater und rettet es heraus. Doch schon kurze Zeit darauf hat Israel seinen Gott wieder aus den Augen verloren und verstrickt sich nur tiefer in neue Schuld. Eine traurige Geschichte von ständigen „Ups and Downs“.

Und doch zugleich eine frohe Geschichte von Gottes großer Barmherzigkeit. Der Vater lässt Gnade vor Recht ergehen. Der heilige Gott, der selbst die Spielregeln erfunden hat, „empfand Mitleid nach seiner großen Gnade und er ließ sie Barmherzigkeit finden!“

Gottes Gnade wirkt, gemessen an unseren menschlichen Maßstäben, irgendwie ungerecht. Wie kann es sein, dass ein Mörder wie Barabbas begnadigt wird, und der unschuldigste aller Menschen, Jesus, am Kreuz sterben muss? – Wie kann es sein, dass das kleinste aller Völker von Gott erwählt wird und ein Stück Land zugesprochen bekommt, auf dem schon andere wohnen? – Wie kann es sein, dass du und ich in Gottes Augen gerecht gemacht worden sind durch den Tod des Einen, der vor 2000 Jahren für uns starb? – Wir verstehen Gottes Gnade nicht!!!

In SEINER Funktion als Richter kennt unser Vater Gericht und Gerechtigkeit. Auge um Auge. Zahn um Zahn. Bei Gott haben wir die Möglichkeit, auf dieser alten Ebene von Recht zu verharren – aber Vorsicht – dann werden wir selbst danach bemessen. Oder wir kommen zu IHM auf die neue, bessere Ebene von Barmherzigkeit und Gnade. Doch dort können wir nur bleiben, wenn wir selbst bereit sind, gnädig und barmherzig zu leben, sonst fallen wir aus der Gnade heraus.

Mein Schritt heute:
Ich bete, welchen Menschen ich Gnade schenken sollte – und werde es dann tun.

Das Dennoch des Glaubens

Lernvers: 2. Mose 15,18
„Der HERR ist König auf immer und ewig!“

Gebet:

„Selbst wenn alles gegen Dich spricht, ich vertraue Dir und halte fest an Deinen Zusagen für mein Leben. Du kannst nicht lügen. Du wirst nicht zu spät kommen. Deine Hand wird mich herausziehen.“ ...

Bibellese: Psalm 73

Impuls:

„Und dennoch bleibe ich stets bei Dir!“ – Es gibt Zeiten, da hilft nur noch das Eine: Das *Dennoch des Glaubens* sprechen!

Wenn die Umstände uns zum Verzweifeln bringen. Wenn die scheinbare Ungerechtigkeit, dass es dem Gottlosen so gut geht und der Gerechte so viel zu leiden hat, unser letztes bisschen Vertrauen aushöhlt. Wenn die Schrecken kein Ende nehmen und eine Katastrophe die andere ablöst. Wenn uns, wie Hiob, alles genommen wird. Was bleibt dann übrig? – Das *Dennoch des Glaubens*!

Asaph verstand ganz gewiss auch nicht alle Wege, die Gott ihn führte. Wir lesen von inneren und äußeren Schmerzen, Kämpfen und Niederlagen. Trotzdem beginnt er sein Lied mit dem Bekenntnis: „Nur gut ist Gott!“

Das *Dennoch des Glaubens* kennt den Unterschied zwischen den *Wegen Gottes* und dem *Wesen Gottes*. Die *Wege Gottes* sind unerforschlich, für uns Menschen nicht leicht zu verstehen. Wie eine Zickzacklinie. Wir finden darin keine innere Logik, die unser Herz beruhigen könnte. Mal führt Gott so und ein anderes Mal wieder so. Für uns kleine Menschen erscheint das willkürlich und beängstigend. Dagegen ist das *Wesen Gottes* eine feste Größe. Die Konstante in unserer Existenz. Unser Ewig-Vater verändert SEINE Persönlichkeit niemals. ER ist und bleibt felsenfest in SEINEM Charakter. Weil SEIN Wesen Liebe ist, wird ER uns immer lieben. Darauf können wir unseren Glauben sicher aufbauen.

Je länger ich mit meinem himmlischen Vater gehe, umso mehr höre ich auf, nach dem Sinn der Wegführungen zu fragen und dringe stattdessen tiefer in die Geborgenheit SEINER Person ein. „SEINE Nähe ist mir köstlich! ER ist meine Zuflucht“ – auch wenn ich nicht alles um mich herum verstehen kann. Dennoch will ich IHM vertrauen!

Mein Schritt heute:

Ich werde das *Dennoch des Glaubens* über meinem Leben neu sprechen.

Tag 37 **6. Februar**

Anders als wir denken

Lernvers: 2. Mose 15,18
„Der HERR ist König auf immer und ewig!“

Gebet:

„Vater, Du bist anders, als ich denke! Du überraschst mich immer wieder neu! Wir können Dich in keine Box pressen! Du bist immer wieder erfrischend anders und einzigartig! Soviel größer als alles und so viel höher als der Himmel über der Erde!“ Ich liebe Dich dafür!“ …

Bibellese: Matthäus 18,1-5

Impuls:

Da müssen aber Deine Jünger ganz schön Augen gemacht haben!

Sie diskutieren wild und reden sich die Köpfe heiß, wer wohl der Größte unter ihnen sei. Und dann das! Du nimmst ein Kind im Alter von etwa fünf Jahren und stellst es in ihre Mitte. „Wenn ihr nicht Buße tut – von eurer falschen Herzenshaltung umkehrt! – und werdet wie solch ein Kind, dann habt ihr keinen Platz in meinem Königreich!“ Wow, diese Worte müssen gesessen haben! Zu gerne hätte ich in die Gesichter Deiner verdutzten Freunde gesehen!

Was will uns unser König damit sagen? – Die Qualifikation eines Fünfjährigen besteht nicht in dem, was er hat und kann, sondern in dem, wer und was er ist! Ein Kind kann Vertrauen schenken und braucht bedingungslose Liebe. Das sind die Merkmale, auf die es Jesus ankommt! Wie erlösend anders ist unser Gott?! Kind-sein, das schaffen wir alle, irgendwie! Schließlich waren wir das alle schon einmal (auch, wenn es mir bei manchen Personen echt schwerfällt, das zu glauben). Denn Kinder sind unperfekt, im Werden und Wachsen begriffen, brauchen jede Menge Hilfe. Ohne Liebe gehen sie ein, wie Primeln ohne Wasser.

Was wäre der Vater ohne SEINE Kinder?! Und was wären wir, SEINE Kinder, ohne IHN?! Lasst uns umkehren, wo wir so schrecklich verwachsenerwachsen geworden sind und es neu genießen lernen, dass unser guter Vater im Himmel bestens für uns sorgt!

Mein Schritt heute:

Ich stelle mich vor einen Spiegel und ziehe ein paar lustige Grimassen, wie Kinder es tun. Wenn ich das noch kann, gibt es Hoffnung für mein Kinderherz. :)

Ich liebe Deine Wohnungen

Lernvers: 2. Mose 15,18
„Der HERR ist König auf immer und ewig!“

Gebet:

„Vater, ich bin so gern zu Hause bei Dir. Ich liebe Deine Wohnungen. Ich will da sein, wo Du bist. Ich suche Deine Gemeinschaft. In Deiner vertrauten Nähe kann ich mich fallen lassen.“ …

Bibellese: Psalm 84

Impuls:

Wo wohnt unser Gott? Wohnt ER in Kirchen und Häusern aus Stein? Wohnt ER im Lobpreis SEINES Volkes? Ist der Himmel der Himmel SEIN Zuhause? Und wie sieht es mit der Schöpfung aus? Oder wohnt ER schlicht in den Herzen der Gläubigen? Ja, kann man bei einem allgegenwärtigen Gott überhaupt von einer Wohnung sprechen?

Die Söhne Korahs taten das jedenfalls. Sie sangen: „Wie lieblich sind Deine Wohnungen!“ – und damit meinten sie offensichtlich den Tempel in Jerusalem. Sie verbanden mit diesem Ort eine besondere Nähe zu Gott. Aber das ist typisch alttestamentlich gedacht, oder? Wir wissen es vom Neuen Testament doch besser, könnte man nun meinen. Unser Vater wohnt nicht in Häusern, von Menschen gemacht. Wir brauchen nicht mehr länger heilige Orte, Zeiten und Formen. Wir leben im Geist und sind frei.

Diese Diskussion ist ziemlich alt: Muss ich denn nach XY fahren, weil dort Gott mehr erfahrbar ist …? ER ist doch schließlich überall. Also kann ER mir auch hier auf gleiche Weise begegnen, wenn ER das will. – Ja, aber ER will nun mal nicht! Unser Vater im Himmel ist in keine Box zu kriegen! ER lässt SICH nicht vor den Karren unserer Erwartungen spannen. Auch wenn SEIN Geist überall auf der Welt weht, gab und gibt es Orte, an denen ER besonders wirkt.

Gleich kommt die Frage: Was haben die, was wir nicht haben? – Es geht nicht ums Kopieren, sondern ums Kapieren! Unser Vater erwählt Orte, Personen und Zeitpunkte nach SEINEN ewigen Plänen. ER sucht in allen Ländern nach Menschen, Häusern und Herzen, die für SEIN Kommen offen sind. Dort lässt ER SICH nieder. Dort wohnt ER mit SEINER Herrlichkeit. Dort ist SEIN Tempel. Und dort möchte jeder auch am liebsten sein, der von SEINER großen Liebe infiziert ist.

Mein Schritt heute:

Ich will in Kontakt kommen mit Menschen, Orten und Versammlungen, die Träger der Herrlichkeit meines Vaters sind.

Heilig ist der HERR

Lernvers: 2. Mose 15,18
„Der HERR ist König auf immer und ewig!"

Gebet:

„Heilig bist Du, Vater. Deine Herrlichkeit und Heiligkeit erfüllen die Himmel. Deine Majestät und Ehre erfüllen die Welt. Ich bete Dich an. Zusammen mit allen Engeln und himmlischen Wesen. Du bist würdig." …

Bibellese: Psalm 99

Impuls:

Beim Stichwort *Heiligkeit* geht es leider oftmals sehr religiös zu. Fälschlicherweise verwechselt man dann *Heiligkeit* mit einer besonderen Art von Leistung. *Heilige* seien außergewöhnliche Fromme. Sie lebten in Klöstern, abgeschieden von der Welt, und seien irgendwie Übermenschen. Dieses Zerrbild prägte durch Jahrhunderte unser Verständnis.

Und auch Gottes *Heiligkeit* wirkte wenig einladend. Eher abschreckend. ER, *der Heilige,* erscheint unnahbar, perfekt und lupenrein. Wir „Normalos" reichen da nicht ran – also müssen wir uns noch mehr anstrengen!

Wenn die ganze Himmelswelt ihr *„Heilig, heilig, heilig ist der Herr!"* singt, kann man schon Gänsehaut bekommen. Doch bei unserem *heiligen* Vater im Himmel ist *Heiligkeit* immer ein Ausdruck SEINES Wesens und keine religiöse Meisterleistung.

Das Wort *kadosch = heilig* bedeutet „zu Gott gehörig, ausgesondert für IHN, zu IHM passend und von IHM abstammend". Unser Vater ist in SEINEM Wesen *heilig* und alles, was von IHM kommt und IHN widerspiegelt, wird auch *Heiligkeit* repräsentieren: dazu gehören souveräne Größe, Reinheit, majestätischer Glanz und Herrlichkeit, ein göttliches Heil-Sein und Unversehrtheit, sowie himmlischer Friede und pure Liebe.

Weil unser Papa *heilig* ist und wir von IHM abstammen und zu IHM gehören, sind wir auch *heilig.* Unsere Beziehung ist die Basis dafür, nicht unsere eigene Anstrengung. Wir sind einfach ganz der Papa!

Mein Schritt heute:

Ich lese ergänzend Jesaja 6 und Offenbarung 4 und male mir die Heiligkeit meines Vaters vor Augen.

Tag 40 **9. Februar**

So groß ist der Herr

Lernvers: 2. Mose 15,18
„Der HERR ist König auf immer und ewig!“

Gebet:

„So groß bist Du, Abba. Größer als mein Verstehen und tiefer als meine Gefühle. Du übersteigst alles, was ich kenne. Unvergleichlich und unerforschlich bist Du. Niemand kommt Dir gleich.“ …

Bibellese: Psalm 111

Impuls:

Dieser Psalm ist ein kleines Meisterwerk der Dichtkunst. Im Urtext beginnt jede einzelne Verszeile mit dem nächsten Buchstaben aus dem hebräischen Alphabet. Fast alle wichtigen theologischen Schwerpunktthemen im Alten Testament werden kurz gestreift: die Werke Gottes, die Wunder, die Erlösung, der Bund, der Gottesname und die Furcht des Herrn … eine komprimierte Zusammenfassung.

Alles, stilistisch und inhaltlich, zielt darauf ab, die wunderbare Ordnung Gottes zu preisen. Hinter allem und jedem steht SEINE Weisheit. Die Größe Gottes wird offenbar durch die Größe der Harmonie und Perfektion bis ins Detail. Wir haben einen großartigen Vater, der alles bis ins Kleinste vollkommen und genau geplant hat.

Würde die Umlaufbahn der Erde um die Sonne nur ein paar Zentimeter abweichen, wäre kein Leben mehr auf diesem Planeten möglich. Könnte unser biologisches Immunsystem seine Abwehrkräfte nicht mehr vollständig aufbauen, würden in Kürze Millionen Menschen sterben.

Was ist mit all den vielen Fügungen und Führungen unseres Lebens? Was geschieht bei all den Zufällen und glücklichen Wendungen? Wie verhält es sich mit den großen Momenten der Weltgeschichte?

Wir leben in einer so hochkarätig differenzierten und komplexen Wirklichkeit. Alles Leben entstammt der göttlichen Quelle der Vaterliebe Gottes. Weil ER SEIN Ja-Wort gesprochen hat, existiert es. Ohne IHN gäbe es nichts!

Die Wissenschaften müssen die Größe Gottes rühmen, ob sie IHN kennen oder nicht. Denn es ist so eindeutig: hinter einem großartigen Werk muss auch ein großartiger Erfinder stehen! Und das ist unser Vater!

Mein Schritt heute:

Ich lese einen wissenschaftlichen Bericht über die Welt und freue mich an der Größe und Harmonie der Ordnung meines Vaters.

Teil 5

Liebe für eine ganze Welt

Johannes 3,16

Liebe für alle Menschen

Lernvers: Johannes 3,16

„Denn so sehr hat Gott die Welt geliebt, dass er seinen eingeborenen Sohn gab, damit jeder, der an ihn glaubt, nicht verloren geht, sondern ewiges Leben hat.“

Gebet:

„Papa, ich kann es kaum denken, aber Du liebst tatsächlich jeden einzelnen Menschen auf der ganzen Welt. Und zwar so persönlich, wie Du mich liebst. Wie groß muss Dein Herz sein, dass wir alle darin Platz finden? Wie groß muss Dein Schoß sein, dass wir alle darauf passen? Und wie unermesslich weit müssen Deine Arme der Liebe reichen, dass Du alle, alle, alle umarmen kannst? Ich bete Dich an.“ …

Bibellese: Johannes 3,16-21

Impuls:

Das Wort „alle“ ist eines der am häufigsten benutzten Worte in der Bibel. Unser Gott ist so immens groß, dass ER alle meint. Liebe für eine ganze Welt, für alle und jeden, ohne Ausnahme. Milliarden über Milliarden, von Adam und Eva, durch die Jahrtausende bis jetzt und darüber hinaus. Unser Verstand kann das wahrscheinlich nicht denken, unsere Gefühle können das nicht wirklich nachempfinden. Ich finde es schon herausfordernd, zwei Kinder gleichermaßen zu lieben und gerecht zu ihnen zu sein. Aber Gottes Vaterliebe ist milliardenfach erprobt. Und der größte Ausdruck dieser Liebe bleibt, dass ER Jesus, SEIN Herzstück, für jeden, für uns alle geopfert hat. So kann nur einer lieben! So sehr!

Nichts ist vergleichbar mit dieser Macht der Liebe. Alle Bilder, Gedichte und Lieder können es nicht in ganzer Fülle widergeben und ausdrücken. Es wird immer ein Rest von Geheimnis und Staunen bleiben. Wie unermesslich groß muss das liebende Vaterherz unseres himmlischen Abbas sein?!!!

Ich will es niemals verlernen, über die grenzenlose Liebe meines himmlischen Vaters zu staunen und zu schwärmen!

Mein Schritt heute:

Ich gehe an einen Ort, wo viele Menschen sind (Straßenbahn, Geschäft usw.) und mache mir bewusst, dass mein Vater jeden Einzelnen unermesslich liebt.

Tag 42 **11. Februar**

Erlösende Liebe

Lernvers: Johannes 3,16

„Denn so sehr hat Gott die Welt geliebt, dass er seinen eingeborenen Sohn gab, damit jeder, der an ihn glaubt, nicht verloren geht, sondern ewiges Leben hat.“

Gebet:

„Guter Vater, Du kennst mich bei meinem Namen. Du hast mich persönlich gemeint und in Deine Liebe gerufen. Ewig werde ich Dir dafür danken, wie Du mich liebst. Deine bedingungslose Annahme befreit mich dazu, der Mensch zu sein, der ich wirklich bin. Bei Dir habe ich Erlösung für mein Innerstes gefunden. Ich weiß, dass mein Erlöser lebt! Oh, wie froh bin ich.“ …

Bibellese: Jesaja 43,1-5

Impuls:

Gottes Vaterliebe ist sehr persönlich und herrlich erlösend. Ein Mensch, der sich von Gott geliebt weiß, lebt in absoluter Geborgenheit. Er weiß, dass ihm nichts passieren kann – egal, wie die Umstände auch sein mögen. Es ist erlösend, so zu leben. Das ist absolutes Urvertrauen! In der Regel dauert es seine Zeit, bis wir, die nach Hause gekommenen verlorenen Söhne und Töchter, in diesen Frieden eingehen. Wir sind noch gezeichnet von Enttäuschungen und Wunden der Welt. Die alten Erinnerungen sind manchmal noch so stark, dass uns das Vertrauen in solch eine Liebe absolut schwerfällt. Der Vater weiß darum. ER kennt unsere Albträume und Rückfälle. Darum sagt ER ja auch immer wieder: „Fürchte dich nicht, habe keine Angst, ICH bin nur gut und Meine Liebe wird dich von deinem Gestern erlösen!“

Papas Therapie der ständigen Ermutigung ist so heilsam, wie Balsamöl auf die Wunden unserer Seele! Ich kenne keinen größeren Motivator als meinen Abba-Vater! Von IHM geht nur Positives aus. Alles, was ER spricht, ist und tut – alles ist ein Ausdruck abgrundtiefer Liebe und herzlichen Erbarmens.

Mein Schritt heute:

Ich rufe mehrmals laut meinen Namen aus und mache mir bewusst, dass mein Vater mich auch bei meinem Namen ruft.

Tag 43 **12. Februar**

Befreiende Liebe

Lernvers: Johannes 3,16

„Denn so sehr hat Gott die Welt geliebt, dass er seinen eingeborenen Sohn gab, damit jeder, der an ihn glaubt, nicht verloren geht, sondern ewiges Leben hat.“

Gebet:

„Vater, Deine Liebe sprengt die Fesseln meiner Ängste, öffnet Kerkertüren der Verzweiflung und befreit mich zu neuem Vertrauen. Du führst hinaus ins Weite. Danke, Jesus, für Deinen Sieg, der auch mein Sieg geworden ist.“ …

Bibellese: Jesaja 61

Impuls:

Der Geist des Vaters ist so stark, dass er jedes Joch zersprengt. Derselbe Geist, der als Wind die Fluten am Roten Meer teilte; derselbe Geist, der die Mauern Jerichos zum Einstürzen brachte – ja, derselbe Geist, der Christus am Ostermorgen aus dem Grab holte – dieser Geist des Vaters ist auf mir und dir. ER lebt in uns und durch uns. Das ist die befreiende Liebe und Wahrheit. Es gibt absolut nichts, was stärker wäre als dieser Wind des Vaters. Ein Atemhauch, und Berge schmelzen wie Wachs in der Gegenwart des Herrn. Wo sind deine Berge, Ketten und Verliese? Lade den Heiligen Geist ein, um hindurchzuwehen und dich frei zu machen.

Das ist das Fett (die Salbung), das jedes Joch zerbricht! Das ist die Kraft, die mit allem fertig wird. Nichts und niemand ist stärker als der gute Geist Gottes. Keine Macht des Todes kann da Widerstand leisten. Selbst die Pforten des Hades müssen nachgeben und sich öffnen, wenn Gottes Geist hindurch brausen will. Hörst du den Wind, wie er vom Ostermorgen her bläst und uns zurufen will: „Alles ist MIR möglich!“

„Lazarus, komme aus dem Grab heraus! – Daniel, hab keine Angst vor den Löwen! – Ihr drei Jungs im Feuerofen, euch wird nichts passieren! – Tabitha, wache auf vom Schlaf des Todes und stehe auf! – Esther, alles ist genauso, wie es sein muss; für eine Zeit wie diese bist du geboren worden!“

Mein Schritt heute:

Ich nehme etwas Öl und salbe mein Gesicht damit als Zeichen, dass der Heilige Geist auf mir ist.

Tag 44 **13. Februar**

Heilende Liebe

Lernvers: Johannes 3,16

„Denn so sehr hat Gott die Welt geliebt, dass er seinen eingeborenen Sohn gab, damit jeder, der an ihn glaubt, nicht verloren geht, sondern ewiges Leben hat.“

Gebet:

„Vater, Kinder mit Wunden sind sicher bei Dir. Du bist mein Arzt und Heiler. Dir darf ich alle meine Schmerzen bringen, denn Du bist ein Experte im Umgang mit Menschenleid. Danke, Jesus, Du Mann der Schmerzen – aber auch Du Überwinder und Sieger. In Deinen Wunden finde ich Trost, Heilung und Stärke.“ …

Bibellese: Jesaja 53

Impuls:

Wir wissen natürlich, dass dieser „leidende Gottesknecht“ Jesus war. Und doch fällt es uns oftmals schwer nachzuvollziehen, wie das funktionieren kann, dass da einer vor 2000 Jahren unsere physischen Schmerzen mit ans Kreuz genommen hat. Tja, unser Denken ist sehr eindimensional! Stell dir vor, dein Opa wäre bereits mit zehn Jahren an einer Lungenentzündung gestorben – hätte das etwas mit deinem Leben zu tun?

Ja, absolut: du wärst gar nicht hier! Um wieviel mehr kann der Vater der Ewigkeit Zeit und Raum überbrücken und deinen konkreten Schmerz jetzt mit dem siegreichen Leiden Jesu auf Golgatha verbinden. Es ist ein Akt des Vertrauens! Nimm es in Anspruch: die Heilung gehört den Kindern Gottes! Heilung ist das Brot der Kinder Gottes!

Ja, werden denn alle Kinder Gottes geheilt? Und wenn nicht, liebt denn dann der Vater die einen mehr und heilt sie – und die anderen weniger und heilt sie halt eben nicht? – Du wirst in den unterschiedlichen Ecken des Reiches Gottes dazu unterschiedliche Antworten und Lehrmeinungen finden. Die Bibel spricht sehr realistisch darüber, dass hier auf der Erde Menschen krank werden und sterben. Das bleibt so, bis Jesus Christus wiederkommen wird und Gottes neue Welt beginnt. Bis dahin werden wir es mit Leid und Schmerzen zu tun haben. Dennoch gilt ebenso: das Königreich Jesu hat bereits mitten unter uns angefangen. Es breitet sich aus, mehr und mehr. Die Liebe des Vaters fließt in Strömen und in diesem Liebesstrom ist sehr viel Heilung für Leib, Seele und Geist der Kinder Gottes!

Mein Schritt heute:

Wenn ich Schmerzen habe, lege ich im Glauben meine Hand auf den Bereich meines Körpers und lade den Vater ein, SEINE heilende Liebe durch mich strömen zu lassen. Wenn ich aber gesund bin, danke ich Gott dafür und bete für kranke Menschen, die ich kenne.

Tag 45 14. Februar

Barmherzige Liebe

Lernvers: Johannes 3,16

„Denn so sehr hat Gott die Welt geliebt, dass er seinen eingeborenen Sohn gab, damit jeder, der an ihn glaubt, nicht verloren geht, sondern ewiges Leben hat."

Gebet:

„Vater allen Erbarmens, das bist Du. Ich lebe von Deiner Warmherzigkeit. Und ich sehne mich immer wieder neu nach Deiner zärtlichen Berührung. So wie Du den heimkehrenden Sohn umarmst und mit Küssen überhäufst, so möchte ich Dich heute spürbar erfahren." ...

Bibellese: 1. Petrus 1,3-12

Impuls:

Das griechische Wort für Barmherzigkeit bedeutet so viel wie „eine starke innere Emotion, das Innere wird bewegt, das Herz dreht sich um". Im Hebräischen wird es noch deutlicher: gemeint ist die schützende Bauchhöhle der Mutter, da, wo der Fötus in Geborgenheit heranwachsen kann. Gott ist Vater, und doch hat ER auch ein barmherziges Mutterherz. SEINE Barmherzigkeit ist uns so bedingungslos zugewandt, dass sie uns zu neuem Leben erweckt, uns neu geboren werden lässt zu einer lebendigen Hoffnung. Ist das nicht ein wunderbarer Gedanke, dass mein kleines Leben den Vater zutiefst in SEINEM Inneren bewegt?!

Beobachte doch mal werdende Eltern, wie stark sie sich auf das ungeborene oder neugeborene Kleine fokussieren. Alle ihre Gedanken und ihr ganzes Bemühen drehen sich nur noch darum, dass es das Kind guthaben soll. Um wieviel mehr kümmert SICH Abbas barmherzige Liebe um SEINE Kinder! SEIN ganzes Herz ist uns zugewandt. Wir genießen SEINE ungeteilte Aufmerksamkeit. Bei IHM ist die Quelle unseres Lebens. Wir haben einen Ort des Heranreifens gefunden – ganz nahe am SEINEM Vaterherzen.

Manche „Frühchen" brauchen es ganz dringend, dass sie in der Liebe des himmlischen Vaters nachreifen können, quasi wie in einem himmlischen Brutkasten!

Mein Schritt heute:

Ich lege mich hin und kuschele mich völlig ein, wie ein Kind im Schoß der Mutter – so genieße ich für einige Augenblicke die barmherzige Liebe Gottes.

Tröstende Liebe

Lernvers: Johannes 3,16
„Denn so sehr hat Gott die Welt geliebt, dass er seinen eingeborenen Sohn gab, damit jeder, der an ihn glaubt, nicht verloren geht, sondern ewiges Leben hat.“

Gebet:

„Du bist der Vater allen Trostes! In dieser Welt scheint es so viele trostlose Situationen zu geben und so viele untröstliche Menschen. Wenn ich um mich schaue, sehe ich viel Not und Herzeleid unter den Leuten. Und auch mein Herz kennt den Schmerz – umso mehr danke ich Dir für Deinen Trost in meinem Leben. Ja, bitte, sei ein Tröster der Traurigen.“ …

Bibellese: 2. Korinther 1,3-7

Impuls:

Unser Vater hat ein Monopol auf Trost und Erbarmen. Nirgendwo sonst auf der Welt werden wir so getröstet wie beim Vater. Der Teufel bietet uns viele falsche Tröster an: Alkohol, Drogen, Sex, Pornographie, Konsum, Essen usw. Sie verschaffen nur kurze Erleichterung, aber danach kommt die große Leere oder der Kollaps. Diese „Trösterlein“ schaffen keine wirkliche Lösung in uns. Was wir brauchen ist mehr – wir brauchen den wahren Erlöser! Unser Vater kommt und tröstet uns auf SEINE einzigartige Weise. ER sagt uns: „Mein Kind, ICH kann dir nicht alle Wachstumsschmerzen ersparen, aber ICH verspreche dir, ICH werde immer bei dir sein! ICH trage dich hindurch, wo du nicht mehr weiterkannst. ICH bringe dich sicher bis ans Ziel.“

Es ist wunderbar, wie einzigartig und kompetent unser Abba-Papa trösten kann. Zwischen Trost und Trost können Welten liegen. Was dem einen guttut, mag ein anderer überhaupt nicht leiden. Doch unser Vater kennt uns in- und auswendig – ER weiß, was wir brauchen und gibt uns haargenau, was wir wahrhaft benötigen. Auf IHN ist absolut Verlass!

Mein Schritt heute:

Ich halte Ausschau nach einem Menschen, der meinen Trost braucht. Ich werde einfach nur segnend bei ihm sein und seine Hand halten.

Tag 47 16. Februar

Ermutigende Liebe

Lernvers: Johannes 3,16
„Denn so sehr hat Gott die Welt geliebt, dass er seinen eingeborenen Sohn gab, damit jeder, der an ihn glaubt, nicht verloren geht, sondern ewiges Leben hat."

Gebet:

„Lieber Papa, wie oft hat mich Deine Ermutigung am Leben erhalten. Ich kenne keinen besseren Ermutiger als Dich. Oftmals kommt das rechte Wort zur rechten Zeit oder einfach nur ein kurzer Geistesblitz, und ich weiß, dass Du da bist, ganz nah bei mir, und zu mir stehst. Danke, ich brauche das so sehr!" …

Bibellese: Psalm 27

Impuls:

„Gib nicht auf, du schaffst das! Es wird nur besser werden! Ich glaube an dich! Du bist doch ein tolles Kind!" – Nur wenige hatten Eltern, die ihre Seele täglich mit solchen Ermutigungen gefüttert haben. Was wird wohl aus solch einem Kind werden? – Ein Mensch, der ein gesundes Polster von Vertrauen in sich trägt!

Ermutigende Liebe ist das Allerwichtigste in der Pädagogik. Leider hatten wir nur wenige Ermutiger, und dafür viel mehr Entmutiger – Ermahner, Kritiker und Nörgler, die auf unser Leben Einfluss genommen haben. Wenn es dir auch so geht, dann sei nicht entmutigt! Schau, wir haben einen wunderbaren Vater im Himmel bekommen, als wir Christ wurden. Und jetzt holt ER alle Laufmaschen unseres alten Lebens hoch, füllt die leeren emotionalen Tanks unserer Seele mit dem Geist SEINER ermutigenden Liebe. Jeden Tag deines weiteren Lebens wird ER Worte der Ermutigung, Auferbauung und Bestärkung zu dir sprechen! Wirst du auf sie hören?!

Ich habe es über die Jahre gelernt, dieser sanften, liebevollen Stimme von Abba in meinem Herzen mehr und mehr Vertrauen zu schenken. Ich höre auf SEINE Worte; ich schreibe sie mir auf, wie einen Liebesbrief des Himmels und ich sinne oftmals über einzelne Aussagen und Passagen nach, die meiner Seele und meinem Geist nur guttun!

Ermutigung macht Kinder stark! Abbas gute Worte machen Gottes Kinder stark und fit fürs Leben!

Mein Schritt heute:

Ich höre in der Stille auf den Vater und schreibe auf, was ER mir Ermutigendes sagt. Dann tue ich dasselbe für jemand anderes aus meinem Umfeld.

Tag 48 17. Februar

Papas Vorliebe für das Schwache

Lernvers: Johannes 3,16

„Denn so sehr hat Gott die Welt geliebt, dass er seinen eingeborenen Sohn gab, damit jeder, der an ihn glaubt, nicht verloren geht, sondern ewiges Leben hat.“

Gebet:

„Vater, manchmal fühle ich mich so schwach und zerbrechlich. Und dann muss ich daran denken, dass Du das Schwache liebst – ja, geradezu eine Vorliebe für das Schwache zeigst. Danke, dass Du in Deiner Allmacht nicht auch noch auf mir herumtrampelst, wenn ich am Boden liege, sondern vielmehr mich aufhebst und mich in Deinen Armen sicher birgst. Ich brauche Dich so sehr zum Leben.“

...

Bibellese: Matthäus 5,1-12

Impuls:

Hört, wen Jesus als Glücklichen anpreist!

Das sind die Schwachen, die keine Kraft und Macht in sich selbst haben. Das sind jedenfalls nicht die heldenhaften, supergestylten Siegertypen aus der Werbung. Es gibt zwei Arten von Schwachheit: die eine ist die Schwachheit der Kinder. Sie ist kein Mangel, sondern sogar Reichtum. Kinder wissen um ihre Grenzen. Sie müssen nicht alles können, weil der Vater ja da ist. Ihr Vertrauen, ihre Sanftmut und Reinheit sind geradezu Stärke. Sie leben im Licht göttlicher Realität. Weil sie einen starken Vater im Himmel haben, fürchten sie sich nicht und brauchen sich auch keine Sorgen zu machen!

Daneben gibt es aber auch noch jene schleimige, selbstmitleidige Charakterschwäche. Diese Schwächlinge sind aussaugende seelische „Vampire“, deren Lebenslüge und Alibi geradezu in ihrer Schwachheit liegen. Sie werden immer nur oberflächlich von der Liebe Gottes berührt, weil sie darunter ihre stolze Opfermentalität festhalten müssen. Diese Kinder wollen und können nicht auf ihre Schwachpunkte verzichten, denn sie brauchen sie zum „über-leben“! Wie ein betrunkener Alkoholiker, auf den die Mitmenschen erst aufmerksam werden, wenn er in seinem Suff rumrandaliert; so (miss)braucht manch einer „seine“ Schwachheit, damit andere ihn überhaupt erst wahrnehmen und er sich gesehen fühlt.

Mein Schritt heute:

Ich realisiere die Schwachpunkte meines Lebens und lade den Geist Gottes ein, darin meine Lebenskraft zu sein.

Vielgeliebt sein

Lernvers: Johannes 3,16

„Denn so sehr hat Gott die Welt geliebt, dass er seinen eingeborenen Sohn gab, damit jeder, der an ihn glaubt, nicht verloren geht, sondern ewiges Leben hat.“

Gebet:

„Vater, kannst Du mich denn noch mehr lieben, als Du mich bisher geliebt hast? Nein, ich kenne niemand im ganzen Universum, der größere Liebe für mich hätte als Du, mein Gott und Herr. Darum schenke ich mich Dir neu.“ …

Bibellese: Daniel 10

Impuls:

Welch eine wunderschöne Anrede, mit der der Vater sich Daniel naht! „Vielgeliebter“ oder nach anderer Übersetzung: „meine Kostbarkeit, mein Schatz“. Das sprengt mal wieder alle meine Vorstellungen. Wir haben in Gott einen romantischen Vater, der uns beim Kosenamen ruft: „Liebling, Darling, Schatzi.“ Das kreuzigt den letzten Rest von Religiosität in uns. Der allmächtige und heilige Gott kommt nicht in Richterrobe daher, sondern im Flüsterton eines Liebhabers! Musst du da auch umdenken, neu denken, Buße tun über alle falschen Gottesbilder, die noch in unseren Köpfen und Herzen herumgeistern?!

Ich frage immer wieder: „Herr, warum ich, warum liebst Du gerade mich so sehr? Was kann ich Dir nur bieten? Was siehst Du in mir? Womit habe ich das verdient?“

Und je mehr ich darüber nachgrüble, komme ich immer wieder zum selben Ergebnis:

Der Vater liebt mich, weil ER mich liebt, weil ER mich liebt, weil ER mich liebt …, denn ich bin SEIN Kind, SEIN vielgeliebtes Kind! ER hat SICH für mich entschieden, weil ER es so wollte. Die Antwort liegt einzig und allein in IHM begründet und nicht bei mir. Nicht mein Tun, meine Erfolge oder meine Schuld haben SEIN Vaterherz bewegt, sondern immer waren SEINE Gnade, Liebe und Treue zuerst – vor allem! Sie sind nicht die Reaktion auf uns Menschenkinder, sondern vielmehr die Quelle allen Lebens. Wir sind, weil ER uns zuerst geliebt hat und zuerst gewollt hat. Babys sind die Frucht wahrer Liebe und keine Belohnung für gute Taten.

Mein Schritt heute:

Ich werde einem anderen erzählen, wie sehr ich von Gott geliebt bin – einfach vielgeliebt!

Tag 50 **19. Februar**

Im Zeichen Seiner Liebe

Lernvers: Johannes 3,16

„Denn so sehr hat Gott die Welt geliebt, dass er seinen eingeborenen Sohn gab, damit jeder, der an ihn glaubt, nicht verloren geht, sondern ewiges Leben hat.“

Gebet:

„Vater, wenn ich an Dich denke, schlägt mein Herz schneller. Du bist mir so vertraut. Du bist das Glück meines Lebens. Danke, dass ich Dich finden durfte. Du hast aus dem Minus ein Plus gemacht, mein Leben findet jetzt unter einem anderen Vorzeichen statt! Dank sei Dir!“ …

Bibellese: Hohelied 2,4-7

Impuls:

Wie oft wurde ich schon von „säkularen“ Zeitgenossen gefragt, in welchem Sternzeichen ich geboren sei. Dann habe ich natürlich, als guter Christ, geantwortet, dass ich von solchem Aberglauben gar nichts halte. Künftig werde ich aber den Leuten lieber sagen, dass ich im „Zeichen der Liebe“ geboren bin.

Ja, das Zeichen über meinem Leben ist die Liebe des Vaters! Das Banner über uns ist Agape-Liebe! Jeder soll es sehen, hören und mitbekommen, welchem herrlichen Gott ich gehöre. Ich will von IHM schwärmen, mehr als andere über ihre Hobbys und Urlaubserlebnisse berichten oder gar ihre Götzen „verherrlichen“!

Abba-Vater ist mein ganzes Glück! Ich will mit IHM protzen und prahlen – da kann ich ja gar nicht übertreiben. ER ist immer noch so viel besser und größer, als ich es jemals rüberbringen könnte! ER ist mein größter Schatz, meine schönste Leidenschaft und mein höchster Genuss! ER ist mein Zuhause, meine Heimat und zugleich mein Land der Verheißung! Ich bin ein „Gezeichneter“. Ein Ausgezeichneter!

Mein kleines Leben trägt die Zeichen SEINER großartigen Liebe. Wo ich stehe, gehe oder liege, das Banner SEINER Liebe weht wie eine Standarte über mir. Diese Flagge verheißt: „Das Land, auf dem du stehst, das gehört rechtmäßig dir. Es ist dein Land, wo du die Hoheit drüber hast – und niemand darf es dir wegnehmen!“

Mein Schritt heute:

Ich male mir ein Zeichen SEINER Liebe (ein Kreuz, Herz usw.) auf meinen Handrücken, damit es mich den ganzen Tag an IHN erinnert.

Teil 6

Am Kreuz die Liebe entdecken

Galater 2,20

Hingabe aus Liebe

Lernvers: Galater 2,20

„... nicht mehr lebe ich, sondern Christus lebt in mir; was ich aber jetzt im Fleisch lebe, lebe ich im Glauben. Und zwar im Glauben an den Sohn Gottes, der mich geliebt und sich selbst für mich hingegeben hat!"

Gebet:

„Jesus, Du Sohn des Vaters, wie sehr liebe ich Dich. Dein Leben für mein Leben. Dein Tod statt meines Todes. Ewig will ich Dir für Golgatha danken. Und wenn es in meinem Leben nichts anderes Gutes mehr geben würde, Deine Liebe am Kreuz reicht, um Dir eine Ewigkeit zu danken!" ...

Bibellese: Galater 2,19-21

Impuls:

Wer die unendliche Liebe des Vaters kennenlernen will, der muss zum Kreuz gehen! So abscheulich diese zwei Holzbalken als Hinrichtungsmittel sind, so wundervoll sind sie für uns Christen geworden. Dort hätten wir eigentlich hängen müssen, als gerechte Strafe für all unsere Sünden und vor allem wegen unserer Rebellion gegen die liebevollste Persönlichkeit des Universums, unseren Vater-Gott. Aber ER wollte den Tod des Sünders nicht und kam auf den spektakulären Rettungsgedanken, selber Mensch zu werden und die Strafe an unserer Stelle auf SICH selbst zu nehmen. Solch eine Liebe hat die Welt noch nicht gesehen. Jesus ist das Vaterherz Gottes, das am Kreuz für mich hing! Darum will ich IHM ewig danken für Golgatha!

Dort unter dem Kreuz, da habe ich mich in Jesus verliebt – als ich mich selber dort stehen sah und der Heilige Geist mir offenbarte: eigentlich hätte ich dort hängen müssen! Aber Abba wollte das nicht! Deshalb kaufte ER mit dem Liebsten, was ER besaß – nämlich mit SEINEM eigenen Herzblut, mit dem wunderbaren Sohn Jesus – kaufte ER die anderen Kinder frei! Halleluja, für solch eine Vaterliebe! Halleluja, für solch einen Erlöser-Gott!

Mein Schritt heute:

Ich bete heute Jesus Christus auf meine spezielle Art an (singen, tanzen, malen usw.) und ich danke IHM für das Kreuz.

Jesus ist das Vaterherz Gottes

Lernvers: Galater 2,20

„... nicht mehr lebe ich, sondern Christus lebt in mir; was ich aber jetzt im Fleisch lebe, lebe ich im Glauben. Und zwar im Glauben an den Sohn Gottes, der mich geliebt und sich selbst für mich hingegeben hat!“

Gebet:

„Himmlischer Vater, Preis sei Dir für Jesus. Danke, dass Du IHN gesandt hast, um diese Welt mit Dir zu versöhnen. Versöhnung durch den Sohn, damit wir wieder Deine Kinder werden können. Und Preis sei Dir, Jesus, für Deine Treue bis zum Schluss.“ ...

Bibellese: 2. Korinther 5,13-21

Impuls:

Ich weiß nicht, wer von euch vor Jahren den Film „E.T.“ gesehen hat? Eine Szene daraus werde ich nie vergessen: als die Menschen diesen liebenswürdigen, kleinen Außerirdischen medizinisch untersuchten und röntgten, stellten sie mit Verwunderung fest, dass sein ganzes Inneres einzig und allein aus einem gigantischen Herzen bestand, quasi ein Herz auf zwei Beinen.

Wie komme ich jetzt nur auf Jesus, fragst du? – Jesus ist das zu uns gesandte und geoffenbarte Vaterherz Gottes! ER ist das Herz Gottes in menschlicher Form auf zwei Beinen! Wer Jesus sieht, sieht in die Tiefen des Vaterherzens Gottes!

Wer den Vater-Gott kennenlernen will, der muss Jesus kennenlernen. Jesus Christus ist der perfekte Repräsentant des himmlischen Abba-Papas. Alles, was Jesus sagte, was ER tat oder wie ER Sich verhielt, ist eine einzige Botschaft des Himmels, direkt aus dem Vaterherzen Gottes. Klarer, reiner und unverfälscht können wir das Herz von Abba gar nicht sehen – als nur in Jesus!

Da gibt es gar keinen Unterschied. Jesus und der Vater sind absolut eins!!! Eins im Herzen und eins in der Liebe! Das Kreuz ist das Siegel darüber!

Mein Schritt heute:

Ich will heute einem anderen Menschen von dem erzählen, was Jesus für mich getan hat.

Tag 53 **22. Februar**

Ein Opfer aus Liebe

Lernvers: Galater 2,20

„… nicht mehr lebe ich, sondern Christus lebt in mir; was ich aber jetzt im Fleisch lebe, lebe ich im Glauben. Und zwar im Glauben an den Sohn Gottes, der mich geliebt und sich selbst für mich hingegeben hat!“

Gebet:

„Kein Tag soll vergehen, an dem ich nicht Deine Güte, Barmherzigkeit und Gnade in meinem Leben preise. Das, was Du für mich getan hast, ist mehr, als ich jemals verdient haben könnte. Deine Liebe tut mir so gut. Sie ist tiefe Heilung für mein zerbrochenes Herz. Und das alles tust Du nicht mal aus Zwang, Berechnung oder Pflichtbewusstsein; Du liebst mich wirklich.“ …

Bibellese: Hebräer 4,14-5,10

Impuls:

Jesus hat ein vollkommenes Opfer für unsere Sünden gebracht. ER ist der Hohepriester, der nicht nur stellvertretend ein Opfer im Tempel Gott darbrachte, sondern der SICH selbst aus Liebe als Opfer schenkt. Im Himmel gab es keine Diskussion zwischen dem Vater und dem Sohn, ob nun der Sohn endlich mal auf diese verlorene Welt gehen würde oder nicht. Nein, Jesus verließ die Himmelswelt freiwillig. IHN zog es zu uns sündigen Menschen. Es hatte SEIN Herz gebrochen, uns in solcher Not der Verlorenheit zu sehen. Um uns zu retten, war ER bereit, bis zum Äußersten zu gehen. Alles, selbst SEIN Leben, opferte ER hundertprozentig für uns. Wie könnte ich dann noch jemals an SEINER Liebe für mich zweifeln?

Und doch tue ich das leider oftmals! Ich zweifle an SEINER großen Liebe, wenn ich wieder einmal hingefallen bin und mich schmutzig fühle. Ich zweifle an SEINER großen Liebe, wenn sich Schwierigkeiten auf meinem Weg nicht so einfach wegbeten lassen. Ich zweifle an SEINER großen Liebe, wenn ich mich ungerecht behandelt fühle und denke, dass andere bevorzugt werden. Ich zweifle, weil mir das Kreuz aus meinem Blickfeld geraten ist. Darum tut es gut, nach Golgatha umzukehren und mich SEINER Liebe neu zu vergewissern!

Mein Schritt heute:

Ich verzichte heute bewusst auf etwas (z. B. Neue Medien, Essen, Hobby usw.) und nehme mir mehr Zeit, Jesus und dem Vater für IHRE geniale Rettungsaktion zu danken.

Tag 54 23. Februar

Liebesbeweis

Lernvers: Galater 2,20

„... nicht mehr lebe ich, sondern Christus lebt in mir; was ich aber jetzt im Fleisch lebe, lebe ich im Glauben. Und zwar im Glauben an den Sohn Gottes, der mich geliebt und sich selbst für mich hingegeben hat!“

Gebet:

„Vater, eigentlich brauchst Du mir Deine Liebe nicht noch mal zu beweisen. Mehr als Du mich dort am Kreuz durch Jesu Tod geliebt hast – noch mehr geht nicht. Und doch sehne ich mich heute nach einer frischen Berührung und Umarmung Deiner Gegenwart in meinem Leben.“ ...

Bibellese: Römer 5,1-11

Impuls:

Durch den Opfertod Jesu am Kreuz ist Friede mit Gott, sind wir versöhnt durch den eingeborenen Sohn. Jesus ist der Weg zum Vater. Die Tür zum Vaterhaus steht weit offen. Und mit dem Kommen des Heiligen Geistes zieht uns der Vater näher und näher heran an SEIN Herz. Du musst nicht mehr fernab stehen. Du darfst ganz nah herankommen. So nah wie du willst. Von Gottes Seite aus gibt es da keine Beschränkung. SEIN Herz steht sperrangelweit offen für uns. Komm und lass uns dem Vater neu sagen, wie sehr wir uns nach SEINER Berührung sehnen. Wir wollen nass werden vom Heiligen Geist, der in uns die Vaterliebe ausgießt. Einen stärkeren Liebesbeweis als das Kreuz und den Strom des Lebens konnte der Vater uns nicht geben!

Kennst Du diesen Liebesstrom? – Es ist mehr als ein Gefühl und auch mehr als eine Sehnsucht. Die Agape-Liebe des Vaters ist eine himmlische Realität mit konkreten Auswirkungen. So wie Wasser nassmacht, der Wind bewegt oder Feuer brennt – so hat die Vaterliebe Gottes spezifische Wirkungskraft auf unser Leben. Sie kreiert ein neues Lebensgefühl, einen neuen Lebensraum, eine einzigartige Dynamik. Sie verleiht göttliche Energien für unseren Alltag und befähigt zu einem Leben als geliebtes Gotteskind.

Das macht den großen Unterschied! Ich weiß, dass ich weiß ..., ganz tief in mir drin weiß ich es: „ICH BIN GELIEBT!“

Mein Schritt heute:

Ich stelle mich heute unter die Dusche, als ob es der Wasserfall der Liebe Gottes ist, und preise laut die Güte meines Herrn.

Tag 55 **24. Februar**

Auf die Nagelprobe gestellt

Lernvers: Galater 2,20

„... nicht mehr lebe ich, sondern Christus lebt in mir; was ich aber jetzt im Fleisch lebe, lebe ich im Glauben. Und zwar im Glauben an den Sohn Gottes, der mich geliebt und sich selbst für mich hingegeben hat!“

Gebet:

„Jesus, ich liebe das Kreuz als Zeichen der Versöhnung mit dem Vater. Danke für Deinen Gehorsam und Deine Liebe bis in den Tod. Danke für Deine Schmerzen und für Dein kostbares Blut. Danke für den Sieg von Golgatha.“ ...

Bibellese: Lukas 23,33-43

Impuls:

Dort hängt die Liebe Gottes in Person am blutigen Kreuz, am Fluchholz für Sünder. Und anstatt an SICH zu denken oder voller Bitterkeit und Hass die letzten Stunden zu verbringen, bittet Jesus für die Menschen unterm Kreuz um Vergebung; segnet, die IHN fluchen; kümmert SICH um SEINE Mutter und SEINEN Freund Johannes; und führt noch den Mörder, der neben IHM hängt, auf den Weg zum Himmel. Ich kenne keine stärkere Macht der Liebe, keinen Ort, an dem man mehr die Liebe Gottes auf die Nagelprobe stellen könnte, als am Kreuz von Golgatha!

Am Karfreitag pflegen wir in unserer Familie eine gute Gewohnheit: wir verbringen die drei Stunden zwischen 12-15 Uhr – die Stunden, in denen unser Herr und Meister am Kreuz gehangen hat – mit IHM gemeinsam! Das heißt, wir lesen Passionstexte aus der Bibel; wir betrachten Bilder und Kunstwerke, die Golgatha vergegenwärtigen; wir feiern Abendmahl; wir singen IHM Danklieder für das Kreuz und verbringen Zeiten nahe an SEINEM Herzen im Gebet; wir erzählen einander von den wunderbaren Spuren SEINER Liebe auf unseren Wegen und ermutigen einander in den dunklen Stunden unseres Lebens. Es ist uns jedes Mal so, als ob wir selber mit dabei wären – unterm Kreuz!

Mein Schritt heute:

Ich suche einen Bildband, ein Gemälde, das die Kreuzigung Jesu darstellt; betrachte das Bild und meditiere über das liebende Leiden meines Herren.

Tag 56 25. Februar

Pluszeichen über meinem Leben

Lernvers: Galater 2,20

„... nicht mehr lebe ich, sondern Christus lebt in mir; was ich aber jetzt im Fleisch lebe, lebe ich im Glauben. Und zwar im Glauben an den Sohn Gottes, der mich geliebt und sich selbst für mich hingegeben hat!“

Gebet:

„Was bin ich als Mensch? Über 80 % Wasser, plus ein paar andere Moleküle – wie Staub, wie Gras, ein Nichts, ein Hauch? Und doch hat Deine Liebe mich erst spüren lassen, wie kostbar ich in Deinen Augen bin. Vater, in Deinen liebenden Armen fing mein Leben erst wirklich an.“ ...

Bibellese: 1. Korinther 15,1-11

Impuls:

Ja, und auch mir ist der auferstandene Herr Jesus Christus begegnet!

Auch mein Name könnte dort in der Auflistung der Augenzeugen des Osterwunders stehen, so wie der Name von Paulus. Saulus wurde zu Paulus. Der „Großkotzige“ wurde der „Kleine“. Denn nur so passte Paulus durchs Nadelöhr des Glaubens. Nur Kinder passen durch die Tür des Vaterhauses; nur Zerbrochene können durchs Kreuz hindurch. Die Versager, Sünder und Lebensverpfuschten sind herzlich willkommen. Die mit einem dicken Minus vor ihrer Existenz. Denn dann kommt unser Gott-Vater, nimmt Gestalt an in Jesus, schlüpft in den Sohn und durchkreuzt von oben herab unsere Unvollkommenheit.

So macht ER aus dem Minus meines Lebens ein ewiges Plus am Kreuz von Golgatha! Halleluja!

Abbas Mathematik sieht anders aus. Mach bitte nicht deine Rechnung ohne IHN! ER hat für alles bereits gezahlt. Wir müssen und können nichts mehr hinzufügen. Das Kreuz ist Abbas „Denk-mal!“ – „Dank-mal!“: „Denk-mal-drüber-nach!“ und „Dank-mal-häufiger-dafür!“

Mein Schritt heute:

Ich male heute öfters, gerade wo ich bin (auf der Arbeit, zuhause), ein Pluszeichen irgendwohin – als Denk-mal ans Kreuz.

Tag 57 **26. Februar**

Leidenschaft für Jesus

Lernvers: Galater 2,20

„... nicht mehr lebe ich, sondern Christus lebt in mir; was ich aber jetzt im Fleisch lebe, lebe ich im Glauben. Und zwar im Glauben an den Sohn Gottes, der mich geliebt und sich selbst für mich hingegeben hat!"

Gebet:

„Jesus, Du bist die Liebe meines Lebens! Mein Lover und mein Bräutigam, Du hast mein Herz erobert mit Deiner Liebe. Die Art, wie Du mich liebst, fesselt mich immer wieder neu. Du entzündest ein Feuerwerk von Leidenschaft, Romantik und Intimität in mir. Ewig will ich von Deiner Liebe singen." ...

Bibellese: Philipper 3,7-14

Impuls:

IHN kennen heißt, IHN lieben!

Wer sich einmal unter dem alten Kreuz von Golgatha wiederfand und die Offenbarung durch den Geist Gottes bekam: dort hätte eigentlich ich hängen müssen, für meine Rebellion, den Stolz und die Ignoranz – aber dort hängt jetzt ER, Jesus, freiwillig!

Das war kein Justizirrtum, das war volle Absicht des Himmels. Hier erfüllt sich ein von Ewigkeiten her gefasster Plan. Gott, der Vater, war bereit, SEIN Liebstes – nämlich Jesus – an meiner Stelle zu opfern, weil ER mich bei SICH haben möchte. Billiger ging es nicht, es kostet Jesus für 33 Jahre die Herrlichkeit, unendliche Qualen und die unmittelbare Konfrontation mit der geballten Macht der Dunkelheit, und schließlich auch noch den Tod.

Aber das alles hielt ER aus, weil eine stärkere Kraft IHN motivierte – die Retterliebe des Vaters. Wer dieses Geheimnis für sich entdeckt, der kann gar nicht anders, der muss mit leidenschaftlicher Liebe – mit Passion – antworten: „Mein Leben sei ein Dank für Golgatha! Jeder Atemzug, jeder Herzschlag, jeder neue Tag! Ich will für IHN leben, weil ER mir so teuer mein ewiges Leben erkauft hat! Ich will IHN preisen mit meinen Liedern, ich will IHN anbeten aus der Tiefe meines Herzens! ER schenkte sich uns ganz und gar – so will auch ich mich IHM völlig hingeben!"

Mein Schritt heute:

Ich nehme mir bewusst Zeit und werde Jesus-Lieder zu SEINER Ehre singen und so ein Bad in SEINER Liebe nehmen.

Tag 58 27. Februar

Kompromisslos lieben

Lernvers: Galater 2,20

„... nicht mehr lebe ich, sondern Christus lebt in mir; was ich aber jetzt im Fleisch lebe, lebe ich im Glauben. Und zwar im Glauben an den Sohn Gottes, der mich geliebt und sich selbst für mich hingegeben hat!"

Gebet:

„Ich bin entschieden, zu folgen Jesus, niemals zurück! Herr, die Welt liegt hinter mir, das Kreuz steht vor mir, niemals zurück! Ob niemand mit mir geht, doch will ich folgen, niemals zurück! Ja, so radikal habe ich meinen Liebesweg mit Dir begonnen und so kompromisslos setze ich ihn fort, bis ich ewig nach Hause komme." ...

Bibellese: 1. Johannes 2,15-17

Impuls:

Wer Gottes Liebe mit einem harmlosen Weichspülmittel oder einem lauwarmen Babyflaschentrank verwechselt, der hat sich gewaltig geirrt. Gottes Liebe ist radikal, kompromisslos, fordert Entscheidungen: Entweder – oder!

Entweder du liebst Gott oder du wirst einem Götzen dienen! Du dienst immer jemandem – entweder Gott oder dem Teufel. Hier ist das Evangelium ganz klar schwarzweiß – wenn es auch sonst in den buntesten Regenbogenfarben erstrahlt. Die Liebe zu Jesus muss die Nr. 1 in meinem Leben werden, sein und bleiben.

Ein halber Christ ist ein ganzer Unsinn! Sei ganz SEIN, oder lass es ganz sein! Ein Dazwischen gibt es nicht! Unser Vater im Himmel ist voller Zärtlichkeit und Erbarmen, aber wenn es um die Liebe zu IHM geht, ist ER ein eifernder, verzehrender Liebhaber. Ich wollte ja auch nicht, dass meine Frau noch andere Geliebte hätte! – Also, wir verstehen?!!

Die Bibel nennt all das „Götzen", was unserem Vater den Platz in unseren Herzen streitig machen will. Wir können es an unserem Investment ablesen. Wo hinein fließen meine Ressourcen – Zeit, Geld, Leidenschaft, Interesse, Hingabe und Motivation? Manches mag äußerlich ganz harmlos aussehen, kann sich aber auf einmal als ein fieser Götze enttarnen. Deshalb ist es eine gute Angewohnheit, wenn wir von Zeit zu Zeit alles mal durchchecken. Die Bibel nennt das „Fasten" – ein befristeter Verzicht. In solchen Zeiten merken wir erst richtig, ob wir die Dinge besitzen oder die Dinge uns besitzen.

Mein Schritt heute:

Ich mache heute „Götzenjagd" in meinem Leben; ich überprüfe und ändere es, wenn Jesus irgendwo nicht mehr meine Nr. 1 sein sollte.

Tag 59 **28. Februar**

Ein Stück Sterben

Lernvers: Galater 2,20

„… nicht mehr lebe ich, sondern Christus lebt in mir; was ich aber jetzt im Fleisch lebe, lebe ich im Glauben. Und zwar im Glauben an den Sohn Gottes, der mich geliebt und sich selbst für mich hingegeben hat!“

Gebet:

„Hilfe, Herr, ich rufe zu Dir! Das tut so weh! Das Kreuz, das Du mir zu tragen gegeben hast, bereitet mir Schmerzen! Ich kann einfach nicht mehr – hab' Dank, dass Du mein Schreien hörst und mir tragen hilfst. Ich spüre wieder Deine Nähe. Dich hier zu wissen, mitten in meinem Leid, bedeutet mir so viel. Danke, Vater, dass Du immer bei mir bist, selbst wenn ich Dich mal kurz aus den Augen verliere.“ …

Bibellese: Philipper 2,1-11

Impuls:

Stirb schneller, Liebling!

Auch wenn wir, Gott sei Dank, um den ewigen Tod herumkommen, weil Jesus ihn am Kreuz für uns besiegt hat. Und auch, wenn unser physischer Tod nunmehr ein Tor zur Ewigkeit geworden ist, seit Jesus am Ostermorgen die Tür zum ewigen Vaterhaus geöffnet hat – so bleibt uns doch noch eine Portion Sterben übrig. Und zwar unser „Fleisch“ muss sterben, d. h. unser dickes Ego, unser rebellischer Dickkopf, unser eigenmächtiger Stolz. Dieses Sterben dauert so circa ein ganzes irdisches Menschenleben lang. Wir nehmen ab und Christus nimmt in uns zu. So werden wir IHM immer ähnlicher.

Das lässt sich leider nicht theoretisch erlernen. Dieser Kreuzgang ist ein Weg mit vielen Lernschritten. So, wie wir das Laufen gelernt haben, hinfallen und wieder aufstehen, so werden wir noch viele Purzelbäume schlagen und Umwege machen, bis wir die Reife erreicht haben. Aber auch hier gilt: nicht erst das Endergebnis ist es, worauf es ankommt, sondern der ganze Prozess zählt schon für sich. Abba wartet nicht erst darauf, bis wir stubenreine und perfekte Kinder sind, damit ER uns lieben kann. SEINE Liebe hat uns erwählt, trotz unserer Macken und Fehler. Wenn ER mal wieder eine Unvollkommenheit bei uns entdeckt, dann legt ER ganz schnell das Kreuz auf uns und schon sehen wir völlig anders in SEINEN Augen aus – wir sehen dann wie Jesus aus!

Wir brauchen Jesus, SEINE Vergebung und SEINE Kraft für jeden Schritt. Diese Wahrheit, diese Einsicht erhält uns demütig und realistisch. Sie erfreut unser Herz, aber ärgert unseren Stolz mächtig!

Also, stirb schneller, Liebling! Und lass es lieber Jesus machen!

Mein Schritt heute:
Ich frage heute jemanden, dem ich vertraue, ob er mir eine Sache nennen mag, die ich nach seinem Empfinden unbedingt in meinem Leben ändern sollte – und dann werde ich mich damit ernsthaft auseinandersetzen.

Das Kreuz tragen

Lernvers: Galater 2,20

„... nicht mehr lebe ich, sondern Christus lebt in mir; was ich aber jetzt im Fleisch lebe, lebe ich im Glauben. Und zwar im Glauben an den Sohn Gottes, der mich geliebt und sich selbst für mich hingegeben hat!"

Gebet:

„Ich will Dich täglich lieben, nicht nur hin und wieder. Ich will Dich lieben an guten und an bösen Tagen. Ich will Dich lieben, egal, ob ich etwas fühlen kann oder nicht. Und alles, was ich tue, soll aus Liebe für Dich getan sein. Denn Du bist mein Leben, in Dir habe ich erst das Leben. Du, mein himmlischer Vater!" ...

Bibellese: Lukas 14,25-35

Impuls:

Jesus nachfolgen ist kein Hundertmeterlauf, sondern ein Marathon. Es kommt nicht so sehr darauf an, nur einen guten Blitzstart hinzulegen, sondern auf die Ausdauer, Treue und Bewährung in kritischen Phasen. Am Ziel ankommen, darum geht es. Und nur der wird das Ziel erreichen, der täglich sein Kreuz auf sich nimmt. Unter „Kreuz tragen" verstehen wir in erster Linie die Herausforderungen, die uns der Vater zum Wachsen gegeben hat. Aber unser Blick wird auch geweitet und wir erkennen: jedes Kreuz trägt zutiefst die Botschaft SEINER Liebe in sich. Unser Vater ist kein „Schinderhannes", vielmehr ist ER der beste Trainer, der genau weiß, wie viele Gewichte und Lasten ER uns zum Aufbau unserer Glaubensmuskulatur zumuten muss, damit wir den ganzen Lauf vollenden.

Wer selber ein wenig Sport betreibt, der weiß, wie schnell es gehen kann, dass wir wieder Kondition verlieren können. Einmal das Training verpasst und schon musst Du nächste Woche ein Level tiefer anfangen. Auch unsere Glaubensmuskeln bauen immer wieder zwischendurch ab, wenn wir sie nicht bewegen. Aber sie werden auch stärker und wachsen, wenn sie beständig herausgefordert bleiben.

Es bleibt eine beständige Herausforderung an unseren „inneren Schweinehund", die uns der Vater nicht erspart. Weder im Sport – noch im guten Lauf des Glaubens! Los, auf geht´s! Komm mit zum Training! Heute ist der perfekte Tag dafür!

Mein Schritt heute:

Ich betätige mich heute sportlich (joggen, radfahren, schwimmen) und erspüre mit meinem Körper, wie wichtig es ist, die Kräfte richtig einzuteilen.

Teil 7

Die Macht der Vergebung

Römer 5,8

Tag 61 **2. März**

Frei von Schuld

Lernvers: Römer 5,8
„Gott aber erweist seine Liebe zu uns darin, dass Christus, als wir noch Sünder waren, für uns gestorben ist!“

Gebet:

„Jesus, danke für die Kraft des Kreuzes. Ich bin so unendlich dankbar, dass Du für alle meine Sünden bezahlt hast. Dein Blut hat mein Herz reingewaschen von allem Schmutz der Vergangenheit.“ …

Bibellese: Psalm 32

Impuls:

Unter den vielfältigen Psalmen lassen sich ein paar Kategorien ausmachen. So gibt es zum Beispiel eine ganze Reihe „Bußpsalmen“ – Gebete und Lieder, in denen der Aspekt von Schuld und Vergebung besonders ausführlich behandelt wird. Dieser Psalm gehört dazu. David setzte sich immer wieder aus gegebenem Anlass damit auseinander. Zum einen hatte er ein waches Gewissen, aber zum anderen klebte auch wirklich viel Blut an seinen Händen. Gott allein weiß, an wie vieler Menschen Tod er direkt (wie bei Goliath) oder indirekt (wie bei Uria) beteiligt war.

Umso mehr können wir nachvollziehen, welch eine Entlastung David empfunden haben muss, als Gott ihm absolute Vergebung schenkte, nachdem er sich gedemütigt hatte. Endlich frei von der erdrückenden Schuldenlast. Frei von den grässlichen Albträumen und Angstschweißattacken in den Nächten. Mir ist vergeben! Oder wie eine neuseeländische Schwester einmal sagte: „Ich bin vergeben!“ – was ja auch stimmt, denn wir gehören jetzt IHM, und zwar brutto. ER hat uns in SEINER grenzenlosen Liebe angenommen, so wie wir gekommen sind, schmutzig und beladen. Aber ER liebt uns zu sehr, um uns so zu belassen. Darum hat ER uns gereinigt durch die vergebende Kraft des Blutes Jesu.

Sünde bedeutet Gottesferne. Vergebung verheißt hingegen Gottes Nähe. In unserem Psalm hört sich das so an: „Ich will dich unterweisen und dir den Weg zeigen, den du gehen sollst … Ich will dich mit meinen Augen leiten!“ Das könnten aber auch die zärtlichen Worte des Vaters aus Lukas 15 sein, der den nach Hause gekommenen Schweinejungen in seinen Armen hält. Beide Male geschieht die Vergebung aufgrund unverdienter Gnade und führt zu einem grandiosen Neubeginn. Das habe ich auch erlebt! Und du?

Mein Schritt heute:

Ich führe mir das Bild vom Vater mit dem Sohn (aus Lukas 15) vor Augen und entdecke mich selbst darin.

Tag 62 **3. März**

Wasche mich rein

Lernvers: Römer 5,8
„Gott aber erweist seine Liebe zu uns darin, dass Christus, als wir noch Sünder waren, für uns gestorben ist!“

Gebet:

„Ich fühle mich schmutzig. Danke, dass ich mit meiner Schuld zu Dir kommen darf. Ich brauche Deine Vergebung, das Bad Deiner Reinigung. Wieder einmal. Ich habe gesündigt.“ …

Bibellese: Psalm 51

Impuls:

Diesen beeindruckenden Psalm schrieb David nach seinem Ehebruch mit Bathseba. Eigentlich müsste man meinen, solch eine unselige Geschichte sollte nicht auch noch besonders erwähnt werden. David war damals mächtig aus der Spur geraten. Fast hätte er alles verloren. So falsch seine Entscheidungen auch gewesen sein mochten und so schmerzhaft die Folgen, dennoch wurde genau dieses Versagen zum Wendepunkt seines Lebens. An keinem Ort begegnete ihm Gott tiefer als hier, an der tiefsten Stelle. Er durchlebte die dunkelste Nacht der Sünde, aber auch den hellsten Auferstehungsmorgen der Vergebung. Nie mehr würde er danach derselbe sein können. Es wurde zu einem neuen Datum in seiner Biografie.

Paulus fragte einmal: „Sollen wir nun mehr sündigen, damit die Gnade umso größer wird?“ – Nein, das wäre doch Unsinn! Aber umgekehrt gilt: „Wem viel vergeben wurde, der liebt viel!“ David brauchte eine Neuschöpfung. „Erschaffe in mir, Gott, ein reines Herz und erneuere in mir einen beständigen Geist!“ Hier steht im Hebräischen das gleiche Wort für *erschaffen*, das sonst nur für das Schöpfungswunder Gottes benutzt wird. Vergebung, Reinigung, Neuanfang – das ist ein Wunder Gottes!

Die Gnade unseres Vaters ist verwirrend auf den ersten Blick! Müsste ER jetzt nicht mit Härte, Strafe und Zurechtweisung handeln? Wo kommen wir denn da hin, wenn man den Sünder auch noch begnadigt? Rechtfertigt das nicht geradezu die böse Tat?

So haben die Pharisäer gedacht, als Jesus ihnen das Gleichnis vom liebenden Vater und dem verlorenen Sohn erzählte.

Unser Vater im Himmel nimmt den Mist unseres Lebens und macht Dünger daraus! Sünde hat nicht das letzte Wort bei Gott. Es ist nie zu spät für die Umkehr in SEINE Umarmung! – Übrigens, Gottes Wiederherstellung geht so weit, dass wir Bathsebas Namen in Jesu Stammbaum wiederfinden. Unser Vater hasst die Sünde, aber ER liebt den Sünder!

Mein Schritt heute:
Ich suche mir jemanden, dem ich mein Versagen beichten kann, und der mir Gottes Vergebung zuspricht.

Tag 63 4. März

Keiner muss sich mehr schämen

Lernvers: Römer 5,8
„Gott aber erweist seine Liebe zu uns darin, dass Christus, als wir noch Sünder waren, für uns gestorben ist!“

Gebet:

„Papa, Du hast meine Würde wiederhergestellt. Ich muss mich nicht mehr schämen, sondern kann mich wieder sehen lassen. Danke für die neue Lebensqualität. Als geliebtes Kind lebe ich befreit auf.“ …

Bibellese: Psalm 25

Impuls:

Nie werde ich den Tag vergessen, an dem ich zum ersten Mal dieses neue Lebensgefühl erfahren durfte: Ich bin frei von Schuld und Scham – mir ist vergeben worden, ich bin total geliebt und angenommen bei Gott!

David kannte auch die Last der Sünde und die damit verbundene Scham. Seine (nicht unerheblichen) Fehltritte brachte Gott ans Licht, aber nicht um ihn zu beschämen, sondern um ihm Raum zur Umkehr zu schenken. Und David tat das Richtige: Er demütigte sich vor seinem Gott und empfing Vergebung. Nun konnte er wieder frei aufatmen und begann spontan IHN zu loben.

Und noch etwas Wunderbares kam sogleich mit der Vergebung: „Jahwe zieht ins Vertrauen, die IHN fürchten (das bedeutet: die IHN ehrfurchtsvoll behandeln)!“ Sünde zerstört die Beziehung zu Gott. Wie ein schlechtes Gewissen sich zwischen Freunde schiebt, so verhindert Unvergebenheit einen freien Umgang mit Gott. Ist die Sündenlast aber erst einmal weg, dann kann das vertraute Miteinander wieder weitergehen. Der Vater behandelte David so, als ob gar nichts geschehen wäre!

Gott sei Dank ist unser Abba-Vater nicht nachtragend! SEINE Vergebung ist vollkommen. Vorbei ist bei IHM wirklich vorbei! Deshalb hat die Scham auch keine Macht mehr über uns. Sünde ist schon schlimm genug, weil sie uns von der größten Liebe unseres Lebens trennt. Aber Scham will uns zusätzlich noch im Geist der Anklage und Verdammnis gefangen halten. Das ist doppelte Strafe!

Doppelte Gnade hingegen ist, dass der Vater uns immer wieder eine zweite Chance einräumt! Es ist nie zu spät für einen Neuanfang! Eigentlich ist jeder Morgen ein Neubeginn und jeder Tag eine neue Möglichkeit! Schluss mit Schuld und Scham! Wir dürfen zurück an die Startlinie! Klappe, die Zweite!

Mein Schritt heute:

Gibt es etwas, was sich zwischen den Vater und mich gestellt hat? – Ich werde gleich zu IHM gehen und meine Schuld und Scham IHM bringen.

Fürsprecher beim Vater

Lernvers: Römer 5,8

„Gott aber erweist seine Liebe zu uns darin, dass Christus, als wir noch Sünder waren, für uns gestorben ist!“

Gebet:

„Jesus, ich brauche Deine Vergebung! Ich habe es nötig, dass Du mir die Füße wäscht und noch mehr – am besten mein Herz. Ich bin klein; mein Herz, mach rein. Soll niemand drin wohnen, als nur Du allein!“ …

Bibellese: 1. Johannes 2,1-2

Impuls:

Jesus ist unser Fürsprecher, Beistand und Tröster. Das Wort *parakletos* bezeichnet den besten Freund, den man damals in der Antike als Anwalt und Verteidiger vor Gericht mitnehmen durfte. Eine Person, die den Betreffenden sehr gut kennt und sein absolutes Vertrauen besitzt, um so dessen Interessen vertreten zu können.

Genau das ist mein Jesus! ER kennt mich durch und durch. ER kennt mich sogar besser, als ich mich selber kenne. ER durchschaut das Knäuel an diffusen Gefühlen und Gedankenwirrwarr in mir und weiß, wie ich es wirklich meine.

Und ER kennt den Vater im Himmel. ER ist eins mit den Gedanken, Willen und Emotionen des Vaters. Einen besseren Dolmetscher und Versteher kann ich mir gar nicht wünschen! Tausend Mal Danke dafür!

Wo brauche ich heute SEINEN Trost, SEIN Verständnis, SEIN Zu-mir-stehen?

Ich will mich ganz neu auf Jesu Hilfe einlassen und IHN meinen Verteidiger sein lassen!

Und sogar dort, wo ich mich selber nicht verstehen kann, warum und wieso ich manches so mache, wie ich es tue – da will ich mich auf meinen Freund und Beistand neu einlassen. „Ja, Jesus, Du verstehst mich durch und durch! Danke für Deine Fürsprache. Du bist für mich, immer für mich – und vertrittst am besten meine Interessen!“

Mein Schritt heute:

Ich bitte den Heiligen Geist, mir zu zeigen, wo noch offene „Anklagepunkte“ meines Versagens in meinen Leben sind, die ich dann an Jesus, meinen Freund und Verteidiger, abgeben werde.

Tag 65 — 6. März

Im Licht leben

Lernvers: Römer 5,8

„Gott aber erweist seine Liebe zu uns darin, dass Christus, als wir noch Sünder waren, für uns gestorben ist!“

Gebet:

„Es liegt solch eine Kraft darin, im hellen Licht Deiner Liebe zu leben! Ich kann mich sehen lassen und muss mich nicht länger schamvoll verstecken. Trotz meiner Schuld liebst Du mich und schaffst es mit mir! Danke für das Geschenk der Vergebung!“ …

Bibellese: 1. Johannes 1,5-10

Impuls:

Die Vergebung ist ein wunderbares Geschenk des Vaters. Sie schafft einen neuen Lebensraum und kreiert eine neue schöpferische Realität. Aus schamvoller, dunkler Enge wird eine lichtdurchflutete Weite. Jesus redet oft über das Gegensatzpaar: Licht und Finsternis.

Gott ist Licht. SEIN Wesen ist lichtvoll und strahlend hell. Gottes Liebe ist wie die Sonne. Hingegen ist das Reich des Teufels das Reich der Finsternis. Satan ist der Verdunkler, Mister Dunkel. Dessen böse Werke liegen im Schattenreich und bleiben am liebsten okkult-verborgen. Aber Finsternis hat keine wahre Kraft in sich selbst. Sie ist lediglich die Abwesenheit des Lichtes. Zünde dein kleines Licht in der Nacht an. Und dies kleine Licht wird stärker sein als die scheinbare Übermacht der Finsternis. Das gilt ebenso für das Reich Gottes!

Wer sündigt, gottlos-vaterlos daher lebt, der versteckt sich gerne in den Grau- und Dunkelzonen der Waisenkinder. Denn man will sich nicht zeigen, so schmutzig und verloren, wie man sich fühlt. Aber wem vergeben wurde, wer reingewaschen wurde von aller Ungerechtigkeit und allem Versagen, der kann sich wieder sehen lassen. Der tritt hervor ins Licht des Lebens hinein.

Mir ist vergeben! Ich bin geliebt und angenommen! Ich, das verlorene Kind, bin nach Hause gekommen. Der Vater ist mir entgegengelaufen und hat mir alle meine Schuld beglichen und bezahlt mit dem kostbaren Blut von meinem Jesus. Dem Blut von Golgatha. Ich bin teuer, sehr teuer erkauft. Denn ich bin IHM so wertvoll! Jetzt stehe ich im Lichtkegel SEINER Liebe und Aufmerksamkeit! ER sieht mich und ER liebt mich!

Mein Schritt heute:

Ich nehme eine Taschenlampe und gehe in einen dunklen Raum, dann knipse ich mein kleines Licht an und preise den Vater des Lichts. SEIN Licht vertreibt alle Finsternis!

Tag 66 **7. März**

Rette mich!

Lernvers: Römer 5,8

„Gott aber erweist seine Liebe zu uns darin, dass Christus, als wir noch Sünder waren, für uns gestorben ist!“

Gebet:

„Mein Leben steht am Abgrund. Ich habe Angst vor der Dunkelheit. Vater, wo bist Du in dem allen? Mir fällt es schwer, Dich zu sehen und Deine Stimme zu hören. Ich rufe zu Dir. Rette mich.“ …

Bibellese: Psalm 88

Impuls:

Dies ist ein weiterer Psalm Davids, den unser Herr Jesus in SEINER Not gesprochen hat. Ich werde nie vergessen können, wie ich diese Worte selbst vor einiger Zeit in Jerusalem gebetet habe. Ich stand in einer in Felsen gehauenen Kammer, tief unter der Erde. Unterhalb der Kirche „St. Peter Gallicantu“. Vermutlich der Ort im Haus des Kaiphas, in dem Jesus als Gefangener damals die letzte Nacht vor SEINEM Tod verbrachte. Und da las ich laut dieses Gebetes. Die einzelnen Worte hallten von den kahlen Felsenwänden wider. Das war für mich ein besonderer Augenblick der Verbundenheit mit Jesus.

Auch ER, der Sohn Gottes, kannte solche Gefühle von Ausweglosigkeit und innerer Zerrissenheit. Auch SEIN Weg führte durch dunkelste Nächte. Selbst mein König Jesus lernte Gehorsam und Vertrauen durch das, was ER erlitt.

Manchmal kommen mir solche Fragen: Warum muss es überhaupt Anfechtungen geben? Warum wird mein Glaube nur so oft auf die Probe gestellt? Ist Gott etwa sauer auf mich, dass ER mich jetzt für meine Fehler bestraft? Warum testet ER mein Vertrauen? Wozu diese Zerreißproben?

Unser Glaubensleben muss viele Bewährungsproben überstehen. Wir wünschten es uns oftmals schmerzfreier. Wir denken, wenn Gott uns wirklich liebt, dann müsste ER uns Leiden ersparen. Die Bibel spricht hingegen an mehreren Stellen davon, dass Gold im Feuer geläutert wird. Es soll von allen Schlacken und Verunreinigungen befreit werden, um noch heller zu strahlen.

Unser Abba sucht nach dem reinen Gold. ER will eine echte, kostbare Liebesbeziehung zu uns haben. Weil sich aber immer wieder in unser Seelenleben so viele Nebenwirkungen einschleichen – wie unreine Motive, Egoismus und Rebellion – muss unser Vater im Himmel reinigende Maßnahmen ergreifen. Unser Trost bleibt dabei: Jesus geht mit uns gemeinsam durch diese schmerzhaften Prozesse! Wir dürfen zusammen mit IHM zum Vater rufen: Rette mich!

Mein Schritt heute:
Ich sehe mir ein Feuer an und bitte dabei Papa um die Reinigung meines Herzens.

Das Meer der Vergebung

Lernvers: Römer 5,8
„Gott aber erweist seine Liebe zu uns darin, dass Christus, als wir noch Sünder waren, für uns gestorben ist!"

Gebet:

„Abba, Deine Vergebung ist wie ein gigantisch großer Ozean an Liebe! Ich schwimme weit hinaus, bis an den Ort, an dem meine Füße keinen Bodenkontakt mehr haben und ich mich auf den Wellen Deiner Liebe tragen lasse!" …

Bibellese: Micha 7,18-19

Impuls:

Corrie ten Boom sagte einmal, dass Gott unsere Sünden ins äußerste Meer wirft und dann stellt ER ein Schild auf: „Angeln verboten!"

Was für ein schönes Bildwort! Der Vater wirft unsere Sünden ganz weit weg. ER versenkt sie und begräbt sie an der tiefsten Stelle des Meeres SEINER Vergebung. Aber, keine Angst! Dort ploppen sie nicht nach einiger Zeit wieder hoch und schwimmen herum, wie die Plastikmüllteppiche unserer Zeit, die unsere Gewässer verschmutzen.

Das Meer der Vergebung ist blutrot. So rot wie das Blut Jesu, das am Kreuz von Golgatha für uns und unsere Schuld vergossen wurde. Selbst wenn unsere Sünde blutrot wäre. Durch Jesu Opfertod werden wir reingewaschen, und anschließend ist alles weiß – weißer noch als Schnee. Also hier findet nicht nur geistliche Müllbeseitigung statt, sondern vielmehr noch: hier vollzieht sich ein Wunder. Das Wunder der erneuernden Vergebung!

Vergebung trägt zwei Geschenke in sich: zum einen beseitigt der Vater den Schmutz-Müll-Faktor der Schuld, den wir wieder einmal fabriziert haben. Aber zum anderen steckt in jeder Vergebung, die der Vater uns im Namen Jesu zuspricht, eine lebendige Hoffnung. Die Chance auf Neuanfang. Wenn Jesus zu den Sündern sagte: „Dir ist deine Schuld vergeben. Gehe hin und sündige nicht mehr weiter!" – dann brachte ER damit zum Ausdruck: „Ich gehe jetzt mit dir und helfe dir, dass du nicht mehr diesen Mist baust!" Vergebung ist also nicht nur Saubermachen und Müllbeseitigung, sondern vor allem auch ein neuer Start zu besserem Leben. Das steckt schon in unserem deutschen Wort *ver-geben* drin. Da gibt uns einer etwas, was wir vorher nicht hatten! Der Vater gibt uns Kraft für ein Leben nach SEINEM Herzen!

Mein Schritt heute:

Ich suche mir Gegenstände in den Farben „weiß" und „rot" und stelle sie gegenüber. So mache ich mir das Wunder der Vergebung plastisch.

Tag 68 9. März

Frucht durch Beschneidung

Lernvers: Römer 5,8

„Gott aber erweist seine Liebe zu uns darin, dass Christus, als wir noch Sünder waren, für uns gestorben ist!“

Gebet:

„Vater, Du bist ein sehr guter Weingärtner! Ich vertraue Dir, wenn Du Dein Winzermesser an mein Herz legst. Schneide alles weg, was Dich an mir stört. Ich gebe Dir die Erlaubnis dazu. Bitte verändere mein Inneres nach Deinem Wohlgefallen. Danke für Deine väterliche Fürsorge!“ …

Bibellese: Kolosser 2,11-15

Impuls:

Vor ein paar Jahren gingen wir (wieder einmal) durch eine schwere Zeit. Nie werde ich vergessen, wie meine Frau damals vor Wut in den Garten stampfte, um ihren Frust an unserem kleinen Weinstock auszulassen. Sie schnitt alles runter, was sich abschneiden ließ. Am Schluss blieb nur ein kleines Penöpel von etwas übrig. Ich dachte nur bei mir: „Okay, das war es nun – naja, solange es ihr geholfen hat!“ Doch dann kam das nächste Frühjahr und unser kleiner Weinstock spross und spross, wuchs und wuchs. Am Ende des Jahres hatte er so viele Weintrauben getragen wie noch nie zuvor. Die Lektion, die er mich lehrte: Mehr Frucht durch Beschneidung! Das meinte wohl unser Meister in Johannes 15. Der Vater ist der Weingärtner, der jede Rebe, die Frucht bringt, reinigt, indem ER alles Tote abschneidet, damit sie sogar noch mehr Frucht bringt.

Paulus spricht über eine Beschneidung an unseren Herzen. Wie im Judentum die Beschneidung am Fleisch das Zeichen des Bundes zwischen Gott und SEINEM Volk ist, so soll es ein Zeichen der vertrauensvollen Liebesbeziehung zwischen Vater und uns sein, dass wir IHM die Erlaubnis geben, unseren Herzensgarten zu bestellen. ER darf an uns herumschneiden, wegnehmen und neu einpflanzen – nach SEINEM Wunsch und Willen. Denn wir können IHM absolut vertrauen. Papa hat den Überblick und weiß, was für jeden von uns am besten ist! Schließlich ist ER ja auch der Herr der Ernte!

Mein Schritt heute:

Ich gehe heute in den Garten (oder in die Natur), betrachte die Pflanzen und sinne etwas über „Beschneidung“ nach. Wohlmöglich mache ich mich selber dran und schneide totes Geäst ab.

Die Güte und der Zorn des Vaters

Lernvers: Römer 5,8
„Gott aber erweist seine Liebe zu uns darin, dass Christus, als wir noch Sünder waren, für uns gestorben ist!"

Gebet:

„Papa, danke, dass Deine Liebe und Güte feste Größen in meinem Leben geworden sind. Wie ein Fundament, auf dem mein Lebenshaus sicher stehen kann, selbst wenn Stürme und Erschütterungen mich ereilen. Mein Haus auf dem Felsen bleibt stehen! Dafür lobe ich Dich!" ….

Bibellese: Römer 1,18-2,4

Impuls:

Wie passen Gottes Güte und Liebe einerseits und SEINE Gerichte und SEIN Zorn andererseits zusammen? Diese Frage wird immer wieder gestellt. Gerade von Menschen, die selber durch harte Zeiten gehen und an der enormen Oberflächenspannung zu zerbrechen drohen. Wie sieht es bei dir momentan aus?

Die sogenannte „Theodizee-Frage": Wie kann ein liebender und gerechter Gott so viel Leid und Ungerechtigkeit zulassen? Diese bohrende Frage packt jeden von uns von Zeit zu Zeit. Hast du darauf schon deine Antwort gefunden?

Ja, Abba ist voller Güte und Liebe! Und ja, ER hat auch starke Gefühle wie Zorn und Eifer für Gerechtigkeit! ER ist Löwe und Lamm! Beide Aspekte vereinen sich in SEINEM Wesen. Doch wir dürfen wissen, wenn der Vater zornig ist, dann ist ER nicht zornig auf uns, sondern auf das, was uns zerstören will. Gottes Zorn richtet sich gegen die Macht der Sünde. Nicht wir sind Gegenstand SEINES Zornes, sondern Nutznießer SEINES Eiferns. SEINE Gerichte und Heimsuchungen sind keine Bestrafungsmaßnahme für unseren Ungehorsam (das ist es doch, was unsere ängstlichen Seelen oftmals befürchten, oder?!). Gottes Gerichte verfolgen nur ein Ziel: der Vater will, dass alles wieder in den Zustand des himmlischen Friedens/Schaloms kommt. ER verfolgt immer zuerst die Wiederherstellung SEINER wunderbaren Schöpfungsordnung.

Ganz nebenbei kümmert ER SICH auch noch um das Zurechtbringen der Täter. Aber Strafe und Rache sind nicht die Motivation des Vaterherzens Gottes. Vielmehr triumphiert über allem SEINE gütige Liebe. Papa freut sich daran, wenn alles wieder gut wird – inklusive der Rehabilitation von uns Sündern!

Mein Schritt heute:

Welchen Unterschied machen Güte und Zorn in meinem Herzen aus? – Ich gehe an einen Ort für mich allein und versuche diese beiden Emotionen mit Worten und Taten aus zu drücken.

Tag 70 **11. März**

Das Lied der Erlösten

Lernvers: Römer 5,8
„Gott aber erweist seine Liebe zu uns darin, dass Christus, als wir noch Sünder waren, für uns gestorben ist!“

Gebet:

„Ja, so klingt das Lied der Erlösten. Endlich frei. Frei von Schuld und Knechtschaft. Frei von Anklage und Bitterkeit. Frei, Deinen Willen zu tun. Deine Liebe hat mich erlöst.“ …

Bibellese: Psalm 107

Impuls:

Dieser kleine Refrain hat es in sich: „Preist Jahwe, denn ER ist gut! Denn Seine Gnade bleibt bis in Ewigkeit!“ An verschiedenen Stellen sang man in Israel diesen Song und jedes Mal kam Gottes Geist ganz mächtig.

So war es bei der Einweihung des Tempels von Salomon. Die Leviten sangen das Lied. Da erfüllte der Heilige Geist den Tempel so stark, dass alle unter SEINER Kraft zu Boden fielen. Und so war es auch bei der Schlacht, die Joschaphat gewann. Als die Lobpreiser das Lied anstimmten, schickte der Herr einen Hinterhalt und die Feinde wurden überwunden.

Das Gleiche gilt auch hier. Es ist das Lied der Erlösten. Unser Vater kann diesem Hit einfach nicht widerstehen! Der Psalm 107 beschreibt vier Szenarien, die für die Menschen der damaligen Zeit sehr bedrohlich waren: Gefahren in der Wüste. Gefahren in der Finsternis der Nacht. Gefahren im Gefängnis. Und Gefahren im Sturm auf dem Meer. Aber aus allen Ängsten rettete sie der Vater!

Wo sind unsere Gefahrenzonen heute? Was sind deine Bereiche, wo du Erlösung brauchst? Abba-Vater ist ein mächtiger Befreier. ER befreit von Schuld und Scham. Aber auch von Süchten und dämonischen Gebundenheiten.

Das ist dann nicht mehr länger unser Kampf. Der Kampf gehört jetzt IHM. ER ist der Erlöser. Wer Erlösung braucht, muss damit aufhören, sich selbst retten zu wollen. Das ist sehr oft der schwierigste Part der ganzen Angelegenheit. Weil es mit Vertrauen zusammenhängt. Nur wer wirklich vertraut, dass unser Vater ein guter Gott ist, wird sich völlig aus der Hand geben und fallen lassen.

Mein Schritt heute:

Ich singe dieses kleine Bekenntnis der Güte Gottes über den Gefahrenzonen meines Lebens.

Teil 8

Gnade – Gottes Liebe unter dem Vergrößerungsglas

2. Korinther 12,9

Tag 71 12. März

Durch Deine große Gnade

Lernvers: 2. Korinther 12,9
„Lass dir an meiner Gnade genügen, denn meine Kraft wird in der Schwachheit vollkommen!“

Gebet:

„Danke, Papa, Du stehst immer auf meiner Seite – komme, was kommen mag! Lass mich tiefer in das Meer Deiner Gnade eintauchen und noch mehr verstehen, was für ein großes Geschenk Du mir mit Deiner Liebe gemacht hast.“ …

Bibellese: Psalm 5

Impuls:

Gnade ist das große Generalthema der Psalmen – und auch der ganzen Bibel! Gnade ist die pure Liebe Gottes, auf unser menschliches Leben angewandt. Es ist das unverdiente Geschenk des Himmels. Erst durch die Generalbegnadigung der Menschheit am Kreuz von Golgatha können wir ein bisschen ermessen, wie abgrundtief die Liebe unseres himmlischen Vaters gehen muss.

Gnade ist ein Wort und Gedanke aus dem Vaterherzen Gottes. Gnade ist die Liebe Gottes unter dem Vergrößerungsglas des Himmels. Sie entstammt nicht den Spielregeln dieser Welt. Gesetze, Kulturen, Ideologien und Religionen der Menschen kennen keine Gnade. Es gibt Sprachen, da fehlt diese Vokabel gänzlich im Wortschatz.

David war tief bewegt von der Gnade seines Gottes. Das war die größte Entdeckung seines Lebens! Er hatte einen gnädigen Gott kennengelernt! Fortan gab es für ihn nur noch diese eine Lebensmelodie: „Ich vertraue Deiner großen Gnade!“ – „Alles ist ein Geschenk Gottes: mein Leben, meine Biografie – meine Vergangenheit, Gegenwart und Zukunft.“ – Das war nicht leichtfertig dahingesagt. Wer die Bibel etwas kennt, der weiß, durch wie viele schwierige Situationen David gehen musste.

Aber das zeichnete ihn vor so vielen anderen Menschen aus. In allen Lebenslagen vertraute er sich vollkommen Gott an, wie ein kleiner Junge seinem starken Vater. Wahrscheinlich war es das, was unser Abba so sehr an David liebte und schätzte, was David schließlich zu einem „Mann nach dem Herzen Gottes“ machte. Und auch mich motiviert es heute, mich noch völliger SEINER Gnade anzuvertrauen.

Mein Schritt heute:

Ich nehme mir mein Tagebuch (oder ein Blatt Papier) und schreibe auf, welche Gedanken und Empfindungen in mir aufsteigen, wenn ich das Wort „Gnade“ höre.

Tag 72 **13. März**

Ein unverdientes Geschenk

Lernvers: 2. Korinther 12,9
„Lass dir an meiner Gnade genügen,
denn meine Kraft wird in der Schwachheit vollkommen!"

Gebet:

„Vater, manchmal finde ich es ganz schön schwer, mich beschenken zu lassen. Sofort denke ich, dass Du oder andere dann auch etwas von mir erwarten. Ich bringe Dir diesen ganzen Erwartungsdruck, die Überforderungen meines Alltags. Eigentlich will ich mich so gerne von Dir und Deiner Gnade beschenken lassen. Hier ist mein Herz!" ...

Bibellese: Epheser 2,1-10

Impuls:

Ich liebe diese Passage aus dem Wort Gottes. Überhaupt, ich liebe diese Wahrheit über das göttliche Geschenk der Gnade. Das ist ein vollkommen unverdientes Geschenk, für das wir nichts, aber auch gar nichts tun können. Wir können nichts selber machen und hinzufügen, dass der Vater uns MEHR lieben könnte. Und wir können auch gar nichts leisten und veranstalten, damit der Vater uns WENIGER lieben würde. Das ist das Fantastische an diesem Geschenk – wie an allen Geschenken im Allgemeinen. Wahre Geschenke sind nicht Folge einer Leistung – im Sinne einer Belohnung oder besonderen Gratifikation (etwa dem Einlösen von Bonuspunkten fürs Bravsein). Geschenke sind freiwillige Liebesgaben! Sie wollen einfach nur empfangen, ausgepackt und dann mit Freude genossen werden!

Das gilt übrigens auch für die Gnade Gottes! Jesus hat uns mit diesem Geschenk des Himmels beglückt, als wir noch hartnäckige dreckige Sünder waren und nichts von IHM und SEINER Liebe wissen wollten.

Um wieviel mehr kann und will ich IHM jetzt danken, wo ich SEIN großes Herz der Liebe dahinter entdecken durfte! *Amazing grace* – ja, SEINE Gnade verblüfft mich und ich will das Staunen darüber niemals verlieren! Es klingt ein bisschen abgedroschen, aber es ist zutiefst wahr: Alles ist Gnade!

Mein ganzes Leben ist ein unverdientes Geschenk! Und deins auch!

Mein Schritt heute:

Über welches Geschenk konnte ich mich in der letzten Zeit besonders freuen? Was hat mein Herz dabei so angesprochen? Ich will heute jemand mit einem kleinen Geschenk überraschen. Einfach so!

Tag 73 14. März

Begnadigt und begnadet

Lernvers: 2. Korinther 12,9
**„Lass dir an meiner Gnade genügen,
denn meine Kraft wird in der Schwachheit vollkommen!“**

Gebet:

„Alles, was ich habe, habe ich von Dir! Alles, was ich bin, das bin ich nur durch Dich! Du bist mein Leben! Du bist mein größtes Geschenk – in Person! Ich liebe Dich, Jesus! Ich liebe Dich, Vater! Ich liebe Dich, Heiliger Geist!“ …

Bibellese: Römer 1,1-7

Impuls:

Der Apostel Paulus hatte ein großes Lebens-Thema, das ein ständiger Begleiter auf allen seinen Wegen war. Das war das Thema: GNADE!

Paulus war ein sehr begnadeter Mensch. Er war sehr intelligent, eloquent und eine herausragende Leiterpersönlichkeit. Manche Schriftstelle des Neuen Testaments lässt vermuten, dass er keinen einfachen Charakter hatte, sondern auch viele Ecken und Kanten besaß. Aber nur wenige konnten ihm das Wasser reichen.

Doch vor allem sah sich Paulus selber als begnadigter Mensch an. Die Gnade Gottes wurde zum Schlüssel für seine ganze Existenz. In den Saulus-Jahren, bevor er Jesus als auferstanden Herrn begegnet ist, war Paulus ein fanatischer Christenverfolger. Er hatte viele Menschenleben auf dem Gewissen, an deren Vernichtung er direkt oder indirekt beteiligt war.

Wie lebt man danach mit solch einer Schuld weiter? Vergebung ist das eine. Aber es bleibt eine immense Last auf dem Gewissen. Wie oft mag Paulus später Angehörigen von Opfern, an deren Tod er mit Schuld trug, in den Gemeinden begegnet sein? So wurde die Gewissheit der Gnade zu einem täglichen Überlebensraum für den Mann Gottes.

Wir alle brauchen Gnade zum Leben! Manchmal geschehen schreckliche Dinge, die es uns nur noch lauter ins Bewusstsein rufen, wie sehr wir von der Gnade Gottes abhängig leben. Die Gnade Gottes besitzt die Vollmacht, noch die schlimmsten Sünden und Abgründe unseres Menschseins zu etwas Gutem hinzuwenden. Wer in der Gnade Gottes lebt und wer durch die Gnade Gottes lebt – der wird unerreichbar sein für die Anklagen der Finsternis; seien sie berechtigt aufgrund unseres Versagens oder nur eine lügenhafte Belästigung des Feindes.

Mein Schritt heute:

Ich rufe mir fünf Bereiche meines Lebens ins Bewusstsein, wo ich mich sehr begnadet fühle, und fünf Bereiche, wo ich besonders Gnade brauche.

Tag 74 15. März

Gott ist für uns!

Lernvers: 2. Korinther 12,9
**„Lass dir an meiner Gnade genügen,
denn meine Kraft wird in der Schwachheit vollkommen!"**

Gebet:

„Danke für Deinen sichtbaren Segen auf unserem Volk! Du hast uns die Schuld unserer Nation vergeben. Du bist für uns. Deine Liebe und Treue bahnen unserem Land einen Weg in die Zukunft." …

Bibellese: Psalm 85

Impuls:

Nie werden wir die Bilder vom Herbst 1989 vergessen. Tausende Menschen in Ostdeutschland gehen mutig auf die Straße und rufen: „Wir sind das Volk!" Auf alles war das Militär vorbereitet, nur nicht auf betende Menschen mit Kerzen in den Händen. Es ist und bleibt ein Wunder, wie unser Vater damals die Mauer der Trennung zu Fall brachte. ER vergab uns nach über 50 Jahren die kollektive Schuld am Tod von mehr als sechs Millionen Juden und weiteren zig Millionen Menschen anderer Nationen, die im 2. Weltkrieg ihr Leben ließen. So begann ER den Riss, der durch unser Volk ging, zu heilen.

„Jahwe, Du hast Deinem Land Gnade gewährt!" – davon können auch wir singen! So viel Gnade! Unverdiente Güte und Liebe! Unser Vater ist und bleibt der Gott der zweiten Chance. Gott ist für uns!

Nun will der Vater weitermachen. SEIN Ziel mit Deutschland ist es, die Wunden zu heilen, „damit die Herrlichkeit in unserem Land wohne!" Unser Volk hat solch ein reiches, geistliches Erbe. Von den ersten Missionaren, über mutige Bekenner in dunklen Zeiten bis hin zu prägenden Persönlichkeiten: Martin Luther, Johann Sebastian Bach, Graf Nikolaus von Zinzendorf, Dietrich Bonhoeffer, Reinhard Bonnke …

Unsere Nation hat eine herrliche Bestimmung und Berufung unter den Völkern dieser Welt. Unser Vaterland soll *Vaters-Land* sein: Ein Ort, an dem ganz besonders die Liebe unseres himmlischen Vaters aufstrahlt. Das kommt einem Wunder gleich, wenn unser stolzes und kritisches Volk demütig dienend seinen Platz einnimmt. Wenn sich das Gesicht des „hässlichen Deutschen" in das Antlitz von geliebten Töchtern und Söhnen verwandelt, die die Liebe des Vaters zu anderen weiterfließen lassen.

Gott ist für uns! Lasst uns bitte nicht das Staunen darüber verlernen!

Mein Schritt heute:

Ich danke Abba für SEINE Gnade mit unserem Land und bete, dass Deutschland weiter in seine Berufung als Vater-Land kommt.

Gnade triumphiert

Lernvers: 2. Korinther 12,9
**„Lass dir an meiner Gnade genügen,
denn meine Kraft wird in der Schwachheit vollkommen!"**

Gebet:

„Herr, Deine Gnade, sie fällt auf mein Leben – so wie der Regen im Frühling fällt! Jesus, ich preise Dich für die gnadenvollen Jahre. Für gnädige Situationen und göttliche Gelegenheiten, wo Du es mir leicht gemacht hast, zu leben. Und ich bringe Dir die Lasten, die mir viel zu schwer sind. Dafür brauche ich neue Gnade!" …

Bibellese: Jakobus 2,13

Impuls:

Barmherzigkeit triumphiert über Gerechtigkeit! Bei Gott gilt: Gnade vor Recht! Das ist eine Ansage! Das gefällt nicht den Schriftgelehrten und Pharisäern! Es passt so gar nicht in ihr Gottesbild. Hat Gott nicht Gesetze und Spielregeln erfunden, nach denen die Welt bitteschön zu funktionieren hat?! Wo kommen wir denn da hin, wenn ER so einfach – mir nichts, dir nichts – diese Gesetzmäßigkeiten außer Kraft setzt?! Damit öffnet man doch nur Willkür und Willfährigkeit Tür und Tor! So denkt jedenfalls das Herz der Waisenkinder, das immer alles schwarz auf weiß braucht.

Auf den ersten Blick erscheint es auch leichter, vom Baum der Erkenntnis zu leben: immer zu wissen, was gut und was böse ist – weil wir Gesetze haben. Doch wer schon ein bisschen länger mit Menschenkindern unterwegs ist, der erfährt sehr bald, dass sich nicht alles nach Schema F regeln lässt. Diese Welt besteht nicht nur aus schwarz und weiß. Sie ist bunt, quirlig und absolut verstörend vielfältig. Ein echtes Durcheinander, wie das Leben halt so ist. Was für den einen gut sein kann, das kann den anderen kaputt machen. Für das Leben brauchen wir viel Geduld und Ausnahmen – denn jeder Mensch ist ganz speziell in Abbas Augen. Doch dafür sind Pharisäer und Gesetzeslehrer blind. Sie sehen nur das Einheitsmaß des Buchstabens. Barmherzigkeit und Gnade sehen hingegen den einzelnen Menschen, auf dem Hintergrund des großen Bildes unseres Papas. ER, der die Linien und die Rahmen gesetzt hat, hat auch die Freiheit und Möglichkeit über den Rand hinaus zu malen. Schließlich ist es ja Sein Meisterwerk!

Ich bin so glücklich und dankbar, dass mein Vater im Himmel nicht gesetzlich kleinkrämerisch daherkommt – aber auch nicht x-beliebig und unverbindlich. Bei IHM weiß ich, woran ich bin: bei IHM kommt immer Gnade vor Recht!

Mein Schritt heute:
Wo bin ich manchmal so engstirnig und pingelig – da könnte ich doch heute Gnade triumphieren lassen!

Tag 76 **17. März**

Die heilsame Gnade

Lernvers: 2. Korinther 12,9
**„Lass dir an meiner Gnade genügen,
denn meine Kraft wird in der Schwachheit vollkommen!"**

Gebet:

„Du tust mir einfach nur gut! Ich bin so gerne in Deiner Gegenwart! Da wird mein Herz still und leise. Ich weiß dann, alles wird gut, weil Du in Kontrolle bist! Ich muss nicht länger alles managen und machen, sondern darf entspannt wissen, Du kümmerst Dich um mich und meine Anliegen. Danke, Vater!" …

Bibellese: Titus 2,11-3,8

Impuls:

Das ist doch eine schöne Umschreibung: „Die heilsame Gnade Gottes ist erschienen!" Damit gemeint ist unser Herr Jesus Christus. ER ist nicht nur der Hirte und Arzt unserer Seelen, sondern auch die heilsame Medizin für unsere kranken Herzen.

SEINE Erscheinung, SEIN Kommen in diese Welt war der Beginn unserer Gesundung. Ich habe von einer Sprache gehört, in der es das Wort *krank* nicht gibt – sondern man sagt stattdessen *noch nicht gesund.* Seit Golgatha haben wir mit dem Blut Jesu das Antiserum für das tödliche Gift der Sünde, mit der uns die Schlange (der Teufel) gebissen hatte. In Jesu Wunden finden wir Heilung an Körper, Psyche und Geist. Jetzt sind wir auf dem Weg der Besserung und Gesundung.

Und selbst wenn unsere äußere Hülle noch Spuren der Vergänglichkeit aufweist, so wissen wir doch, dass spätestens in Gottes neuer Welt alles gesund, heil und neu sein wird. Die heilsame Gnade Jesu ist bereits am Wirken und bringt das Noch-Nicht- Gesunde wieder in Papas gute Schöpfungsordnung hinein.

Im Laufe der letzten Jahrzehnte durften wir oftmals miterleben, wie die heilsame Gnade Gottes Papas Kinder anrührt und gesund macht. Wir sahen eine ganze Reihe von körperlichen Heilungen, darüber hinaus sehr, sehr viele Herzensgesundungsprozesse; und so manches Mal auch das gnädige Hinübergleiten ins himmlische Vaterhaus, wo nach einem langen Kampf und Leiden endlich alles gut geworden ist! Spätestens im Himmel wird jede Krankheit geheilt sein!

Danke, Abba, für diese heilsame Gnade, die uns begleitet!

Mein Schritt heute:

Gibt es jemand in meiner Umgebung, der *noch nicht gesund* ist, und dem ich heute Papas heilsame Gnade und Liebe schenken kann?

Tag 77 **18. März**

Deine Gnade bleibt in Ewigkeit

Lernvers: 2. Korinther 12,9
**„Lass dir an meiner Gnade genügen,
denn meine Kraft wird in der Schwachheit vollkommen!“**

Gebet:

„Du bist gut. Nur gut. Und Deine Gnade bleibt in Ewigkeit. Sie hört niemals auf. Auch wenn alles andere in meinem Leben einmal vorbei sein wird, so werden doch Deine Güte, Treue und Liebe um mich bleiben.“ …

Bibellese: Psalm 100

Impuls:

Ein Psalm zum *Dankopfer.* Das *Dankopfer* gehörte zu den täglichen Reinigungsritualen im Alten Testament. Zur Wiederherstellung der Gemeinschaft mit Gott wurde ein Tier (Rind, Schaf oder Ziege) geschlachtet und verbrannt. Nachdem die Sünde symbolisch hinweggenommen war, indem Blut und Fett geopfert wurden, konnte man wieder dankbar die Gemeinschaft mit Gott, dem Vater, genießen und das Fleisch miteinander essen. Das Ganze erinnert mich an Lukas 15, wo der Vater für den nach Haus gekommenen Sohn das Mastkalb schlachten lässt und mit ihm feiert. – Zu solcher Gelegenheit sollte dieser Psalmsong gesungen werden. Der Grundtenor lautet: „Jahwe ist gut und Seine Gnade bleibt in Ewigkeit!“

Gottes *chäsäd = Güte, Treue, Liebe und Gnade* ist ein festes Charaktermerkmal. Sie ist Ausdruck SEINER Agape-Liebe. Gott kann nicht anders. Es ist unmöglich für IHN, nicht zu lieben. ER ist immer nur gut. Alles, was ER plant, spricht und tut, ist gut. Geboren aus vollkommener, bedingungsloser Liebe. In SEINER Gnade begegnet uns bereits ein Stück aus der ewigen Welt unseres Vaters. Menschliche Güte und Freundlichkeit sind begrenzt und kommen bald an ein Ende. Aber Gottes Gnade hört niemals auf.

Weil Jesus unser Opferlamm geworden ist, haben wir ein *Dankopfer* im Himmel, das uns auf ewig mit dem Vater versöhnt hat. Wir sind nicht mehr länger verlorene Söhne und Töchter. Wir sind nicht mehr länger verlorene Schäfchen. Wir sind im Vaterhaus der Liebe Gottes angekommen. Zu Hause in SEINER Gnade. Für immer und ewig. Wenn das kein Grund zum Feiern ist?! – Auf zur Party bei Vati!

Mein Schritt heute:

Ich lerne den Psalm 100 auswendig!

Tag 78 **19. März**

Versöhnt durch Gnade

Lernvers: 2. Korinther 12,9
„Lass dir an meiner Gnade genügen, denn meine Kraft wird in der Schwachheit vollkommen!“

Gebet:

„Oh, wie schön ist denn das?! Ich bin versöhnt durch den Sohn. Danke, Jesus! Du, der vollkommene Sohn, hast mich eingeladen, zum Vater nach Hause zu kommen. Nun bin auch ich im Vaterhaus Deiner Liebe angekommen und genieße täglich von diesem Reichtum! Mein Herz fließt über in Dankbarkeit!“ …

Bibellese: 2. Korinther 5,14-21

Impuls:

Ich liebe den Text des folgenden Liedes von Jürgen Werth:

Wie ein Fest nach langer Trauer, wie ein Feuer in der Nacht,
ein off'nes Tor in einer Mauer, für die Sonne aufgemacht.
Wie ein Brief nach langem Schweigen, wie ein unverhoffter Gruß,
wie ein Blatt an toten Zweigen, ein Ich-mag-dich-trotzdem-Kuss.
So ist Versöhnung, so muss der wahre Frieden sein.
So ist Versöhnung, so ist vergeben und verzeih'n.
Wie ein Regen in der Wüste, frischer Tau auf dürrem Land,
Heimatklänge für Vermisste, alte Feinde Hand in Hand.
Wie ein Schlüssel im Gefängnis, wie in Seenot: „Land in Sicht!“,
wie ein Weg aus der Bedrängnis, wie ein strahlendes Gesicht.
So ist Versöhnung …
Wie ein Wort von toten Lippen, wie ein Blick, der Hoffnung weckt,
wie ein Licht auf steilen Klippen, wie ein Erdteil neu entdeckt.
Wie der Frühling, wie der Morgen, wie ein Lied, wie ein Gedicht,
wie das Leben, wie die Liebe, wie Gott selbst, das wahre Licht.
So ist Versöhnung …

Der Sohn Jesus Christus hat uns mit dem Vater versöhnt und so aus uns Waisenkindern wieder geliebte Töchter und Söhne gemacht. So sieht Versöhnung aus! Das nenne ich ein Gnadengeschenk!

Mein Schritt heute:

Heute setzte ich mich hin und werde etwas Poetisches schreiben. Welche Vergleiche für Versöhnung fallen mir ein?

So ist Versöhnung (Wie ein Fest nach langer Trauer)

Tag 79 20. März

Deine Gnade währt ewig!

Lernvers: 2. Korinther 12,9
**„Lass dir an meiner Gnade genügen,
denn meine Kraft wird in der Schwachheit vollkommen!"**

Gebet:

„Deine Gnade hört niemals auf. Sie hört niemals auf! Deine Liebe geht immer wieder die nächste Meile mit mir. Du bist der Gott der zweiten Chance. Du gibst meinem Leben Zukunft und Hoffnung." …

Bibellese: Psalm 136

Impuls:

Wie lange dauert *ewig?* – Uns kommt es ewig-lange vor, wenn wir auf den nächsten Bus warten müssen, oder auf den heiß ersehnten Prinzen. Das menschliche Zeitempfinden ist äußerst subjektiv. Eine Woche im Krankenbett kann uns wie eine kleine Ewigkeit vorkommen, während eine Woche Urlaub wie im Flug an uns vorbeirast.

Hier tut sich einer der größten Unterschiede zwischen Gott und Mensch auf. Unser Ewig-Vater steht über Raum und Zeit. ER lebt in Dimensionen von Ewigkeiten und Himmelswelten. Aber wir Menschenkinder, versklavt unter die Macht der Sünde, sind geboren in Zeit und Raum. Eingeschlossen wie in einem Gefängnis. Alles, was wir tun, ist begrenzt. Begrenzte Körper. In Fesseln der Endlichkeit. Menschliches Leben hat ein schmerzliches Verfallsdatum: unseren physischen Tod.

Weil der Vater aber uns Menschen so sehr liebt, möchte ER mit SEINEN Kindern die Ewigkeit gemeinsam verbringen und genießen. Eine Ewigkeit voller Gnade, Liebe und Güte – denn damit ist ja der Himmel gefüllt. Trotz Sünde und Schuld hat ER ein Stück „Ewigkeit in unsere Herzen" gelegt.

In Jesus kommt Gott selbst in das Gefängnis menschlicher Vergänglichkeit. Mit dem Sieg am Kreuz von Golgatha zerreißt ER die Fesseln des Todes. „Tod! Wo ist dein Stachel? Hölle! Wo ist dein Sieg?" Fortan steht die Tür weit offen zur ewigen Gnade. Zum Gnadenthron von Papa. Der Himmel und die Ewigkeit sind zugänglich für jeden, der sich IHM anvertraut. In unserem Geist sind wir schon da. Unsere Herzen sind schon zu Hause, wo unser Papa ewig zu Hause ist. So wird das Sterbenmüssen hier auf Erden, das bitter übrigbleibt, zu einem Hinübergleiten in die andere Dimension.

Für geliebte Kinder Gottes hat die Ewigkeit bereits begonnen!

Mein Schritt heute:

Ich betrachte intensiv die Zeiger einer Uhr und freue mich an der Ewigkeit meines Lebens mit Abba.

Tag 80 **21. März**

Unumstößlich

Lernvers: 2. Korinther 12,9
**„Lass dir an meiner Gnade genügen,
denn meine Kraft wird in der Schwachheit vollkommen!“**

Gebet:

„In einer Welt, in der so viel durcheinander gerät, bist Du mein Felsen. Du bist einfach unumstößlich, unbezwingbar und unwandelbar. Du bist die feste Größe in meiner kleinen Welt. Alles kann erschüttert werden. Aber Du bleibst! Deine Liebe ist mein Zuhause und die sichere Burg, in der ich Zuflucht gefunden habe!“ …

Bibellese: Jesaja 54,10-17

Impuls:

Als ich vor einigen Jahren in Neuseeland war, konnte ich mit eigenen Augen ansehen, wie verheerend die Auswirkungen von Erdbeben sein können. Damals bebte dort täglich die Erde und Menschen lebten in großer Furcht und Sorge. Anbetracht dieser Urgewalten wirkt unser Leben so klein und zerbrechlich.

Dabei stehen wir im Grunde genommen immer in der Gefahr, dass Berge und Hügel auf uns herabfallen können. Manchmal kann uns sogar der ganze Himmel auf den Kopf fallen. Zumindest bildlich gesprochen.

Ängstliche Gemüter wissen es genau: Es gibt keinen absolut sicheren Ort auf der Welt. Die meisten Unfälle finden zuhause statt. Und die meisten Menschen sterben zuhause im Bett. Wir Deutschen sind Weltmeister, wenn es um Versicherungen geht. Tatsächlich haben die größten Versicherungsanbieter ihren Stammsitz in unserem Land. Da muss es wohl einen Zusammenhang geben. Nicht umsonst sprechen die anderen Nationen von der „German Angst“. Wir wollen auf Nummer sicher gehen. Wie können wir uns absichern vor Gefahren, Rückschlägen und Erschütterungen?

Abba hat uns nie versprochen, dass ER uns vor allen Gefahren bewahren und schützen wird. Ja, Berge und Hügel können und werden schon mal durcheinander gewirbelt. Das nennt man reales Leben! Doch Abba hat versprochen, dass ER immer bei uns sein wird! ER wird uns in allen Gefahren, Verwerfungen und Erdrutschen beschützen und bewahren. Alles muss erschüttert werden, damit das unerschütterliche Reich Gottes offenbar wird! Und wir mittendrin, auf dem Schoß von Abba.

Einen besseren und sicheren Ort kenne ich nicht!

Mein Schritt heute:
Ich suche mir einen stabilen Ort, der Geborgenheit vermittelt: eine Wand, einen Baum oder einen Felsen. Ich lehne mich daran an und genieße die Gewissheit, dass Gottes Gnade und Liebe unumstößlich sind.

Teil 9

Spuren SEINER Liebe

1. Johannes 4,16

Tag 81 22. März

Papas Liebe ist alltagstauglich

Lernvers: 1. Johannes 4,16

„Wir haben die Liebe erkannt und geglaubt, die Gott zu uns hat. Gott ist Liebe – und wer in der Liebe bleibt, der bleibt in Gott und Gott in ihm!“

Gebet:

„Lieber Vater, öffne mir bitte die Augen meines Herzens, damit ich überall die Spuren Deiner Liebe entdecken kann! Oftmals bin ich noch so blind dafür. Da sehe ich nur die Unmöglichkeiten rings umher. Lass mich bitte neu erkennen, dass der Himmel mit mir ist. Ich brauche keine Angst zu haben!“...

Bibellese: Römer 12,9-21

Impuls:

So, jetzt muss ich aber mal richtig schwärmen und protzen: Mein Papa kann alles! Mein Papa ist alltagstauglich! ER ist so herrlich praktisch und hat von allem Ahnung. Es gibt nichts, was IHM zu schwer wäre. ER hat auf jede Frage eine passende Antwort. Nichts kann IHN erschüttern. Nichts ist IHM unbekannt. ER ist der Fachmann für alle Bereiche des Lebens. Wirklich! Ganz praktisch!

Das glaubst du nicht? Na, dann mach mal bitte deine eigenen Erfahrungen! Ich könnte dir jetzt so manchen Schwank aus meinem Alltag erzählen: von defekten Maschinen, wo ich keine Ahnung hatte, wie man die repariert ..., und da schickt mir Gott einen lieben Bruder vorbei, der konnte das und hat mir (mit Freude sogar) dabei geholfen. Hey, du sagst, das gilt nicht – das sieht zu sehr nach menschlicher Mithilfe aus. – Okay, wie wäre denn dann das: Also, ich stehe da wieder vor der kniffligen Reparatur von so einem technischen Ding, von dem ich gar keinen Überblick besitze – und wo ich eher Befürchtungen habe, es mit meiner Reparatur noch mehr zu beschädigen ..., und da höre ich in meinem Kopf, wie der Vater zu mir sagt: Mach das mal so und so – und zack, war die Sache wieder in Ordnung! Mmh, stark, was?!

Abba hat jede Menge Ahnung von Steuererklärungen, abgestürzten PCs, defekten Autos. ER kennt SICH bestens aus in Finanzfragen und wenn es um Erziehung geht; ER ist Experte bei Eheproblemen und hat eine besondere Fähigkeit in Konfliktberatung bei Beziehungen im Allgemeinen. Natürlich kennt ER SICH per se sehr gut in Gemeindeangelegenheiten aus – aber das müsste sich ja bereits rumgesprochen haben. ER weiß, wo es sich lohnt, den nächsten Urlaub zu verbringen – und ER hat (Jahr für Jahr) super Geschenkideen, worüber sich meine Frau freuen würde. Das alles ist wahrheitsgemäß erprobt im Freilandversuch meines eigenen, kleinen Lebens!

Mein Schritt heute:
Wo brauche ich Papas Hilfe ganz praktisch? Ich werde IHN dann mal bitten.

Tag 82 23. März

Israels Heilsgeschichten

Lernvers: 1. Johannes 4,16
„Wir haben die Liebe erkannt und geglaubt, die Gott zu uns hat. Gott ist Liebe – und wer in der Liebe bleibt, der bleibt in Gott und Gott in ihm!"

Gebet:

„Du bist der Heilige Israels. Jahwe Zebaoth ist mein Abba, dem ich voll vertrauen kann. So wie Du Dein Volk durch die Jahrtausende geführt, bewahrt und geliebt hast, so treu und beständig gilt Deine Liebe auch mir! Danke dafür!" …

Bibellese: Römer 11,12-15

Impuls:

Meine fromme Oma hat immer gesagt: „Israel ist der kleine Zeiger an der Weltenuhr Gottes!" Und Oma musste es ja wissen, denn ihre Liebe zum Wort Gottes hat sie damals davor bewahrt, einem falschen Führer zu folgen. Sie las in ihrer Bibel, dass Israel Gottes geliebter Augapfel ist – und gesegnet ist der, der Israel segnet. Verflucht ist der, der Israel verflucht! So war sie gewappnet vor den Verführern ihrer Zeit, und segnete Gottes Volk, die Juden, statt wegzuschauen oder beim Holocaust mitzumachen.

Israel ist unser geliebter, großer Bruder. Der Vater liebt SEIN Volk so sehr. Ich weiß, wie schwer sich das anhören muss in den Ohren der Juden, die das Unsagbare überlebt haben. Eine bekannte Theologin sagte mal voller Bitterkeit: seit Ausschwitz könne sie von dem Gott der Liebe nicht mehr reden!

Oh ja, es gibt in einer sündigen Welt so viel Herzeleid! Und auch Israel hat sehr viel davon zu erleiden gehabt! Nicht nur im letzten Jahrhundert, sondern durch alle Jahrtausende bis zum heutigen Tag!

Warum zieht ein Volk der Menschheit nur so viel Hass und Wut auf sich? Das ist menschlich-rational nicht zu erklären! Und wie konnte solch ein kleines Volk all die schrecklichen Vernichtungsversuche überleben und hat dann noch so viele Nobelpreisträger und bedeutende Persönlichkeiten der Weltgeschichte hervorgebracht?! Auch das ist menschlich nicht erklärbar. Das sind die Wundergeschichten unseres großen Bruders!

So hat meine Oma damals gebetet, dass Gott SEIN Volk Israel aus all dem Chaos retten möge und in ihr verheißenes Land zurückbringt. Damals gab es noch nicht den Staat Israel. Aber unserem Vater sind alle Dinge möglich. ER macht aus den größten Katastrophen SEINE Heilsgeschichten! – Auch bei dir und bei mir!

Mein Schritt heute:

Ich segne heute ganz besonders unseren geliebten, großen Bruder Israel!

Tag 83 **24. März**

Ich freue mich über Dein Wort

Lernvers: 1. Johannes 4,16
„Wir haben die Liebe erkannt und geglaubt, die Gott zu uns hat. Gott ist Liebe – und wer in der Liebe bleibt, der bleibt in Gott und Gott in ihm!"

Gebet:

„Ich liebe Deine Worte. Sie geben meinem Leben Licht und Kraft. Wie gern lese ich die Worte Deines Herzens. Sie sind ein Liebesbrief für mich. Einer schöner als der andere." ...

Bibellese: Psalm 119
Weil der Psalm sehr lang ist, bietet es sich an, ihn über einige Tage verteilt zu lesen!

Impuls:

Viel Spaß beim Lesen. Das ist der längste Psalm. Ein weiteres Kunstwerk unter den Liedern Israels. Die 22 Strophen beginnen jeweils mit dem nächsten Buchstaben im hebräischen Alphabet. Das große Thema, das alle 176 Verse durchzieht, ist „die Freude am Wort Gottes". In jedem Vers ist hier vom „Wort Gottes" die Rede und wir finden alle zehn hebräischen Vokabeln, die dafür eingesetzt werden können: Lehre, Gesetz, Weisung, Satzung, Anordnung, Befehl, Auftrag ...

Die Bibel ist das Buch der Bücher. Für uns ist sie das einzigartige, von Gottes Geist eingegebene (inspirierte) und autorisierte Reden Gottes. Erlebt, gehört und aufgeschrieben von Menschen. Aber erfüllt mit Kraft, Weisheit und Vollmacht des Himmels. Der Vater hat über SEINEM Wort gewacht. Wir haben hier den göttlichen Schatz in einem irdenen Gefäß.

Dabei ist weder das Judentum noch das Christentum eine Buchreligion. Die Bibel spielt für uns zwar jeweils eine zentral wichtige Rolle, kann aber (und darf) niemals die persönliche Beziehung zum lebendigen Gott als liebendem Gegenüber ersetzen. Die Schriften der Bibel sind eher wie Liebesbriefe der Person Gottes zu verstehen. Sie geben erst dann die personale Dimension wieder, wenn sich mit dem Buchstaben der Herzschlag Gottes verbindet. Wort Gottes und Geist Gottes müssen zusammenwirken, damit die „Heilige Schrift" zum Leben erwacht.

Es ist das Erkennungszeichen für geistlich-lebendige (neugeborene) Menschen, wenn sie durch die Worte der Bibel hindurch den Vater zu sich sprechen hören. Das ist ein gewaltiges Erlebnis und kann uns, wie den Schreiber des Psalms 119, in Begeisterungsstürme ausbrechen lassen: „Ich freue mich über Dein Wort, wie einer, der fette Beute macht!"

Mein Schritt heute:

Ich nehme meine Bibel und lese den Psalm 119 abschnittsweise laut vor (und wenn mir danach zumute ist, werde ich ein kleines Freudentänzchen veranstalten).

Dein guter Geist führt mich ins Weite

Lernvers: 1. Johannes 4,16
„Wir haben die Liebe erkannt und geglaubt, die Gott zu uns hat. Gott ist Liebe – und wer in der Liebe bleibt, der bleibt in Gott und Gott in ihm!“

Gebet:

„Danke, Vater, für Deinen guten Geist. Danke, Atem Gottes, der Du in mir lebst. Du bist der Heilige Geist, der mich in die Freiheit führt. Heraus aus aller Enge. Grenzenlose Weite und kindliche Unbekümmertheit.“ …

Bibellese: Psalm 143

Impuls:

Ruach ist der Geist des Vaters. Schon im Alten Testament wird die Wirksamkeit des Heiligen Geistes in Bildern beschrieben, wie Wind, Atem, Öl, Wasser, Feuer … Die Bibel erzählt uns, wie Samuel damals zu dem jungen Mann David kam und ihn mit Öl zum König salbte. Ein prophetischer Akt für das Übergossenwerden mit der Kraft des Geistes Gottes. Was mag wohl David dabei empfunden haben?

Es muss eine sehr starke Wirkung auf ihn gehabt haben. Fortan liebte er den Geist Gottes und wollte auf keinen Fall mehr ohne IHN leben. Auch hier im Psalm 143 singt er über den „guten Geist“ Jahwes. Sein wahrer Vater im Himmel hatte ihm das Erbe gegeben, das ihm sein irdischer Vater Isai, wie auch sein Schwiegervater Saul, vorenthalten hatten.

Das Erbe der Kinder des Höchsten ist Leben in der Fülle des Geistes. David hat als Vorläufer schon etwas davon kosten dürfen. Aber wir als Gemeinde Jesu leben seit Pfingsten in der Epoche der Erfüllung, im Zeitalter des Heiligen Geistes: Die *ruach* Gottes (im Hebräischen ist das Wort feminin) ist über alles Fleisch ausgegossen! Der Geist des Vaters und des Sohnes lebt nun in uns als Geist der Kindschaft und Sohnschaft, der da ruft: „Abba, lieber Papa!“

Mich begeistert, wenn ich sehen kann, wie schon im Alten Testament der Heilige Geist die gleichen Wesensmerkmale aufweist. Gottes guter Geist führt zu allen Zeiten in die herrliche Weite und Freiheit der Kinder Gottes!

Mein Schritt heute:

Ich lade im Gebet den Heiligen Geist neu ein, mich in die Weite Gottes zu führen.

Tag 85 **26. März**

Zeichen und Wunder

Lernvers: 1. Johannes 4,16
„Wir haben die Liebe erkannt und geglaubt, die Gott zu uns hat. Gott ist Liebe – und wer in der Liebe bleibt, der bleibt in Gott und Gott in ihm!"

Gebet:

„Danke, dass es so spannend ist mit Dir, meinem Gott, unterwegs zu sein! Dein Königreich steckt voller Geheimnisse und Überraschungen. Du bist der Gott, der mit Zeichen und Wundern antwortet. Ich liebe Deine herrlich natürlich-übernatürliche Realität! Mach mich bitte zu einem Zeichen Deiner Liebe, über das man sich nur staunend wundern kann!" …

Bibellese: Markus 16,17-18

Impuls:

Meine Anfänge im Glauben machte ich in einer eher konservativen bibeltreuen Ecke des Reiches Gottes, wo man nicht so vertraut war mit *Zeichen und Wundern.* Man wusste zwar, dass es so etwas gab und manchmal (in äußerst seltenen Fällen) auch noch heute gibt. Schließlich lasen wir davon in der Heiligen Schrift. Aber das alles geschah wohl eher sehr sporadisch – und wenn überhaupt, dann in Afrika oder auf den Missionsfeldern. So war jedenfalls die gängige Meinung.

Und dann geschah es, mitten unter uns. In unserer kleinen Jugendgruppe. Wir beteten für jemand der krank war – und Jesus heilte ihn spontan. Einige konnten auf einmal in neuen Sprachen, die sie nicht selber erlernt hatten, Gott preisen. Ich denke an die einfache ungebildete Frau in einem unserer Hauskreise, die mit perfekten lateinischen Worten Gott anbetete. (Ich hatte mühsam Latein in der Schule gelernt und stand staunend vor ihr.) Zu einigen von uns sprach Gott durch innere Bilder, Visionen und Träume. Die geistliche Atmosphäre verwandelte sich über Nacht. Alles wurde ein bisschen heller und es war so viel mehr Liebe, Lachen und Leben unter uns. Erstaunlicherweise spürten das sogar Menschen, die bisher noch nicht Gottes Liebe selbst erfahren hatten. Sie kamen gerne in unsere Treffen und lernten Jesus persönlich kennen – denn ER war ja mitten unter uns!

Hast du auch schon einmal solche oder ähnliche Erfahrungen gemacht? Dann weißt du ja, wovon ich hier spreche. Das ist das Himmelreich mitten unter uns. Das sind Papas Spuren der Liebe!

Mein Schritt heute:

Ich rufe jemanden an, von dem ich weiß, dass er in der Kraft des Heiligen Geistes lebt. Wir werden zusammen dafür beten, dass Zeichen und Wunder mitten unter uns geschehen.

Die großen Taten Gottes

Lernvers: 1. Johannes 4,16
„Wir haben die Liebe erkannt und geglaubt, die Gott zu uns hat. Gott ist Liebe – und wer in der Liebe bleibt, der bleibt in Gott und Gott in ihm!“

Gebet:

„Mein großer Gott, ich preise Dich! Zusammen mit der ganzen Schöpfung stimme ich mit ein in den Jubel der Himmelswelt, der niemals enden wird. So groß ist mein Gott! So herrlich und mächtig, so schön und so liebevoll!“ …

Bibellese: Apostelgeschichte 2,4-11

Impuls:

Das ist doch erstaunlich, was wir da in der Apostelgeschichte nachlesen können: Das Sprachwunder von Pfingsten geschah, als die Juden aus der Diaspora (damit sind Juden aus den diversen Regionen des römischen Imperiums gemeint, in denen sie mittlerweile über Generationen lebten) sie alle in ihren eigenen, nunmehr neuen Muttersprachen Gottes Stimme vernehmen konnten. Hier findet geradezu die göttliche Umkehrung von der Sprachverwirrung von Babel statt. Damals entzweite der Wirrwarr der Sprachen, dieses Mal werden Menschen verschiedener Sprache geeint. Und was war die Auslegung der Sprachengebete? – Sie hörten alle von den großen Taten Gottes!

Glossolalie (Sprachenrede/Zungenrede) ist zu allererst eine Form der Anbetung unseres großen Vaters im Himmel! Gottes guter Geist hilft unserer Sprachlosigkeit auf, wenn es darum geht, Gott groß zu machen! So oft gehen mir die Worte und Ideen aus, wenn ich IHN in meiner Muttersprache anbeten möchte. Oder ich bleibe in Floskeln und Stereotypen hängen. Dabei ist Abba doch noch so viel größer, schöner und herrlicher, als es meine begrenzte Ausdrucksform widergeben kann.

Ich bin IHM sehr dankbar, dass SEIN guter Geist mir und uns da weiterhilft. Wo mir die Worte ausgehen, da schenkt er mir im Geist neue Sprachen, neue Lieder, neue Kreativität. Du kannst IHN darum bitten. Papa gibt so gerne. ER hat versprochen, dass ER uns SEINE Charismen geben will. Wenn schon irdische Eltern ihren Kindern gute Gaben geben, wenn sie darum gebeten werden. Um wieviel mehr gibt uns Abba SEINEN Geist und SEINE Gaben, wenn wir IHN von Herzen bitten! Probiere es am besten gleich mal aus. Erneut oder zum ersten Mal!

Mein Schritt heute:

Heute nehme ich mir Zeit, in neuen Sprachen die großen Taten meines Vaters im Himmel zu preisen.

Das ganz andere Königreich

Lernvers: 1. Johannes 4,16

„Wir haben die Liebe erkannt und geglaubt, die Gott zu uns hat. Gott ist Liebe – und wer in der Liebe bleibt, der bleibt in Gott und Gott in ihm!"

Gebet:

„Geliebter Jesus, Du König meines Herzens, Dein Reich ist nicht von dieser Welt! Du regierst mit Gnade, Liebe und Güte! Deine gute Herrschaft bringt neues Leben hervor. Was für ein Glück habe ich, dass ich Dich kennen darf. Ich folge Dir, wo immer Du hingehst!" …

Bibellese: Römer 14,17

Impuls:

Sicherlich kennt ihr den lockeren Spruch: Friede, Freude, Eierkuchen! Wer hat etwas gegen Eierkuchen einzuwenden? Ich liebe Eierkuchen – besonders die Eierkuchen, die meine liebe Frau macht. Aber mit dieser flapsigen Bemerkung von den Eierkuchen, gekoppelt an die Aussage aus dem Römerbrief, meint man wohl, sich etwas humorvoll-kritisch von falscher Frömmelei und aufgesetzter Heile-Welt-Stimmung absetzen zu wollen.

Anscheinend gibt es immer wieder Tendenzen und Gefahren, dass christlicher Glaube zu einer harmlosen, religiösen, schrägen Privatsache verkommt. Dabei geht es um etwas ganz Großartiges und Herrliches. Es geht um das Königreich unseres himmlischen Papas! Das ist ein ganz anderes Königreich!

Nicht vergleichbar mit den Königshäusern der Regenbogenpresse. In dieser alten Form von Königtum geht es heutzutage nur um Hochzeiten, Nachwuchs, Luxus, Prestige, Geld und neusten Beziehungsklatsch. In früheren Zeiten ging es außerdem noch um Macht, Kriege und Intrigen.

Aber im Königreich meines Vaters herrscht eine gänzlich andere Atmosphäre. Mein König bindet SICH die Schürze um und wäscht uns die Füße. Mein König ist demütig und nahbar. SEINE Herrschaft beruht auf Frieden und Freude, wie sie die Welt uns niemals geben kann. ER regiert in Gerechtigkeit. Gerechtigkeit, die vor Gott gilt, bedeutet mehr, als das Recht des Stärkeren. Es ist die Wiederherstellung der guten Ordnung Gottes, sodass wir in SEINEN Möglichkeiten leben können!

Mein Schritt heute:

Ich genieße heute ein paar Augenblicke im Bewusstsein, in diesem herrlichen Königreich zu leben, wo Friede, Freude und Gerechtigkeit herrschen (und vielleicht bitte ich noch meine Frau, mir einen Eierkuchen zu machen).

Tag 88 29. März

Eine Erweckung der Herzen

Lernvers: 1. Johannes 4,16

„Wir haben die Liebe erkannt und geglaubt, die Gott zu uns hat. Gott ist Liebe – und wer in der Liebe bleibt, der bleibt in Gott und Gott in ihm!“

Gebet:

„Du bist der Mächtige, der Ewige und Herrliche. Ich liebe Deinen Namen! Ich liebe Deine Stärke und rühme Deine Weisheit in allen Dingen! Du wirfst Dein Feuer der Erweckung auf die Erde, und was wünschte ich mir lieber, als das es schon hell in meinem Vaterland brennt?!“ …

Bibellese: Apostelgeschichte 5,31-33

Impuls:

Ich lebe schon seit Jahrzehnten (fast seit dem Tag meiner Bekehrung) mit einem inneren Bild in meinem Geist! Diese Vision verleiht mir Kraft und Hoffnung. Ich sehe eine Erweckung der Herzen kommen. Noch liegt unser Land wie unter einer Decke von Finsternis in dunkler Nacht. Aber vor meinen inneren Augen erkenne ich bereits überall in Deutschland Tropfen vom Feuer des Heiligen Geistes vom Himmel herabfallen und einzelne Herzen der Menschen entzünden. Es werden immer mehr und es wird immer heller über dem Land. So hell, bis die Sonne aufgeht – das ist ein Bild dafür, wenn unser Herr Jesus am Ende der Zeiten wiederkommen wird. Doch zuvor gibt es diese Zeit des Erwachens, der Erweckung.

Im Laufe meines Lebens durfte ich bereits mehrmals mit dem Feuer der Erweckung direkt in Berührung kommen. Ich war in Gemeinden, in Städten und Ländern, wo Gottes Geist so mächtig wirkte, dass Tausende von Menschen zu Jesus, dem auferstanden Herrn, kamen und ihr Leben IHM anvertrauten. Neben dem enormen Gemeindewachstum waren weitere sichtbare Zeichen SEINER Erweckung, dass viele Wunder geschahen und auch die säkulare Gesellschaft zum Besseren verändert wurde. Das will ich auch so gerne hier in Deutschland miterleben!

Ich trage in mir eine lebendige Zuversicht, dass die kommende geistliche Aufwachphase für unsere Nation eine ganz spezielle Farbe haben wird. Wir sind das Vaterland! Und mein Gebet ist es, dass diese Erweckung eine Erweckung sein wird, die besonders stark von der Vaterliebe Gottes geprägt wird. An der Liebe wird die Welt uns als SEINE Kinder erkennen!

Mein Schritt heute:

Ich nehme eine Landkarte von Deutschland, lege segnend meine Hände (und ein paar Herzen) darauf und bete für diese kommende Erweckung der Herzen.

Tag 89 **30. März**

Botschafter Seiner Liebe

Lernvers: 1. Johannes 4,16
„Wir haben die Liebe erkannt und geglaubt, die Gott zu uns hat. Gott ist Liebe – und wer in der Liebe bleibt, der bleibt in Gott und Gott in ihm!“

Gebet:

„Deine Gute Nachricht hat mein Herz erreicht: Du liebst mich mit einer ewigen Liebe! Darum will ich Dir gehören. Wir beide sind Freunde für immer! Ich brauche Dich mehr als die Luft zum Atmen! Du bist meine Lebenskraft!“ …

Bibellese: Apostelgeschichte 1,8

Impuls:

Wie unvorstellbar mögen damals diese Worte in den Ohren der Freunde Jesu geklungen haben: „Ihr werdet meine Zeugen sein … bis ans Ende der Welt!“

Wo liegt denn das Ende der Welt? Die meisten von ihnen waren bestimmt noch nie weiter als Jerusalem gereist, geschweige denn ins Ausland, wo man andere Sprachen spricht und andere Kulturen pflegt. Viele von ihnen konnten weder lesen noch schreiben, hatten keine besondere intellektuelle Bildung vorzuweisen. Sie waren einfache Handwerker aus der Provinz. Keine Ahnung, wie es hinter dem Horizont aussieht. Und was sollte aus ihren Familien werden und aus ihrem Berufsalltag? Nein, auf solche extravaganten Abenteuer waren sie wahrlich nicht vorbereitet. Und jetzt sandte sie der Meister, ihr auferstandener Herr, einfach drauflos. ER versetzte sie quasi in den himmlischen Diplomatenstatus.

„Ab heute seid ihr MEINE Zeugen! Ihr seid MEINE Repräsentanten. MEINE Botschafter. Wo ihr hingehen werdet, da weht auf einmal auch MEIN Banner! Ihr breitet MEINE gute Herrschaft über alle Nationen aus.“ Der Meister sagte den Jüngern damals nicht, wie lange es dauern würde und ER gab ihnen auch nur ein One-Way-Ticket. Und so sind sie losgegangen. Gott sei Dank! So hat sich die Gute Nachricht über den ganzen Erdball ausgebreitet. Bis hin zu uns, in meine Sprache, Kultur und Nation.

Das Wort Missionar/Apostel bedeutet vom Kern her ein Gesandter des Königs zu sein. Auch ich bin gerne ein Botschafter der Vaterliebe Gottes – bis ans Ende der Welt!

Mein Schritt heute:

Ich mache mir heute eine Checkliste und schreibe auf, in welchen Nationen ich bereits schon einmal war (Urlaub, Beruf, Missionseinsatz usw.) und bete dann für diese Länder, dass Gottes Vaterliebe sie mächtig berührt!

Vater, mach uns eins!

Lernvers: 1. Johannes 4,16
„Wir haben die Liebe erkannt und geglaubt, die Gott zu uns hat. Gott ist Liebe – und wer in der Liebe bleibt, der bleibt in Gott und Gott in ihm!"

Gebet:

„Danke, Vater, für meine Geschwister im Glauben. Danke für das Geschenk der Liebe und Verbundenheit untereinander. Ich fühle mich reich beschenkt durch die Buntheit Deiner Kinder und die Vielfalt Deiner Gaben." …

Bibellese: Psalm 133

Impuls:

Die Einheit der Kinder Gottes hat bei unserem Vater höchste Priorität. Auch unser Herr Jesus betete in SEINEM hohepriesterlichen Gebet von ganzem Herzen darum: „… auf dass die Kinder Gottes alle eins seien, wie der Sohn mit dem Vater eins ist!"

David hat selbst miterleben müssen, dass eine Armee, die nicht wie *ein* Mann marschiert und operiert, eine Schlacht niemals gewinnen kann. Und auch eine Familie, die zerstritten nebeneinanderher lebt, wird nicht auf Dauer ihr Land besitzen können. Einheit ist eine mächtige Waffe. Wo sie fehlt, geht alles zugrunde. Aber wo sie blüht, wird enormes Leben freigesetzt. „Leben bis in Ewigkeit!"

Die Quelle aller wahren Einheit entspringt im Vaterherzen Gottes. Unser *Abba* im Himmel ist vollkommen eins mit dem *Sohn* und mit dem *ruach* Geist. Da gibt es gar keinen Unterschied im Herzen. Trotz ihrer Verschiedenheit im Wirken sind sie vollkommen eins im Wesen. Alle drei sind pure Liebe. Einheit der Herzen in Liebe. Wie eine dreifache Schnur. Ein Starkstromkabel der Agape.

Diese Einheit zwischen Vater, Sohn und Geist ist so wunderbar zu betrachten! Wie einer den anderen erhöht und wertschätzt. Wie jeder dem andern dient und in Liebe begegnet. Wir sind eingeladen, in den Kreislauf dieser Liebe des Himmels mit einzutauchen.

Das Christentum macht leider immer noch einen ziemlich zerrissenen Eindruck. Von Einheit ist wenig zu spüren, sondern Rechthaberei und Unabhängigkeit herrschen vor. Es gibt aber Zeichen der Hoffnung: Überall, wo sich die Kinder Gottes näher zum Herzen des Vaters hinbewegen, finden sie sich auf einmal mit vielen Geschwistern anderer Kirchen und Prägungen gemeinsam auf dem Schoß des einen Papas wieder. Da wird gelacht, gefeiert und getobt. Und keiner weiß mehr, wo vorne und wo hinten ist – in der Liebe des Vaters! In SEINER Familie!

Mein Schritt heute:
Ich werde heute einer Schwester/einem Bruder im Glauben, etwas Liebes sagen und tun.

Teil 10

Überfließender Segen

Epheser 1,3

Tag 91 1. April

Im Segen bleiben

Lernvers: Epheser 1,3

„Gepriesen sei der Gott und Vater unseres Herrn Jesus Christus! Er hat uns gesegnet mit jeder geistlichen Segnung in der Himmelswelt in Christus!“

Gebet:

„Vater, ich danke Dir für einen neuen Weg, der sich vor mir auftut. Ich freue mich auf die neuen Entdeckungen in Deinem Wort, die auf mich warten. Du wirst mir nie langweilig. Bei Dir gibt es immer etwas Neues zu erleben. Ich will heute meine Wurzeln ganz weit nach Dir ausstrecken.“ …

Bibellese: Psalm 1

Impuls:

So oft bin ich schon über diese Worte gestolpert: „… und alles, was er tut, gerät wohl.“ Was für eine Lebensperspektive! Leben im prallen Segen Gottes! Ich sehe geradezu vor meinem inneren Auge den großen, saftig grünen Baum und kann das Wasser plätschern hören. Du auch? Alles, was ich anpacke, darauf liegt dann Segen Gottes – oh wie schön, wenn … Ja, was ist eigentlich die Voraussetzung dafür?

Denjenigen nennt unser Vater im Himmel „glückselig“, der sich nicht nach dem „Rat der Gottlosen“ richtet. Weil Gott unser Vater ist, bedeutet gott-los sein, vater-los sein. Leben wie ein Waisenknabe. Auf sich selbst gestellt und unabhängig. Waisenkinder müssen für sich selbst sorgen, weil sie keinen liebenden Vater kennen. Da kann man aber auch zum Spötter, Zyniker oder Nörgler werden. Manchmal bin ich das auch, wenn ich mal wieder vergessen habe, wo mein wahres Zuhause ist.

Gott sei Dank hat der Vater uns eine tägliche Erinnerungshilfe gegeben: SEIN Wort, die Bibel. Wer „Lust“ an SEINEM Wort hat und „Tag und Nacht darüber nachsinnt“ (hier steht wörtlich: das Wort Gottes leise vor sich her murmelnd aufsagt), der bleibt im Segen des Vaters. Ein solches Kind Gottes gleicht einem Baum, der seine Wurzeln am Flussbett ausstreckt und täglich vom frischen Wasser des Lebens trinkt.

Mein Schritt heute:

Ich suche mir einen Bibelvers aus, der von der Liebe Gottes erzählt, den ich mir im Laufe des Tages mehrmals halblaut in Erinnerung rufen werde.

Menschen, die Gott lieben

Lernvers: Epheser 1,3

„Gepriesen sei der Gott und Vater unseres Herrn Jesus Christus! Er hat uns gesegnet mit jeder geistlichen Segnung in der Himmelswelt in Christus!“

Gebet:

„Immer und ewig preise ich Deinen Namen. Du bist der Größte, mein Papa. Ich finde Dich so super. Ich bin Dein geliebtes Kind. Danke, dass ich mir das nicht erst bei Dir erarbeiten muss. Danke für die unverdiente Gnade.“ …

Bibellese: Psalm 145

Impuls:

David ist so glücklich über die Gnade *chäsäd* seines Gottes, dass er sich selbst zu den *chassidim* zählt. Oft übersetzt mit: die Treuen und Frommen im Land. Aber das ist zu schwach und gibt die Bedeutung zu wenig wieder. *Chassidim* sind Menschen, die Gott lieben. Menschen, die IHM nahe sind und IHM mit ungeteiltem Herzen vertrauen. Begnadigte und Begnadete. „Die Gott lieben, werden sein wie die Sonne, die prachtvoll aufgeht!“ Dieses Strahlen des Himmels drückt auch unser Psalm aus.

Welche Ausstrahlung haben wir? Was spiegelt sich in unseren Worten und Werken wider? Wovon ist unser Herz erfüllt?

Christen haben immer einen Grund zur Hoffnung. Unser Lebensgefühl ist Zuversicht. Man spürt uns den nahen, unmittelbaren Zugang zum Vater ab. Wir leben mit IHM, als mit unserem allerbesten Freund. ER zieht uns in SEIN Vertrauen. Wir haben Teil an SEINEN Gedanken und Gefühlen. Im Großen und Ganzen wissen wir eigentlich, was ER will. Und auch wir dürfen IHM alles sagen, was uns bewegt. Wir stehen im ständigen Austausch mit dem Himmel. Sorgen brauchen wir erst gar nicht an uns heranzulassen, denn der Vater hat versprochen, dass ER immer für uns sorgen wird. Uns wird es nie an etwas Wichtigem zum Leben fehlen. Sind wir schwach und krank, dann hilft ER uns auf. Sind wir einsam und entmutigt, dann will ER unsere Freude und unser Licht sein. Was wir in SEINEM Namen anpacken, wird gelingen und Frucht hervorbringen. „Jahwe behütet alle, die IHN lieben!“ – das heißt, uns kann gar nichts geschehen. Menschen, die Gott lieben, sind die bestversorgten, glücklichsten, zufriedensten und positivsten Leute auf Erden!

Puh – wer‘s glaubt, wird selig! David glaubte das! Er lebte in dieser Realität. Er vertraute dem Vater und war ein Geliebter und Gesegneter.

Mein Schritt heute:

Ich mache mir neu den Segen des Vaters in meinem Leben bewusst.

Tag 93 3. April

Ein reich gesegnetes Leben

Lernvers: Epheser 1,3

„Gepriesen sei der Gott und Vater unseres Herrn Jesus Christus! Er hat uns gesegnet mit jeder geistlichen Segnung in der Himmelswelt in Christus!"

Gebet:

„Halleluja! Ich bin reich, reich, himmelreich! Du hast mich mit Deiner Liebe beschenkt! Jeder Tag ist ein neues Abenteuer Deiner Güte! Wie konnte ich nur jemals ohne Dich leben wollen?! Du bist meine Quelle, meine Inspiration und mein ganzes Lebensglück!" …

Bibellese: Eph. 1,3-8

Impuls:

In der Heiligen Schrift gibt es das kleine griechische Wörtlein *perisseuo* überfließend. Es bedeutet zudem noch: außergewöhnlich, extravagant, über das Normalmaß hinausgehend, im Überfluss leben, überreichlich, dauerhaft überströmen. Mir gefällt dieser Begriff, denn er passt sehr gut zu der Liebe des Vaters, wie sie uns der Apostel hier im Epheserbrief vor Augen malt. Der Vater des Lichts segnet SEINE Kinder mit allen Segnungen des Himmels und der Erde. Überreichlich und überfließend!

Nur manchmal vergessen wir das mitten im Alltagsgeschehen. Da bauen sich Probleme und Nöte vor uns auf und verstellen uns die Sicht auf Papas gutes Herz!

Ich las von dem Besuch einer indischen Nonne aus dem Orden von Mutter Theresa. Sie besuchte Deutschland und hielt hier ein paar Vorträge. Am Ende ihres Aufenthaltes wurde sie gefragt, wie es ihr in unserem Land gefiel und was sie so über die Menschen hier denken würde. Die kleine bescheidene Frau zierte sich etwas, dann sagte sie: „Oh, ihr lebt in einem wirklich sehr schönen und reichen Land. Den allermeisten Menschen bei euch geht es sehr, sehr gut. Aber ich denke, euch fehlt etwas: ihr solltet besser eure Segnungen zählen – *count your blessings!"*

Segnungen zählen …, das finde ich einen guten Ausdruck. Ja, das ist eine wunderbare Aufgabe und sollte mein tägliches Hobby werden! Nachsinnen, nachforschen, es mir bewusst machen: ich bin überfließend reich gesegnet! Mir fehlt nichts, denn mein Vater sorgt für mich. ER hat den Überblick und weiß, was ich brauche. Und was ER mir nicht gibt, das brauche ich auch nicht!

Mein Schritt heute:

Ich starte heute mit meinem neuen Hobby: Segnungen zählen! Ich schreibe stichwortartig auf, was mir dazu einfällt …

Das neue Lebensgefühl

Lernvers: Epheser 1,3

„Gepriesen sei der Gott und Vater unseres Herrn Jesus Christus! Er hat uns gesegnet mit jeder geistlichen Segnung in der Himmelswelt in Christus!"

Gebet:

„Du segnest mich mit den Küssen des Himmels! Du breitest Deine Arme um mich, wie einen schützenden Mantel. Du wirfst mich wie ein Kind in die Luft und fängst mich wieder auf. Papa, ich laufe zu Dir und will ganz nahe bei Dir sein! Denn wenn ich bei Dir bin, dann weiß ich, es wird alles gut!" ...

Bibellese: 2. Mose 14,13-14

Impuls:

Oft haben uns die Leute gefragt, was denn nun so sensationell neu an der Offenbarung der Vaterliebe Gottes sei?! Wenn man lange genug im christlichen Glauben lebt, dann wisse man das ja wohl alles: „Gott ist die Liebe und ER liebt auch mich!"

Meine und unsere Antwort darauf lautet: wer in der Liebe des Vaters ankommt, der bekommt von unserem Abba ein ganz neues Lebensgefühl geschenkt! Wie soll und kann ich das am besten beschreiben? – Ich nenne das den AWG-Faktor:

Abba-Weg-Gemeinschaft ... oder: alles wird gut! ... oder: angstfrei-wunschlos-glücklich leben!

Da kommt ein Friede auf, der nicht von dieser Welt ist. Auf einmal weiß dein Herz ganz tief drinnen: dir kann nichts mehr passieren, denn du hast ja einen Vater im Himmel, dem du voll vertrauen kannst. Und DER passt super auf dich auf. ER versorgt dich und sorgt für dich allerbestens. So viel besser, als du oder irgendein andere Mensch es selber tun könnten. Wenn du bei IHM bist, dann kannst du nichts mehr verpassen. Dann bist du am Ziel deiner Träume angelangt! Worte wie Geborgenheit, Heimat, Zuhause, Zufluchtsort ..., sie alle können nur ein wenig davon wiedergeben, was es bedeutet, nahe am Vaterherzen Gottes zu leben.

Jetzt stehst du im Zentrum SEINER Liebe. Du bist umzingelt von Gnade, Güte und Erbarmen. Die stärkste Macht im ganzen Kosmos, Papas Agape-Liebe, ist auf dich ausgerichtet. Was könnte dir da noch geschehen?! Dein Vater steht zu dir. ER ist auf deiner Seite. ER kämpft deine Kämpfe und siegt für dich!

Und selbst wenn ich sterben müsste, dann weiß ich, dass ich immer noch an SEINER Hand bin. Zusammen gehen wir nur ein Stückchen weiter ..., in Papas große Herrlichkeit hinein!

Mein Schritt heute:
Ich stelle mich ins Sonnenlicht, schließe meine Augen und erspüre dieses neue AWG-Lebensgefühl!

Überfließend

Lernvers: Epheser 1,3
„Gepriesen sei der Gott und Vater unseres Herrn Jesus Christus! Er hat uns gesegnet mit jeder geistlichen Segnung in der Himmelswelt in Christus!“

Gebet:

„Sei Du mein erster Gedanke am Morgen und mein letzter vor dem Schlafengehen. Denn Du bist die Quelle allen Segens. Ich liebe Dich von Herzen und möchte Dir immer ganz nahe sein.“ …

Bibellese: Psalm 65

Impuls:

David schätzte den Segen Gottes in seinem Leben äußerst hoch ein. Er lebte in dem Bewusstsein, dass er ohne Gottes Segen gar nichts erreichen kann. Darum ist er hier so sehr begeistert von der Fülle der Segnungen seines Gottes. Enthusiastisch ruft er aus: „Deine Fußstapfen triefen von fettem Segen!“ Mit anderen Worten: Jedes Mal, wenn ich Dir nachfolge, dann segnest Du mich überfließend!

„An Gottes Segen ist alles gelegen!“ – Diese alte Bauernweisheit scheint vom Zeitgeist der modernen Welt so weit entfernt zu sein. Das Wort *Segen* wirkt etwas hilflos und antiquiert im heutigen Sprachgebrauch. Wir finden es noch ganz selten in unserer säkularen Welt auf kitschigen Geburtstagsgrußkarten oder in Weihnachtsansprachen von konservativen Politikern. Aber sonst weiß keiner so recht etwas damit anzufangen. Wir brauchen doch keinen Segen; wir schaffen das schon allein! Eher sagen wir: „Meinen Segen hast du dazu. Mach, was du willst und lass mich in Ruhe!“

Ob sich ein Mensch nach dem Segen Gottes ausstreckt, offenbart, ob er sich selbst als Bedürftiger sieht. Solange er noch im Geist der Waisenkindschaft feststeckt und meint, er müsse sein Leben selbst managen, wird er sich nicht dafür öffnen.

David nennt seinen Gott in diesem Psalm: „Hörer von Gebet“ und „Zuversicht/Hoffnung aller Enden“! Das verrät etwas von dem, was Segen in unserem Leben bewirken möchte: Unser Vater hört uns! Wir sind nicht allein mit unserer Not. Nicht alle unsere Wünsche werden in Erfüllung gehen. Aber wir dürfen absolut gewiss sein, dass wir immer gehört werden. Und darum können wir zuversichtlich in die Zukunft schauen. Wir haben einen Vater im Himmel, der stets den Überblick behält. ER hat Hoffnung ohne Ende und weiß immer einen Ausweg. Segen Gottes heißt dann konkret: Beistand, Trost, Führung, Versorgung und Hilfe.

Mein Schritt heute:
Ich öffne meine Hände beim Gebet und empfange den Segen Gottes für konkrete Bereiche meines Lebens.

Tag 96 6. April

Der Friede Christi

Lernvers: Epheser 1,3
„Gepriesen sei der Gott und Vater unseres Herrn Jesus Christus! Er hat uns gesegnet mit jeder geistlichen Segnung in der Himmelswelt in Christus!"

Gebet:

„Friede wie ein Strom. Liebe, groß wie Berge. Deine stille Präsenz lässt mein aufgescheuchtes Herz wieder ruhiger schlagen. Ich berge mich bei Dir. Was könnten mir Menschen tun? Du bist meine feste Burg und der Turm, in dem ich sicher und geborgen leben kann!" …

Bibellese: Kolosser 3,14-15

Impuls:

Ich liebe den Schalom, den Frieden Gottes. Diese Ruhe im Herzen. Wenn alle Kämpfe, Sorgen und Ängste verstummen müssen und der frohen Gewissheit Raum schaffen: Mein Jesus regiert und ER hat die Macht über alles! Das fühlt sich so an, wie der Moment nach dem Sturm, als der Meister zu Wind und Wellen sprach: „Schweig, sei still!" – und das aufgepeitschte Meer zu einer spiegelglatten Wasserfläche wurde, in dem der Himmel sich widerspiegeln konnte.

Der Friede Christi ist unfassbar höher als alles menschliche Verstehen, denn er kommt nicht aus dieser Dimension. Es ist der Schalom des Himmels. Seine Quellen entspringen in Gott und nicht in menschlichen Ressourcen. Deshalb ist dieser Friede unzerstörbar und so viel mächtiger als alle Waffen der Menschheit.

Selbst wenn unser Herz mal nicht weiterweiß und wir zwischen Meinungen und Einschätzungen zerrissen sind; da bleibt der Friede Christi unsere stärkste Waffe. Paulus schreibt hier im Kolosserbrief, dass der Friede Christi wie ein Kampfrichter, wie ein Schiedsrichter ist. Im Sport gibt es oftmals die Situation, dass es nicht eindeutig ist, ob etwa ein Ball noch drin war oder wer zuerst die Ziellinie überschritten hat. Mit modernsten technischen Mitteln wird heutzutage auf die Millisekunde genau alles berechnet – und selbst dann bleibt es oft noch eine Ermessensfrage für den Schiedsrichter, die er allein zu entscheiden hat. So will auch der Friede Christi in unseren Herzen regieren und entscheiden, wo wir selber nicht mehr den Überblick haben können. Wie beruhigend zu wissen!

Mein Schritt heute:

Ich setze mich bequem hin, höre mit allem auf und spüre den Frieden Christi! Und wenn mein Herz aufgewühlt sein sollte, dann sage ich im Namen Jesu: „Schweig, sei still!"

Tag 97 **7. April**

Am Küchentisch

Lernvers: Epheser 1,3

„Gepriesen sei der Gott und Vater unseres Herrn Jesus Christus! Er hat uns gesegnet mit jeder geistlichen Segnung in der Himmelswelt in Christus!“

Gebet:

„Danke, Vater, für meine Familie. Meine Eltern und Geschwister. Danke für die Segenslinie durch die Generationen. Danke, für alle Liebe und das Vertrauen, dass ich zu Hause lernen konnte.“ …

Bibellese: Psalm 128

Impuls:

In diesem Psalm geht es um den Segen für das Familienleben. Ein überaus aktuelles Thema!

Die Familie ist der göttliche Grundbaustein für menschliches Leben und jede intakte Gesellschaft. Zu keiner Zeit der Menschheitsgeschichte war das Familienleben so stark gefährdet wie heute. Der schleichende Zersetzungsprozess an dieser Stelle erscheint mir weitaus bedrohlicher als das wachsende Ozonloch oder die globale Erderwärmung mit ihren katastrophalen Folgen.

Wenn auf der einen Seite unseres Globus, etwa in Asien und Afrika, Kinder ohne elterliche Liebe aufwachsen müssen, als Aids-Waisen, auf der Flucht, in Kriegsgebieten, hungernd, in erbärmlicher Armut. Was wird dabei nur herauskommen?

Und wenn auf der anderen Seite des Globus, in den reichen Industrienationen, Kinder als Scheidungswaisen aufwachsen, vereinsamt und orientierungslos, in einer Welt von Maßlosigkeit, Medienrausch und Überforderung. Was wird dabei nur herauskommen?

Eine Welt verabschiedet sich mehr und mehr von dem Urbild der „heilen Familie“: Vater, Mutter, Kinder … sitzen um den Küchentisch, essen, plaudern und spielen, teilen ihr Leben miteinander, von Generation zu Generation.

Aber das ist die gesunde Genetik. Der Gedanke von Familie wurde im Herzen unseres Abba-Vaters geboren. Gott steht auf als Vater für die Vaterlosen und erbarmt SICH über die Waisenkinder der Welt. Genauso kämpft ER für die Heilung und Wiederherstellung von Familien und überschüttet sie mit SEINEM Segen, bis auf den heutigen Tag.

Mein Schritt heute:

Ich bete für meine Familie und für die Heilung von Familien in unserem Land.

Tag 98 **8. April**

Hilfe auf meiner Reise

Lernvers: Epheser 1,3
„Gepriesen sei der Gott und Vater unseres Herrn Jesus Christus! Er hat uns gesegnet mit jeder geistlichen Segnung in der Himmelswelt in Christus!"

Gebet:

„Vater, ich will mich nicht mehr länger von den Bergen an Problemen beeindrucken lassen. Ich wende meine Augen ab und schaue auf zu Dir. Meine Hilfe kommt von Dir. Du bist meine Rettung und mein starker Halt." …

Bibellese: Psalm 121

Impuls:

Die Psalmen 120 bis 134 sind überschrieben mit „Wallfahrtslieder" oder „Stufenlieder". Gemeint ist damit: Das sind Lieder, die der einzelne Pilger oder die ganze Festgemeinde sangen, wenn sie zu den jährlichen großen Festen nach Jerusalem kamen. Auf der langen Reise und auf den Stufen empor zum Tempel wurden diese Lieder angestimmt. Sie bereiteten den Gläubigen auf die Begegnung mit Gott vor. Es waren kurze Gebetslieder, leicht zu erlernen. Sie erfreuten sich großer Beliebtheit. Echte Popsongs von damals. Auch Jesus und SEINE Jünger kannten sie auswendig.

Der Psalm 121 wird bis heute gern als Reisesegen gebetet. Ein Mensch macht sich auf den Weg. Er will zu Gott kommen. Eine lange, gefährliche Reise wartet auf ihn. Wenn er die Augen emporhebt, sieht er nur große Berge vor sich. Jerusalem liegt eingebettet in den Bergen Morias. Wer dort auf den Zion zum Tempel Gottes will, muss vorher viele Gipfel erklimmen und Stufen emporsteigen. Der Pilger weiß um die Gefahren, die auf ihn lauern. Die Hitze der Sonne bei Tag. Zahlreiche Bedrohungen bei Nacht, durch wilde Tiere oder Wegelagerer. Das ist kein Spaziergang und auch keine Kaffeefahrt. In Gottes Nähe zu kommen kostet ganze Hingabe und vollen Einsatz.

Nur gut, dass unser Reisender einen solch starken Beschützer auf seinem Weg bei sich hat. „Der Hüter Israels schläft nicht, noch schlummert ER!" Der Vater selbst passt allezeit auf ihn auf. ER ist sein bester Guide. ER behütet ihn von außen und von innen – körperlich, seelisch und auch geistlich. „Meine Hilfe kommt von Jahwe! Der Himmel und Erde gemacht hat!" Wer kann da mithalten?! Einen stärkeren Schutz, eine bessere Lebensversicherung, einen freundlicheren Reiseführer können wir uns für unseren Lebensweg nicht wünschen!

Mein Schritt heute:

Ich nehme ein Navi oder einen Reiseatlas und halte ihn symbolisch für die Reise meines Lebens mit Gott im Vertrauen hin.

Tag 99 **9. April**

Die dreifache Schnur

Lernvers: Epheser 1,3

„Gepriesen sei der Gott und Vater unseres Herrn Jesus Christus! Er hat uns gesegnet mit jeder geistlichen Segnung in der Himmelswelt in Christus!“

Gebet:

„Abba, Jeschua, Ruach … Du bist die dreifache Schnur in meinem Leben. Dieses Band ist unzerbrechlich, unauflöslich und unzerstörbar. Deine drei Seile der Liebe halten mich fest und verleihen meinem Leben Stabilität und Sicherheit. Ich trau auf Dich, oh Herr!“ …

Bibellese: 2. Korinther 13,13

Impuls:

Die Trinität, die Drei-Einigkeit von Vater-Sohn-Geist, ist und bleibt ein wunderschönes Geheimnis aus der Dimension Gottes. Ich weiß noch, wie mir das als junger Christ schlaflose Nächte und immenses Kopfzerbrechen bereitet hat. Ich wollte das unbedingt rational „verstehen und begreifen“ können. Je älter und reifer ich geworden bin, desto mehr habe ich gelernt: Die Wunder Gottes verstehen wir nicht, aber wir beten Gott darüber an!

Die Einheit in Gottes Wesen ist solch ein Wunder, das wir täglich neu bestaunen und preisen können. Mir kommt es vor wie ein Wächter an der Tür zum Vaterhaus. Über diese intellektuelle Hürde kann der menschliche Verstand von sich aus allein nicht springen. Da kommen wir einfach nicht mit und nicht rein. Und das ist so von Gott in SEINER Liebe gewollt! Damit wir uns gleich richtig verstehen: Gott hat uns den Verstand als eine sehr gute Gabe geschenkt. Aber die Ratio allein reicht niemals aus, um uns durch die Tür ins Vaterhaus zu geleiten. Da braucht es schon etwas mehr Übernatürliches, um die Ebene des Himmels zu betreten. Wir nennen das im christlichen Fachjargon „Glauben“. Doch bei manchen riecht das immer noch nach menschlicher Anstrengung und Machbarkeit: „Nun glaub mal mehr, streng dich an!“

Falsch! Nach biblischem Verständnis ist Glaube eine Dimension, ein Lebensraum, den Gott in SEINER liebenden Dreieinheit für uns geschaffen hat. Wir kommen zum Glauben, wir treten ein, gehen über eine unsichtbare Linie und tauchen in eine neue Realität ein. Um diesen Glaubensschritt zu gehen, bedarf es unserer ganzen Personalität. Nicht nur die eine Ebene des Verstandes genügt da. Denn auch wir Menschenkinder sind nach Gottes Ebenbild drei in eins: Leib-Seele-Geist. Um dem Dreieinen zu begegnen, müssen wir selber dreieinig, oder soll ich besser sagen, von ganzem Herzen, mit allem, was und wer wir sind, hineingehen! Herzlich willkommen im Vaterhaus der Liebe Gottes!

Mein Schritt heute:
Ich knüpfe aus drei Seilen ein starkes Band, das nicht entzweigerissen werden kann.

Wenn mein Gott kommt

Lernvers: Epheser 1,3
„Gepriesen sei der Gott und Vater unseres Herrn Jesus Christus! Er hat uns gesegnet mit jeder geistlichen Segnung in der Himmelswelt in Christus!"

Gebet:

„Oh, wie freue ich mich auf Dein Kommen! Ich kann es fast nicht mehr aushalten. Wie ein Kind sich auf das Nachhausekommen seines Papas freut, so sehne ich Dein machtvolles Erscheinen herbei." …

Bibellese: Psalm 50

Impuls:

Dieser Psalm wird oft mit dem Stichwort *Erweckung* verbunden: wenn unser Gott kommt! Wenn ER machtvoll und rettend in unsere Gesellschaft eingreift. Tausende Menschen erleben SEINE Kraft und Realität. ER ruft – und sie kommen zum Glauben. Das Leben Unzähliger wird radikal zum Guten verändert. SEIN Erbarmen zeigt sich an den Armen. Selbst Politiker, Künstler und andere bedeutende Persönlichkeiten folgen IHM ohne Scham öffentlich nach. Zeichen und Wunder SEINER herrlichen Macht sind an der Tagesordnung. Überall, selbst in den Medien, erzählt man sich von SEINEN großen Taten. Es vergeht kein Tag, an dem nicht SEIN Name hoch gelobt wird. Ja, diese Sehnsucht lebt in vielen von uns – so auch in mir!

In diesem Psalm weist uns Asaph auf zwei wichtige Dinge beim Erscheinen unseres Gottes hin. Erstens: „Wenn Gott kommt, stürmt es gewaltig ringsumher!" Geistliche Aufbrüche sind in der Regel keine kleinen, netten, harmlosen Veranstaltungen, sondern gehen mit Umbrüchen, Veränderungen und Stürmen einher. Da werden Dinge umgewälzt, der Acker wird umgepflügt – da kann auch schon mal etwas zerbrechen oder alte Visionen können sterben. Das fühlt sich nicht nur toll und bequem an. Da wird unsere bisherige schöne Ordnung mächtig auf den Kopf gestellt, und wir bekommen ein paar Probleme, die wir vorher nicht hatten. Wollen wir das?

Und zweitens: „Wer Dank opfert und IHN preist, bahnt einen Weg für Sein Kommen!"

Durch Dankbarkeit und Lobpreis bauen wir jetzt schon an einem geistlichen Wegenetz für das Kommen unseres Vaters! „Und da ist ein Weg der Rettung!" heißt es weiter. Erweckung hat vor langer Zeit schon angefangen (seit Ostern und Pfingsten) – und wir bahnen Wege in unserem Herzen und in unserer Umgebung, dass unser Abba noch mehr kommen kann! Mehr, Herr!

Mein Schritt heute:
Ich gehe durch die Straßen meiner Stadt und träume im Geist davon, dass mein Gott kommt.

Teil 11

Lebendig – leben in SEINER Fülle

Johannes 10,10

Tag 101 11. April

Zum Leben berufen

Lernvers: Johannes 10,10

„Ich bin gekommen, dass sie Leben haben und es in Überfluss haben!"

Gebet:

„Mein lieber, guter Vater, bei Dir fühle ich mich lebendig! Du gibst das Leben, das sich wirklich lohnt! Leben im Überfluss! Oh, wie ich Dir dafür danke! Bei Dir fängt mein Leben jetzt erst richtig an!" …

Bibellese: Johannes 14,15-19

Impuls:

Vor einiger Zeit saß ich in einer Runde von Pastoren und geistlichen Leitern. Alle hatten ihren großen „Ministry" und konnten auf segensreiche Erfolge hinweisen, die sie in letzter Zeit gemacht hatten. Auch wenn jeder mit Worten bemüht war, allen Ruhm an Gott weiterzugeben, so wurde ich doch den Eindruck nicht los, dass sich alle eine kleine Scheibe Ehre selber abgeschnitten hatten. Nach dem Motto: „Wenn ihr es alle nur so wie ich machen würdet, dann hättet ihr auch die gleichen Erfolge und Segnungen vorzuweisen. Weil ich es in Gottes Augen anscheinend richtig gemacht habe, deshalb konnte ER mich so blendend segnen!"

Puh, wie oft schon habe ich dieses verkorkste religiöse Spielchen selber mitgespielt?!

„Gott segnet mich mit Erfolg, weil ich es richtig mache. Und wenn ich keine messbaren Erfolge habe, dann muss ich wohl etwas falsch gemacht haben. Zwar liebt mich Gott dann immer noch, aber ich bin selber dran schuld, dass ich nicht auf SEINER Erfolgsspur mitlaufe!"

Wie erlösend anders spricht da Jesus zu uns?! ER schenkt uns unverdientermaßen Leben im Überfluss. ER ist kein Chef, der unsere Erfolgsstatistiken untersucht und die Verkaufszahlen analysiert. Unsere Berufung ist nicht zuerst ein geistlicher Dienst oder kirchliches Amt. Wir alle sind zum Leben mit IHM berufen! Das zählt zu allererst. IHN interessiert, wie SEIN Auferstehungsleben pulsierend durch uns hindurchfließen kann. Wir sind *human beings* und keine *human doings!* Bei Abba geht Leben vor!

Mein Schritt heute:

Ich suche mir jemand Vertrautes und erzähle ihm davon, wann und wo ich mich lebendig fühle!

Tag 102 12. April

Leben in Fülle

Lernvers: Johannes 10,10
„Ich bin gekommen, dass sie Leben haben und es in Überfluss haben!"

Gebet:

„Du machst mich voll, voll, voll von Deiner Güte! Ich bin überfließend voll. Halleluja! – Aber ich kenne zur Genüge auch das genaue Gegenteil davon. Ich weiß um Stunden von großer innerer Leere und kenne aus eigener Erfahrung den Schmerz, geistlich ausgebrannt zu sein! – Danke, dass Du in beiden Zeiten bei mir bist, mich liebst und festhältst! Ich kann Dir immer vertrauen!" ...

Bibellese: Kolosser 2,9-10

Impuls:

Auch wenn die Bibel sehr viel von der überfließenden Fülle Gottes spricht und uns Jesu Herrlichkeit in den allerschönsten Farben vor Augen stellt, so liebe ich es doch am Wort Gottes, wie erfrischend realistisch es ist! Jesus lebt immer im Überfluss! Aber leider nicht wir Menschenkinder!

Da legt sich der Prophet Elia depressiv unter einen Busch und will nur noch sterben. Da schreit und klagt sich der Psalmist mal wieder seine Seele aus dem Leib und fragt, wo nur Gottes Hilfe geblieben ist. Da versucht der Prophet Jona vor dem Auftrag Gottes wegzulaufen. Da weint sich der Verräter Petrus die Augen aus dem Kopf. Da ist der Apostel Paulus total sauer und frustriert über seine Mitarbeiter, die ihn alle in Stich gelassen haben. Die Liste ist sehr, sehr lang. Und es gibt dabei nichts allzu Menschliches, was unserem Vater unbekannt wäre!

Genau das meine ich! Gottes Liebe ist so real! Sie kennt unsere menschlichen Herzen durch und durch – mit allen Abgründen, Irrungen und Wirrungen. Das ist für IHN kein Widerspruch, wenn ER dann im nächsten Atemzug über die Fülle SEINES Lebens bei uns spricht. Schließlich ist es ja SEINE Lebenskraft in uns, und nicht unsere eigene Stärke. Wir sind der Handschuh – ER ist die Hand! Es ist SEIN Leben in uns, das den Unterschied macht. Ohne IHN wären wir nichts! Aber mit IHM kommt SEIN Leben in unserer Schwachheit zur Entfaltung! Halleluja!

Mein Schritt heute:

Ich nehme einen Handschuh und betrachte ihn im leeren und gefüllten Zustand. So groß ist der Unterschied: ohne IHN und mit IHM!

Tag 103 13. April

Dimensionen SEINER Liebe

Lernvers: Johannes 10,10

„Ich bin gekommen, dass sie Leben haben und es in Überfluss haben!“

Gebet:

„Von allen Seiten umgibst Du mich! Ich liebe die Höhe, Weite, Länge und Tiefe Deiner herrlichen Agape-Liebe. Ein ganzes Universum von pulsierendem Leben umgibt mich. Und mittendrin immer wieder Du und ich! Komm, lass uns das Fest des Lebens genießen!“ …

Bibellese: Epheser 3,14-21

Impuls:

Mathematiker und Physiker liefern sich seit Jahrzehnten einen Wettlauf: Wie viele Dimensionen hat unsere Welt? Sind es vier, fünf, elf oder gar mehr? Dabei rätseln die klügsten Köpfe der Menschheit; sie spekulieren und analysieren. Das meiste davon bleibt reine Theorie. Allzu oft stellt der Mensch am Ende fest, dass er doch nur sehr begrenzt ist. Unsere Perspektiven aus wissenschaftlicher Sicht gleichen einer Ameise, die in ihrer winzigen Beschränktheit an einem ausgewachsenen Menschen hochblickt und durch ihr Facettenauge nur ein Bruchteil der ganzen Realität verzerrt wahrnehmen kann. Und diese Wahrnehmung halten wir dann schon für wissenschaftlich bewiesen?

Wie armselig ist das denn?!

Die Bibel will kein wissenschaftliches Nachschlagewerk sein. Sie beantwortet nicht unsere intellektuellen letzten Fragen. Und dennoch gibt sie mehr Auskunft über das wahre Leben, hier und heute und dann in Ewigkeit, als alle anderen Bücher der Welt! Sie hat nur ein großes Thema: das ist die Liebe des Vaters, die in Jesus Christus sichtbar geworden ist und durch die Realität SEINES Heiligen Geistes erfahrbar wird! Diese Macht der Agape-Liebe durchflutet alle Dimensionen im Diesseits und Jenseits.

Wissenschaft und Glaube bilden keinen Widerspruch. Sie sind vielmehr zwei Wege, auf denen wir uns der Realität annähern. Unser menschliches Erkennen ist und bleibt bruchstückhaft – ein Stückwerk! Der Glaube an Gott ist nicht logisch oder unlogisch – sondern „über-logisch“. *Metanoeo* …, das bedeutet: umdenken, neudenken, eine Ebene höher denken!

Mein Schritt heute:

Ich nehme meine Bibel, halte sie in meinen Händen – oder stelle mich darauf – und staune einen Augenblick über die Dimensionen der Liebe Gottes, die sich hierin offenbart haben!

Tag 104 14. April

Mehr als genug!

Lernvers: Johannes 10,10
„Ich bin gekommen, dass sie Leben haben und es in Überfluss haben!"

Gebet:

„Danke, mein treuer Freund, dass Du zu mir gesagt hast, dass ich immer mehr als genug haben werde! Das ist die Wahrheit! Du stehst zu Deinem Wort! Ich preise Dich für alle Versorgungswunder meines Lebens. Du bist mein Jahwe Jireh, der Gott, der mich versorgt!" ...

Bibellese: Matthäus 14,13-21

Impuls:

Abba-Vater hat mir vor vielen Jahren versprochen, dass meine Familie und ich immer mehr als genug haben würden!

Heute kann ich bezeugen, wie treu ER in SEINER Zusage ist. Ich lebe in SEINER Fülle und genieße den Überfluss. Ich habe tatsächlich viel mehr als genug. So viel, dass ich noch gerne davon abgeben kann. Für mich zählt es zu den Wundern meines Lebens. Denn meine Biografie würde eine gänzlich andere Geschichte erzählen können. Meine Ursprungsfamilie hatte durch die Folgen des Krieges alles verloren: Heimat und Wohlstand. Ich wurde in einem Elternhaus groß, das eher von Mangel und Verlustängsten geprägt war. Ein Armutsgeist hatte bei uns Einzug gehalten. Damit meine ich eine innere Haltung und Gesinnung, die aus Angst vor Mangel zu Geiz und Knickerigkeit führen kann. Wir nannten das zwar anders: „Sparsamkeit und umsichtiges Haushalten." Jedoch haben wir uns meistens für die billigere Lösung entschieden, auch wenn sie qualitativ minderwertiger war. Die Sorgen hörten dennoch nicht auf!

Es dauerte seine Zeit, bis der Vater mich lehrte, wie SEIN Herz in dieser Beziehung tickt. Bei IHM ist geben seliger als nehmen. SEIN Wesen ist absolut verschwenderisch und großzügig. ER lehrte mich das geistliche Prinzip von Saat und Ernte, vom Opfer und Zehnten geben. So gewann ER Stück um Stück mein Vertrauen. Mit jedem Schritt mehr, den ich mich weiter hinauswagte, durfte ich mein neues Land einnehmen.

Ich kann jetzt von Hunderten von Versorgungswundern berichten. Ich lebe in einem Haus, das uns der Vater geschenkt hat; fahre in einem Auto, das uns der Vater geschenkt hat; usw. Mein Herz ist so dankbar für alle Geschenke des Himmels! Ich staune, was ER aus fünf Broten und zwei Fischen meines Vertrauens gemacht hat! Denn mehr hatte ich wirklich nicht zu bieten!

Mein Schritt heute:

Ich gehe durch meine Wohnung, öffne Schränke und betrachte meine Habseligkeiten. Jetzt ist Zeit, meinem Jahwe Jireh zu danken – und ihn bei neuem Mangel wieder zu bitten!

Das andere Maß

Lernvers: Johannes 10,10
„Ich bin gekommen, dass sie Leben haben und es in Überfluss haben!"

Gebet:

„Papa, Ich brauche Dich so sehr! Ich suche Deine Nähe. Mein Herz ist durcheinander, ich suche einen Ruhepol. Am liebsten würde ich mich verstecken wollen. Alles ist mir zurzeit zu viel. So viel Stress und Überforderung. Mein Maß ist voll, ich kann und will nicht mehr! Bitte fang mich auf, ich falle!" …

Bibellese: Lukas 6,38

Impuls:

Gehörst Du auch zu den Menschenkindern, denen es echt schwerfällt, das richtige Maß in allem zu finden?

Das richtige Maß beim Essen und Genießen; das rechte Zeitmaß am Handy, TV oder PC; der maßvolle Umgang mit Luxusgütern; die gesunde Balance zwischen Sport und Entspannung; und selbst im Reich Gottes fällt es oftmals schwer, das gute Maß zwischen Begeisterung und Nüchternheit zu finden. Was der Teufel nicht verhindern kann, das lässt er uns maßlos übertreiben oder achtlos verpuffen. Jede heilsame Medizin kann in Überdosis schädlich werden. Und ohne rechtes Maß in der Dosierung ist jede Arznei wirkungslos oder gar lebensgefährlich.

Ich bin so dankbar, dass unser Vater das genau zu uns passende Maß kennt. Ich muss nicht in den Schuhen eines anderen laufen. Ich werde nicht das Leben der anderen leben. Was für mich maßgeschneidert ist, wird einem anderen gar nicht passen können. Abbas Liebe geht auf jeden persönlich ein. Lasst uns bitte damit aufhören, einander zu vergleichen oder zu bevormunden. Das ist Sünde – damit verfehlen wir das Ziel unserer Existenz! Wir sind wunderbare Originale und einmalig – wir sind keine 08/15-Figuren von der Stange!

Halleluja, Abbas Maß geht weit über alles hinaus, was mich einengen will. ER sprengt die kleine Box meiner Begrenzung. SEIN Leben quillt über: gedrückt, gerüttelt, geschüttelt und überfließend! Das ist das überströmende Maß des Himmels. Und genau das passt zu Abbas Kindern!

Mein Schritt heute:

Ich betrachte ein paar Maßeinheiten meines Alltags: Zollstock, Messbecher, Waage …, dann nehme ich ein leeres Glas und schütte es voll Wasser, bis es überläuft. So maßlos überfließend will Abba mich heute segnen!

Sieben mal siebzig

Lernvers: Johannes 10,10
„Ich bin gekommen, dass sie Leben haben und es in Überfluss haben!“

Gebet:

„Danke, Jesus, dass Deine Vergebung keine Grenzen kennt. Ich darf immer wieder neu zu Dir kommen. Sogar mit der gleichen Angelegenheit. Du schickst mich nicht genervt weg, sondern wäscht mich rein von aller meiner Schuld!“ …

Bibellese: Matthäus 18,21-22

Impuls:

Gute Frage, lieber Petrus: „Wie oft muss ich denn, diesem Blödmann noch vergeben?!!! Reicht nicht sieben Mal aus?“ – Und eine noch bessere Antwort, lieber Jesus: „Nein, besser ist sieben mal siebzig! – mit anderen Worten: unendlich mal, immer wieder neu – denn Gottes Liebe vergibt dir ja auch immer wieder neu, oder?!“

Ich liebe den Humor meines Meisters. Ich mag das so sehr gerne, wie ER das harte Herz SEINER Freunde mit SEINER verblüffenden Direktheit enttarnt und weichliebt!

Diese Frage hätte auch von mir kommen können. Irgendwann ist dann aber auch Schluss mit lustig! Meine Barmherzigkeit ist sehr begrenzt. Mich kann man schnell auf die Palme bringen. Es gehört nicht viel dazu, mich richtig zu nerven und wütend zu machen. Bis heute lerne ich immer noch mit Respekt und Würde bei Gesellschaftsspielen zu verlieren – fragt meine Kinder. Da kann ich mich so sehr ärgern und aufregen, das glaubt ihr gar nicht! Schwuppdiwupp, alle meine heilige Selbstbeherrschung ist auf und davon.

Gibt es auch Grenzbereiche in deinem Leben, wo dir das Leben richtig um die Ohren fliegen kann? Jeder hat da so seine eigenen, empfindlichen Stellen, nicht wahr? Der eine ist ganz pedantisch, wenn es um die Ordnung geht. Der andere reagiert überempfindlich bei scheinbaren Ungerechtigkeiten. Und ein anderer wiederum kann bei bestimmten Menschentypen, die so ganz anders sind, völlig ausrasten.

Gut zu wissen: der Vater liebt alle SEINE Kinder gleichermaßen! ER hat so viel Gnade und Geduld für mein Leben bewiesen. Wir sind alle Papas Lieblingskinder! Ich will mich daran erinnern, wenn mich wieder mal jemand nerven sollte. Sieben Mal siebzig Mal!

Mein Schritt heute:

Ich nehme ein Maßband und betrachte den Unterschied zwischen 7 cm und 490 cm!

So viel mehr ist die Gnade Gottes über meinem Leben. Welchem nervigen Erdenbewohner darf ich heute ein paar Zentimeter Gnade davon abschneiden und schenken?

Tag 107 17. April

Papas ewiger Ratschluss

Lernvers: Johannes 10,10
„Ich bin gekommen, dass sie Leben haben und es in Überfluss haben!“

Gebet:

„Allmächtiger Gott und Ewig-Vater, wie unfassbar groß ist Deine Weisheit. Dein Ratschluss ist heilig und vollkommen. Alle Deine Wege sind gerecht und gut. Sie sind so viel höher als der Himmel über der Erde ist. Deine Treue reicht soweit die Wolken ziehen!“ …

Bibellese: Römer 11,33-36

Impuls:

Wie sieht das nun aus mit dem ewigen Ratschluss Gottes? Ist alles vorherbestimmt, was geschieht? Läuft alles nach einem festgelegten Fahrplan und Regiebuch ab? – Was ist dann mit dem freien Willen der Menschenkinder?

Hat der Mensch überhaupt eine Entscheidungsfreiheit oder handelt er lediglich nach einem bestimmten Muster von Erwählung und Verwerfung?

Und wie sieht das dann mit der Allmacht Gottes und SEINER Souveränität aus, wenn der freie, aber sündige Mensch Gott ständig dazwischenfunken kann?

Oh, oh, so viele Fragen! – Seit Jahrhunderten debattieren und argumentieren Theologen und Bibelforscher darüber, sie kommen zu ganz unterschiedlichen Erkenntnissen, was uns wiederum unterschiedliche Bekenntnisse (Konfessionen) beschert hat.

Mich begeistert bei dem großen Dogmatiker und Apostel Paulus, dass er mitten im Römerbrief, quasi mitten in seiner theologischen Doktorarbeit, sich unterbricht und eine Pause macht. Jetzt geht es nicht mehr weiter mit Argumenten und Erkenntnissen. Jetzt muss der Vater einfach angebetet werden. Kinder können nicht alles verstehen, aber sie haben das Staunen nicht verlernt! Wir beten den Vater an, über SEINER unermesslichen Weisheit, SEINEM heiligen Willen und SEINEN ewigen Plänen! Wir können nicht alles erfassen und werden IHM noch viele Fragen stellen, aber wir können jetzt schon unsere Herzen bei IHM bergen. Denn wir glauben, dass unser Papa alles kann!

Mein Schritt heute:

Kennst Du noch das apostolische Glaubensbekenntnis? Falls nicht, dann google mal nach. Ich werde es heute laut lesen und neu inwendig und auswendig lernen!

ER wird es tun!

Lernvers: Johannes 10,10

„Ich bin gekommen, dass sie Leben haben und es in Überfluss haben!“

Gebet:

„Sei willkommen, Heiliger Geist. Komm und wehe über mir und meinen momentanen Lebensumständen. Ich brauche ein Schöpfungswunder, eine neue Schöpfung am besten! Danke, ich bin eine neue Kreatur. Du hast mein Herz neu gemacht!“ …

Bibellese: 1. Thessalonicher 5,12-24

Impuls:

Hörst du?! ER wird es tun! Halleluja, es ist menschlich nicht zu schaffen! – Aber Abba wird es tun!

An manchen Tagen stehe ich vor einer Mauer von Unmöglichkeiten. Da hebe ich meine Augen auf zu den Bergen. Berge von ungelösten Problemen und Herausforderungen. Mein Alltag scheint mir wie ein einziger Knoten aus Überforderung und Versagen. Woher kommt mir meine Hilfe? – Meine Hilfe kommt von Jahwe, meinem Gott und Vater! Ich habe keinen anderen Helfer, als nur IHN!

Ich erinnere mich, wie ich vor Jahren durch solch einen Engpass ging. Mein ganzes Leben war so enorm schwer geworden. Ich fühlte mich eingekesselt von unlösbaren Anforderungen. Ich steckte fest in einem dunklen Tal, umzingelt von Sorgenbergen. Da schenkte mir der Vater beim Gebet eine neue Schau. Ich sah, wie es anfing zu regnen. Schauer von Liebe und Erbarmen Gottes. Die Wasser stiegen und stiegen. Bald konnte ich nicht mehr stehen, ich musste schwimmen. Ich vertraute mich den gnädigen Fluten an und ließ mich auf der Wasseroberfläche treiben. Der ganze Talkessel füllte sich mit Wasser. Die Fluten stiegen weiter, bis sie die Bergkuppen erreichten. Und schlussendlich überfluteten sie auch noch die Bergspitzen, bis alles in einem riesigen Meer von Gnade und Güte verschwand. So trieb ich immer noch obenauf und wurde von dem Strömen SEINER Liebesmacht in völliger Entspannung über die Hindernisse hinweggetragen.

So anders kann und wird es aussehen, wenn Abba es macht! SEINE Rettungswege sind so viel höher. Sie übersteigen meine Fantasie und kühnsten Vorstellungen. Abba ist einfach genial darin, die dicksten Knoten aufzudröseln und die kniffligsten Rätsel zu lösen. Wir können IHM voll entspannt vertrauen!

Mein Schritt heute:
Ich lege mich entspannt hin (auf mein Bett oder in die Badewanne) und lasse mich im Geist auf dem Strom SEINER Liebe treiben, über alle Stressberge meines momentanen Lebens hinweg.

Der wahre Sieger

Lernvers: Johannes 10,10
„Ich bin gekommen, dass sie Leben haben und es in Überfluss haben!"

Gebet:
„Du bist mein Held! Der Sieger von Golgatha ist auch der Sieger in meinem Leben. Mit Dir werde auch ich siegreich sein. Du kämpfst für mich und hilfst mir durch. Ich vertraue auf Deine Kraft." …

Bibellese: Psalm 68

Impuls:
Dieses Lied wurde wahrscheinlich gesungen, als David wieder einmal erfolgreich von einer seiner zahllosen Schlachten zurückkam. Er hatte gesiegt. Ein Triumphzug krönte den Erfolg. Die Menschen in den Straßen jubelten ihm zu. Aber da stimmte David ein anderes Lied an: „Mein Gott ist der wahre Sieger! Es waren SEINE himmlischen Armeen, die den Kampf entschieden haben! ER ist der wahre Held, der Gott meiner Rettung! IHM allein gebührt der Ruhm!"

Erneut sehen wir das Herz aus Gold, das in David schlägt. Anstatt sich selbst die Ehre zu nehmen, erinnert er sich vielmehr daran, wer er ist und wer sein Gott ist. Beide Realitäten behält er ständig vor Augen: Er, David, ist lediglich ein kleiner und hilfloser Waisenjunge, gemessen an seinem großen Gott. „Der Gott der Witwen und Waisen" ist sein Vater geworden. Und sein Vater im Himmel ist der starke Kriegsheld. Der kämpft für ihn. Der trägt seine Lasten. Ja, der hat Auswege aus dem Tod!

Neutestamentlich gesprochen hört sich das dann so an: Jesus ist der Sieger über Sünde, Tod und Teufel! ER ist der Sieger von Golgatha! Und weil ER den Sieg errungen hat und ihn jetzt mit uns teilt, sind auch wir Sieger! ER führt uns mit SICH in SEINEM Triumphzug. Aber wir sind nicht die Beute, die ER da zur Schau stellt, sondern wir dürfen als geliebte Töchter und Söhne auf dem Siegeswagen unseres Papas mitfahren.

Auch in unserem Leben gibt es viele Kämpfe und manche Siege. Es lohnt sich, eine Kultur des Feierns einzuüben. Siegesfeiern! Warum nicht mal einen kleinen Freudenzug durchs Haus oder den Garten veranstalten, um die Siege Gottes in unserem Leben zu preisen? Mindestens können wir IHM allezeit für Golgatha danken! ER ist und bleibt unser wahrer Held!

Mein Schritt heute:
Ich erinnere mich an die Siege Gottes in meinem Leben und werde IHM auf einem kleinen Siegeszug dafür danken.

Die Toten loben Gott nicht!

Lernvers: Johannes 10,10
„Ich bin gekommen, dass sie Leben haben und es in Überfluss haben!"

Gebet:

„Wenn ich aufhören würde, Dich zu preisen, würden die Steine zu schreien beginnen. Dich zu kennen, ist Leben für mich. Und Dich zu lieben, ist meine Berufung. Mein ganzes Sein soll sich nur um Dich drehen" …

Bibellese: Psalm 115

Impuls:

Der Glaube des Beters ist stark herausgefordert. Er hört den beißenden Spott der Gottlosen: „Wo ist denn dein Gott Jahwe?" Wo er auch hinschaut im Land, erblickt er heidnischen Götzendienst. Doch da steht der Geist Gottes in ihm auf. Er geht zum Gegenangriff über: „Nein, nicht mein Gott ist tot! Tot sind eure Götzen von Menschenhand! Mein Gott Jahwe regiert im Himmel und macht, was IHM wohlgefällt!" Dann ruft der Psalmist sein Volk Israel zurück zum Vertrauen und zum Lobpreis des einen wahren Gottes.

Nach dem Verständnis der Bibel gilt: Wer unseren Gott nicht mehr loben kann, ist bereits tot – geistlich tot! Zum Machtbereich des Todes wird alles gezählt, was uns das Lob in der Kehle ersticken will: Krankheitsangriffe, seelische Qualen, tiefe Nöte … Das wahre Leben eines Gläubigen hört nicht mit dem letzten Herzschlag auf, sondern mit dem Verstummen der Loblieder. „Die Toten loben Jahwe nicht!" In den Zonen des Todes herrscht Sprachlosigkeit. Lobpreis ist hingegen die Sprache der Liebe. Wenn wir aufhören den Vater zu preisen, unterbrechen wir den Fluss der Liebe und des Lebens zwischen Abba und uns.

Deshalb bezeugen die Beter der Psalmen, dass sie dem Rachen des Todes entronnen sind, als sie wieder anfingen, Gott zu preisen. Lobpreis wirkte bei ihnen wie eine geistliche Reanimation oder gar Auferstehung von den Toten.

Die meisten Faktoren unseres Lebens liegen nicht in unserem eigenen Machtbereich, wie etwa, welches Geschlecht wir haben, aus welcher Familie wir stammen oder zu welcher Zeit wir geboren wurden. Da gibt es gravierende Unterschiede. Wo jedoch alle Menschen zu allen Zeiten sich am gleichen Ausgangspunkt befinden, ist: „Lobe ich Gott, den Vater, egal, wie die Umstände sein mögen?!" Wer das tut, der lebt erst wirklich!

Mein Schritt heute:

Ich lobe meinen Vater von ganzem Herzen und trete damit heraus aus den Zonen des Todes.

Teil 12

Die Farben der Liebe

Matthäus 22,37–39

Tag 111 **21. April**

Das Allerwichtigste

Lernvers: Matthäus 22,37–39

„Du sollst den Herrn, deinen Gott, lieben mit deinem ganzen Herzen und mit deiner ganzen Seele und mit deinem ganzen Verstand. Dies ist das größte und erste Gebot. Das zweite aber ist ihm gleich: Du sollst deinen Nächsten lieben wie dich selbst.“

Gebet:

„Vater, das soll wirklich das Allerwichtigste in meinem Leben sein, Dich zu lieben, Dich zu ehren und zu verherrlichen mit allem, was ich bin und habe. Und wo das noch nicht so ist, da forme mich bitte und erweitere meine Grenzen. Mein Äußerstes für Dein Höchstes!“ …

Bibellese: Matthäus 22,34-40

Impuls:

„Gott zu lieben“, das ist das Allerwichtigste! Das muss absolute Priorität haben! Mehr als alles Tun und Machen müssen unsere Herzen bei IHM zu Hause sein. Das ist das allerwichtigste Gebot der Stunde! Die allerwichtigste Bibelstelle und vornehmste Aufgabe.

Das Liebesgebot steht sogar noch über dem Missionsbefehl und all den anderen wichtigen Berufungen, die Gott uns gegeben hat. Aber wer unseren Gott lieben wird, wer einen Blick in SEIN Herz wirft, der wird dort so viel Mitleid und Erbarmen für die Menschen finden, dass er auch gleich bei der Liebe zu allen Menschen landen wird. Also, den Vater zu lieben ist mehr als ein zusätzlicher Luxus beim Dienen – das ist unser wahrer Dienst, der Auftrag unserer Existenz.

Wer den Vater liebt, der wird auch die Kinder des Vaters, die ganze Familie, lieben müssen. Da ist ein tiefes Geheimnis dahinter. Der allmächtige Gott und Schöpfer allen Lebens hat SICH unauflösbar mit SEINEN Menschenkindern verbunden. ER will und kann nicht mehr ohne uns! Und wir auch nicht mehr ohne IHN! In diesem Kräftefeld von ER + WIR + ICH fließt unaufhörlich SEINE Agape-Liebe, wie Wasser des Lebens. Das ist und bleibt das Allerwichtigste. So simpel es äußerlich zu sein scheint, so elementar lebenswichtig ist und bleibt diese Grundwahrheit. Alles komplexe Leben in der Schöpfung baut sich ebenfalls aus den einfachsten biochemischen Grundbausteinen auf. Das Leben aus Gott ist einfach und superschön!

Mein Schritt heute:

Ich schreibe einen Liebesbrief an meinen wunderbaren Vater-Gott!

Die Geschwister lieben

Lernvers: Matthäus 22,37–39

„Du sollst den Herrn, deinen Gott, lieben mit deinem ganzen Herzen und mit deiner ganzen Seele und mit deinem ganzen Verstand. Dies ist das größte und erste Gebot. Das zweite aber ist ihm gleich: Du sollst deinen Nächsten lieben wie dich selbst.“

Gebet:

„Papa, mit Dir habe ich ja meistens keine Schwierigkeiten, aber bei meinen Glaubensgeschwistern ist das schon anders. Einige von ihnen finde ich nervig, andere mag ich nicht, weil ihre Art mich verletzt ..., anderen gegenüber bin ich gleichgültig. Bitte, Vater, fülle mein Herz mit Liebe für alle meine Brüder und Schwestern!“ ...

Bibellese: Römer 12,9-21

Impuls:

Die „Bruderliebe“ (griechisch: Philadelphia) ist vor Gott ein ganz kostbares Gut, auf das wir besonders achten müssen. Der Apostel Johannes schrieb einmal, wenn wir unsere Geschwister, die wir vor Augen haben, nicht lieben – dann können wir unseren Gott, den wir nicht sehen, auch nicht lieben. Die Geschwisterliebe wird somit zum Testfall, ob uns die Agape-Liebe des Vaters bereits erreicht hat und unser Tun bestimmt. Alles andere wären nur Nettigkeiten und Sympathiewerte aus eigener Kraft und Bemühen. Aber wenn Gottes Kraft und Liebe uns durchfluten, dann können wir unsere Geschwister lieben – auch die schwierigen und komischen. Und doch bleibt es anscheinend eine lebenslange Übung, sonst müsste die Bibel nicht immer wieder in Imperativen (Befehlen) davon sprechen und uns daran erinnern, dass wir diesen Liebesstrom auch wirklich durch uns fließen lassen.

Bonhoeffer sagte einmal: „Der Christus im Bruder ist stärker, als der Christus in uns selber!“ – Damit wollte er deutlich machen: das Wort, das uns hilft, können wir uns nicht selber ermutigend zusprechen – dafür brauchen wir die anderen, die Gemeindefamilie, die Geschwister! Und das ist gut so – so will der Vater das haben!

Unser Abba hat keine Einzelkinder! ER denkt und liebt in Familie!

Mein Schritt heute:

Ich denke mir eine Liebeswürdigkeit aus für einen Bruder/eine Schwester, bei dem/der es mir schwerfällt, Liebe zu schenken!

Tag 113 **23. April**

Retterliebe

Lernvers: Matthäus 22,37-39

„Du sollst den Herrn, deinen Gott, lieben mit deinem ganzen Herzen und mit deiner ganzen Seele und mit deinem ganzen Verstand. Dies ist das größte und erste Gebot. Das zweite aber ist ihm gleich: Du sollst deinen Nächsten lieben wie dich selbst."

Gebet:

„Wie Du mich liebst und jeden anderen Menschen auf der Welt auch, das darf ich nicht für mich behalten. Vater, hilf mir bitte, meinen Mund aufzubekommen und es weiterzusagen, wie fantastisch gut Du bist! " ...

Bibellese: Römer 10,4-21

Impuls:

Wo ist solch ein Gott wie unser Vater?! SEIN Herz ist voller Retterliebe für unsere ganze Welt. Ja, tief in SEINEM Herzen gibt es diesen Saal für die Verlorenen, diese Empfangshalle im Vaterhaus. Dort nimmt ER jeden Einzelnen in Empfang, läuft ihm entgegen, umarmt ihn und bedeckt ihn mit Küssen – so wie der Vater im Gleichnis. Auch mir ist diese Retterliebe unverdientermaßen geschenkt worden. Pure Gnade ohne jegliche Vorbedingung oder Vorleistung – außer der Umkehr zurück zum Vater. Jesus am Kreuz, das sind die offenen Arme des Vaters, die den Sünder einladen, nach Hause zu kommen. Ich will es nie vergessen, woher ich komme – und wem ich es zu verdanken habe, dass ich nun gerettet bin. Aber mein Gerettetsein verpflichtet. Gottes Vaterherz färbt ab und prägt nun die Heimgekommenen so zu lieben, wie ER liebt. Das ist unser Auftrag, die Verlorenen heimzulieben!

Nur Liebe kann die Welt erobern! Die Liebe des Retters ist stärker als alle Gottlosigkeit und Vaterlosigkeit in unserer Welt! Diese göttliche Liebe überwindet alle Mauern intellektueller Hybris, die meint, sie brauche keine Hilfe von niemanden – und schon gar nicht von einem Papa-Gott! Diese Agape-Liebe erleidet willig alle Ignoranz der Agnostiker und Materialisten, die feststecken in der kurzsichtigen Diesseitigkeit. Diese Retterliebe hat einen endlos langen Atem für alle noch verlorenen Töchter und Söhne, die ihre traurigen Umwege und Ehrenrunden drehen auf dem Misthaufen falsch verstandener Freiheiten. Sie liebt bis ans Ende, bis ans Ziel!

Mein Schritt heute:

Ich beschenke einen „Noch-Nicht-Christen" meiner Umgebung mit Liebe und werde ihm bei Gelegenheit von Jesus, der Quelle meiner Liebe, erzählen.

Tag 114 24. April

Mich selber lieben

Lernvers: Matthäus 22,37-39

„Du sollst den Herrn, deinen Gott, lieben mit deinem ganzen Herzen und mit deiner ganzen Seele und mit deinem ganzen Verstand. Dies ist das größte und erste Gebot. Das zweite aber ist ihm gleich: Du sollst deinen Nächsten lieben wie dich selbst."

Gebet:

„Vater, die Gute Nachricht, dass Du mich liebst, erreicht mehr und mehr mein Herz. Aber mich selbst anzunehmen, mir zu vergeben und mich zu lieben, fällt mir oft noch so schwer. Entweder bin ich stolz oder fühle mich minderwertig. Danke für Deine Geduld mit mir und dass Du mich in das rechte Maß hineinliebst!" ...

Bibellese: Josua 1,1-9

Impuls:

Josua hatte es sicherlich nicht leicht als Nachfolger eines so großen Gottesmannes, wie Mose es war. Da konnten schon Ängste, Selbstzweifel und Minderwertigkeitsgefühle auftauchen. Aber wie begegnet unser Vater-Gott dem allen?

ER kommt mit Ermutigung und abermals Ermutigung! Gott zeigt Josua, wie er sich selber zu sehen hat, nämlich mit den Augen des Vaters. Da sieht die Welt ganz anders aus, und auch Josua erscheint in einem neuen Licht. „Selbstliebe" auf biblisch-göttliche Art hat nichts mit Narzissmus, dem Verliebtsein in die eigene Kraft, mit Egoismus oder dem ewigen Kreisen um sich selbst zu tun – sondern sie ist vielmehr die tiefe persönliche Bejahung, dass mein Leben ein gutes Geschenk Gottes ist – mit einem herrlichen Ziel.

Unser Vater ist begeistert über uns! Diese Wahrheit ist manchmal kaum zu fassen für unsere kleinen Seelen. Wir sind verunsichert, denn wir kennen ja auch die andere Seite der Medaille – wir wissen um unsere Fehler und Schwächen.

Es gehört für mich zu den großen Entdeckungen meines Lebens, die ich in der Vaterliebe Gottes machen durfte: Abba-Vater hat wirkliches Interesse an MIR höchstpersönlich! Ich hatte weniger Schwierigkeiten damit zu glauben, dass ER für meine Schuld mit SEINEM Tod am Kreuz bezahlt hat. Aber dass der allmächtige Gott mich, gerade MICH, als Person und Individuum liebt – das fiel mir echt schwer, emotional zu erfassen. Je mehr ich in SEINER Liebe nach Hause komme, desto mehr findet mein Herz zur Ruhe in dieser wunderbaren Geborgenheit: Abba meint wirklich MICH!

Mein Schritt heute:

Ich danke dem Vater ausführlich für mein Leben und bejahe es in allen Facetten!

Tag 115 25. April

Die Familie lieben

Lernvers: Matthäus 22,37-39

„Du sollst den Herrn, deinen Gott, lieben mit deinem ganzen Herzen und mit deiner ganzen Seele und mit deinem ganzen Verstand. Dies ist das größte und erste Gebot. Das zweite aber ist ihm gleich: Du sollst deinen Nächsten lieben wie dich selbst.“

Gebet:

„Danke, Vater, für meine Familie. Danke für meine leiblichen Geschwister und Eltern. Danke für meinen Ehepartner und meine Kinder. Meine Familie hat mich sehr geprägt. Ich will Dir danken für alles Gute dabei. Und noch viel mehr habe Dank, dass Du allein, mein himmlischer Vater, es fertigbringst, den Mangel, den ich trotz allem in meiner Familie erlebt habe, auszufüllen.“ …

Bibellese: Epheser 5,21-6,4

Impuls:

Heute begegnen wir einer weiteren Farbe im Spektrum der Agape-Liebe des Vaters. Unser Gott hat Familien erschaffen. Die Familie sollte der Ort sein, an dem wir die Basis für Vertrauen, Beziehung und Liebe in Treue gelegt bekommen. Gott selbst will sogar in dieser Form von Nähe und Vertrautheit mit uns, SEINEN Kindern, zusammenleben.

Deshalb muss es uns nicht verwundern, dass der Teufel, Mr. Dunkel, alles dransetzt, Familienleben auf der Erde zu zerstören. Denn damit kann er zugleich uns das Vertrauen zu Gott, als liebenden Vater, kaputtmachen. Wer nie einen fürsorglichen Vater auf Erden hatte; wer nur schmerzvolle Erinnerungen an seine Mutter mit sich trägt; dessen Reise ans Vaterherz Gottes wird in der Regel etwas länger dauern. Deshalb sollten wir als Kinder Gottes unseren natürlichen Familien eine große Wichtigkeit einräumen und darum beten und uns dafür einsetzen, dass die heilende Liebe des Vaters unsere Familien erreicht.

Abba hat uns in voller Absicht mit dem ganzen „Vater-Kinder-Ding“ einen Stolperstein auf unseren Weg gelegt. Wir kommen daran nicht vorbei, wenn wir das Vaterherz Gottes entdecken wollen! Jeder von uns hat ein Vater/Mutter/Geschwister-Bild, das er in sich trägt. Die offenen Wunden und Rechnungen, die wir auch nach Jahren noch in uns spüren, erinnern uns daran. Unsere Familien brauchen Erlösung, Vergebung und Heilung – mehr oder weniger! Du und ich sind ein Teil eines größeren Ganzen – ob es uns passt oder nicht! Wenn wir umkehren zu Abba, dann hängt da noch eine ganze Menge an uns dran. Wer wirklich nach Hause kommen will – der wird auch sein Elternhaus mitbringen müssen!

Mein Schritt heute:
Ich will heute meine Familie in besonderer Weise segnen, mit ihr Zeit verbringen und sie lieben!

Die Freunde lieben

Lernvers: Matthäus 22,37-39

„Du sollst den Herrn, deinen Gott, lieben mit deinem ganzen Herzen und mit deiner ganzen Seele und mit deinem ganzen Verstand. Dies ist das größte und erste Gebot. Das zweite aber ist ihm gleich: Du sollst deinen Nächsten lieben wie dich selbst."

Gebet:

„Ewiger Vater, Du nennst mich Deinen Freund! Und ich bin wirklich gerne einer Deiner vielen Freunde! Auch mich hast Du hier auf der Erde mit vielen guten Freunden gesegnet. Gerne denke ich an glückliche Augenblicke mit ihnen zurück. Ich will Dir heute für alle meine Freunde danken und für die Bereicherung meines Lebens durch jeden Einzelnen von ihnen." …

Bibellese: 1. Samuel 18,1-3

Impuls:

Schade, dass unsere Zeit derartig moralisch verunreinigt ist, dass sie in diese tiefe liebevolle Freundschaft zwischen zwei Männern nur noch Homosexuelles hineininterpretieren kann. Unsere Generation kennt kaum richtige Freundschaften, denn dazu braucht es Zeit, Fantasie, Treue und die Bereitschaft, für den anderen da zu sein. Das alles sind Werte, die in einer egozentrischen Ellbogengesellschaft und im digitalen Chatroom-Zeitalter kaum zu finden sind. Dennoch – wer gute Freunde gefunden hat, der soll gewissenhaft darauf aufpassen. Freundschaften sind wie ein Garten, man muss sie pflegen und bearbeiten, will man Früchte sehen und genießen.

Neben dem Bild der „Vater-Kind-Beziehung" und der intimen Liebe zwischen „Braut und Bräutigam" gebraucht die Bibel das Gleichnis von echter „Herzensfreundschaft", um uns die Gemeinschaft mit Gott plastisch zu beschreiben.

Abba-Vater will unser allerbester Freund sein! ER sehnt SICH nach unserer Freundschaft, aber ER beschenkt auch SEINE Kinder mit tiefgehenden Freundschaften unter einander – wie bei David und Jonathan, oder wie bei Ruth und Naomi, oder wie bei Paulus und Timotheus!

Freunde sind für die Not geboren, lehrt uns die Weisheit. „Ein Freund ist jemand, der die Melodie in deinem Herzen kennt und sie dir vorspielt, wenn du sie selber vergessen haben solltest!" Hey, das ist die Wahrheit!

Mein Schritt heute:

Ich nehme mir Zeit, heute einen guten Freund zu besuchen und ihn einfach nur zu lieben!

Tag 117 **27. April**

Die Feinde lieben

Lernvers: Matthäus 22,37-39

„Du sollst den Herrn, deinen Gott, lieben mit deinem ganzen Herzen und mit deiner ganzen Seele und mit deinem ganzen Verstand. Dies ist das größte und erste Gebot. Das zweite aber ist ihm gleich: Du sollst deinen Nächsten lieben wie dich selbst."

Gebet:

„Ich höre Dein Herz am Kreuz von Golgatha für die Feinde beten. So kann nur Einer lieben. Selbst die Dich hassen, die hüllst Du noch mit Liebe ein und bringst ihren blinden Eifer zum Schmelzen. Ich kann die Tiefe Deiner Liebe nicht ermessen. So unfassbar groß ist das Geheimnis Deiner Liebe. Danke, Jesus, dass Du aus Feinden geliebte Kinder des Vaters gemacht hast – so wie aus mir!" ...

Bibellese: Matthäus 5,38-48

Impuls:

Jesus sagte einmal, dass niemand auf der Welt größere Liebe hat als derjenige, der sein Leben für die Freunde hinlegt. Und tatsächlich hat die Menschheit ihre „Heiligen", wie einen Martin Luther King, eine Mutter Theresa oder einen Mahatma Gandhi. Aber selbst die Edelsten und Besten unter uns hätten das vollkommene Opfer der Liebe nicht bringen können, das nötig war. Das konnte nur Gottes reines Opferlamm, Jesus Christus. Und dann toppte ER das Ganze noch mit der himmlischen Dimension von Gnade und Vergebung. ER stirbt nicht nur für SEINE Freunde (das wäre schon edel gewesen), sondern sogar für SEINE Feinde! Diese Vaterliebe Gottes liebt ohne Ansehen der Person, ohne Maßen, grenzenlos. ER liebte uns, als wir noch Feinde Gottes waren, und versöhnte uns mit Gott, dem Vater. Geheimnis des Glaubens, ich bete an die Macht der Liebe Gottes!

Die Feindesliebe, die Jesus unter Beweis stellte, ist ohnegleichen! Sie überbietet bei weitem alle menschlichen Formen und Versionen von Freundlichkeit und Sympathie. Sie hat den stärksten Belastungstest bestanden. So kann wahrhaftig nur EINER lieben!

Die Sünde der Menschen zerstört Beziehungen von Grund auf. Die Menschheitsgeschichte liest sich wie ein Buch der Gräueltaten: Unterdrückung, Kriege, Vergewaltigung, Folter, Sklaverei, Inquisition, Hexenverbrennung, Kreuzzüge, Holocaust und Atomwaffen. Der fehlgeleitete Mensch ist zu den schlimmsten Horrorszenarien fähig. Menschen können einander die furchtbarsten Qualen und Feindseligkeiten zufügen. Aus Geschwistern werden Feinde. Ein Bruder erschlägt den anderen, so lesen wir es von Anbeginn. Diesen Teufelskreis der

Zerstörung kann nur die Liebe des Vaters durchbrechen! Und ER hat es in Christus getan! Halleluja!

Mein Schritt heute:
Gibt es Menschen, die mir feindselig begegnen? Ich werde sie heute mit Agape-Liebe segnen und mit Güte Gottes umzingeln!

Die Schwachen lieben

Lernvers: Matthäus 22,37-39
„Du sollst den Herrn, deinen Gott, lieben mit deinem ganzen Herzen und mit deiner ganzen Seele und mit deinem ganzen Verstand. Dies ist das größte und erste Gebot. Das zweite aber ist ihm gleich: Du sollst deinen Nächsten lieben wie dich selbst.“

Gebet:

„Du bist der Vater der Vaterlosen, Du bist die Stärke der Gebrochenen und der Schrägen, Du bist der Heiler der Verwundeten. Ein Gott der Barmherzigkeit über allen. Ein Gott der Einsamen und Verwaisten – und noch so viel mehr bist Du für mich geworden. Ewig werde ich Dich dafür lieben!“ …

Bibellese: Jesaja 58,1-12

Impuls:

Der allmächtige Vater-Gott hat SICH das Schwache erwählt. Die Unmündigen, die keine eigene Stimme und Lobby besitzen, denen hilft unser Gott: Kranke, Einsame, Alte, Sterbende, Kinder, Ausgestoßene, Fremdlinge, Ausländer …

Zerbrochenheit ist im Königreich unseres Vaters kein Problem. Was IHM eher Kummer bereitet, ist die verlogene vermeintliche Stärke der rebellischen Herzen, die sich nicht demütigen wollen. Denen kann selbst Gott nicht helfen. Stolz ist eine unheilbare Krankheit zum Tode. Dagegen gibt es nur die Medizin des Mit-Christus-Sterbens. Anders finden Starke keine Heilung. Aber über die Schwachen erbarmt SICH unser liebender Vater im Himmel so gerne.

Die ganze Bibel spricht davon: Jahwe liebt die Fremdlinge und die Armen; Jesus erbarmt SICH über die Ausgestoßenen, die ungerecht Behandelten, die Übergangenen und Vergessenen. Unser Abba hat ein Herz für alle Schwachen und Unfähigen. Sie dürfen zu IHM kommen und bei IHM Schutz und Hilfe finden. ER steht auf ihrer Seite und tritt für ihre Interessen ein. SEINE uneingeschränkte Solidarität und SEIN Mitgefühl gelten allen Unterdrückten und Misshandelten.

In der Barmherzigkeit Gottes zeigt sich das wahre Angesicht unseres himmlischen Vaters. Es mag zwar viele Götter und Götzen auf der Welt geben, die die Anbetung und Verehrung der Menschen fordern. Aber es gibt nur einen Vater der Barmherzigkeit, der bereit war, aus Liebe für die Schwachen bis ans Äußerste zu gehen!

Mein Schritt heute:

Wo gibt es jemand in meiner Umgebung, der in Schwachheit lebt (Krankheit, Sorgen, Trauer, materielle Nöte), dem ich heute in tätiger Barmherzigkeit begegnen kann?

Tag 119 **29. April**

Meine Nation lieben

Lernvers: Matthäus 22,37-39

„Du sollst den Herrn, deinen Gott, lieben mit deinem ganzen Herzen und mit deiner ganzen Seele und mit deinem ganzen Verstand. Dies ist das größte und erste Gebot. Das zweite aber ist ihm gleich: Du sollst deinen Nächsten lieben wie dich selbst."

Gebet:

„Danke, Vater, für meine Wohnung hier auf Erden. Ich bin zu Hause unter Menschen, mit denen ich Kultur, Sprache, Geschichte und Geografie teile. Eingepflanzt in einem Volk, das leider noch so fern von Deinem Vaterherzen lebt. Aber ich will mein Volk zu Dir hinlieben." …

Bibellese: Offenbarung 7,9-12

Impuls:

Was für eine fantastische Schau von der Zukunft?! Menschen aus allen Nationen vor dem Thron Gottes in Anbetung vereint! Das muss der Himmel sein!

Unser Wunsch ist es, dass so viele Menschen wie irgend möglich aus unserem deutschen Volk mit dabei sein werden! Unser Land hat da noch einen weiten Weg vor sich, bis es sich ganz nahe am Vaterherzen Gottes wiederfinden wird. Wir müssen unsere Nation lieben, für sie in der Fürbitte einstehen und prophetisch-zeichenhaft mitten unter dieser stolzen Nation das Reich der Liebe unseres Vaters jetzt schon ausleben. Was Deutschland wirklich am meisten braucht, das ist die Vaterliebe Gottes, das gebrochene Herz Jesu am Kreuz von Golgatha!

Ich glaube an eine Erweckung der Herzen in meinem Vaterland! Unser deutsches Volk hat ein reiches kulturelles und geistliches Erbe. So wie jede Nation ganz spezielle Funde und Fähigkeiten vom Vater verliehen bekommen hat, so gehören sicherlich Fleiß, das Streben nach Qualität, Weisheit und Führungsstärke zu den offensichtlichen Gaben unseres Volkes. Aber darüber hinaus gehören auch Werte wie Vaterschaft, Hingabe, Anbetung und Gemütlichkeit zu den besonderen Eigenschaften unserer gemeinsamen Identität. Erst durch die Vaterliebe Gottes kommt die wahre Identität eines Volkes wieder zum Vorschein!

Mein Schritt heute:

Ich lese heute bewusst die Tageszeitung und gehe in die Fürbitte für Deutschland.

Israel lieben

Lernvers: Matthäus 22,37-39

„Du sollst den Herrn, deinen Gott, lieben mit deinem ganzen Herzen und mit deiner ganzen Seele und mit deinem ganzen Verstand. Dies ist das größte und erste Gebot. Das zweite aber ist ihm gleich: Du sollst deinen Nächsten lieben wie dich selbst.“

Gebet:

„Gelobt seist Du, oh Herr, Gott Israels! Du liebst Dein erstgeborenes Volk unter allen Nationen. Und wer Israel liebt, liebt etwas, was Dir so kostbar wie Dein eigener Augapfel ist. An unserem „großen Bruder“ machst Du deutlich, wie unbegreiflich immens Deine Liebe und Langmut ist – auch für mich. Danke, Vater!“ …

Bibellese: 5. Mose 7,6-13

Impuls:

An Israels Geschichte lernen wir die Liebesgeschichte Gottes exemplarisch kennen. Israel hat keine eigenen Rechte, keine eigene Stärke und keine Rettung in sich selbst – so ist das auch mit jedem von uns!

Aber Israel hat seinen Gott, der mit ihm einen ewigen Bund geschlossen hat. Und da mag die ganze Hölle aufstehen und versuchen, Israel alles wegzunehmen: ihr Land, ihren Glauben, ihr Existenzberechtigung, ja, sogar ihr Leben – aber wenn Israel sein Vertrauen auf seinen Gott setzt, wird ER für sie streiten und sie werden SEINE Rettung sehen. Gott kämpft für SEIN geliebtes Volk und wird es niemals untergehen lassen. Das ist ein Gleichnis für uns: Genauso liebt der Vater jeden Menschen und rettet ihn, wenn er nur den Namen des Herrn anrufen wird. Jahwe, Jeschua, Jesus, Abba-Vater, Retter in Ewigkeit.

Israel zu segnen und zu lieben ist ein starker Ausdruck der Vaterliebe Gottes. Wer die Kinder Israels liebt, der liebt auch ihren Vater-Gott. Wer aber die Juden hasst und zerstören will, der kennt den wahren Gott nicht und stellt sich sogar gegen IHN. Der Antisemitismus (bis hin zum Holocaust) ist ein sichtbares Zeichen für abgrundtiefen Hass auf Abba! Der Kindermord in Ägypten, die Judenverfolgung Hamanns in Babylon zur Zeit Königin Esthers, die Tötung der Babys unter Herodes; sie alle sprechen deutlich dieselbe Sprache des Hasses. Wer Kinder tötet, will eigentlich die Eltern treffen und vernichten.

Was für ein Wunder vor unser aller Augen, dass Israel alle Vernichtungspläne überlebt hat und wieder nach Hause in Abbas Land kommen durfte! Und welch ein Wunder, dass wir (als deutsche Christen) unseren großen Bruder Israel jetzt lieben dürfen, nach allem Entsetzlichen, was geschehen ist!

Mein Schritt heute:

Ich segne Israel heute besonders in meinen Gebeten und wünsche Jerusalem den Schalom des Vaters.

Teil 13

In Abbas liebenden Armen

Lukas 15,20

Tag 121 **1. Mai**

Mir ist wohl in dem Herrn

Lernvers: Lukas 15,20

„Und er machte sich auf und ging zu seinem Vater. Als er noch fern war, sah ihn sein Vater und wurde innerlich bewegt und lief hin und fiel ihm um den Hals und küsste ihn!"

Gebet:

„Mir geht es gut, wenn Du bei mir bist. Bleibe bei uns, denn es will Abend werden, und der Tag neigt sich. Ich fürchte mich vor der Dunkelheit. Aber ich bin geborgen in Deinem liebenden Arm!" …

Bibellese: 1. Mose 50,15-21

Impuls:

Ich lese gerne Lebensbilder von authentischen Kindern Gottes, die im realen Leben zuhause sind. Horatio Spafford (1828-1888), der Komponist und Schreiber des weltweit bekannten Kirchenliedes *It is well with my soul*, zu Deutsch: „Mir ist wohl in dem Herrn", gehört dazu. Er schrieb dieses Lied nach einem tragischen Unglück, in dem vier seiner Kinder umkamen. Seine Biografie liest sich wie eine Aneinanderreihung von „Schicksalsschlägen". Ein Herzeleid folgt dem nächsten. Aber diese gewaltigen Druckszenarien, die sich wie Gewitterwolken vor ihm auftürmen, können Horatio Spafford nicht von der großen Liebe seines Gottes trennen. Sondern der immense Druck drückt ihn nur noch tiefer an das Herz Jesu. Was der Böse böse machen wollte, das vermag die Liebe Gottes in Herrlichkeit umzuwandeln. Millionen Menschen auf der ganzen Welt wurden und werden getröstet mit dem Trost, durch den unser Bruder von Abba getröstet wurde.

Ein anderes Beispiel ist mir Joseph im Alten Testament. Auch seine Biografie ist gekennzeichnet von so vielen Ungereimtheiten und Ungerechtigkeiten. Wüsste ich nicht um das fantastisch gute Ende der Geschichte, könnte man glatt denken: sein Gott hat ihn anscheinend vergessen! – Zu mir spricht das sehr, wie Josephs Herz durch all diese scharfen Herausforderungen geschliffen wurde, wie ein kostbarer Diamant. Es lohnt sich, das Leben eines Menschen vom Ende her zu betrachten. In der Momentaufnahme mögen wir alles nur schmerzverzerrt wahrnehmen. Aber es kommt drauf an, was am Ende steht. Die schönsten Diamanten werden durch andere Diamanten geschliffen!

Mein Schritt heute:

Ich höre mir das Lied *It is well with my soul* im Internet an (und singe es mit).

Tag 122 **2. Mai**

Ich vertraue Dir!

Lernvers: Lukas 15,20

„Und er machte sich auf und ging zu seinem Vater. Als er noch fern war, sah ihn sein Vater und wurde innerlich bewegt und lief hin und fiel ihm um den Hals und küsste ihn!"

Gebet:

„Vater, ich lege vertrauensvoll meine Hand in Deine Hand. Ich weiß, Du wirst mich gute Wege führen. Alle Deine Wege und Gedanken über meinem Leben sind vollkommen, gerecht und gut." …

Bibellese: Psalm 37

Impuls:

„Befiehl Jahwe deinen Weg und vertraue IHM, so wird ER es vollbringen!" Das ist kein leichtfertig dahingeschwätzter Satz eines unreifen Schwärmers, sondern die Quintessenz eines langen und bewährten Lebens mit Gott. Darin liegt auch das ganze Gewicht dieser Worte. Es besteht ein himmelweiter Unterschied zu den geistlichen Leichtgewichten, die einem etwas vorsäuseln von Zeichen und Wundern, von Gebetserhörungen und der gewaltigen Erweckung, die da kommen soll …, aber hinter deren Worten keine Kraft steckt, weil sie keine eigenen Erfahrungen vorweisen können, sondern nur auf die Superglaubenshelden von irgendwo anders zeigen.

Glaubenserfahrungen aus zweiter Hand nützen wenig, wenn es drauf ankommt. Da zählt jeder selbst durchlebte (und manchmal auch durchlittene) Glaubensschritt, und sei er noch so klein. In unserem Psalm ist die Rede von Treue üben, stillhalten, auf den Herrn warten, ausharren, hinfallen und wieder aufstehen – und sich immer wieder beim Vater bergen. Das klingt anders als Kraftmeierei und Glaubensgeprotze.

Das schlichte Bekenntnis „Ich vertraue Dir!" entfaltet eine enorme Kraft im Leben des „durchschnittlichen Normalos" im Reich Gottes. Da steckt oftmals mehr Power drin, als in den Angeboten all der falschen Fluchtgedanken und Sehnsüchte, die uns weismachen wollen, woanders glaube man effektiver.

Wir werden uns eines Tages wundern, welche Menschen vor dem Vater als „Gläubige" gelten und bei welchen ER sagen wird: „Ich kenne euch nicht!" – und das, obwohl sie einen riesigen „Jesus-Ministry" hatten.

Glauben ist keine fromme Höchstleistung, sondern die tägliche vertrauensvolle Liebesbeziehung zu unserem Abba-Vater. Jeder Tag bietet endlos viele Gelegenheiten, dieses Vertrauen sehr kindlich einzuüben.

Mein Schritt heute:
Ich schreibe das Bekenntnis „Ich vertraue Dir!“ auf und bringe es gut sichtbar an, sodass es mich im Laufe des Tages immer wieder erinnern und ins Gebet führen wird.

Tag 123 3. Mai

Die Umarmung des Vaters

Lernvers: Lukas 15,20

„Und er machte sich auf und ging zu seinem Vater. Als er noch fern war, sah ihn sein Vater und wurde innerlich bewegt und lief hin und fiel ihm um den Hals und küsste ihn!"

Gebet:

„Abba, ich liebe Deine Küsse, Deine Umarmungen, die Zärtlichkeiten Deines Herzens. Bei Dir darf ich nachholen, was ich von klein auf vermisst habe. Deine Liebkosungen sind Medizin für meine geschundene Kinderseele. Danke, Du machst aus einem Waisenkind ein geliebtes Gotteskind! Ja, das bin ich!" …

Bibellese: Lukas 15,20

Impuls:

Das ist tatsächlich meine aller-allerliebste Lieblingsgeschichte!!! Deine auch? Ich habe sie schon tausende Male gelesen, gehört, als Drama gespielt usw. – aber sie wird mir niemals über! Sie ist für mich die Love-Story aller Love-Stories! Die Matrix aller Gleichnisse! Sie ist die Grundlage und das Fundament für alle Gott-Vater-Offenbarung! Erstaunlich, dass sie nur an einer Stelle in der Bibel zu finden ist und nicht gleich an hunderten. Doch dafür haben dann unzählige Künstler sie in Farben gemalt, Poeten sie in Worte gekleidet und Musiker sie mit Harmonien vertont.

Glaube mir, das ist mehr als irgendeine kleine Geschichte, die uns da erzählt wird. Jesus teilt hier Gottes Vaterherz mit uns! Hier geht es um weitaus mehr als um Worte und theologische Richtigkeiten. Lukas 15 atmet die Atmosphäre des Himmels. Wir berühren den größten Schatz und das Zentrum von allem!

Gerade dieser kleine Vers 20 hat es in sich. Das ist ein Stillleben. Wie ein Foto oder Video-Clip aus dem Himmel. Siehst Du es auch?! Diesen einen besonderen Augenblick, der den gewaltigen Unterschied macht! Da ist der verlorene, schmutzige, müde Sohn am Ende der Straße. Und da ist der liebevolle Vater, der so lange sehnsüchtig Ausschau gehalten hat und nun nicht mehr zu halten ist. Dieser Abba rennt dem Sohn entgegen, fällt ihm leidenschaftlich um den Hals, wirbelt ihn durch die Luft und bedeckt ihn von oben bis unten mit seinen Küssen. Was für ein Moment?! Ein Augenblick für die Ewigkeit!

Mein Schritt heute:

Ich werde diesen Vers in Szene setzen (malen, schreiben, singen usw.) und die tiefe Wahrheit darin neu inhalieren!

Tag 124 **4. Mai**

Ewige Arme unter mir

Lernvers: Lukas 15,20

„Und er machte sich auf und ging zu seinem Vater. Als er noch fern war, sah ihn sein Vater und wurde innerlich bewegt und lief hin und fiel ihm um den Hals und küsste ihn!"

Gebet:

„Ewige Arme sind unter mir und halten mich! Ich kann nie tieferfallen als in Deine gute Hand. Du fängst mich auf und trägst mich sicher heim. Du bist mein Schutz und mein Schirm. Bei Dir bin ich sicher und geborgen!" ...

Bibellese: 5. Mose 33,26-27

Impuls:

„Wer kommt in meine Arme?!" Als unsere Kinder noch klein waren, konnten sie von diesem Kinderspiel nie genug bekommen. Als Eltern gingen wir mit ihnen irgendwo lang und dann begann das Spiel. Ich breitete meine Hände aus, neigte mich herab und rief laut: „Wer kommt in meine Arme?" – Und schon rannten die Kleinen heran, stürzten sich mit aller Kraft in meine Umarmung hinein, bis ich sie auffing, hochriss und durch die Luft wirbelte. Dabei jauchzten und schrien sie vor Vergnügen. Und bettelten sogleich: „Nochmal, nochmal!"

Wenn ich in der Passionszeit Bilder von Jesus am Kreuz betrachte, dann höre ich SEINE Stimme in meinem Geist auch rufen: „Wer kommt in MEINE Arme?"

Die durchbohrten, weitausgebreiteten Arme Jesu am Kreuz von Golgatha sind nur ein anderes Bild für die Arme des Vaters aus Lukas 15, der SICH nach SEINEN Kindern ausstreckt. Das sind die ewigen Arme, die unter uns sind, um uns aufzufangen, wenn wir fallen. Das sind die Hände aus Psalm 139, die uns von allen Seiten liebevoll mütterlich schützend umgeben und umsorgen, und väterlich segnend auf unserem Haupt ruhen. Ja, ER hält die ganze Welt in SEINER Hand, so haben die Sklaven Nordamerikas das Lied ihrer Befreiung gesungen. In dem aaronitischen Segen zum Schluss des Gottesdienstes kommt es auch zum Ausdruck: Der Vater halte SEINE Hände schützend und segnend über Dir!

Vater, wenn Du rufst: „Wer kommt in MEINE Arme?!" – dann will auch ich gleich losrennen, bis Du mich auffängst und durch die Luft wirbelst!

Mein Schritt heute:

Gibt es Kinder in meiner Umgebung, mit denen ich heute dieses Spiel „Wer kommt in meine Arme?!" spielen kann?

Gefüllt mit Herrlichkeit

Lernvers: Lukas 15,20
„Und er machte sich auf und ging zu seinem Vater. Als er noch fern war, sah ihn sein Vater und wurde innerlich bewegt und lief hin und fiel ihm um den Hals und küsste ihn!“

Gebet:

„Jesus, wenn ich Deine Herrlichkeit betrachte, dann wird mir ganz warm um mein Herz. Du bist für mich der Inbegriff an Schönheit. Schönster Herr Jesus, Herrscher aller Enden! Ich kann mich nicht genug satt an Dir sehen, Du, mein König und mein Freund!“ …

Bibellese: Habakuk 2,14

Impuls:

Der Prophet sagt uns, dass die ganze Erde erfüllt sein wird mit der Herrlichkeit Gottes, so wie Wasser die Erdoberfläche bedeckt. Ich habe nachgelesen, dass etwas mehr als zwei Drittel der Erdoberfläche (71 %) mit Wasser bedeckt ist. Wow, das sind viele Ozeane, Seen und Flüsse! Was für ein eindrückliches Bildwort! Ich liebe das Meer. Besonders das ruhige Mittelmeer. Aber ich mag auch den wilden Atlantik. Egal wie! Die Weite des Meeres, das endlose Rauschen der Wellen, der salzige Geschmack in der Luft. Das alles zusammen bildet die Hintergrundkulisse für Papas „Wundertüte“ (Gegenstandspredigt) besonderer Art zum Thema „Herrlichkeit“!

Beim Lesen vom 2. Petrus 1,17+18 haben wir gelernt, dass Herrlichkeit ein Synonym für die Vaterliebe Gottes ist, die Abba SEINEM Sohn Jesus und auch uns geschenkt hat. Kannst du dir jetzt in deiner Imagination vorstellen, was das bedeuten würde, wenn zwei Drittel der Erde mit der Offenbarung der Vaterliebe Gottes überflutet wird?!

In diesem Bildwort steckt noch so viel mehr Gehalt: Wie alles Leben auf dieser Welt (unter anderem) vom Wasser abhängt, so brauchen auch wir Papas Liebe zum Leben und Wachsen! Wie Wasser immer die tiefsten Stellen am Boden sucht, um sich dort zu sammeln, so sucht Gottes Vaterliebe immer nach den tiefsten Tiefen unseres Lebens, um sich gerade dort zu manifestieren. Das meiste Wasser ist an der Oberfläche sichtbar, aber viele Quellen entspringen unter der Erde in den Tiefen; so ist es auch mit der Vaterliebe Gottes. Ihre Quelle liegt oftmals tief im Verborgenen und tritt oft klein und unscheinbar zu Tage!

Mein Schritt heute:

Ich suche heute einen Wasserort auf (See, Fluss, Meer) und danke Gott für SEINE gewaltige Zusage, dass die ganze Erde mit der Herrlichkeit Gottes bedeckt sein wird!

Tag 126 **6. Mai**

Die Freude des Vaters

Lernvers: Lukas 15,20

„Und er machte sich auf und ging zu seinem Vater. Als er noch fern war, sah ihn sein Vater und wurde innerlich bewegt und lief hin und fiel ihm um den Hals und küsste ihn!“

Gebet:

„Papa, ich höre Dich so gerne Lachen! Ich liebe es, wenn Du glücklich und außer Dir vor Freude bist. Dein Lachen steckt mich an! Freude bricht sich Bahn, wenn mein König kommt! Halleluja, ich wohne nicht mehr länger in Klagenfurt oder Jammertal. Mein Zuhause ist jetzt beim Vater in der Lobpreis-Schlossallee!“ …

Bibellese: Zephanja 3,12-17

Impuls:

Das ist kaum fassbar: Abba freut sich mit Jauchzen über SEINE Kinder! Das deutsche Wort für Freude kommt von *fro*, was schnell und hüpfen bedeutet (daher kommt auch das Wort *Frosch*). Also vor Freude in die Luft springen, Freudensprünge veranstalten!

Im Hebräischen steht hier ein Wort, das man nur mit einer Aktionskette von Handlungen wiedergeben kann. Gemeint ist Folgendes: Der Vater springt vor Begeisterung und Freude in die Luft und dreht sich dabei einmal um seine Achse. Das sieht fast nach einem akrobatischen Looping aus. Dabei stößt er einen urgewaltigen Freudenschrei aus – so ein bisschen bajuwarisch, stelle ich mir das vor, also die Vorstufe zum Jodeln! Das Ganze wirkt ziemlich emotional, laut und wild auf mich – womöglich etwas enthemmt, Aufsehen erregend und absolut oberpeinlich, würden meine Kinder dazu sagen. Und so etwas macht wirklich unser Gott?! – Ja, so ist ER halt, unser Abba-Papa!

Irgendwie finde ich das wunderschön, wenn der Vater aus Liebe für mich, SEIN Kind, so viel Getöse veranstaltet. Hat jemals jemand eine Überraschungsparty für dich veranstaltet? Wurdest du schon mal vor versammeltem Publikum spontan auf die Bühne gerufen? Kennst du diese Augenblicke, wo man erst vor Schreck erstarrt und tausend Tode stirbt – und dann anschließend erzählen wir Jahre später noch von diesem besonderen Highlight unseres Lebens?!

Bitte glaube mir, du bist Abba-Vater jedes Feuerwerk an Emotionen und jeden Knaller an Überraschung wert! Für dich macht ER alles!!! Weil ER dich so sehr liebt! Wünsch dir mal was Verrücktes von IHM?!

Mein Schritt heute:

Heute sage ich meinem extravaganten Vater, was ich mir immer schon mal von IHM gewünscht habe – aber es muss schon ein bisschen verrückt sein, okay?!

Der Fels meines Heils

Lernvers: Lukas 15,20
„Und er machte sich auf und ging zu seinem Vater. Als er noch fern war, sah ihn sein Vater und wurde innerlich bewegt und lief hin und fiel ihm um den Hals und küsste ihn!"

Gebet:

„Jesus, Du bist mein Felsen, auf dem die Burg meines Lebens ruht. So viele Stürme sind schon über mich hergezogen, so oft hat der Boden unter mir gebebt. Aber Du bist der felsenfeste Grund, der niemals wanken wird. Auf Dich kann ich vertrauen und auf Dich kann ich sicher bauen!" …

Bibellese: Jesaja 26,1-4

Impuls:

Das Wort Gottes findet viele Gleichnisse und Bildworte, um die liebevolle Umarmung des Vaters zu umschreiben. Mal geht es zärtlich und kuschlig-weich zu, fast wie unsere roten Stoffherzen, die wir gerne auf den Seminaren benutzen. Anfangs haben uns die Leute dafür mitleidig belächelt. Aber mittlerweile hat es sich herumgesprochen, dass solche Stoffherzen (besonders die mit den Armen dran) ein himmlisches Therapeutikum sein können, um die Umarmung unseres himmlischen Vaters besser an sich herankommen zu lassen und emotional nachzuvollziehen. Ich habe erlebt, wie viele Geschwister solch ein rotes Herz in ihren Armen fest umschlungen hielten und währenddessen in Kontakt zu ihren eigenen Herzen kamen; mit all den verschütteten Emotionen und Gefühlen, die viel zu lange unter Verschluss gehalten wurden. Wieviel Tränen wurden im Lauf der Jahre dort schon hineingeweint? (Keine Sorge, wir waschen die Kissen immer wieder mal zwischendurch!)

Heute will uns ein ganz anderes Bildwort für die liebende Umarmung des Vaters begegnen. Der Felsen des Heils! Da fällt mir der Hit der Reformationszeit ein: *Ein feste Burg ist unser Gott!* Dieses Gleichnis vermittelt Stärke und Schutz. Das wirkt maskuliner und wehrhafter. Auch das braucht mein Kinderherz!

Manchmal tut es einfach nur gut, sich an etwas Starkes anzulehnen; zu spüren, dass wir getragen sind und auf festem Grund stehen! Der kluge Mensch baut sein Lebenshaus auf dem Felsen auf. Selbst wenn Stürme und Überflutungen kommen, so bleibt das Haus auf dem Felsen sicher stehen. Alles kann wanken und umfallen, aber Jesus ist mein Fels des Heils, der immer feststehen wird!

Mein Schritt heute:

Ich suche mir einen großen Stein oder Felsblock, auf den ich mich stellen kann und freue mich daran, dass Jesus mein Fels des Heils ist!

Tag 128 **8. Mai**

Du bist meine Zuflucht

Lernvers: Lukas 15,20

„Und er machte sich auf und ging zu seinem Vater. Als er noch fern war, sah ihn sein Vater und wurde innerlich bewegt und lief hin und fiel ihm um den Hals und küsste ihn!“

Gebet:

„Du bist mein Zufluchtsort. Ich berge mich in Deiner Hand. Du schützt mich vor den Gefahren, die auf mich lauern. Wenn ich bei Dir bin, kann mir nichts mehr passieren. Du bist stärker als alle Gefahr.“ …

Bibellese: Psalm 90

Impuls:

Als kleiner Junge konnte ich stundenlang mit offenem Mund immer wieder der Geschichte zuhören, die meine Mutter uns da erzählte. Damals im Krieg, als die Front näher rückte, am letzten Abend vor der Flucht. Die ganze Familie war in größter Not versammelt um den Opa mit der alten Familienbibel. Er schlug Gottes Wort auf und las genau diesen Psalm von Moses vor. Dann beteten sie alle zusammen und legten vertrauensvoll ihr Leben in die Hände des Ewigen.

Irgendwie passte das alles in meiner kindlichen Vorstellung gut zusammen. Der uralte Moses, der schon so viel mit seinem Gott erlebt hatte und als Garant für die Zuverlässigkeit Gottes dastand. Diese alten Worte, die so felsenfest und unverbrüchlich klangen. Die Angst vor den Gefahren der Flucht, die immer noch in der Stimme meiner Mutter mitschwang. Und dann die vielen Wundergeschichten, die meine Familie in den folgenden Wochen und Monaten des Krieges erleben würde, die bis heute noch Erbe unserer Familiengeschichte sind.

Unser himmlischer Vater ist ein mächtiger Zufluchtsort. Menschen zu allen Zeiten konnten das erfahren. Es gibt unzählige Geschichten und Biografien, die davon berichten. Das steht absolut fest, wie ewige Säulen. Auf dieser Gewissheit kann man sein Leben aufbauen. Das ist milliardenfach erprobt und bewiesen. Das hält jedem Test der Zeit stand.

Und doch können wir nicht allein von den Erfahrungen anderer leben. Das reicht nicht aus, wenn es in unserem Alltag darauf ankommt. Wir müssen uns schon selbst auf den Weg machen. Nur wer selbst in den Feuerproben seines Lebens unter den schützenden Mantel des Ewigen geschlüpft ist und sich bei IHM geborgen hat, kann dann mit einstimmen in den Chor der vielen: „Ja, von Ewigkeit zu Ewigkeit bist du Gott!“

Mein Schritt heute:
Ich erinnere mich an Ereignisse des besonderen Schutzes Gottes und gebe meinem Papa Dank und Ehre.

Tag 129 **9. Mai**

Unter dem Schirm des Höchsten

Lernvers: Lukas 15,20

„Und er machte sich auf und ging zu seinem Vater. Als er noch fern war, sah ihn sein Vater und wurde innerlich bewegt und lief hin und fiel ihm um den Hals und küsste ihn!"

Gebet:

„Im Schatten des Allmächtigen will ich bleiben alle Tage meines Lebens. Ich berge mich in der Burg Deiner Liebe. Dort bin ich zu Hause. Dort ist Raum für mich. Ja, dort kann mir nichts geschehen." …

Bibellese: Psalm 91

Impuls:

Auf die Frage „Hast du einen Lieblingspsalm?" würde ich glatt antworten: „Ja, den Psalm 91!" Auch wenn mir beim Bibelstudium noch viele andere Psalmen ganz nah ans Herz gewachsen sind, so drückt der Psalm 91 für mich persönlich am meisten aus, was ich zutiefst im Glauben empfinde.

Ich kann das alles vor meinem inneren Auge sehen: den großen Schirm, den ER über mir wie ein Versteck aufspannt. Den Schatten SEINER Flügel, unter denen ich Zuflucht finde. Den Schild, der alle feurigen Pfeile des Feindes abwehrt. Die feste Burg auf sicherer Höhe, die mein beständiges Zuhause ist. Jahwe, el-shaddaj, der Ewige und Allmächtige, mein Papa und Beschützer. Engel um mich her, die mich auf Händen tragen … Das alles strahlt so viel Geborgenheit auf mich aus. Ich weiß, ich bin sicher! Wenn ich bei IHM bin, kann mir nichts passieren!

Daneben wirken die anderen Bilder gar nicht mehr so gefährlich: überall sind Fallen aufgestellt, in die ich hineintappen könnte. Es herrscht Krieg und es wird scharf geschossen. Unzählige Menschen sterben. Verheerende Epidemien verseuchen die Luft zum Atmen. Tod und Schrecken, wohin man nur blickt. Das hört sich doch ein bisschen wie die Schlagzeilen der Tageszeitung von heute oder morgen an, oder?

Ich lebe mitten in einer Welt, die mir Angst macht. Mein Kinderherz sieht sich tatsächlich umzingelt von Löwen und Drachen: das Ozonloch, schmelzende Polkappen, Erdbeben, Kriege, ökologische und ökonomische Desaster. Aber Halt! Abba ist mein Schutz! ER sagt: „So wird es doch dich nicht treffen …!"

Und zu guter Letzt: „Ich will dich sättigen mit langem Leben und dich mein Heil (wörtlich: Jeschua = Jesus) schauen lassen!" Ja, ich lebe geborgen unter dem Schirm des Höchsten! Abba ist mein Gott, auf den ich fest vertraue!

Mein Schritt heute:

Ich nehme eine Tageszeitung, überfliege die Schlagzeilen und spreche voller Vertrauen: „Ich lebe geborgen unter dem Schirm des Höchsten!“

Ich stärke mich in meinem Gott

Lernvers: Lukas 15,20

„Und er machte sich auf und ging zu seinem Vater. Als er noch fern war, sah ihn sein Vater und wurde innerlich bewegt und lief hin und fiel ihm um den Hals und küsste ihn!“

Gebet:

„Du bist meine Burg. Ich laufe zu Dir und verstecke mich. Meine Feinde sind stärker als ich. Ohne Dich bin ich verloren. Aber, weil Du zu mir stehst, fürchte ich mich nicht. Was können mir Menschen tun.“ …

Bibellese: Psalm 140

Impuls:

Dieser Psalm klingt wie eine der zahlreichen akuten Situationen, in denen David oft steckte. So ungefähr wie damals, als er mit seinen Helden auf Streifzug war und zurück ins Lager kam. Der Schock traf sie hart und saß tief. Die Amalekiter, ein räuberisches Volk, hatten in ihrer Abwesenheit das Lager überfallen und ihre Frauen und Kinder als Sklaven mitgenommen. Die blinde Wut der aufgebrachten Männer richtete sich gegen ihren Anführer. Einer musste ja den Sündenbock spielen. Im Notfall ist es halt der Leiter. Fast hätten sie David gesteinigt. In dieser brenzligen Lage lesen wir folgende Worte: „David aber stärkte sich in Jahwe, seinem Gott!“

Wie oft geraten auch wir in Drucksituationen. Unsere Umgebung fordert von uns schnelle Lösungen. Der Pegel des Erträglichen scheint überschritten. Es wäre jetzt so leicht, sich von Emotionen leiten zu lassen oder schlicht das Unvermeidliche zu tun. Ich habe leider schon oft in solch herausfordernden Lebenslagen versagt, weil ich zu schnell dem Druck der schnellen Lösungen nachgegeben habe. Zeitdruck oder Erwartungen von Menschen sind jedoch schlechte Berater. Darauf sollten wir lieber nicht hören.

David stärkte sich in seinem Gott. Er suchte den Vater darin. „Papa, was meinst Du dazu? Wie siehst Du die ganze Angelegenheit? Was soll ich jetzt bloß tun? Könntest Du mir bitte mal wieder aus der Patsche helfen?“ – So viel Zeit muss sein!

Im Gebet Hilfe beim Vater zu suchen ist nie vergeudete Zeit! Ganz im Gegenteil. Wir kommen so viel schneller ans Ziel. Unser Vater hat Auswege und Lösungen, auf die wir nie alleine gekommen wären. SEINE Pläne und Strategien sind himmlisch genial. Sie haben mir schon oft Kopf und Kragen gerettet.

Mein Schritt heute:

Ich hole mir eine neue Stärkung in meinem Gott!

Teil 14

Geliebte Königskinder

Psalm 139,5

Tag 131 **11. Mai**

Könige, Priester und Propheten

Lernvers: Psalm 139,5
**„Von hinten und von vorn hast du mich umschlossen,
du hast deine Hand auf mich gelegt!“**

Gebet:

„Ich bin ein vielgeliebtes Königskind und darf mich glücklich schätzen, im Schloss Deiner Vaterliebe mein neues Zuhause zu haben. Ich weiß, woher ich komme und will es nie vergessen, dass Du mich aus dem Land der Räuber geholt und befreit hast!“

Bibellese: Offenbarung 1,4-8; 1. Petrus 2,9-10

Impuls:

Ich liebe die allegorische Geschichte *Nicht wie bei Räubers* (von Ursula Marc). Sie erzählt von dem kleinen Tom, der in einer Räuberbande großgezogen wurde, aber in Wirklichkeit immer ein Königskind war. Doch eines Tages kam DER Königssohn und holte Tom nach Hause ins Schloss zum Vater. Dort musste Tom noch viele Abenteuer und Lektionen durchleben, bis seine alte Räubernatur Stück um Stück durch die neue königliche Würde der vielgeliebten Königskinder ersetzt werden konnte. Das ist irgendwie auch meine und deine Geschichte, nicht wahr?!

Unser Stand war immer schon: wir sind Könige, Priester und Propheten, ein heiliges Volk unseres Gott-Vaters. Aber auch wir wurden der Königskronen beraubt und verschleppt in das räuberische Land der Sünde. Dort lebten wir viele Jahre lang versklavt unter der Macht der Sünde, bis uns unser Königssohn Jesus Christus befreite und nach Hause zum Vater brachte. Im prachtvollen Lichtglanz des Vaterhauses werden jetzt unsere Augen geöffnet und wir entdecken unseren wahren Zustand. Zwar tragen wir jetzt äußerlich wieder die Krone der Gnade und Gerechtigkeit, aber innerlich steckt noch so viel alte Räubernatur ins uns. Es ist ein langer Weg der Heiligung, der vor uns liegt, bis Zustand und Stand unseres Lebens immer deckungsgleicher werden. Gott sei Dank hat unser Ewig-Papa ewig lange Zeit, Geduld und Liebe für uns!

Mein Schritt heute:

Ich krame das kleine Buch *Nicht wie bei Räubers* hervor und lese ein oder zwei Kapitel darin.

Ganz der Papa

Lernvers: Psalm 139,5
„Von hinten und von vorn hast du mich umschlossen, du hast deine Hand auf mich gelegt!"

Gebet:

„Wenn ich in Deine Augen schaue, dann kann ich mein kleines Leben darin widergespiegelt sehen. Danke, dass Deine Augen über meinem Leben wachen. Du schaust mich liebevoll an. Dein Lächeln ermutigt mich, Schritte im Vertrauen weiterzugehen!" …

Bibellese: Epheser 1,5-14

Impuls:

In unserer Bibellese steht heute eine besonders bemerkenswerte kleine Aussage. Auf die kleinen unscheinbaren Dinge im Leben kommt es oftmals drauf an! Hier heißt es, dass Gott, der Vater, uns, SEINE Kinder, für sich selbst haben will!

Hörst Du das?! Wir sind nicht zuerst geschaffen worden, um einen großen Auftrag oder eine ganz wichtige Mission zu erfüllen. Abba will dich und mich, weil ER uns genießen will! Wir sind SEIN kostbarer Schatz! SEINE Prinzessinnen und Prinzen, an denen ER SEINE Freude hat!

Zu lange haben wir auf den Schmutz der Sünde gesehen, der uns oftmals noch anhaftet. Und dann haben wir von dem Schmutz Rückschlüsse auf uns gezogen, haben uns selber schmutzig, minderwertig und wertlos gefühlt. Dabei haben wir vergessen, dass wir Papas Kronjuwelen sind, SEINE Augäpfel und Herzblätter. SEINE geliebten Königskinder! Wir sind ganz der Papa!

Hast du mal junge Eltern beobachten können, wie stolz und glücklich sie ihr kleines Baby betrachten? Dann kommt jemand und sagt: „Oh, der sieht ja ganz nach dir aus! Ganz der Papa!" oder „Ganz die Mama!" – Schon strahlen die Gesichter der überglücklichen Eltern. Und das, obwohl die süßen Kleinen mit Babyspeck und Glatzkopf gesegnet sind!

Meinst du nicht auch, dass es unserem Vater im Himmel ebenso mit dir und mit mir geht, wenn ER uns betrachtet? ER sieht nicht nur auf das vordergründige Erscheinungsbild. Der Vater sieht uns mit SEINEM Herzen an! Du trägst schöpferisch genetisch, aber vor allem geistlich durch Jesus Christus, dieselbe himmlische DNA des Vaters in dir. ER erkennt SEIN Bild in dir! Du bist halt ganz der Papa!

Mein Schritt heute:

Ich schreibe heute einen Liebesbrief an meinen Vater, und erzähle IHM, wie gerne ich ganz für IHN lebe!

Wie Vater und Sohn

Lernvers: Psalm 139,5
„Von hinten und von vorn hast du mich umschlossen, du hast deine Hand auf mich gelegt!“

Gebet:

„Ewig will ich von Deiner Gnade singen. Du bist mein Abba, der mich bei meinem Namen gerufen hat. Du hast mich erwählt. Ich darf Dein Kind sein und an Deinem Königshof leben.“ …

Bibellese: Psalm 89

Impuls:

Dieser Psalm entstammt der Feder Etans, den man in Israel wegen seiner Weisheit hochachtete. Etan erzählt uns die Geschichte des Königs David aus einem besonderen Blickwinkel. Es ist die Geschichte von Vater und Sohn.

Gottes Vaterherz hat im Alten Bund lange Ausschau halten müssen, bis ER in Israel einen Mann „nach SEINEM Herzen gefunden“ hat. Bei SEINER Suche stieß ER endlich auf SEINEN Knecht David. Ihn erwählte ER und übergoss ihn mit Öl, als Zeichen für die hohe königlich-prophetisch-priesterliche Berufung. David, der Messias-König, der Gesalbte Jahwes. Nicht in eigener Kraft, sondern in der Autorität des Höchsten.

Das zeigt gewisse Parallelen zu anderen Persönlichkeiten im Alten Bund. Was sich aber vollkommen von allen anderen Berufungsgeschichten des Alten Testaments unterscheidet, ist der Ausruf Davids: „Du bist mein Vater!“ Und dann Gottes Antwort: „Und ICH will dich zu MEINEM erstgeborenen Sohn machen!“ Das ist eine gänzlich neue Qualität der Gottesbeziehung, die es so bisher seit dem Sündenfall Adams nicht mehr gegeben hatte.

Nun entstammt Jesus Christus der menschlichen Linie nach dem Hause Davids und wurde von seinen Zeitgenossen „Davids Sohn“ genannt. Aber mehr noch als durch den Verwandtschaftsgrad tritt Jesus in die damals schon geöffnete, geistliche Tür von Vater- und Sohnschaft. ER ist der wahre Erstgeborene, der einzigartige Sohn Gottes, der neue Adam. Und Jahwe ist sein Abba-Vater, der IHN über alles liebt.

So wird diese Gottesbeziehung, die bei König David bereits skizzenhaft vorgezeichnet war, nun in Jesus zur Fülle gebracht und als Modell für alle kommenden Zeiten ausgerufen: Alle Menschen dürfen Kinder Gottes werden!

Mein Schritt heute:

Ich schreibe mir den Satz auf: „Ich bin ein geliebtes Kind Gottes; und Gott ist mein Vater!“ Welche weiteren Gedanken werden da in mir wach?

Tag 134 14. Mai

Vater der Sterne

Lernvers: Psalm 139,5
**„Von hinten und von vorn hast du mich umschlossen,
du hast deine Hand auf mich gelegt!"**

Gebet:

„Schöpfer aller Dinge; ja, das bist Du! Erde, Sonne, Mond und Sterne jubeln Dir zu! Die ganze Schöpfung preist Dich und erweist Dir die Ehre. Engel, Mächte und Gewaltige der Himmelswelt stimmen mit ein in diesen herrlichen Lobgesang: Du bist würdig!" …

Bibellese: Jakobus 1,17

Impuls:

Als wir vor über 15 Jahren anfingen, auf Seminaren von der Vaterliebe Gottes anderen weiterzuerzählen, da schien es im ganzen Volk Gottes nur ein Vaterlied zu geben, das fast überall gesungen wurde: *„Vater des Lichts, Du freust Dich an Deinen Kindern!"* Ich hatte damals schon gebetet, dass ich bitte keine Allergie gegen diesen Song entwickeln würde, wegen der Überdosis. Und tatsächlich, es hat gewirkt – ich mag das Lied selbst heute noch singen!

Erstaunlicherweise hat sich aber über die Jahre das Liedgut bezüglich unseres Vaters enorm gesteigert und erweitert. Das mag wohl auch mit der zunehmenden Offenbarung über das Vaterherz Gottes zusammenhängen. Denn, was man selber nicht kennt, das kann man auch nicht besingen oder in Büchern beschreiben. Ähnlich gab es damals nur ganz wenig Literatur zum Thema Vaterherz. Der Klassiker war *Das Vaterherz Gottes* von Floyd McClung. Heute stehen Dutzende Vaterherz-Gottes-Bücher in meinem Regal (ein paar durfte ich selber schreiben, aber es kommen daneben jährlich viele neue Vaterbücher hinzu)! Halleluja, das ist nicht mehr aufzuhalten!

Wusstest du, dass diese bekannte Vater-des-Lichts-Bibelstelle aus Jakobus auch mit „Vater der Sterne" übersetzt werden kann? Das finde ich eine schöne Umschreibung. Mein Papa hat alle Sterne im ganzen Kosmos gemacht. ER hält sie in SEINEN Händen und ruft jeden einzelnen beim Namen. ER hat einmal Abraham, den Vater aller Gläubigen, unter das enorme Sternzelt gestellt und ihm verheißen: „So viele Kinder des Glaubens, wie Sterne am Himmelszelt, wirst dermaleinst Du – und damit auch ICH – haben!" So groß ist mein König-Gott!

Mein Schritt heute:

Ich halte (bei nächster Gelegenheit) Ausschau nach einem Sternenhimmel. Ich werde einige Minuten ehrfurchtsvoll diesen Anblick genießen und mir dabei in Erinnerung rufen, wie groß mein Vater ist, dass ER jeden Stern beim Namen kennt!

Die Gesalbten

Lernvers: Psalm 139,5
„Von hinten und von vorn hast du mich umschlossen, du hast deine Hand auf mich gelegt!"

Gebet:

„Reich gekrönt bist Du, oh Herr! Jesus, ich schenke Dir heute meine Krone neu! Du sollst der Herr über alles bei mir sein! Wenn Du bei mir bist, dann gelingt mein Leben. Heilig und gesalbt bist Du! Und auch ich will mich neu von Dir mit frischem Öl des Geistes überschütten lassen!" ...

Bibellese: 2. Korinther 1,21-22

Impuls:

Christus ist das griechische Wort für Messias. *Messias* ist hebräisch und bedeutet übersetzt: Der (mit Öl/Geist) Gesalbte! Die Jünger Jesu wurden *Christen* genannt. Anfangs als Schimpfname, quasi „Das sind die doofen Jesus-Anhänger" – später übernahmen sie diesen Spitznamen als Ehrentitel: „Wir sind die mit dem Heilig-Geist-Gesalbten, so wie unser Meister Jesus, der Christus!"

In der Bibel lesen wir oftmals von der prophetisch-zeichenhaften Handlung, dass Menschen mit Öl gesalbt wurden; als äußeres, sichtbar und erfahrbares Merkmal zur Einsetzung in einen speziellen Auftrag Gottes. Könige, Priester und Propheten wurden gesalbt. Ihnen wurde Öl, als Symbol für den Heiligen Geist Gottes, über den Kopf gegossen. Nicht nur ein paar Tropfen; sondern volle Kanne, Susanne! Die Gesalbten rochen und klebten tagelang noch danach!

In der neutestamentlichen Praxis des Gebetes unter Handauflegung finden wir einen weiteren Hinweis auf diese Berührung mit dem Öl des Himmels – dieses Mal etwas weniger klebrig. Papa möchte, dass wir fühlen, riechen, schmecken, mit allen Sinnen erleben: Ich bin bei dir! Du bist nicht allein! Meine Kraft ruht auf dir und fließt über dein Leben!" Paulus sagt uns, das ist nur die Anzahlung, da kommt noch so viel mehr hinterher!

Abba geht es darum, dass wir, als SEINE Kinder, es mit allen Sinnen wahrnehmen und begreifen: Wir leben nicht in eigener Kraft! Unsere Quelle entspringt in IHM. Wenn ER uns mit SEINEM Lebensgeist salbt, dann läuft alles „wie geschmiert!"

Mein Schritt heute:

Ich werde heute mutig Salböl über meinen Kopf schütten, denn auch ich bin ein gesalbtes Königskind!

Tag 136 **16. Mai**

Ich liebe Dich, Herr!

Lernvers: Psalm 139,5
„Von hinten und von vorn hast du mich umschlossen, du hast deine Hand auf mich gelegt!“

Gebet:

„Ich lieb' Dich, Vater. Keiner ist wie Du. Anbetend neigt sich mein Herz Dir zu. Mein König-Gott, nimm dies Lied von mir. Lass mich, Abba, ein Wohlklang sein vor Dir … Ja, ich liebe Dich, mein Freund.“ …

Bibellese: Psalm 116

Impuls:

Mit Gott reden, wie mit einem Liebhaber – das fällt noch vielen Christen schwer! Zu lange wurde uns beigebracht, der christliche Glaube habe nichts mit Emotionen zu tun. Man lehrte uns: Der Glaube beruht auf Tatsachen und Fakten, die im Wort Gottes aufgeschrieben stehen. Das müssen wir hören und mit Verstand und Willen bejahen. Zum Glauben an Christus kommen ist eine willensmäßige Entscheidung und keine Gefühlsduselei. Diese Art von Frömmigkeit brachte lange Zeit Christen hervor, die intellektuell die Wahrheiten Gottes aufnahmen und mit eigener Willenskraft umsetzten.

Das mag über weite Strecken gutgehen, aber irgendwann werden wir sehr, sehr müde dabei. Denn wer so nüchtern und gefühllos seine Gottesbeziehung lebt, läuft am Herzen Gottes vorbei ins Leere. Deshalb gibt es so viele leere, ausgebrannte Christen, Mitarbeiter und geistliche Leiter!

Wir können den Gott der Liebe nur mit Liebe erreichen! Alles, was der Vater sagt, tut und plant, ist durchtränkt mit Agape-Liebe! ER hat uns Menschen so geschaffen, dass wir Liebe fühlen müssen, um leben zu können. Wer aus der Liebe die Emotionen streichen will, verliert den Kern und behält eine leere Hülle. Diese leere Schale ist leider meistens nur noch der Anblick, der sich säkularen Zeitgenossen bietet, wenn sie sich Hilfe suchend an christliche Kirchen unserer Tage wenden.

Die postmoderne Gesellschaft will keine hochtrabende Theologie, sondern Liebe zum *be-greifen*. Und damit kehren wir wieder zurück zum Herz der Anbetung. Im Glauben an Gott geht es zutiefst um Intimität und Leidenschaft. Liebe mit Haut und Haaren, mit Herz und Verstand. Christsein bedeutet, Gemeinschaft zwischen zwei Liebenden: Mein Gott liebt mich! – Und ich liebe Dich, Herr!

Mein Schritt heute:

Ich schreibe meinem Abba einen innigen Liebesbrief, wie einem Liebhaber.

Tag 137 **17. Mai**

Sohn und Erbe zugleich

Lernvers: Psalm 139,5

„Von hinten und von vorn hast du mich umschlossen, du hast deine Hand auf mich gelegt!“

Gebet:

„Halleluja, wir sind Erben mit dem Sohn! Jesus, Du hast uns in das gelobte Land geführt. Heraus aus dem Haus der Sklaverei, jetzt sind wir frei! Wir wollen unser gutes Land einnehmen. Gehe uns bitte voraus und teile uns das himmlische Erbteil aus!“ …

Bibellese: Römer 8,15-17

Impuls:

Bei der Offenbarung der Vaterliebe Gottes gilt es zwei Abseitsfallen zu vermeiden!

Falle Nr. 1: Wir denken, das wahre Ziel ist es, möglichst ganz schnell erwachsen zu werden, damit wir dann als große, geistliche Väter und Mütter wieder unseren Dienst aufnehmen können. Also das Ding mit der Kindschaft sei nur ein Durchgangsstadium und lästiger Zwischenschritt, den wir schnellstens abhaken sollten! – Falsch!

Falle Nr. 2: Wir denken, der Vater will uns am liebsten immer klein und süß als Babychristen haben, möglichst passgerecht in Schoßform. Wir benehmen uns kindisch und weigern uns strikt weiter zu wachsen; so bleiben wir unreife, aber dafür kuschlige, kleine Bonsai-Christen. – Auch falsch!

Nun aber richtig: In der Offenbarung der Vaterliebe Gottes kommt beides zusammen. Das Ziel unseres Ewig-Vaters ist es, dass wir als SEINE Ewig-Kinder ganz nahe an SEINEM Herzen leben lernen. Dort werden wir reifen und wachsen, aber nicht in falsche Unabhängigkeit geraten. So wie Jesus, DER Sohn, nichts ohne DEN Vater tun kann (und will), so rühmen auch wir unsere völlige Abhängigkeit von Abba, als unser Lebensglück. Je mehr wir eins werden mit dem Willen des Vaters, umso reifer werden wir und umso mehr kann ER uns Anteil geben an unserem Erbe. Wir können am Beispiel Jesu sehen, was es bedeutet, als reifer, mündiger Erbe im Haus des Vaters zu leben. Jesus sagt: „Nicht mein Wille, sondern, Abba, Dein Wille zählt! Der Vater und ich sind eins!“

Mein Schritt heute:

Ich gehe heute durch den Tag im Bewusstsein: Ich bin Kind und Erbe des Höchsten! Abba hat zu mir gesagt: Alles, was MEIN ist, ist DEIN!

Tag 138 18. Mai

Alles ein Geschenk!

Lernvers: Psalm 139,5
„Von hinten und von vorn hast du mich umschlossen, du hast deine Hand auf mich gelegt!"

Gebet:

„Wenn Du nicht mitmachst, ist alles vergeblich. Wenn Du nicht vorangehst, finde ich den Weg nicht. Danke für Deine Liebe und Freundschaft. Danke für Deine Zuverlässigkeit und täglichen Geschenke." ...

Bibellese: Psalm 127

Impuls:

Dreimal steht hier das hebräische Wort *shaw,* was übersetzt werden kann mit umsonst/vergeblich/trügerisch (Selbstbetrug).

Was ist denn Selbstbetrug? – Wenn man glaubt, man könne und müsse alles allein schaffen: Häuser bauen, die Stadt bewachen, den lieben langen Tag arbeiten ...

König Salomon, der diese weisen Worte spricht, der muss es ja wissen. Schließlich verwirklichte er eines der größten Bauprojekte seiner Tage, indem er den Tempel errichtete. Er befestigte zahlreiche Städte und war überaus aktiv und erfolgreich bei seiner vielen Arbeit. Dennoch sagt er: Alles ist umsonst, vergänglich, vergeblich, eitel. Zu kurz gegriffen. Es erreicht nicht das wahre Ziel.

Hingegen: „So viel gibt Gott SEINEN Freunden/Geliebten im Schlaf!" Alles geschenkt. Alles ist Gnade. Keine Leistung. Kein Verdienst. Fast nebenbei. Wenn wir zur Ruhe kommen. Aufhören mit allem eigenen Getue. Im Schlaf. Also dann, wenn wir unsere Selbstkontrolle ablegen und uns fallen lassen.

Wie anders ticken die Uhren im Königreich unseres Vaters?! Die Gesetzmäßigkeiten unserer Welt wollen uns weismachen: „Du bekommst nichts geschenkt. Du musst dir alles hart erarbeiten. Hilf dir selbst, dann hilft dir Gott!"

Doch Gottes Vaterherz ruft uns zu: „Lass dich lieben und beschenken. Ich suche nicht Erfolg, sondern Frucht. Kinder (auch geistliche Kinder) kann man nicht machen. Sie sind ein Geschenk des Himmels. Sie sind nicht Folge von Leistung. Sie sind Ausdruck von Intimität und die Frucht von Liebe." – „Alles ein Geschenk" ist die göttliche Umkehrung von „alles umsonst"!

Mein Schritt heute:

Ich sitze oder lege mich hin, höre auf mit allem, was ich tue, in dem Bewusstsein: Alles ist ein Geschenk vom Vater im Himmel!

Tag 139 **19. Mai**

Königlich leben

Lernvers: Psalm 139,5
„Von hinten und von vorn hast du mich umschlossen, du hast deine Hand auf mich gelegt!“

Gebet:

„Die Jahre, die die Heuschrecken weggefressen haben, sind für mich vorbei! Jetzt lebe ich nicht mehr länger in der Armut der beraubten Waisenkinder. Jetzt lebe ich vielmehr im Reichtum des Himmels. Ich bin gekleidet in majestätischen Gewändern des Heils, gekrönt mit Gnade und Barmherzigkeit und trage das Zepter Deiner Liebe!“ …

Bibellese: Römer 5,17; Hebräer 1,4-14

Impuls:

Der Gedanke, dass ich ein Königskind des Himmels bin, erfüllt mich mit Freude und Wohlgefallen. Neben der geistlichen Tiefenbedeutung, auf die wir gleich noch blicken werden, gibt es einen ganz irdischen Nebeneffekt, auf den ich zuerst eingehen möchte. Wir in der westlichen Welt leben heutzutage auf dem gleichen oder sogar höheren Level als Fürsten und Könige vor ein paar Jahrhunderten.

Wir wohnen in Häusern, die wärmer und schöner sind als viele Burgen und Schlösser; sogar mit fließendem Wasser, Toiletten und dem Wunder der Elektrizität; wir haben Zugang zu Bildung, Medizin, Kunst und Kultur; wir können unsere Gaben fördern; wir sind weitgereister; wir kennen Länder, von denen man damals noch nichts ahnte; wir haben Maschinen, Geräte, Erfindungen, von denen man damals nur geträumt hat; wir leben als mündige Bürger in vielen Bereichen selbstbestimmt; wir genießen den Schutz von Gesetzen und Rechten (besonders gilt das für Frauen, Kinder, Alte, Schwache und Minderheiten); wir sind Nutznießer von demokratischer Freiheit und sozialen Errungenschaften; wir leben seit über 70 Jahren (in Europa) überwiegend im Frieden; fast jeder von uns besitzt materiell viel mehr als ein Reicher vor 100 Jahren umgerechnet besaß; wir dürfen heiraten auf Grund von freier Liebesentscheidung und sogar unser eigenes Glaubensbekenntnis wählen!

Und dann setzt uns unser König-Papa noch die geistlichen Kronen auf: gekrönt mit Gnade, Liebe, Freude, Frieden, Sanftmut, Barmherzigkeit, Treue, Vertrauen, Trost, Langmut, Geduld, Reinheit, Gerechtigkeit … Wow, wie gut geht es uns doch allen!

Mein Schritt heute:

Ich suche heute meine Kronen-Kollektion im Haus zusammen und erinnere mich daran, dass auch ich lebe wie ein Königskind!

Tag 140 **20. Mai**

Genauso geliebt wie Jesus

Lernvers: Psalm 139,5

„Von hinten und von vorn hast du mich umschlossen,
du hast deine Hand auf mich gelegt!"

Gebet:

„Abba, Du liebst mich genauso, wie Du Jesus liebst! Mit derselben Liebe! Dieses Wunder Deiner Gnade kann ich kaum fassen! Es übersteigt all meine kühnsten Träume und Erwartungen! So kann nur EINER lieben!" …

Bibellese: Johannes 17,17-23

Impuls:

Heute besteigen wir einen der höchsten Gipfel der Offenbarung der Vaterliebe! Kennst Du den Unterschied zwischen dasselbe und das Gleiche?

Zum Beispiel: Ich habe wohlmöglich die gleiche Zahnbürste wie du zuhause (das heißt, ich besitze zwar meine eigene Zahnbürste, aber meine ist vergleichbar mit deiner); aber der Gedanke, dieselbe Zahnbürste (mit anderen Worten, wir beide nehmen nur eine Zahnbürste gemeinsam, uah!) wie du zu benutzen, fände ich nicht so prickelnd. Okay, verstanden?!

Und wie ist das nun mit der Liebe des Vaters zu Jesus und zu uns? – Jetzt kommt der Hammer: Unser Vater im Himmel liebt uns mit derselben Liebe, mit der ER auch Jesus liebt! ER macht da gar kein Unterschied! Wir sind genauso geliebt wie Jesus!

Da kann aber einer kommen und sagen: Naja, soweit war es mit der Liebe des Vaters für Jesus auch nicht her – am Schluss hat der Vater Jesus alleine am Kreuz sterben lassen, oder?

Nee, nee, nee! – Das war dann doch etwas anders! Paulus sagt uns: Gott (der Vater) war in Christus und versöhnte die ganze Welt mit SICH selber! Und hier in Johannes 17 lesen wir über die tiefe Einheit zwischen Vater und Sohn und uns. Jesus ist das Vaterherz Gottes in Person. Jesus ist Kopf und Herz, und wir der Rest vom Körper.

Liebst du auch dein Herz? Bist du gut zu deinem Leib? – Das kann bestimmt auch noch besser werden, so wie bei mir. Aber der Vater, der liebt Jesus absolut perfekt. Und ER liebt SEINEN Leib, die Gemeinde, die Familie; uns, SEINE Töchter und Söhne – genauso, wie ER Jesus in Ewigkeit liebt! Das genügt für alle Zeit! Halleluja, welch ein königlicher Reichtum!

Mein Schritt heute:

Ich stelle mich vor einen Spiegel und male mit einem Filzstift eine Krone aufs Glas, genau passend für meine Kopf! Und dann sage ich mir: Der Vater liebt mich genauso wie Jesus!

Teil 15

Abbas Pädagogik

2. Korinther 1,3-4

Tag 141 **21. Mai**

Pass bitte auf mich auf!

Lernvers: 2. Korinther 1,3-4

„Gepriesen sei der Gott und Vater unseres Herrn Jesus Christus, der Vater der Erbarmungen und Gott allen Trostes, der uns tröstet in all unserer Bedrängnis, damit wir die trösten können, die in allerlei Bedrängnis sind, durch den Trost, mit dem wir selbst von Gott getröstet werden.“

Gebet:

„Papa, pass bitte auf mich auf. Über meine Lippen kommt so viel Müll. Und mein Herz sieht schmutzig aus. Ich finde nicht das richtige Maß. Mein Leben ist momentan so undiszipliniert. Bitte reinige mich und hilf mir dabei, neue Grenzen zu setzen.“ …

Bibellese: Psalm 141

Impuls:

Wen der Vater liebt, den erzieht ER! Jüngerschaft heißt auf Englisch *discipleship.* Darin erkennen wir das Wort *Disziplin (= Zucht, Erziehung, Schule).* Nachfolge ist ein Erziehungsprogramm. Wir Menschenkinder müssen alles erlernen. Wir können die allermeisten Dinge nicht von selbst, sondern erst nach einem gewissen Training. Das gilt auch für den geistlichen Bereich unseres Lebens. Der christliche Glaube ist eine wunderbare Lebensschule.

Es ist furchtbar, was unsere angstbesetzten Gottesbilder daraus gemacht haben. Viele Christen fürchten sich vor der Erziehung Gottes. Sie denken dabei sofort an Bestrafung. Den Vater sehen sie eher als Aufseher in einem Umerziehungslager, der mit Schlägen und anderen Bestrafungsmaßnahmen hart gegen uns durchgreift.

Dabei sieht die Pädagogik Gottes völlig anders aus! Unser Abba gebraucht Belohnung und auch Korrektur durch Bestrafung, wenn es sein muss. So wie alle guten Eltern auf der Welt. Aber vor allem erzieht ER uns mit gütiger Geduld und Ermutigung!

Mit Seilen der Liebe lenkt ER uns in die richtigen Bahnen. ER weiß, dass wir Fehler machen werden. Aber IHM ist es wichtiger, was in den Herzen SEINER Kinder geschieht, als vorzeigbare Erfolge zu sehen. Bei unserem Vater kann man durch einen Test fallen und dennoch die Prüfung bestanden haben, weil man seine Lektion darin gelernt hat. So wie David dürfen auch wir uns den guten und heilsamen Erziehungsmaßnamen unseres Vaters im Himmel anvertrauen. Selbst wenn ER einmal das Leid, das andere Menschen uns zugefügt haben, oder die Schmerzen, mit denen der Feind uns nervt, in SEINE Lernprozesse für uns mit einbaut.

Mein Schritt heute:
Ich mache mir bewusst, in welchen Lernprozessen ich momentan stehe, und danke dem Vater für SEINE gute Erziehung darin.

Tag 142 22. Mai

Raus aus der Höhle der Einsamkeit

Lernvers: 2. Korinther 1,3-4

„Gepriesen sei der Gott und Vater unseres Herrn Jesus Christus, der Vater der Erbarmungen und Gott allen Trostes, der uns tröstet in all unserer Bedrängnis, damit wir die trösten können, die in allerlei Bedrängnis sind, durch den Trost, mit dem wir selbst von Gott getröstet werden."

Gebet:

„Jesus, Du hast versprochen, immer bei mir zu sein. Alle Tage bis ans Ende der Welt. Danke, dass ich niemals mehr allein sein werde. Du bist bei mir. Egal, was mir die Gefühle sagen oder die Feinde einflüstern wollen." …

Bibellese: Psalm 142

Impuls:

Bevor ich zu Jesus kam, war Einsamkeit mein größtes Problem. Ich konnte selbst mitten unter Menschen sein und wurde trotzdem dieses abgrundtiefe Gefühl von Verlassenheit nicht los. Wie eine lähmende Schwere legte es sich auf mein Herz und flüsterte mir seine Lügen ein: „Keiner sieht dich. Keiner liebt dich. Wenn es drauf ankommt, ist sowieso keiner für dich da. Du musst es alleine schaffen. Wenn du es nicht machst, dann macht es keiner. Du bist anders als die andern. Und die andern mögen dich auch nicht. Du passt hier gar nicht her …!" So ging das pausenlos. Da saß ich nun unter fieser Dauerbeschallung in meiner Höhle von Einsamkeit.

Unser Psalm heute ist überschrieben mit: „Als David in der Höhle war." Jeder Mensch hat seine eigene „Höhle" (siehe „Die Hütte" von Paul William Young), einen Ort größter Verwundbarkeit, wo unser zentraler Lebensschmerz zu finden ist. Wenn wir noch jünger sind, verdrängen wir das erfolgreich mit Aktivitäten: Beruf, Familie, Freizeit. Aber in der Mitte des Lebens bekommen viele von uns eine Einladung von Gott, in ihre Hütte zu kommen und sich ihren Ängsten zu stellen. Diese „Höhlenzeiten" sind eine enorme Chance!

David begegnete dort seinem himmlischen Vater und Freund. So konnte er neu das „Land der Lebendigen" sehen. Auch ich habe Abba in der dunklen Höhle meiner Einsamkeit gefunden. ER hat zu meiner verwaisten Seele die Worte gesprochen, die mich wiederbelebten. Dort begann ER meine Lebenswunde zu heilen. Jetzt ist Einsamkeit für mich ein Geschenk. Ich kann das Alleinsein richtig genießen, denn es ist zu einer tiefen *Zweisamkeit* mit meinem Vater geworden. Ich bin gespannt, was ER dir in deiner Höhle sagen will!

Mein Schritt heute:

Ich erinnere mich an meine „Höhlenzeiten" und bei Bedarf suche ich neu den Vater in meiner „Hütte".

Tag 143 23. Mai

Du bist die Botschaft!

Lernvers: 2. Korinther 1,3-4

„Gepriesen sei der Gott und Vater unseres Herrn Jesus Christus, der Vater der Erbarmungen und Gott allen Trostes, der uns tröstet in all unserer Bedrängnis, damit wir die trösten können, die in allerlei Bedrängnis sind, durch den Trost, mit dem wir selbst von Gott getröstet werden."

Gebet:

„Ich bin gezeichnet von Deiner Liebe. Du hast ein Zeichen an mir gemacht. Für alle Zeiten gehöre ich zu Dir. Nichts und niemand kann mich aus Deiner Hand reißen. Du bist mein guter Hirte. Ich folge Dir, wo immer Du mich hinführst!"

...

Bibellese: 2. Korinther 1,3-5

Impuls:

Das ist eine super Idee! Jeder Christ ist wie ein Liebesbrief des Vaters an die Welt! Abba schreibt durch die Jahre in unsere Herzen hinein. ER füllt Seite um Seite mit SEINEN Botschaften. ER vermittelt uns SEINE Gedanken, SEINE Gefühle und SEINE Beurteilungen. Wir erfahren mehr über SEINEN Willen. Wir haben nicht nur eine Botschaft, wir sind die Botschaft. Lebendige Briefe auf zwei Beinen.

Wer mit diesen Augen sieht, der liest anders zwischen den Zeilen. Es gibt dann keine unnötigen Passagen und lästigen Füllwörter, die wir überspringen könnten. Nichts passiert zufällig. Alles, was in unserem kleinen Lebensbrief steht, hat eine höhere göttliche Redaktion. Papa hat SICH Gedanken gemacht, warum dieses oder jenes in meinem Lebensbrief wiederzufinden ist. Das heißt nun nicht, dass alles schon fix und fertig sei. So als ob es da keine Überraschungsmomente mehr geben könnte, keine Abbrüche und Katastrophen. Oh nein, das wäre ja langweilig. Da gibt es noch genug Raum für weiße ungeschriebene Felder; für Fettflecken und zerrissene Seiten. Die Tatsache, dass Abba mit mir zusammen meine Lebensgeschichte schreibt, das gibt meinem Herzen Frieden. Denn, wo ich nicht mehr weiterweiß, hat ER bereits schon den nächsten Satz angefangen.

Schau ich auf diesen meinen Lebensbrief, bin ich froh und dankbar für so viele Seiten, die schon gefüllt vor mir liegen. Es scheint dann doch wohl eher ein ganzes Buch voller Liebes- und Lebensgeschichten zu werden, was ER da in mir und durch mich schreibt. Eine Faszination liegt auf diesem Brief: Er wirkt so herrlich unvollendet, aber vollkommen – wie mein ganzes Leben!

Mein Schritt heute:

Ich schreibe heute einen Brief an jemanden, indem ich ihn ermutige: „Du bist die Botschaft – mit allem, was der Vater dir zugedacht hat!“

Kleinwerden

Lernvers: 2. Korinther 1,3-4

„Gepriesen sei der Gott und Vater unseres Herrn Jesus Christus, der Vater der Erbarmungen und Gott allen Trostes, der uns tröstet in all unserer Bedrängnis, damit wir die trösten können, die in allerlei Bedrängnis sind, durch den Trost, mit dem wir selbst von Gott getröstet werden.“

Gebet:

„Papa …, Kinder mit Wunden sind sicher bei Dir! Heute brauche ich wieder einmal einen starken Vater, der mich fest im Arm hält mitten in den Turbulenzen und in dem Tumult der Welt! Ich bin doch nur ein kleines Kinderherz im Körper eines Erwachsenen!“ …

Bibellese: Lukas 18,15-17

Impuls:

Gott ist riesengroß. ER ist der absolut Größte. Und dennoch liebt ER das Winzigkleine. Papa liebt die Kleinen, die Kinder! ER hätte das auch mit uns anders machen können. Es gibt in SEINER Schöpfung andere Beispiele. Es gibt Pflanzen, die wachsen rasend schnell und werden gewaltig groß. Es gibt Tiere, die kommen sogar erwachsen und geschlechtsreif auf die Welt.

Aber bei uns Menschenkinder braucht das alles eine gewisse Zeit. Wir beginnen klitzeklein, kaum sichtbar. Und dann wachsen wir langsam. In der Regel neun Monate bis zur Geburt. Und dann sind wir immer noch lange nicht soweit. Wir müssen mühsam fast alles erlernen. Von klein auf. Jahrelang, ein ganzes Leben lang. So ist es Papas genialer Plan für uns. Selbst Jesus, DER Sohn, durchlief all diese Phasen. Jesus lernte Gehorsam, durch das, was ER erlitt.

Wir kommen nicht fix und fertig auf die Welt. Unser Leben ist eine Lebensschule. Hier lernen wir zu leben, zu lieben, zu loben. Das gehört zu Abbas höherer Pädagogik. ER will uns beibringen, die Dinge anders zu sehen. Wir denken, wir versagen und machen Fehler. Wir befürchten, wie fallen durch die Prüfungen unseres Lebens. Doch Abba sieht das gar nicht so. ER findet es nicht schlimm, wenn wir kleckern und hinfallen. Das machen Kinder nun mal, oder?!

IHM ist es wichtiger, dass wir leben, als dass wir funktionieren. Bei IHM dürfen wir lernen, klein zu werden, Kinder zu werden. Das ist voll in Ordnung!

Mein Schritt heute:

Ich will darauf achten, wo mir im Alltag Kleines begegnet – und will es wertschätzen!

Tag 145 25. Mai

Rede doch zu mir!

Lernvers: 2. Korinther 1,3-4

„Gepriesen sei der Gott und Vater unseres Herrn Jesus Christus, der Vater der Erbarmungen und Gott allen Trostes, der uns tröstet in all unserer Bedrängnis, damit wir die trösten können, die in allerlei Bedrängnis sind, durch den Trost, mit dem wir selbst von Gott getröstet werden.“

Gebet:

„Vater, wo bist Du geblieben? Ich kann Dich momentan so schlecht wahrnehmen. Meine Augen sind gehalten, meine Ohren hören kaum. Ich sehne mich so sehr nach Dir.“ …

Bibellese: Psalm 28

Impuls:

Der Super-GAU ist eingetreten: Das Schweigen des guten Hirten! – Was machen wir, wenn Gott verstummt? In diesem Psalm appelliert David eindringlich an Jahwe, wie ein kleiner Junge, der beharrlich am Ärmel seines Vaters ruckelt und zupft: „Bitte, rede doch mit mir!“ Kennst du solche Tage, an denen unser Vater anscheinend schweigt?

Manchmal will Gottes Schweigen SEIN lautestes Reden zu uns sein! Bitte verwechsle das nicht mit Liebesentzug! Unser Abba ist keine beleidigte Diva, die sich zickig in Schweigen hüllt und uns die kalte Schulter zeigt. Wenn ER zu reden aufhört, dann hat das immer seine Bedeutung. In den meisten Fällen, die mir persönlich vor Augen stehen, waren das konkrete Situationen, in denen ER mir mehrmals etwas hatte sagen wollen, aber ich abgelenkt war und nicht zuhören wollte. Damit ich nicht den falschen Weg gehe, blieb ER stehen und verstummte. Ich bin dann noch einige Zeit weiter gerannt, bis ich schließlich merkte: „Ups, wo ist denn Papa geblieben? Meine Güte, ich habe schon lange nicht mehr SEINE Stimme gehört …, da war doch was?!“ Das war dann ein heilsamer Schrecken, der mich zur Umkehr brachte.

Ein anderes Mal kommt es uns so vor, als ob Gott schweigen würde, dabei ist ER bereits längst am Handeln, aber wir verstehen noch nicht ganz die Zusammenhänge und beharren auf unserer Version der Abhilfe. Dann liegt ein Missverständnis vor, das sich nach einiger Zeit auflösen wird.

Es mag unterschiedliche Gründe für Gottes Schweigen geben, aber eines müssen wir immer festhalten: Gott wird niemals stumm sein als Ausdruck SEINES Rückzugs aus unserem Leben! Unsere Urangst ist doch: Wir machen einen Fehler; Gott ist sauer und geht einfach weg, weil ER die Nase voll hat von uns (was wir sogar manchmal gut verstehen würden). Aber so ist unser himmlischer Vater überhaupt nicht! Hörst du?!

Mein Schritt heute:
Ich werde zehn Minuten schweigen und auf Gottes leise Stimme hören.

Tag 146 **26. Mai**

Die goldene Regel

Lernvers: 2. Korinther 1,3-4

„Gepriesen sei der Gott und Vater unseres Herrn Jesus Christus, der Vater der Erbarmungen und Gott allen Trostes, der uns tröstet in all unserer Bedrängnis, damit wir die trösten können, die in allerlei Bedrängnis sind, durch den Trost, mit dem wir selbst von Gott getröstet werden."

Gebet:

„Du bist mein Goldstück! Jesus, Du bist mir wertvoller als alles! Kein Reichtum der Welt kann mir geben, was Du mir gibst. Kein Mensch kann mich so beglücken, wie die Gemeinschaft mit Dir. Danke, dass ich Dich von Herz zu Herz intensiv kennenlernen darf!" …

Bibellese: Matthäus 7,12

Impuls:

In vielen Bibelübersetzungen finden wir hier die Überschrift „Die goldene Regel". Gemeint ist, dass uns der Vater in SEINER Weisheit jetzt eine ganz besonders pädagogisch wertvolle Lektion beibringt. Schon hat der Volksmund einen lockeren Spruch daraus gemacht: „Was du nicht willst, dass man dir tu – das füg' auch keinem andern zu!" – Mmh, ist das aber dasselbe, was der Vater gesagt hat? Oder ist es wieder einmal nur das Gleiche?

Die goldene Regel scheint mir noch mehr zu sein! Es geht nicht nur um egoistisch motivierte Schadensvermeidung oder Minimierung. Der Vater öffnet uns eine Tür zum Verständnis, woraus SEINE Agape-Liebe gespeist wird. Wir kommen zur Quelle der Liebe!

Das erinnert an 1. Korinther 13: Die Agape ist immer selbstlos, sich schenkend, großzügig gebend, nicht berechnend; sie hat keine Angst vor Verlust, denn sie kann nichts verlieren …

Sie trägt tief in ihrem Inneren das Geheimnis von Saat und Ernte! Je mehr wir an Liebessamen austreuen, umso mehr Samenkörner werden wir ernten können, um dann wieder noch mehr verschwenderisch auszustreuen!

Der Sämann im Gleichnis hatte das verstanden. Er brauchte sich nicht zu fürchten, dass so viel guter Samen scheinbar vergeudet war – auf dem Weg, dem felsigen Boden oder unter den Dornen. Das Viertel, das den guten Boden fand, reichte schon aus, um wieder mehr als die Fülle nach Hause zu bringen!

Abba lehrt uns: Es geht nie etwas verloren, was wir aus Liebe für IHN ausstreuen. Es kommt so oder so zurück. Hundertfältig!

Mein Schritt heute:

Ich suche Blumensamen und streue ihn aus. Mal schauen, was daraus später wird!

Schaffe mir Recht!

Lernvers: 2. Korinther 1,3-4

„Gepriesen sei der Gott und Vater unseres Herrn Jesus Christus, der Vater der Erbarmungen und Gott allen Trostes, der uns tröstet in all unserer Bedrängnis, damit wir die trösten können, die in allerlei Bedrängnis sind, durch den Trost, mit dem wir selbst von Gott getröstet werden.“

Gebet:

„Meine Rechte werden mit Füßen getreten. Schaffe meinem Anliegen Gehör. Da gibt es so viel Ungerechtigkeit um mich her. Ich wende mich an Dich. Wenn einer gerecht ist, dann Du.“ …

Bibellese: Psalm 94

Impuls:

Nun kommt, was der eine oder andere schon längst erwartet hatte. Jetzt kommt das andere Gesicht unseres Gottes: der harte Richter. Der Gott der Rache, Strafe und Vergeltung. So wie wir IHN uns aus dem Alten Testament halt vorstellen. Ein Gott, der über Leichen geht. Der ganze Völker vernichtet, weil sie SEINER Heiligkeit und Ehre im Wege stehen. Jetzt kommt „die dunkle Seite Gottes“, vor der wir uns fürchten …, oder?!

Die Bibel bekennt: Jahwe ist Richter der Welt! Aber SEINE Gerichte sind anders. SEIN Verständnis von Gerechtigkeit unterscheidet sich stark von menschlicher Justiz. In unserer Rechtsprechung geht es meistens um die Bestrafung des Täters. Was aus dem Opfer wird, ist zweitrangig. Aber so ist die Gerechtigkeit, die vor Jahwe gilt, ganz und gar nicht! IHM geht es zuallererst um Wiederherstellung. Der ursprüngliche Zustand des Friedens – *schalom* – soll beim Geschädigten wieder heil gemacht werden. Das Opfer steht im Mittelpunkt SEINER Barmherzigkeit. Es soll wieder in vollem Umfang Lebensqualität zurückerhalten. Erst danach kümmert IHN der Täter. Und auch hier ist nicht die Bestrafung SEIN Hauptinteresse, sondern die Pädagogik, die Erziehung zum Guten. Was für eine andere Sicht der Dinge!

Und nun kommen wir und rufen: Schaffe uns Recht! – Welches Recht wollen wir denn? Die Gerechtigkeit dieser Welt: Rache und die Verurteilung des Schuldigen? Oder wollen wir die Gerechtigkeit Gottes: die Wiederherstellung des inneren und äußeren Friedens?

Nein, das Angesicht Gottes im Alten Testament ist das gleiche wie das des Vaters im Neuen Testament. Es ist das gleiche Meer SEINER Liebe, aus dem wir schöpfen können. Nur im Alten Testament ist der Himmel noch an vielen Stellen verschlossen und deshalb sieht das Meer so furchterregend grau aus. Aber, wenn die Wolkendecke aufreißt und die Sonne SEINER Gerechtigkeit hell aufstrahlt, wird das Meer in den herrlichsten Blau- und Türkistönen glitzern und schimmern.

Mein Schritt heute:

Ich bringe die Bereiche meines Lebens, in denen ich mir Gerechtigkeit wünsche, zu meinem Vater und bitte um Wiederherstellung.

Tag 148 28. Mai

Göttliche Erziehung

Lernvers: 2. Korinther 1,3-4

„Gepriesen sei der Gott und Vater unseres Herrn Jesus Christus, der Vater der Erbarmungen und Gott allen Trostes, der uns tröstet in all unserer Bedrängnis, damit wir die trösten können, die in allerlei Bedrängnis sind, durch den Trost, mit dem wir selbst von Gott getröstet werden.“

Gebet:

„Vater, es ist nicht immer leicht für mich in der Schule Deiner Liebe. Es gibt Zeiten, da verstehe ich nicht, was Du von mir willst. Du scheinst mir fremd und fern. Ich fühle mich unverstanden und allein gelassen. Aus der Tiefe rufe ich zu Dir! Bitte komme schnell und rette mich!“ …

Bibellese: Hebräer 12,4-11

Impuls:

Wie oft habe ich in den letzten Jahren miterlebt, dass jemand mit dieser Bibelstelle auf mich zukam und mich herausfordernd anblinzelte (als ob ich diese Bibelstelle noch nie zuvor gehört hätte – oder absichtlich lieber verschweigen wolle): „Na, und was sagst du jetzt dazu? Wie passt denn das zu deinen Aussagen über den lieben Papa-Gott? – So nett und harmlos, ist ER dann doch wohl nicht. Schließlich züchtigt ER und schlägt mit der Rute!“ Boing!

Was soll man dazu sagen? Also am besten machen wir das mal Schicht für Schicht, wie bei einer Zwiebel!

Zunächst: hier im griechischen Originaltext ist von Gottes *Pädagogik* die Rede – die deutsche Übersetzung mit *Züchtigung* gibt von Anfang an eine Schräglage mit falscher Tendenz vor, so als ob Gottes Pädagogik allein in Zucht und Bestrafung bestehen würde. Die Assoziation mit Zuchthaus erzeugt einen weiteren Horroreffekt. Doch Pädagogik kommt vom Wort *pais* Kind. Es geht um das Kindeswohl. Im Bild gesprochen: der das Wohl des Kindes sucht, beugt sich nieder auf die Herzensebene eines Kindes. Das macht unser Abba!

Nun zu den Aussagen über *ermahnen/schlagen/geißeln*: auch das klingt alles eher negativ und hart in unseren Ohren. Ist es aber so gemeint? – Man kann die Worte auch anders übersetzen: *ermutigen/zurechtweisen/heilsame Grenzen setzen.* Wenn wir den gesamten Kontext von Kapitel 10-12 lesen, stellen wir eindeutig fest, es geht um Glaubensermutigung, und nicht um Entmutigung. Gerade die jüdische Pädagogik ist bis heute für ihren absolut positiven Erziehungsansatz bekannt. Jede jüdische Mama und Papa glauben, dass ihre Tochter eine Golda Meir sein muss, und ihr Sohn ein Albert Einstein!

Mein Schritt heute:
Ich spreche Abba mein Vertrauen aus, dass ER mir auch meine heilsamen Grenzen setzen darf, selbst wenn es wehtun sollte! Mir zum Besten!

Vollkommene Liebe

Lernvers: 2. Korinther 1,3-4

„Gepriesen sei der Gott und Vater unseres Herrn Jesus Christus, der Vater der Erbarmungen und Gott allen Trostes, der uns tröstet in all unserer Bedrängnis, damit wir die trösten können, die in allerlei Bedrängnis sind, durch den Trost, mit dem wir selbst von Gott getröstet werden.“

Gebet:

„Ich fürchte mich nicht, denn Du, mein Vater bist bei mir auf meiner Reise! Mir kann nichts Schlimmes geschehen! Alles muss zuvor an Deinen liebenden Augen vorbei. Deine vollkommene Liebe treibt alle meine Ängste fort!“ ...

Bibellese: 1. Johannes 4,17-19

Impuls:

Gottes vollkommene Liebe will alle Furcht aus unseren Kinderherzen verbannen! Kleine Kinder haben vor vielem Angst! Die Welt erscheint ihnen so groß und übermächtig. Manchmal kann schon ein Schatten oder ein dunkler Raum in Panik und helle Aufruhr versetzen. Hinzu kommt unsere Furcht vor Scham, vor dem Gelächter der anderen. Und nicht zu unterschätzen, die Angst vor der Strafe, weil wir uns ständig schuldig fühlen und mit einem schlechten Gewissen rumlaufen.

Wie der kleine Junge, der sich in der Werkstatt vom Papa mit Schmieröl besudelt hat und sich dann in der letzten Ecke verkroch. Als der Vater ihn zum Essen rief, antwortete der Junge nicht, sondern zog sich noch tiefer ins dunkle Loch zurück – so wie Adam damals im Garten. Statt mit seinem Schmutz zum Vater zu laufen, versteckte er sich noch mehr vor IHM. Doch der Vater kommt und ruft: „Adam, wo bist du?“ – Bis ER den schmutzigen kleinen Jungen gefunden hat. „Warum hast du dich denn versteckt und nicht geantwortet?“ Da schluchzte der kleine Junge: „Ich habe mich gefürchtet, weil ich so schmutzig bin!“ Hat das Adam damals nicht auch gesagt?! Sagen wir das nicht alle?!

Doch schau mal, wie Papas Antwort ausfällt. ER nimmt den kleinen Schmutzfink in SEINEN liebenden Arm, trocknet ihm die Tränen ab und macht ihn wieder sauber. So treibt ER alle Furcht vor Strafe aus durch SEINE vollkomme Liebe!

Mein Schritt heute:

Ich werde heute etwas suchen, was richtig schmutzig ist (Geschirr, Wäsche usw.) und es behutsam reinigen. Vielleicht muss ich es ja vorher noch etwas einweichen lassen. Hartnäckiger Dreck braucht mehr Zeit; und viel Liebe und Geduld!

Wege aus der Niederlage

Lernvers: 2. Korinther 1,3-4

„Gepriesen sei der Gott und Vater unseres Herrn Jesus Christus, der Vater der Erbarmungen und Gott allen Trostes, der uns tröstet in all unserer Bedrängnis, damit wir die trösten können, die in allerlei Bedrängnis sind, durch den Trost, mit dem wir selbst von Gott getröstet werden.“

Gebet:

„Papa, nein, ich werde jetzt nicht aufgeben! Jetzt schon gar nicht! Auch wenn ich am Boden liege. Deine Gnade wird mich wieder auf die Füße stellen. Solange Du bei mir bist, gibt es Hoffnung.“ …

Bibellese: Psalm 108

Impuls:

Wie lebt man nach einer Niederlage weiter? Was war dein bisher schlimmstes Waterloo-Erlebnis? Wie bist du da wieder herausgekommen?

David hatte anscheinend gerade eine ziemliche Schlappe erlebt. Aber wer so wie er mit beiden Beinen mitten im Leben steht, weiß, dass Niederlagen zum Leben dazugehören. Das ist normal und muss uns nicht weiter irritieren. Ich würde mir eher Gedanken machen, wenn ich keine Probleme mehr hätte – denn dann müsste ich wahrscheinlich schon tot sein und hätte es selber gar nicht gemerkt.

Hinfallen ist menschlich. Liegenbleiben ist teuflisch. Aufstehen ist göttlich! In den Niederlagen seines Lebens lernte David eine wichtige Lektion: „Es gibt immer einen Ausweg mit meinem Gott! Darum kann ich IHN jetzt schon loben, egal wie die Umstände und Gefühle sein mögen.“

Im Versagen entdeckte er: „Menschenhilfe ist wertlos! Mit Gott werden wir Gewaltiges tun!“ – Nur mit Gott werden wir Sieger sein!

Die Weisheit Gottes lehrt uns, dass wir aus eigenem oder fremdem Versagen wichtige Dinge lernen können, wenn wir unser Herz davor nicht verschließen. Die größten Entdeckungen und die besten Meisterstücke sind vielfach erst nach etlichen Fehlversuchen zustande gekommen. Unser Vater ist der Gott der zweiten Chance. ER geht mit uns auch noch die dritte oder die viertausendste Meile, wenn es sein muss. Wichtiger als der Erfolg ist bei IHM die Frucht in unseren Herzen.

Das Kreuz Jesu ist unser lebendiges Denk-Mal – dass aus einer scheinbaren Niederlage mit Gottes Hilfe noch ein gewaltiger Sieg werden kann!

Mein Schritt heute:

Ich erinnere mich an eine Niederlage meines Lebens und überlege zusammen mit dem Vater, was ich daraus lernen kann.

Teil 16

Kindlich vertrauensvoll leben

Galater 4,6

Tag 151 31. Mai

Werdet wie die Kinder

Lernvers: Galater 4,6

„Weil ihr aber Söhne seid, sandte Gott den Geist seines Sohnes in unsere Herzen, der da ruft: Abba, Vater!“

Gebet:

„Ich bin nicht mehr länger ein Sklave der Sünde! Ich bin ein Kind Gottes! Die Liebe des Vaters hat mich heimgeliebt! Ich stehe nicht länger draußen vor der Tür; ich laufe auch nicht mehr davon! Deine Vaterarme haben mich gelockt und zärtlich gezogen. Jetzt ruhe ich an Deinem Vaterherzen!“ …

Bibellese: Matthäus 18,1-5

Impuls:

Das Besondere, was Kinder zum Modell unserer Nachfolge werden lässt, ist ihr Vertrauen! Man muss einem Kind, das in liebevoller Atmosphäre groß wird, eher sagen, dass es nicht jedem Menschen blind sein Vertrauen schenken darf. Denn Kinder vertrauen normalerweise. Sie gehen mit offenen Herzen und erwartungsfroh auf das Unbekannte zu, solange sie wissen, dass der Vater oder die Mutter sie lieben und in ihrer Nähe sind. Unter den liebenden Augen der Eltern werden selbst die größten Angsthasen zu mutigen Eroberern ihrer kleinen Umgebung.

Geliebt leben macht mutig und vertrauensvoll! Wer dem Vater vertraut, der kommt zu IHM auf den Arm, sucht die Nähe zu SEINEM Herzen; der fürchtet sich nicht vor Gottes Hand; hat keine Angst vor Strafe oder Schlägen; der weiß, dass Papas Hände nur Gutes ausrichten: sie streicheln, trösten, helfen auf, umarmen, halten fest und manchmal halten sie auch zurück, was für uns nicht gut wäre.

Jesus ruft die Jünger zur *Buße* auf, zur Umkehr von einer falschen Gesinnung. ER benutzt dabei dasselbe Wort, das ER sonst für schlimme Taten wie Ehebruch oder Totschlag gebraucht. Damit macht der Meister deutlich, wenn wir nicht unserem Abba-Vater kindlich vertrauen, wie Kinder ihren liebevollen Eltern, dann haben wir das Ziel verfehlt und leben ein verdrehtes, verkehrtes Leben in Sünde. Wenn wir aber so vertrauensvoll wie Kinder werden, dann passen wir zu IHM und SEINEM Königreich!

Mein Schritt heute:

Ich will heute Kindern besonders Achtung schenken und freundlich zu ihnen sein.

Töchter und Söhne des Höchsten

Lernvers: Galater 4,6
„Weil ihr aber Söhne seid, sandte Gott den Geist seines Sohnes in unsere Herzen, der da ruft: Abba, Vater!"

Gebet:

„Wir sind Kinder des Höchsten und wir feiern Deinen Sieg! Du hast die Mächte bezwungen, hast unsere Fesseln gesprengt! Du machtest mitten durchs Meer einen Weg und durch die Wüste eine Straße. Als Erlöste singen wir Dir unsere Freudenlieder, tanzen und jubilieren. Wir sind Kinder der Freiheit!" …

Bibellese: 2. Korinther 6,16-18

Impuls:

Wir waren mit einer Gruppe von Menschen für eine Woche lang auf einem Seminar. Der Veranstaltungsort war ein altes Schloss. Das Thema, das uns miteinander beschäftigte, war: Wie sieht uns der Vater? Was denkt ER über uns? Was fühlt ER? Was will ER uns gerne mitteilen?

Diese Woche war wie eine Zeitreise. Zu Beginn machten wir mit einer Sofortbildkamera ein Foto von jedem und klebten es jeweils auf eine Pappe mit dem Namen der Person darunter. Die Pappen lagen öffentlich aus. Jeder konnte sie sehen, lesen oder etwas darauf schreiben, von dem er meinte, dass Abba es zu der betreffenden Person sagen will. Zum Beispiel: einen neuen Namen oder eine neue Anrede, ein Wort der Ermutigung. Im Laufe der Woche füllten sich die Pappen mit vielen guten, segensreichen Worten.

Dann kam der letzte Abend. Es sollte ein Fest werden. Wir stellten uns im großen Flur an der Freitreppe auf und bildeten feierlich ein Spalier. Jemand nahm eine Pappe, las den Namen der Person vor: „ICH rufe dich *(Name wurde genannt)*, du vielgeliebter Sohn Meines Herzens/du wunderschöne Tochter; du, über den ICH mich freue; du, über die ICH sehr glücklich bin *(eine lange Liste an Wahrheiten und Ermutigung folgte)*. ICH rufe dich an den gedeckten Tisch des Vaters." Wir aßen, tranken, lachten feierten, teilten Brot und Wein. Dann machten wir ein neues Foto von jeder Person. Der Unterschied zwischen den vorher und nachher Bildern war immens. Wir kamen mühselig und abgekämpft – und wurden verwandelt durch die befreiende Wahrheit der Liebe des Vaters in strahlende Töchter und Söhne des Höchsten. Dieses Wunder will Abba auch heute Wirklichkeit werden lassen!

Mein Schritt heute:

Ich schaue in den Spiegel und setze mein schönstes Strahlen als vielgeliebte Tochter/vielgeliebter Sohn auf! Das soll mit mir durch den Tag gehen!

Tag 153 **2. Juni**

Wurzeln und Flügel

Lernvers: Galater 4,6

„Weil ihr aber Söhne seid, sandte Gott den Geist seines Sohnes in unsere Herzen, der da ruft: Abba, Vater!“

Gebet:

„Papa, danke, Du bist die feste, konstante Größe meines Lebens und doch schenkst Du mir ein weites Land zur freien Entfaltung. Ich liebe beides: den sicheren Schutz, aber auch die grenzenlose Weite Deiner Liebe.“ …

Bibellese: Psalm 18

Impuls:

Dieses Lied ist der erleichterte Jauchzer eines Herzens, das aus erdrückender Enge heraus gerettet wurde. Es ist wie ein Befreiungsschlag der Seele. Jetzt kann David befreit loslegen, weil Zentnerlasten von ihm abgefallen sind: „Jahwe hat ihn aus der Hand aller seiner Feinde errettet!“ Himmlischer Friede! Die Sorgen und schlaflosen Nächte sind vorbei. Was für ein erlöstes Aufatmen! Wenn man den dunklen Tunnel der Nacht der Seele endlich hinter sich gelassen hat, dann kann man die tollen Bücher und Lieder schreiben!

Solche Augenblicke möchte ich am liebsten festhalten und niemals mehr enden lassen. Aber ich lebe lange genug, um zu wissen, dass die nächsten Kämpfe und Katastrophen schon auf mich warten. David wusste das sicherlich auch. Dennoch lobte er seinen Gott. Und indem er den Sieg aufschrieb, stand er auf gegen das Vergessen.

Ich liebe diesen Psalm, denn er erinnert mich an meine Wurzeln und Flügel. Ich bin tief verwurzelt in der Festigkeit meines Herrn. ER ist der Fels des Heils. Der Felsen, auf dem ich sicher stehen kann. Das Haus meines Glaubens ist auf Felsen gebaut. Im Hebräischen werden hier unterschiedliche Wörter für „Felsen“ benutzt. (In Anlehnung an die Geschichte, wo Moses in der Wüste einmal den Felsen schlug und ein anderes Mal zum Felsen sprechen sollte: ein Sinnbild für Jesus den Felsen – zum einen den „geschlagenen“, erniedrigten Jesus, und zum anderen den „erhöhten“ Herrn!)

So wie die Liebe des Vaters meine feste Burg und konstante Größe meines Lebens ist und meinen Wurzeln Halt gibt, so schenkt ER auch meinem Glauben Flügel. ER stellt meine Füße auf weiten Raum und trägt mich federleicht über Hindernisse. Mit meinem Vater kann ich über Mauern springen (fliegen)!

Mein Schritt heute:

Ich betrachte die Wurzeln eines Baumes und den Flug von Vögeln – wo braucht mein Glaube mehr Festigkeit, und wo mehr Leichtigkeit?

Tag 154 3. Juni

Mach es so wie Abba – werde klein!

Lernvers: Galater 4,6
„Weil ihr aber Söhne seid, sandte Gott den Geist seines Sohnes in unsere Herzen, der da ruft: Abba, Vater!"

Gebet:

„Großer Gott, Du hast Dich klein gemacht. Danke, dass Du zu uns als Mensch gekommen bist. Danke, dass Du wie einer von uns wurdest. Ja, Du verstehst uns! Ja, Du bist uns nahe! Du kommst uns unter die Haut. Du bist der große Menschenkenner und Liebhaber! Wo ist solch ein Gott, so wie Du?!" …

Bibellese: Lukas 1,26-38

Impuls:

Selbst auf ungläubige Menschen übt das Weihnachtsevangelium eine große Faszination und Anziehungskraft aus. Da ist das Motiv der Familie: unser Vater-Gott sucht eine passende Familie für den Sohn Jesus. Vater, Mutter, Kind. Das spricht uns auf einer ganz tiefen emotionalen Ebene an. Geboren werden und sterben. Das sind familiäre Rahmenbedingungen für menschliches Leben. An beiden Stellen begegnet uns durch Jesus der Himmel. Zu Weihnachten und zu Ostern.

Dann ist da das Motiv: kein Zuhause zu haben. Keinen Platz in der Herberge finden. Heimatlos und auf Wanderschaft. Flüchtling sein – wie passend in heutiger Zeit. Auch das ist ein zutiefst menschliches Urgefühl, mit dem sich der Sohn identifiziert.

Aber, was wohl am meisten unsere Herzen berührt, ist das Motiv: der große Gott wird klein – so winzig klein, dass ER zu uns kleinen Menschen passt. „Mach es so wie Gott, werde klein! Werde Mensch!" – „Schon viele Menschen wollten Gott sein – aber nur ein Gott wollte Mensch werden!"

Zu Weihnachten öffnet sich der Himmel und Gottes Herrlichkeit kommt mitten hinein in unsere ganze Menschlichkeit. Gerade dieser krasse Gegensatz zwischen dem Stall von Bethlehem und dem Engelchor aus der anderen Dimension machen den Unterschied. Genau das erfüllt uns mit Hoffnung.

Die Liebe des Vaters muss anscheinend so groß sein, dass sie Menschen aus den größten Katastrophen und unmöglichen Dunkelheiten herausholen kann und in SEIN Licht stellt. Ohne das Kommen und Eingreifen unseres liebenden großen Abba-Vaters bliebe Weihnachten nur eine traurige Flüchtlingsgeschichte aus dem Nahen Osten. Ohne Papas Liebe bliebe auch mein kleines Leben hoffnungslos verloren. Aber dem Himmel sei Dank: Der große Gott wird klein und kommt zu uns! Heute noch!

Mein Schritt heute:
Ich erinnere mich an die vielen schönen Weihnachtsfeste, die ich schon erleben durfte. Was liebe ich besonders daran?

Tag 155 **4. Juni**

Heile mich!

Lernvers: Galater 4,6

„Weil ihr aber Söhne seid, sandte Gott den Geist seines Sohnes in unsere Herzen, der da ruft: Abba, Vater!"

Gebet:

„Du bist mein Arzt und Heiler. Ich komme zu Dir mit meinen Schmerzen. Danke, dass Du mich von innen und außen siehst und mir wirklich helfen kannst. Ich warte auf Dein Eingreifen und vertraue Dir." …

Bibellese: Psalm 41

Impuls:

Ein paar Kopfschmerzen, und der Himmel hängt schief. Körperliche Leiden können uns leicht aus der Bahn werfen; um wieviel mehr, wenn es sich um chronische Krankheiten oder schlimme Wunden handelt. Nirgendwo als auf dem Krankenlager spürt der Mensch die Zerbrechlichkeit seines Lebens so hautnah. Nach dem Verständnis der Bibel gehört Krankheit bereits in den Machtbereich des Todes, weil sie uns den Atem für den Lobpreis Gottes rauben will. Bei physischen Schmerzen erleben wir den Zusammenhang von Leib, Seele und Geist aus einer anderen Perspektive, die uns nicht gefallen will. Deshalb sind Krankheitsphasen auch immer zugleich Anfechtungen für unseren Glauben.

Mich erstaunt, dass David hier betet: „Heile meine Seele …!" Er wusste bestimmt noch nichts von psychosomatischen Zusammenhängen bei Erkrankungen. Wie recht hatte er aber damit! Wenn es uns gesundheitlich schlecht geht, dann betrifft es unser ganzes Menschsein. Unser Seelenleben und auch unsere Beziehung zu Gott. Mit Hustenanfällen lässt es sich nicht gut Lobpreislieder singen. Und wer vor Schmerz die ganze Nacht kein Auge zugetan hat, wird am Morgen beim Bibellesen schwerlich einen klaren Gedanken fassen können. Es hängt halt alles zusammen – der Mensch ist eine Drei-Einheit, nach dem Bilde seines Schöpfers geschaffen.

„Jahwe, mein Vater, Du wirst mich wiederherstellen auf meinem Krankenlager. Du machst, dass es mir wieder besser gehen wird …!" Das ist die innere Zuversicht, die der Beter erhält, als er sich vertrauensvoll an seinen wahren Arzt im Himmel wendet. Als Seelsorger habe ich immer wieder Menschen durch Krankheitsphasen begleitet. Manche wurden durch die Macht des Heilungsgebetes erstaunlich schnell wieder gesund. Für die meisten gab es keine Abkürzung, sie mussten durch das Tal der Tränen. Aber ich könnte wirklich nicht sagen, wer mehr gesegnet war. Heilung ist mehr als Abwesenheit von Schmerz! Die wahre Heilung besteht darin, beim Heiland anzukommen – sei es, dass ER uns aus der Not wundersam befreit oder in Schmerzen begegnet und in SEINEN liebenden Armen birgt!

Mein Schritt heute:
Ich bringe meine körperliche Befindlichkeit zu Gott und bete um Heilung.

Tag 156 **5. Juni**

Das Herz der Väter und der Kinder

Lernvers: Galater 4,6

„Weil ihr aber Söhne seid, sandte Gott den Geist seines Sohnes in unsere Herzen, der da ruft: Abba, Vater!“

Gebet:

„Danke für meine Eltern und meine Geschwister. Danke für meine Familie; für alles, was sie mir gegen hat. Aber auch danke, dass Du meinen Mangel ausfüllst an den Stellen, wo mir meine Angehörigen so viel schuldig geblieben sind. Du bist der vollkommene Vater. Du bist meine wahre Familie. Bei Dir werde ich zu dem Menschen, der ich wirklich bin!“ …

Bibellese: Maleachi 3,24

Impuls:

So alt wie die Menschheit ist der Riss und Schmerz, der durch unsere Herzen geht, wenn wir an Familie denken. Ich sage immer: es gibt zwei Orte auf der Welt, wo man gut verletzt werden kann. Erstens: in unserer Ursprungsfamilie. Und zweitens: in der Familie Gottes, der Gemeinde. Denn an beiden Orten sollte man ohne Schutzschilde leben dürfen. Tja, und dann passiert es! Du wirst verletzt, genau an dem Ort, wo du eigentlich in Sicherheit leben solltest. Ein Bruder bringt den anderen um, so lesen wir es schon bei Kain und Abel. Die Bibel kennt viele Familientragödien. Paulus schreibt, dass ihn alle seine Mitarbeiter verlassen haben. Selbst der Meister wird von einem der engsten Vertrauten durch einen Bruderkuss verraten. Das Drama zerstörter Familienbeziehungen zieht sich wie ein Fluch durch die lange Kette der Menschheit und wird von Generation zu Generation weiter gereicht.

Halt, stopp, nein! Die alte Fluchlinie der Menschenkinder wird unterbrochen durch eine neue Segens-Linie, die der Vater im Himmel her zeichnet. Der Prophet Maleachi weist uns bereits darauf hin: Gott wird die Herzen der Eltern und der Kinder erneuern! ER ist der Initiator einer neuen Herzensbewegung. ER schenkt uns neue Herzen, die sich in Liebe einander zuwenden!

Die Offenbarung der Vaterliebe Gottes hat eine enorme Heilkraft für zerbrochene Beziehungen, besonders im Raum von Familie und Gemeinde. Das erleben wir auf unseren Seminaren Woche um Woche. Der wahre Vater erweckt und erneuert die Herzen von Vätern/Müttern und Kindern!

Mein Schritt heute:

Ich denke heute dankbar im Gebet an meine Familie, an meine Eltern und Geschwister. Wenn möglich, melde ich mich bei ihnen und sage etwas Liebes, was mir von Herzen kommt.

Geistliche Elternschaft

Lernvers: Galater 4,6
„Weil ihr aber Söhne seid, sandte Gott den Geist seines Sohnes in unsere Herzen, der da ruft: Abba, Vater!“

Gebet:

„Danke, Abba, für die vielen Ermutiger zum Leben auf meinem Weg! Danke für so viele wunderbare Menschen, die mich geprägt und gelehrt haben. Ich lebe umgeben von einer Wolke von Zeugen. Manche sind schon bei Dir; aber viele leben noch bei mir. Wo wäre ich ohne sie? Deine Vaterliebe schaut mich durch ihre Augen an!“ …

Bibellese: 1. Korinther 4,14-17

Impuls:

Ein afrikanisches Sprichwort lautet: „Es braucht einen Mann und eine Frau, um ein Kind zur Welt zur bringen. Aber es braucht ein ganzes Dorf, um ein Kind zu erziehen!“

Welche Personen haben dich im positiven Sinn „erzogen, gezogen, geprägt“? Wer waren deine Mentoren, Trainer, Lehrer, Seelsorger, geistlichen Berater oder Eltern? Ich danke meinem Gott für so viele wunderbare Menschen, die ER mir im Laufe meines Lebens über den Weg gesandt hat. Ich denke gerne an die vielen Ermutiger und Inspiratoren, die mich mit zu dem Menschen geformt haben, der ich durch die Jahre werde. Im Rückblick erkenne ich darin die Handschrift meines liebenden, himmlischen Vaters. ER hat genau gewusst welcher Mensch mir in welcher Lebensphase guttun würde. Das war und ist meisterliche Maßarbeit!

Wir sehen ein hochbegabten Menschen wie den Apostel Paulus; aber sehen wir auch dahinter den Apostel Barnabas, wie er den ungeschliffenen Diamanten Saulus aus der Versenkung holte und zu dem Mann Gottes formte, der dann später die Kirche Jesu in eine neue Zeit der Gnade geführt hat.

Die Liste der geistlichen Väter und Mütter lässt sich fortsetzen durch die Jahrhunderte bis zum heutigen Tag. Du wirst kaum einen einflussreichen Menschen im Reich Gottes (und auch in vielen Bereichen der Gesellschaft) finden, hinter dem nicht selbst wieder jemand steht, der an ihn glaubt und ihn fördert. Wir alle stehen auf den Schultern unserer geistlichen Eltern! Seien wir dankbar dafür!

Mein Schritt heute:

Ich erinnere mich dankbar an meine geistlichen Eltern und Ermutiger. Heute wäre ein guter Tag, mich mal wieder bei ihnen zu melden und einfach Danke zu sagen!

Tag 158 7. Juni

Am besten kümmerst Du Dich darum!

Lernvers: Galater 4,6

„Weil ihr aber Söhne seid, sandte Gott den Geist seines Sohnes in unsere Herzen, der da ruft: Abba, Vater!"

Gebet:

„Manchmal bin ich derart wütend auf Menschen, die mir Böses wollen. Dann brauche ich es so sehr, dass Du auf mein Herz aufpasst. Bitte hilf mir zu vergeben. Und hilf mir auch, mit meiner Wut richtig umzugehen." ...

Bibellese: Psalm 59

Impuls:

Wäre die Welt nicht schön ohne Konflikte und ohne Zoff?! Es soll ja Menschen geben, die sich gern streiten. Dazu gehöre ich wahrlich nicht. Ich mag keinen Zank. Ich bin „harmoniesüchtig". Ich musste es erst mühsam lernen, Spannungen auszuhalten und für meine Position aufzustehen. Beziehungsstress macht mich krank. Ich lebe am liebsten in versöhnten, geklärten, liebevollen Verhältnissen. Aber leider ist das nicht immer möglich. Die Bibel sagt: „So viel es an euch liegt, haltet mit allen Menschen Frieden!" Was der andere dann macht, dafür sind wir nicht mehr zuständig.

Verantwortungsträger müssen damit rechnen, dass sie „Feinde" haben. Ich rede jetzt nicht von Mister Dunkel. Der ist sowieso unser Feind und versucht, die Kinder Gottes fertigzumachen. Oftmals bedient er sich aber auch nur des Potenzials menschlicher Beziehungskonflikte, um uns dazu zu bringen, uns gegenseitig aufzureiben. Jesus war umzingelt von Feindseligkeiten – besonders von den Feindseligkeiten der hyperfrommer Zeitgenossen. Fast alle Frauen und Männer Gottes der Bibel hatten ihre menschlichen Gegenspieler.

Saul war krankhaft eifersüchtig auf David und bekämpfte ihn mit allen Mitteln. Aber David wehrt sich nicht selbst, sondern wendet sich vertrauensvoll an seinen Vater im Himmel: Am besten kümmerst Du Dich darum!

Warum lässt Gott den Zoff zu, wenn ER uns liebt? – Ein Messer schleift das andere. Diamanten werden wiederum von Diamanten poliert. Ecken und Kanten anderer Menschen formen mit an unserem Herzen, an unserem Charakter. Gott benutzt „unsere Feinde", um uns zu verändern. Sie sind wie unser „Sparringspartner" im Ring, der uns nur noch stärker macht.

Mein Schritt heute:

Ich übergebe im Gebet meine Kampfplätze mit allen Personen, die daran beteiligt sind, an den Vater und spreche: Am besten kümmerst Du Dich darum!

Tag 159 **8. Juni**

Aus der Tiefe rufe ich zu Dir!

Lernvers: Galater 4,6
„Weil ihr aber Söhne seid, sandte Gott den Geist seines Sohnes in unsere Herzen, der da ruft: Abba, Vater!"

Gebet:

„Aus der Tiefe rufe ich zu Dir. Höre mein Schreien. Mein Herz ist so aufgewühlt. Ich finde keine Ruhe in mir. Wie soll es nur weitergehen? Ich sehe keinen Ausweg mehr. Du bist meine letzte Hoffnung." …

Bibellese: Psalm 130

Impuls:

Spätestens seit Hape Kerkeling den Jakobsweg für sich entdeckt hat, ist Pilgern neu in Mode geraten. Ich bin dann mal weg! Auf der Suche nach mir. Ich bewege meine inneren Fragen und Lebensängste. Der Pilgerweg, als symbolische Zeichenhandlung: mein Weg hin zu Gott. Viele Schritte, Aufs und Abs, und doch ein Ziel vor Augen haben.

Die Bibel kennt eine Reihe von Menschen auf der Wanderschaft: Abraham, Moses und das Volk Israel, die vielen Wege Davids … – und auch Jesus und SEINE Jünger zogen unaufhörlich durchs Heilige Land, bis sie in alle Welt ausschwärmten. Alles scheint in Bewegung zu sein. Christsein heißt Nachfolge: Wir gehen einen langen Glaubensweg, mit vielen Schritten. Glaubensschritten.

Zu diesem Weg gehören Höhen und Tiefen. Die Highlights unseres Lebens wirken auf uns wie besondere Zeiten der Segnungen Gottes: die bestandene Prüfung, die Hochzeit, die Geburt der Kinder, die Genesung nach langer Krankheit. An die Tiefpunkte möchten wir lieber nicht so gern erinnert werden: die schmerzhafte Scheidung, der Tod eines geliebten Menschen, der zerbrochene Lebenstraum. Und doch sind es gerade die Tiefpunkte unseres Lebens, die uns viel nachhaltiger, tiefer berühren und segnen können. „Aus der Tiefe rufe ich zu Dir, oh Herr!" Und Gott ruft zurück. Eine Tiefe ruft es der anderen Tiefe zu!

Die großen Schätze auf meinem Weg mit dem Vater habe ich nicht auf den Gipfeln der Hochgefühle gefunden, sondern eher in dunklen Todestälern, in den Schluchten der Verzweiflung und in den Tiefen meiner Hilflosigkeit. Genau da war der Vater so real für mich zu finden.

Wenn wir mal wieder durch ein finsteres Tal müssen, dann fürchten wir uns nicht, sondern schreien aus der Tiefe zu IHM. ER wird kommen und uns retten!

Mein Schritt heute:

Ich mache eine kleine Wanderung durch die Natur und sinne nach über meinen Lebensweg mit dem Vater.

Wie ein gestilltes Kind

Lernvers: Galater 4,6

„Weil ihr aber Söhne seid, sandte Gott den Geist seines Sohnes in unsere Herzen, der da ruft: Abba, Vater!"

Gebet:

„Bei Dir bringe ich meine Seele zur Ruhe. Ich lehne mich an Deine Brust und fühle die Macht Deiner Stärke. Deine kraftvollen Arme tragen mich sicher hindurch. Nichts ist Dir zu schwer, zu hoch oder zu tief. Du wirst mit allem fertig." ...

Bibellese: Psalm 131

Impuls:

Als David dieses Lied zum ersten Mal anstimmte, muss das ein ziemlicher Schock für seine Zuhörer gewesen sein. Da steht dieser muskulöse Mann vor ihnen, ein Ausbund an Mut und Kampfgeist, ein bisschen wie *Superman*. Und wovon singt er mit rauer Stimme? – Dass er demütig leben möchte. Dass er sein Herz bei seinem Gott zur Ruhe bringt. Wie ein kleines Baby an der Mutterbrust. Wie ein gestillter Säugling.

Gestillte Kinder sind etwas Herrliches. Die sind entspannt wie Gummimenschen und dazu noch vollkommen satt und zufrieden. Sie schlafen glückselig mitten im lautesten Trubel, so als ob nichts wäre. So klein, zerbrechlich und verwundbar sie wirken, gibt es doch keinen sichereren Ort für sie auf der ganzen Welt, als dort an der Brust der Mama.

Dieses Bild steht König David vor Augen, wenn er an die Freundschaft zu seinem Gott und Vater denkt. Er weiß, dass es für ihn im Leben nur einen wahren Ort der Geborgenheit gibt: an der Brust von *El-shaddai!* Täglich so viel Krieg, so viel Frust und so viel Stress. Aber in den Armen von Abba, da herrscht Friede. Da müssen die Kämpfe aufhören. Am Herzen des Vaters kommt das eigene Herz zur Ruhe. Alle Sehnsucht wird gestillt.

Mit diesem kleinen Song werden wir wieder mal Augenzeuge der einzigartigen Liebesbeziehung zwischen David und seinem Gott. Das Geheimnis ist seine Herzenshaltung. Sie machte ihn für Jahwe so unwiderstehlich. David lebte völlig ohne eigene Schutzschilde. Wie im Kampf mit Goliath vertraute er sein Leben lang auf Jahwes Hilfe und Rettung. Ein wahrer Held mit dem Mut eines Löwen und dem Herzen eines Kindes. Eines gestillten Kindes.

Mein Schritt heute:

Ich lehne mich an und werde still – so still wie ein gestilltes Kind.

Teil 17

Lobpreis – Sprache der Liebenden

Psalm 103,1-3

Du hast meine Klage verwandelt

Lernvers: Psalm 103,1-3

„Preist den HERRN, meine Seele, und all mein Inneres seinen heiligen Namen! Preise den HERRN, meine Seele, und vergiss nicht alle seine Wohltaten! Der da vergibt all deine Sünde, der da heilt alle deine Krankheiten!"

Gebet:

„Vater, Du hast mein Klagen verwandelt in einen Freudentanz! Danke für das neue Licht des Himmels nach der langen Nacht meiner Seele. Du hast mich errettet aus der Traurigkeit und wieder froh gemacht. Ich lobe Dich." …

Bibellese: Psalm 30

Impuls:

Zur Einweihung der „Hütte Davids" wurde dieses Lied verfasst. David war nicht nur ein mutiger Kämpfer und erfolgreicher König. Vor allem war er ein Liebhaber Gottes und ein Anbeter. Er war Musiker, Poet und Tänzer. Seine Leidenschaft war es, Jahwe von ganzem Herzen anzubeten. Weil es ihm selbst leider nicht möglich war, ein prachtvolles Haus für seinen Gott zu bauen, wollte er zumindest einen Ort der ständigen Anbetung einrichten: ein Zelt der Begegnung mit Jahwe – die sogenannte „Hütte Davids".

Dort etablierte er einen Anbetungs- und Lobpreisdienst rund um die Uhr, Tag und Nacht, 24 Stunden lang. Musiker, Chöre, Tänzer, Künstler … so sollte das Lob Gottes nie aufhören. Tatsächlich währte diese Form der Anbetung viele Jahrzehnte, bis dann sein Sohn Salomon einen Tempel für Gott baute.

In einem historischen Museum in Jerusalem sah ich eine Nachbildung dieser Hütte Davids. Was mich dabei besonders überraschte, war, dass David das „Zelt der Begegnung" im Norden der Stadt errichtete, da, wo heute der Tempelberg zu finden ist. Damals war das aber die verwundbarste Stelle der Stadt Davids. Über den Nordhang kamen immer wieder die Angriffe der Feinde. Und genau dort betete David seinen Vater-Gott vor dem Gnadenthron an. Als ob er geahnt hätte, dass die Gnade und Liebe des Vaters der allein wahre Schutz sind.

„Loben zieht nach oben – und danken schützt vor Wanken!" Lobpreis bringt Mauern zum Einstürzen, sprengt Kerkerfesseln, verstopft Löwen den Rachen, lässt Männer im Feuerofen spazieren gehen …, verwandelt das Klagelied in einen Freudentanz! Auch in unserem Leben! Du und ich, wir wissen das und haben es selbst erlebt. Es lohnt sich, weiterzumachen!

Mein Schritt heute:

Ich werde meinen Gott loben und anbeten; mit Singen, Tanzen (warum nicht?) und meiner ganzen Kreativität.

Halleluja!

Lernvers: Psalm 103,1-3

„Preist den HERRN, meine Seele, und all mein Inneres seinen heiligen Namen! Preise den HERRN, meine Seele, und vergiss nicht alle seine Wohltaten! Der da vergibt all deine Sünde, der da heilt alle deine Krankheiten!"

Gebet:

„Halleluja! Ich stimme mit ein in das Lob Deiner Kinder, das um die ganze Welt geht. Wenn die einen damit aufhören, fangen die anderen damit an. In allen Sprachen und Rassen, Nationen und Generationen." …

Bibellese: Psalm 135

Impuls:

„Halleluja!" – dieses kleine Wort hat es in sich! Wahrscheinlich ist es das bekannteste Wort aus der hebräischen Sprache, das man überall auf der Welt auch ohne Lexikon versteht: „Preist Gott!" Ein spontaner Ausruf. Die begeisterte Aufforderung, Jahwe die Ehre zu geben über dem, was ER getan hat. Die bewundernde Verehrung für unseren Abba-Vater, der so viel größer ist, als alle Götter, Götzen und Mächte.

Das Wort setzt sich zusammen aus *hallal*, was übersetzt werden kann mit „rühmen, preisen, lobsingen, prahlen" und dem *jah*, der Abkürzung für den Gottesnamen im Alten Testament. Nach neuesten Sprachforschungen kann man davon ausgehen, dass *Jahwe* nur unzureichend übersetzt wäre mit „Ich bin, der ich bin". Vielmehr will der Name Gottes im Alten Testament daran erinnern: „Ich bin für dich da und ich bin für dich da! – Ich lebe für dich und ich lebe für dich!". Die typisch semitische Doppelung als starke Bekräftigung und Unterstreichung des Wahrheitsgehalts einer Aussage. Ähnlich dem neutestamentlichen „Wahrlich, wahrlich, ich sage euch …!" Also etwas, was bombensicher feststeht!

Uns begegnet darin so deutlich das Vaterherz Gottes im Alten Testament! Unser Gott stellt sich von Anfang an als liebevoll sorgender Beistand vor, dem wir absolut vertrauen können. Der es nur gut mit uns meint. Der SEINE Kinder rettet und befreit. Ein Vater, viel besser als alle irdischen Väter und Mütter. Ein König, wie IHN die Welt noch nicht gesehen hat. Ein Gott, so anders als in allen anderen Religionen.

Das Gottesbild vieler Christen braucht eine radikale Bekehrung! Abba-Vater ist noch gnädiger und liebevoller, als wir es alle je zusammen für möglich gehalten haben! Halleluja**h**! – wir wollen singen und prahlen über unsern großartigen Papa!

Mein Schritt heute:
Ich werde heute mehrmals am Tag laut mein „Halleluja**h**“ ausrufen!

Lobe den Herrn, meine Seele

Lernvers: Psalm 103,1-3
„Preist den HERRN, meine Seele, und all mein Inneres seinen heiligen Namen! Preise den HERRN, meine Seele, und vergiss nicht alle seine Wohltaten! Der da vergibt all deine Sünde, der da heilt alle deine Krankheiten!"

Gebet:

„Ich lobe Dich, meinen Gott, von ganzem Herzen. Alles, was in mir ist, lobe Deinen Namen! Täglich soll Lob und Dank auf meinen Lippen zu finden sein. Denn Du bist unendlich gut zu mir gewesen." ...

Bibellese: Psalm 103

Impuls:

Dieser Psalm Davids ist ein göttliches Juwel! Wer Schwierigkeiten hat, ins Gebet zu kommen, für den können diese Worte wie ein Katapult in den Himmel sein. Das hier ist durchlebte Glaubenspraxis. Die ganze Existenz eines Gläubigen spiegelt sich darin wider: Schuld, Versagen, Krankheit, Familienleben, Alter – bis hin zum Sterben. Alle Lebensbereiche sind durchdrungen von der Realität Jahwes.

David besitzt ein Herz aus Gold und er nennt uns hier das Geheimnis dafür: der Schlüssel ist abgrundtiefe Dankbarkeit. Er weiß, dass wir Menschen schnell vergesslich sind. Wir hören auf, Gott zu *loben, segnen, preisen = barach*, und dann wundern wir uns, dass wir aus der Gnade Gottes herausfallen. Dabei waren wir es selbst, die den Segensfluss unterbrochen haben.

Der Vater *segnet* uns und wir *segnen* IHN mit unserem Lob. Unser Lobpreis steigt wie verdunstendes Wasser zum Himmel auf und destilliert zu neuen Wolken der Segnungen vom Vater über unserem Leben. Die Wolken regnen wohltuend auf uns herab, und Gebet steigt wieder als Dank empor. Das ist der göttliche Kreislauf des Segens.

David hatte in seiner Schatzkammer viele Edelsteine; aber die „Krone der Gnade und Barmherzigkeit Gottes" bedeutete ihm weit mehr. Diese Krone hatte ihm SEIN Vater im Himmel geschenkt. Und die ließ er sich auf keinen Fall wieder rauben. Auch ich will mich täglich an die Güte Gottes erinnern lassen. Will meiner Seele befehlen, den Vater zu loben, egal wie es mir geht. Denn ER ist es immer wert!

Mein Schritt heute:

Ich lese den Psalm nochmals laut und setze meinen Namen dabei ein.

Lied für meinen Liebsten

Lernvers: Psalm 103,1-3

„Preist den HERRN, meine Seele, und all mein Inneres seinen heiligen Namen! Preise den HERRN, meine Seele, und vergiss nicht alle seine Wohltaten! Der da vergibt all deine Sünde, der da heilt alle deine Krankheiten!“

Gebet:

„Jesus, Du bist der Bräutigam meines Herzens. Ich liebe Dich total. Mein Herz schlägt höher, wenn ich an Dich denke. Ich glaube, ich verliebe mich gerade wieder einmal neu in Dich.“ …

Bibellese: Psalm 45

Impuls:

Dies ist ein Hochzeitslied für den König. Überschrieben mit „ein Lied der Liebe“. Im Neuen Testament wird diese Passage gleichnishaft, ähnlich wie das Hohelied der Liebe Salomons, auf Jesus hin, unseren Messias-König, ausgelegt. Jesus ist unser Bräutigam und wir sind SEINE Braut. Für manchen ist diese emotionale Begrifflichkeit schwer zugänglich.

„Jesus ist der Herr!“: Das ist klar und eindeutig; da geht es um nüchterne Fakten. Aber Jesus – als verliebter Bräutigam, Abba – als liebevoller Daddy, der Heilige Geist – als vertrauter Freund …, das geht irgendwie ganz schön nahe und wird zu persönlich.

Das Revolutionäre an der Liebe des Vaters, die sich in Jesus am deutlichsten manifestiert hat und durch die Wirksamkeit des Heiligen Geistes unser Leben berührt, ist: Es geht wirklich um fühlbare, spürbare Liebe und Nähe! Unser Gott ist reine Agape-Liebe in Person. Wer IHM begegnen will, muss darauf gefasst sein, umarmt, gedrückt, geküsst und mit einem Schwall an Liebesgefühlen überschüttet zu werden.

Unser Glaubensleben hat in der Regel nicht zu viel Emotionalität, sondern eher zu wenig! Zu lange wurde in christlichen Kreisen die Angst vor Schwärmerei und Gefühlsüberschwang geschürt. Natürlich darf unser Glaube nicht nur auf schönen Feelings beruhen. Aber ohne Begeisterung geht es auch nicht!

Das Wort im Hebräischen, das durchgängig im Alten Testament für unsere Gottesbeziehung gebraucht wird, heißt *jada* und bedeutet *„intime Liebesgemeinschaft/Vereinigung“*!

Unser Gott sehnt Sich nach einer tiefer gehenden Liebesgemeinschaft mit uns. Und wir dürfen lernen, unseren König mit all unserer Innigkeit zurückzulieben.

Mein Schritt heute:

Ich schreibe meinem König ein Lied/Gedicht/Brief … der Liebe.

Tag 165 14. Juni

Wie im Himmel, so auf Erden

Lernvers: Psalm 103,1-3

„Preist den HERRN, meine Seele, und all mein Inneres seinen heiligen Namen! Preise den HERRN, meine Seele, und vergiss nicht alle seine Wohltaten! Der da vergibt all deine Sünde, der da heilt alle deine Krankheiten!"

Gebet:

„Alles im Himmel und auf der Erde lobt Dich. Ich will einstimmen in den Jubel der Schöpfung. Mein Lied soll Dich preisen. Denn Du bist würdig. Alle Ehre gehört Dir. Was für ein Glück habe ich, dass ich zu Dir gehören darf." ...

Bibellese: Psalm 148

Impuls:

Jedes Mal, wenn wir Gott loben, nehmen wir ein Stück Himmel vorweg. Wir stimmen mit ein in die Realität, die bei unserem Vater von Ewigkeit zu Ewigkeit bestimmend ist. Die ganze Himmelswelt ist erfüllt vom Lobpreis SEINER Herrlichkeit. Bei unserem Papa zu Hause geht es fröhlich und feierlich zu. Auch da sind die Darstellungen im Alten Testament und im Neuen Testament vollkommen deckungsgleich. Vor dem Thron Gottes findet Anbetung in vielfältiger Form statt. Engel und Himmelswesen preisen Gott, zusammen mit all SEINEN Kindern.

Dieses Lob in der unsichtbaren Wirklichkeit findet ein Echo in der sichtbaren Welt der Schöpfung. Wie im Himmel, so auf Erden. Die Galaxien und Sterne jubeln mit. Berge, Täler, Flüsse und Meere. Wälder, Wiesen und Felder. Pflanzen, Tiere und Menschen. Ja, selbst das Wetter muss da mitmachen. Alles mündet ein in den niemals endenden Lobgesang.

Halleluja! – Kommt und macht mit! Preist unsern Vater! Der Mensch ist das einzige Geschöpf, das man zu diesem Lob auffordern muss. Alles Geschaffene im Himmel und auf Erden lobt Gott intuitiv und instinktiv. Nur der Mensch, die Krone der Schöpfung, besitzt vom Vater eine besondere Gabe. Wir sind nach SEINEM Bild geschaffen. Wir können lieben!

Da zur Liebe aber immer Freiheit gehört, bedeutet das auch: Wir können uns gegen die Liebe entscheiden. Damit entscheiden wir uns gegen das Leben. Wer sich gegen Gott stellt, der verliert das Zentrum und damit seine geistliche Orientierung. Weil auch der Mensch für die Anbetung geschaffen wurde, geht beim Gottlosen der Schuss nach hinten los. Wer dem Vater die Anbetung schuldig bleibt, wird anderes „anbeten" müssen: sein Ego oder Geld, Sex, Macht ...

Aber wer den Vater in Liebe anbetet, der gehört schon hier und heute zur großen Festversammlung. Für den beginnt ein Stück vom Himmel!

Mein Schritt heute:
Ich lausche auf die Melodie des Himmels um mich her und in der Schöpfung.

Alles, was atmet, lobe den Herrn!

Lernvers: Psalm 103,1-3

„Preist den HERRN, meine Seele, und all mein Inneres seinen heiligen Namen! Preise den HERRN, meine Seele, und vergiss nicht alle seine Wohltaten! Der da vergibt all deine Sünde, der da heilt alle deine Krankheiten!“

Gebet:

„Jeder Atemzug und jeder Herzschlag sei nur für Dich, mein Vater! Ich lebe nur für Dich! Du bist die Liebe meines Lebens. Alle Tage will ich Dich preisen, bis in alle Ewigkeit.“ …

Bibellese: Psalm 150

Impuls:

Das letzte Lied im Buch der Psalmen gleicht einem großen Finale. Mit einem lauten Crescendo schließt sich vor unseren Augen der Kreis. Jetzt werden noch einmal alle Instrumente hervorgeholt. Die Schöpfung, die Himmelswelt, alle Menschen stimmen in diesen gigantischen Chor von Anbetung und Lob Gottes mit ein. Eine Sinfonie von Herrlichkeiten erfüllt Raum und Zeit und Ewigkeit. Alles, was atmet, lobt Jahwe. Das heißt: Alles, was vom Ruach-Atem des Vaters belebt ist, wird dabei mitmachen. Wir sind aus Gottes Schöpfergeist geboren, aus SEINER Liebe gezeugt. Was aus dem Vater hervorgekommen ist, kehrt auch wieder zu IHM zurück. Segen verwandelt sich in Lob Gottes, und Lobpreis fließt zurück in neue Segnungen.

Staunend stehe ich vor diesem Wunderwerk an Harmonie und Schönheit. In bin nur einer unter Milliarden. Mein Name steht im Telefonbuch unter Abertausenden. Meine Lebensspanne ist relativ kurz. Ich bin klein, schwach und mache Fehler. Und auf meinem Instrument spiele ich noch nicht einmal sonderlich gut. Eigentlich müsste ich ziemlich unbedeutend in dem ganzen meisterhaften Opus sein.

Aber unser Vater, der große Dirigent des Lebens, sieht das vollkommen anders. ER will mich! Ausgerechnet mich! ER will, dass ich mitmache und meine kleine Stimme in das große Ganze einbringe. Ohne mich wäre SEIN Meisterwerk nicht vollständig. Jedes einzelne Leben, das SEIN Ruach-Atem wachgeküsst hat, trägt einen unverwechselbaren Klang, eine einzigartige Farbe und Melodie, die durch nichts und niemand anderen zu ersetzen wäre. Ja, ich habe IHM gerade noch gefehlt in SEINEM Orchester.

Alles, was atmet, lobe Jahwe! IHN nicht zu loben wäre Atemstillstand. Wenn wir IHN loben, dann atmen und leben wir!

Mein Schritt heute:
Ich nehme ein Instrument, spiele darauf, so gut ich kann, und stimme damit ins große Finale ein!

Tag 167 **16. Juni**

Dir ist nichts gleich!

Lernvers: Psalm 103,1-3

„Preist den HERRN, meine Seele, und all mein Inneres seinen heiligen Namen! Preise den HERRN, meine Seele, und vergiss nicht alle seine Wohltaten! Der da vergibt all deine Sünde, der da heilt alle deine Krankheiten!"

Gebet:

„Unbeschreiblich groß ist Deine Herrlichkeit. Unvergleichlich tief ist Deine Liebe zu mir. Unüberbietbar weit reicht Deine Gnade. Du bist mehr, als ich erfassen kann. Du gibst mir mehr, als ich erträumen kann." …

Bibellese: Psalm 40

Impuls:

Wenn wir versuchen, Gott zu beschreiben, neigen wir schnell zu Superlativen. Denn ER sprengt alles Gewohnte und Althergebrachte und überbietet es bei Weitem: ER ist allwissend, allgegenwärtig, allmächtig, durch und durch heilig, gerecht und nur gut …

Für IHN müsste man eine völlig neue Begrifflichkeit erfinden, und selbst das würde IHM nicht gerecht werden können. So erging es auch David und den anderen Psalmenschreibern. Sie wollten Jahwe ein „neues Lied" singen. Mit neuen Worten, Bildern und Tönen. Und dabei stießen sie, so wie auch wir, an die Grenzen ihrer Sprache und Ausdrucksweise.

„Jahwe, mein Vater-Gott, wie zahlreich sind die Wunder, die Du getan hast und Deine Pläne, die Du für uns gemacht hast; Dir ist nichts gleich!" Unser Abba ist und bleibt einzigartig, unvergleichlich und wunderbar!

Aber vielleicht entfaltet unser unbeholfenes Bemühen, Gott passend zu verherrlichen, genau den Charme, den wir selbst empfinden, wenn jemand uns küssen möchte und nicht genau weiß, wie man das anstellt – oder wie das Krickelkrackel-Bild, das ein kleines Kind seinem Vater schenkt – oder wie der Kuchen, der uns eine Freude bereiten sollte und nun doch etwas angebrannt schmeckt … Wir sehen das Herz dahinter – und das erreicht uns mehr als jede perfekt gestylte Präsentation und Performance.

Zum Glück schaut Abba-Vater auch tiefer in unsere Herzen. IHN interessieren mehr unsere richtigen Motive, als die fehlerfreie Durchführung.

Mein Schritt heute:

Ich beschenke jemand anonym mit einer unperfekten Kleinigkeit, die von Herzen kommt.

Mein Lob in der Nacht

Lernvers: Psalm 103,1-3

„Preist den HERRN, meine Seele, und all mein Inneres seinen heiligen Namen! Preise den HERRN, meine Seele, und vergiss nicht alle seine Wohltaten! Der da vergibt all deine Sünde, der da heilt alle deine Krankheiten!“

Gebet:

„Ich preise Dich, Vater. Schon am frühen Morgen. Auch in der Hitze des Tages. Und bis spät abends. Selbst in langen Nächten will ich Dich loben. Meine Lieder will ich Dir singen.“ ...

Bibellese: Psalm 134

Impuls:

Ist dieses Lied so kurz und bündig, weil es damals ein Gassenhauer war? Ein Lied, das man bis in die späten Nächte hinein sang und noch beim Einschlafen summte? Einer stimmte an und alle machten mit. Ein Ohrwurm, den keiner mehr loswerden konnte? Immer und immer wieder musste man ihn weitersingen ...?

Sicherlich kennen auch wir solche Feiern, wo man vor dem neuen Morgen kein Ende finden kann. Es wird getanzt, gesungen und gelacht. Die Israeliten liebten das Feiern. Dreimal im Jahr trafen sie sich zu den großen Festen. Jeder Sabbat begann mit einem Familienschmaus. Aber auch sonst bot das alltägliche Leben viele Gelegenheiten zur ausgelassenen Fröhlichkeit: die Geburt eines Kindes, das neue Boot des Nachbarn, die Einweihung des neuen Hauses. Hochzeiten feierte man gleich tagelang. Alle waren eingeladen. Und, nicht zu vergessen, die *Bar Mitzwa* Feier, wenn der Sohn alt genug ist, Jahwe selbst nachzufolgen. Das muss man mal miterlebt haben. Diese explosive Freude und beschwingte Kindlichkeit. Der Glaube Israels ist ein feiernder Glaube. Mit Singen und Tanzen bis tief in die Nacht.

Aber vielleicht war ja auch mit dem „Lob in der Nacht“ noch etwas ganz anderes gemeint. Es gibt ein Lied in der Nacht, das sich von unseren anderen Lobliedern unterscheidet. Ich meine diese Nächte, in denen unser Herz vor Sorgen nicht zur Ruhe kommt, und wir keinen Schlaf finden. Qualvolle Stunden, in denen wir uns hin und her wälzen auf unseren wunden Seelen. Diese nie enden wollende Dunkelheit voller Schmerzen und Hoffnungslosigkeit. Wenn wir dann, in der Mitte der Nacht, unsere Hände und Stimmen zum Vater erheben, und IHN trotzdem preisen. Dieser Lobpreis hat eine andere Qualität. Er lässt uns unversehrt mitten durch den Feuerofen gehen, bringt Wale zum Spucken und sprengt die Fesseln der Verzweiflung!

Mein Schritt heute:
Ich singe mein Lob in der Nacht – so oder so!

Mein König zieht ein

Lernvers: Psalm 103,1-3

„Preist den HERRN, meine Seele, und all mein Inneres seinen heiligen Namen! Preise den HERRN, meine Seele, und vergiss nicht alle seine Wohltaten! Der da vergibt all deine Sünde, der da heilt alle deine Krankheiten!“

Gebet:

„Jesus, die Tür meines Herzens steht offen für Dich! Komm und erfülle mein kleines Leben mehr und mehr mit Deiner Herrlichkeit. Lass mich Deine Schönheit sehen, mein König.“ …

Bibellese: Psalm 24

Impuls:

Wenn ich diesen Psalm lese, fällt mir sofort das Adventslied „Macht hoch die Tür, die Tor macht weit …!“ ein. David, der als König selbst oftmals den majestätischen Einzug als Herrscher zelebrieren konnte, sieht im Geist seinen Gott als wahren König der ganzen Welt einziehen. Nicht nur Stadttore müssen sich dann öffnen, sondern die ewigen Pforten der Himmelswelt. Nichts und niemand kann IHM widerstehen. Jeder muss sich beugen! Wie prachtvoll und atemberaubend muss das sein, wenn König Jahwe kommt!

Und dann kam ER vor 2000 Jahren in Jesus Christus. Klein und fast zu übersehen, als ein Baby. Zog in Gestalt eines Zimmermanns und Rabbis auf einem Esel reitend nach Jerusalem ein. Arme Menschen breiteten ihre Kleider vor IHM auf dem Weg aus und begrüßten IHN als König. Was für ein König?! König der Bettler, der Schwachen, der Ausgestoßenen, der Verlierer?! – Absurd! Das passt nicht zu der Vision vom herrlichen Herrscher, die David hatte. Aber genauso ist mein König Jesus! ER trug eine Dornenkrone und wurde zum Diener aller! Das will ich niemals vergessen!

So war SEINE erste Ankunft. SEIN zweiter Advent wird anders ausfallen. Weil ER SEIN Leben als Opfer für die Sünden der Welt gab, hat IHN der Vater über alles erhöht. Nun ist ER reich gekrönt, sitzt auf dem Thron Gottes und herrscht über alles. Wenn ER das nächste Mal wiederkommen wird, dann wird es so sein, wie David es sah.

Ich brauche nicht mehr so lange zu warten; ich will jetzt schon die Türen meines Herzens IHM weit öffnen und IHN einziehen lassen. Aber ich will dabei auch nicht vergessen, dass der Königsweg meines Vaters durch Niedrigkeit zur Herrlichkeit führt!

Mein Schritt heute:
Ich beschaffe mir das Symbol einer Krone (basteln, malen ...) und feiere den Einzug meines Königs, indem ich IHN in allen meinen Lebensbereichen willkommen heiße.

Lobpreis mit dem Rücken zur Wand

Lernvers: Psalm 103,1-3

„Preist den HERRN, meine Seele, und all mein Inneres seinen heiligen Namen! Preise den HERRN, meine Seele, und vergiss nicht alle seine Wohltaten! Der da vergibt all deine Sünde, der da heilt alle deine Krankheiten!“

Gebet:

„Lobpreis und Ehre sei Dir! Du bist der Höchste, oh Herr! Alle Anbetung gehört Dir. Mein Herz jubelt Dir zu: Wie groß bist Du?! Niemals werde ich schweigen können. Immer werde ich davon singen.“ …

Bibellese: Psalm 57

Impuls:

Was für eine ausweglose Situation?! David und seine Männer hatten sich auf der Flucht vor Saul im hinteren Teil einer Höhle versteckt, als dieser mit seinen Soldaten ausgerechnet dorthin kommt und sich im Eingang schlafen legt. Das muss eine Spannung gewesen sein, wie in einem Thriller. David saß in der Klemme. Er stand quasi mit dem Rücken zur Wand. Eine falsche Bewegung, ein verräterischer Laut, und sie wären alle geliefert gewesen.

Und daraus entstand dann solch ein Lobpreishit! „Deine Güte reicht bis zu dem Himmel und Deine Treue so weit die Wolken ziehen! Sei erhoben über alle Himmel! Deine Herrlichkeit sei über aller Welt!“

Lobpreis ist nicht in erster Linie eine Angelegenheit von schönen Gefühlen. Wir loben nicht unseren Gott, weil es *uns* gut geht – sondern, weil *ER* gut ist! Und weil ER immer nur gut ist, bleibt und in Ewigkeit bleiben wird, können – ja müssen wir – IHN immerzu loben!

Selbst wenn du mit dem Rücken zur Wand stehst und alles nur dunkel um dich her ist, kannst du im Geist den endlos weiten Himmel über dir wahrnehmen. Lobpreis befreit von den Begrenzungen des Sichtbaren und Momentanen. Wenn wir IHN loben, betreten wir eine andere Ebene der Realität: außerhalb von Zeit und Raum, innerhalb SEINER Ewigkeitsdimensionen und Herrlichkeit. Dann können wir im Glauben vorausschauen und vorwegnehmen, was gewisslich kommen wird, weil unser Vater es uns versprochen und bereits gezeigt hat.

So wird die Höhle meiner Bedrängnis noch zum unverhofften Tonstudio für neue Lobpreis-Hits!

Mein Schritt heute:

Ich singe meinem Gott frohe Lobpreislieder – wenn es sein muss, auch mit dem Rücken zur Wand.

Teil 18

Geborgen – ohne Sorgen

1. Petrus 5,7

Sorgenweitwurf

Lernvers: 1. Petrus 5,7
„... werft alle Sorgen auf ihn! Denn er ist besorgt für euch!“

Gebet:

„Lieber Vater, es tut mir so gut, sorgenfrei in den neuen Tag zu starten. Du bist der große Gott, der alles in Seinen Händen trägt. Nichts entgleitet Deiner fürsorglichen Aufmerksamkeit. Du weißt es sowieso besser, was das Beste für mich ist. Ich überlasse alles Dir. Hier hast Du die Ruder, das Lenkrad, meine Generalvollmacht!“ ...

Bibellese: 1. Petrus 5,5-11

Impuls:

Sorgen machen kaputt! Ängste, zu kurz zu kommen, essen unsere Seele auf. Schreckliche Befürchtungen, die sich unser Unterbewusstsein ausmalt, rauben den Schlaf. Stress vor Prüfungen oder anderen Herausforderungen, die wie unbezwingbare Berge vor uns stehen, bringen psychosomatische Folgeerscheinungen mit sich, wie Kopfschmerzen, Bauchweh, Kreislaufprobleme. Sorgen sind einfach nur furchtbar! Sie machen krank und rauben uns die Lebensqualität!

Kinder sind nicht fürs Sorgen geschaffen. Normalerweise sollten Kinder Sorgen gar nicht kennen – sie sollten in dem friedevollen und fröhlichen Bewusstsein aufwachsen: „Papa ist doch da und ER sorgt für alles!“

Aber es hat da einen dramatischen Störfall gegeben: den Sündenfall. Und seitdem leben wir Menschenkinder ständig in Angst und Sorgen, zu kurz zu kommen. Der Mensch ist gott-los, vater-los geworden. Jetzt muss er für sich selber sorgen!

Der Apostel Petrus weist uns darauf hin, dass es einen Ausweg gibt: indem wir uns demütigen und wieder klein werden, so wie die Kinder; indem wir unsere Sorgen beim Vater abgeben lernen, sie sogar auf IHN werfen; indem wir umkehren zum Herz des Vaters und frei vom Stolz der Unabhängigkeit leben.

Der Vater lehrt uns Meister zu werden in der Disziplin: Sorgenweitwurf! Es gibt einen guten Ort, wo wir alle unsere Sorgen hinwerfen können. Das ist das Kreuz von Golgatha!

Mein Schritt heute:

Gibt es momentan Sorgen in meinem Leben? Ich schreibe sie stichwortartig auf kleine Zettel, die ich anschließend zerknülle und als Akt meines Vertrauens weit von mir wegwerfe.

Tag 172 **21. Juni**

Warum?

Lernvers: 1. Petrus 5,7

„... werft alle Sorgen auf ihn! Denn er ist besorgt für euch!"

Gebet:

„Vater, danke, dass Du bei mir bist, auch wenn ich nichts fühle von Deiner Gegenwart. Ich werfe mein Vertrauen auf Dich und halte Ausschau nach Deinem Angesicht in meiner dunklen Nacht." ...

Bibellese: Psalm 22

Impuls:

Diesen Psalm Davids hat Jesus Christus am Kreuz gebetet. Er beginnt mit dem Ruf in tiefster Not: „Mein Gott, mein Gott, warum hast du mich verlassen!" – Mich hat am christlichen Glauben immer schon fasziniert, dass selbst Christus, der Sohn Gottes, als ER hier auf der Erde lebte, solche Gefühle der Gottverlassenheit kannte. Wo gibt es das sonst in anderen Religionen, dass man seinen Frust und seine Verzweiflung lauthals einem Gott klagen kann? Ja, dass man sogar Zweifel anmelden darf? Und dann noch ins Argumentieren und Klagen kommt: Warum???

Da steckt so viel Herzblut drin. Das ist lebendig gelebte Beziehung. Da wird mit Gott gerungen, selbst wenn ER einem unerreichbar fern erscheint. So kann man aber auch nur mit einem real existierenden Gegenüber reden und handeln – das können wir, weil unser Gott wirklich lebt!

David musste da durch; Jesus Christus musste da durch; und auch wir müssen immer wieder einmal durch solche Engpässe unseres Glaubens. Also, es ist in Ordnung, wenn wir die WARUM-Frage stellen, solange wir nur mit unserem Vater im Himmel im Gespräch bleiben. Beim Weiterlesen in unserem Psalm fällt mir auf, wie häufig hier wieder einmal vom VERTRAUEN die Rede ist. Vielleicht ist das ja schon ein Teil der Antwort. Glaubensengpässe sind wie Geburtskanäle für neues Vertrauen! Gerade da, wo ich nichts mehr fühle und sehe von Gottes Macht, lerne ich IHM tiefer zu vertrauen. Und dann schaue ich mir noch mal Jesus am Kreuz an. Auch ER bleibt nicht beim Aufschrei SEINES aufgewühlten Herzens. SEINE letzten Worte sind: „Vater, in Deine Hände befehle ich meinen Geist (mein ganzes Leben)!" Obwohl ER nur Finsternis sah und Gottesferne fühlte, vertraute ER doch SEINEM Vater. Es ist wohl nicht von ungefähr, dass unser Psalm mit den Worten endet: „Es ist vollbracht!"

Mein Schritt heute:

Ich nehme mir ein Blatt Papier und schreibe das Wort WARUM darauf; dann notiere ich mir stichwortartig meine momentanen Zweifel und halte sie dem Vater hin.

Dankbarkeit

Lernvers: 1. Petrus 5,7
„... werft alle Sorgen auf ihn! Denn er ist besorgt für euch!"

Gebet:

„Danke! Danke!"

Bibellese: Philipper 4,4-9

Impuls:

„Nun sag schön: Danke!" – Meine Eltern haben mir als Kind Dankbarkeit als eine Form von Höflichkeit beigebracht. Dafür bin ich ihnen sehr dankbar, denn das hat meine soziale Kompetenz enorm gesteigert. Undankbare Menschen sind nicht sehr gut sozial vernetzt oder auf Dauer beliebt. Ja, man kann tatsächlich ein gewisses Maß an Dankbarkeit erlernen.

Aber es gibt eine Dankbarkeit, die weit darüber hinausgeht, was man uns beibringen könnte. Das ist die Dankbarkeit aus tiefem Herzen! Sie ist wie ein Echo. Sie ist die Folge und Reaktion auf etwas Wunderbares, was vorausgegangen ist. Manchmal findet sie Worte, manchmal aber auch nicht. Manchmal sucht sie nach Ausdrucksformen, wie Freudensprünge oder Hüpfen auf der Stelle. Manchmal äußert sie sich lautstark und manchmal still und heimlich. Ja, das macht diese Form der Dankbarkeit so einzigartig, denn du kannst ihr nicht vorschreiben, wie sie zu sein hat. Sie entspringt aus dem Augenblick des Glücks. Es ist jedes Mal wie ein kleines Schöpfungswunder des Himmels.

Jeder erlebt diese Freude der Dankbarkeit anders. Das sind die Momente, wo die verschiedenen Farben unserer Persönlichkeiten wie kleine Explosionen hervorschnellen und sichtbar werden. Jemand drückt einem anderen vor Dankbarkeit einen Kuss auf die Wange. Ein anderer umarmt oder klatscht in die Hände. Ich denke an den kleinen Jungen, der so überrascht von seinem Glück war, ein ganzes großes Glas mit Gummibärchen für sich allein geschenkt bekommen zu haben, dass er darauf gleich losging und großzügig händevoll Gummibärchen weiterverschenkte. Was das Herz voll ist ...!

Wir sind durch die Liebe des Vaters so reich beschenkt worden! Welche Aktionen und Reaktionen unserer dankbaren Herzen ruft das hervor?

Mein Schritt heute:

Ich erspüre, wo ich von Herzen dankbar bin! Welche Reaktionen ruft das bei mir hervor?

Tag 174 23. Juni

Kopf hoch, mein Kind!

Lernvers: 1. Petrus 5,7
„... werft alle Sorgen auf ihn! Denn er ist besorgt für euch!“

Gebet:

„Vater, ich berge mich bei Dir inmitten aller Stürme meines Lebens. Bei Dir bin ich sicher und geborgen. Du passt gut auf mich auf und wirst für mein Anliegen kämpfen.“ ...

Bibellese: Psalm 3

Impuls:

In den Psalmen geht es oft um das Thema „Feinde“. Wer so wie ich „absolut harmoniebedürftig“ ist, möchte diesen Aspekt aus seinem Leben am liebsten ganz ausklammern. Aber das funktioniert leider nicht! Selbst wenn wir es bei den Menschen in der Regel nicht mit „echten Feinden“ zu tun haben, so bleibt doch noch Mister Dunkel, der Teufel, der uns feindselig gegenübersteht. Es gibt kein Leben ohne Probleme, Hindernisse und Kämpfe – ob mir das passt oder nicht. Nun lebe ich schon so lange auf dieser Welt und habe mich immer noch nicht daran gewöhnt!

Bei näherer Betrachtung muss ich aber feststellen, dass die Kämpfe an sich gar nicht das größte Problem darstellen, sondern vielmehr, wie es meinem Innenleben dabei ergeht. Fühle ich mich allein und verlassen, hilflos einer Übermacht ausgeliefert; oder schiebt mich der Druck sogar nur noch stärker in die liebenden Arme meines himmlischen Vaters?

So wie auch ich als menschlicher Papa meinen geliebten Kindern nicht alle Konflikte und Kämpfe des Lebens ersparen konnte und wollte, um sie stark zu machen für das echte Leben in dieser Welt, so ergeht es auch Abba-Vater mit uns. Es gibt kein keimfreies Leben auf diesem Planeten! In den Auseinandersetzungen werden unsere Abwehrkräfte gestärkt.

Also, Kämpfe gehören zur Normalität! Umso mehr muss ich dann diese Worte hören: „Kopf hoch, mein Kind, Ich stehe hinter dir! Du bist nicht allein! Sei geborgen in Meiner Liebe!“ Und schon klingt dies kleine Liedchen in mir: „Du bist der Gott, der mein Haupt erhebt ... Du gibst mir Rückenwind!“

Mein Schritt heute:

Ich mache mir bewusst, wo ich zurzeit in Kämpfen verstrickt bin, breite im Gebet alles vor meinem Vater aus und höre SEINEN Zuspruch.

Geborgen in großer Bedrängnis

Lernvers: 1. Petrus 5,7
„... werft alle Sorgen auf ihn! Denn er ist besorgt für euch!"

Gebet:

„Papa, bei Dir bin ich geborgen auf der Achterbahnfahrt meines Lebens. Halte mich fest in Deinem Arm. Zieh mich näher an Dein Herz. Lass mich die Wärme Deiner Liebe spüren. Ich brauche Dich so sehr." ...

Bibellese: Psalm 31

Impuls:

Wieder einmal kommt David in größter Bedrängnis zu seinem Gott und Vater. Hört das denn gar nicht auf? Muss das denn immer so weitergehen? Von Sieg zu Sieg, von Kraft zu Kraft, von Herrlichkeit zu Herrlichkeit – und dazwischen liegen Täler mit Kämpfen, Schwachheiten und allzu menschlichen Hässlichkeiten?

Ja, die „Lebenslinien" (EKG, EEG) verlaufen nun mal in Kurven. Eine durchgehende Linie würde „Exitus" (= Tod) bedeuten. Unser Leben ist ein Auf und Ab. Wir werden noch öfter zum Vater kommen müssen, um uns bei IHM zu bergen. Für Kinder ist es ganz normal, dass sie immer wieder neu Hilfe brauchen. Nur „schrecklich erwachsene" Kinder finden es unpassend, sich ständig helfen zu lassen. „Ich schaff das schon alleine!" – Alleine! Alleine machen!

Es ist kein Zeichen von Schwäche, wenn wir Gottes Hilfe in Anspruch nehmen. David war sicherlich ein kräftiger Muskelmann, der sehr viel in eigener Stärke bewegen konnte. Dennoch verzichtete er immer wieder darauf, nach eigenen Lösungsmodellen vorzugehen. Auch in diesem Psalm erklärt er der Unabhängigkeit von Gott den Kampf. Vielmehr bekennt er sich dazu, vollkommen abhängig vom Vater zu leben. Seine Zeit, seine Kraft, seine Gesundheit, sein Besitz, sein Erfolg – ja, sein ganzes Leben – liegen in Gottes Hand. „Vater, in Deine Hand befehle ich meinen Geist!", diese Worte kommen uns doch bekannt vor, oder?! So lebte auch der „Davids-Sohn", unser Messias, Jesus Christus. Das ist unser Vorbild!

Der großen Güte Gottes, unseres Vaters, in allem zu vertrauen – das ist das Ziel aller täglichen Übungen, Kämpfe und Trainingseinheiten eines normalen Alltags.

Mein Schritt heute:

Ich male meine momentane Lebenskurve (mit Aufs und Abs) auf ein Blatt Papier und halte es als Zeichen meines Vertrauens dem Vater entgegen.

Geleitet von Frieden und Freude

Lernvers: 1. Petrus 5,7
„... werft alle Sorgen auf ihn! Denn er ist besorgt für euch!“

Gebet:

„Du leitest mich auf meinem Lebensweg. Freude, Frieden und große Zuversicht sind meine Wegbegleiter! Danke, dass ich auch heute nicht allein unterwegs sein muss. Du gehst mit mir; Du stehst neben mir; Du gehst voran; und Du bist meine Nachhut!“ ...

Bibellese: Jesaja 55,12-13

Impuls:

Ich zähle zu den Schätzen meiner Lebenserfahrung folgende Einsicht: „Gehe immer nur dann auf deinem Lebensweg weiter, wenn Freude und Friede in deinem Herzen sind!“

Unser Leben besteht aus Abertausenden von großen und kleinen Lebensentscheidungen. Hinter jeder Entscheidung öffnen sich neue Optionen oder verschließen sich Türen von Gelegenheiten. Weichen werden gestellt. Es kann zum Guten sein, aber es könnte auch im Fiasko enden. Das macht das Leben so spannend, aber oftmals auch so mühsam! Immer muss man sich entscheiden. Schon die Menükarte im Restaurant kann zur qualvollen Herausforderung werden. Wer hat da noch den Überblick über die diversen Anbieter von Handy- oder Stromverträgen? Und jetzt gibt es sogar eine Checkliste für die Checklisten der Internetportale? Wow, wo führt das noch hin?!

Auch in der Nachfolge Jesu werde ich ständig herausgefordert und muss Position beziehen. Fast jede Predigt will meine Reaktion hervorrufen. Ich muss täglich Stellung nehmen. Aber, was ist richtig und was ist falsch?! Wie verführerisch mutet es da an, jenes Angebot, vom Baum der Erkenntnis zu naschen?!

In der Herrnhuter Brüdergemeine (wo die Losungsbücher herkommen) warf man in solchen Situationen das Los. Es gab drei Stück: Ja! – Nein! – Warte!

Nun das ist auch eine Art von Entscheidungshilfe ..., aber mir hat am meisten geholfen, dem Wort aus Jesaja 55 vertrauensvoll zu folgen. Wenn ich in einer größeren Frage meines Lebens nicht weiterkomme; ich habe gebetet und Gott gefragt, nachgedacht und mich mit Menschen meines Vertrauens besprochen; aber alles ist nur noch diffuser geworden; dann konsultiere ich mein eigenes Herz: „Herz, wie geht es dir? Hast du Freude und Frieden diesen Weg zu gehen – oder eher nicht?!“ Wenn diese beiden kostbaren Wegbegleiter in meinem Herzen schweigen, dann warte ich lieber. Und das ist ja auch eine Entscheidung. Das hat mich bisher sehr weit gebracht!

Mein Schritt heute:
Ich halte Ausschau nach meinen Wegbegleitern Freude und Friede!

Hast Du mich vergessen?

Lernvers: 1. Petrus 5,7

„... werft alle Sorgen auf ihn! Denn er ist besorgt für euch!"

Gebet:

„Mein Gott und Vater, ich suche Dich mitten im Chaos meines Lebens. Wo bist Du? Ich fühle mich verlassen. Bin so müde vom Kämpfen. Untröstlich ist meine Seele. Hast Du mich vergessen." ...

Bibellese: Psalm 77

Impuls:

Es ist schon erstaunlich, in wievielen Psalmen diese schmerzhafte Frage gestellt wird: „Hast Du mich vergessen?!" – Das ist der Urzweifel unseres Herzens. Liebt uns Gott wirklich? Bedeuten wir IHM tatsächlich so viel? Ich bin doch nur einer unter Milliarden. Achtet ER denn überhaupt auf mich? Was bedeute ich IHM?

Asaph zermartert sich den Kopf darüber. Er denkt, zweifelt, grübelt und sinniert. Er löffelt alles hin und her. Am Schluss landet er dann doch nur wieder bei dem einen großen Wunder, das unumstößlich feststeht: der Exodus, die große Rettungsaktion. Jahwe hat Israel aus Ägypten befreit. SEIN Weg führte sie durchs Meer. Konnten sie damals sofort Gottes Fußspuren darin erkennen? – Nein, erst im Nachhinein wurde ihnen klar, so kann nur EINER retten!

Was für Israel der Auszug aus dem Land der Sklaverei bedeutet, ist für uns das Kreuz Jesu. Die Jünger erkannten auf den ersten Blick auch nicht den grandiosen Rettungsplan des Vaters dahinter. Sie sahen nicht die Spuren SEINER Liebe und Allmacht. Sie sahen die scheinbare Niederlage. Sie fühlten sich von Gott verlassen. So geht es auch uns in unserem kleinen Leben.

Wir können am Schilfmeer und auf Golgatha eines lernen: Wir verstehen Gottes Wege nicht auf den ersten Blick. SEINE Fußspuren der Liebe sind für uns manchmal noch verborgen. Das heißt aber nicht, dass ER uns vergessen hat. Der Prophet Jesaja fragt: Kann denn eine Mutter ihren Säugling vergessen? – Nein, niemals! Wenn schon ihre Muttergefühle versagen sollten, wird doch die Milch in ihrer Brust sie an das Kind erinnern. Um wieviel mehr denkt der Vater im Himmel an SEINE Kinder! Wenn wir wieder einmal daran zweifeln sollten, dann lasst uns das Kreuz anschauen!

Mein Schritt heute:

Ich suche mir ein Kreuz, betrachte es und mache mir neu klar: Gottes Liebe hat mich nicht vergessen!

Zuflucht unter Deinen Flügeln

Lernvers: 1. Petrus 5,7
„... werft alle Sorgen auf ihn! Denn er ist besorgt für euch!“

Gebet:

„Ich wünschte, ich könnte malen, dann würde ich Dir heute das schönste Bild zeichnen. Ich wünschte, ich könnte komponieren, dann würde ich Dir heute die schönste Sinfonie schenken. – Alles, was ich habe, das soll Dich preisen und ehren! Denn Du bist die große Liebe meines Lebens!“ ...

Bibellese: Psalm 57,1-3

Impuls:

Jede Sprache stößt irgendwann an die Grenze des Unaussprechlichen: „Wie soll man das nur sagen; wie kann man das am besten ausdrücken? Ein einzelnes Wort kann das nicht wiedergeben!“ – Wo unsere normale Alltagssprache auf ihre Limitierung trifft, da bietet Poesie einen neuen Entfaltungsraum.

Ich hatte es immer schon geahnt: unser Abba ist ein Romantiker! ER liebt die Sprache der Poesie, und ER beherrscht sie wie kein zweiter. In der Bibel finden wir Meisterwerke der poetischen Schriftstellerei. Natürlich fallen uns gleich die Psalmen ein mit ihrer Bilderbuch-Sprachmalerei: Der gute Hirte auf der grünen Aue; die Rose von Scharon; die feste Burg auf dem Felsen ..., diese Bilder leben doch in uns, nicht wahr?!

Die Bücher Hiob, Jona und Ruth sind in einem poetischem Erzählstil verfasst. Ein weiteres Meisterwerk ist ganz gewiss das „Lied der Lieder“, das Hohelied Salomons. Der Reformator empfand es so verwirrend erotisch-romantisch, dass er es anfänglich nicht in den Kanon der neuen „Luther-Bibel“ aufnehmen wollte. Auch Jesus ist ein Poet. Ich denke etwa an die Lilien auf dem Feld oder an die ICH-BIN-Worte.

Gibt es etwas in deinem Herzen, eine Freude oder eine Last, die sich besser in der Sprache der Poesie sagen lassen? Möchtest du am liebsten auf *Flügeln der Morgenröte* bis ans äußerste Meer weglaufen? Oder suchst du *Zuflucht unter den Flügeln* des Allerhöchsten in den Stürmen deines Lebens? Brauchst du den *Stecken und Stab* des guten Hirten, die dich trösten? Betrete doch immer wieder die Schatzkammer der Poesie im Schloss unseres Abbas und erfreue dich an den schönen Kunstwerken! Sie helfen uns in den harten Realitäten unseres Alltags besser zu leben!

Mein Schritt heute:

Ich versuche heute ein Poet zu sein: ich texte, komponiere und gestalte kreativ. Hauptsache, es ist romantisch und berührt Gottes Herz!

Tag 179 28. Juni

Im Bausch Deines Gewandes

Lernvers: 1. Petrus 5,7
„... werft alle Sorgen auf ihn! Denn er ist besorgt für euch!“

Gebet:

„Mein guter Hirte! Bei Dir lebe ich geborgen und brauche mich nicht sorgen, denn Du sorgst gut für mich und passt auf mein kleines Leben auf! Du trägst mich nahe an Deinem Herzen, im Bausch Deines Gewandes. Meine Seele birgt sich bei Dir!“ ...

Bibellese: Jesaja 40,10-11

Impuls:

Der Gute Hirte aus Psalm 23 und Johannes 10 ist das beliebteste und am häufigsten gebrauchte Bildwort der Bibel. In Lukas 15 erfahren wir, dass der Hirte dem verlorenen Schäfchen Nummer 100 nachgeht und es sucht, bis er es gefunden hat. In unserer Jesaja-Stelle sehen wir die Zärtlichkeit, mit der der Hirte die Lämmer im Bausch (das ist der große Ärmel) seines Hirtenmantels, nahe am Herzen, nach Hause trägt.

Interessant zu wissen, dass im Orient das Wort *Hirte* ein Synonym für *Vater* ist. Mit anderen Worten, im Gleichnis des Hirten lernen wir zugleich das Vaterherz Gottes kennen. So, wie der Gute Hirte seine Schafherde führt, versorgt, beschützt; genauso steht der Gute Vater für Geborgenheit und Lebensfülle. Der Gute Hirte setzt sein ganzes Leben für die Herde ein; er ist bereit, für sie gegen wilde Tiere zu kämpfen und sogar zu sterben. Das gilt auch für unseren Abba-Vater. Wir, SEINE Kinder und Familie, sind IHM so kostbar und wichtig, dass ER SEIN Leben für uns gibt. Kannst du das einen Augenblick mal nachspüren: Du bist Abba so wichtig, die wichtigste Person, dass ER bereit ist, alles für dich zu opfern! ER gab den schönsten Herrn Jesus – weil ER in dir etwas so Herrliches sieht, was IHM so köstlich erscheint, dass ER zu diesem Opfer gerne bereit war!

Wir brauchen keine Angst zu haben, dass wir jemals übertreiben könnten, wenn wir von der Güte und Liebe unseres himmlischen Vaters schwärmen! ER ist auf jeden Fall noch viel, viel liebevoller, zärtlicher und fürsorgender, als alle unsere kühnsten Träume und Wünsche es uns ahnen lassen. An SEINER Liebe können unsere geschundenen Seelen gesunden! Bei IHM sind wir geborgen und absolut gut aufgehoben!

Mein Schritt heute:

Ich lese Psalm 23 oder zitiere ihn auswendig. Welches Motiv spricht mich momentan besonders an?

Tag 180 **29. Juni**

Gehüllt in den Mantel der Vaterliebe

Lernvers: 1. Petrus 5,7
„... werft alle Sorgen auf ihn! Denn er ist besorgt für euch!"

Gebet:

„Christi Blut und Gerechtigkeit, das ist mein Schmuck und Ehrenkleid! Ich hülle mich in den Mantel Deiner Vaterliebe! Du bedeckst meine verwundbaren schwachen Stellen. Du bist Jahwe Rapha, mein Arzt und Heiler. Bei Dir wird mein krankes Herz gesund!" ...

Bibellese: Jesaja 61,10

Impuls:

Der Mantel der Vaterliebe Gottes ist für mich nicht nur ein schönes, poetisches Wort oder inneres Bild, sondern eine Realität im geistlichen Raum, mit der ich seit Jahren lebe. Der Prophet Jesaja sieht in einer Vision, wie der Saum von Gottes königlichem Gewand den ganzen Tempel erfüllt. Hörst du, nur der Saum! Boah, wie gigantisch groß muss da der ganze Königsmantel sein!!!

Das ist für mich der Mantel der Vaterliebe Gottes. Prophetisch steht das Wort *Mantel* für *Salbung/Vollmacht/Autorität*. Wir denken etwa an den Propheten Elia, als er seinen Mantel auf seinen Jünger Elisa warf und auf diese zeichenhafte Weise seine Salbung weitergab. Also der Mantel steht für mehr als für ein Stück Materie. Es geht um eine geistliche Dimension dahinter.

Vor ein paar Jahren erlebte ich diese Realität in Lateinamerika sehr eindrucksvoll. Ich war eingeladen in einem Open-Air-Gottesdienst vor einer großen Versammlung von ein paar Tausend Menschen über die Vaterliebe Gottes zu predigen. Während ich sprach, sah ich mit meinen geistlichen Augen diesen gigantischen, goldenen Mantel der Vaterliebe Gottes vom Himmel herabkommen. Er legte sich auf die ganze Versammlung und hüllte jede Person ein. Ein überirdischer Friede kam spürbar und erfahrbar herab. Was in den folgenden Stunden geschah, kann ich heute noch kaum in Worte fassen. Hunderte Menschen, Alte und Junge und selbst Kleinkinder, kamen unter die heilsame Kraft dieser Salbung und erlebten tiefe, beglückende und heilende Berührungen mit der Liebe des Vaters. Der Himmel war los! Seitdem lässt mich der Mantel nicht mehr los – und auch ich lasse diesen Mantel nicht mehr los! Wer darunter kommt und in dieser Realität eintaucht, der wird leben: geborgen – ohne Sorgen!

Mein Schritt heute:

Hülle dich in einen großen Mantel oder eine Decke ein und verharre ein paar Augenblicke in der stillen Umarmung des Vaters. Danke IHM für die Salbung und bitte IHN um noch mehr!

Teil 19

Grenzenlos geliebt

Jeremia 31,3

Tag 181 **30. Juni**

Vielgeliebter

Lernvers: Jeremia 31,3
„Ja, mit ewiger Liebe habe ich dich geliebt;
darum habe ich dir meine Güte gezeigt!"

Gebet:

„Grenzenlos! Ja, ich bin grenzenlos geliebt! Deine Liebe, Abba, reicht weiter als der Himmel; weiter als der fernste Stern! Ich bin Dein vielgeliebtes Kind! Und das von Ewigkeit zu Ewigkeit! Raum und Zeit können Deine Liebe nicht aufhalten, die Du für mich im Herzen trägst!" …

Bibellese: Daniel 10,10-19

Impuls:

Schon als kleiner Junge war der Gottesmann Daniel aus dem Alten Testament einer meiner ganz großen Helden. Bestimmt war dafür auch noch ein anderer Grund mit ausschlaggebend, denn mit meinem zweiten Vornamen heiße auch ich *Daniel.* Ich liebte (und liebe) die Geschichten von der Löwengrube, dem Feuerofen und all den anderen Abenteuern, die Daniel in einem reichen, langen Leben mit seinem Gott machen durfte. Besonders schön finde ich aber, wie Gott den Daniel anspricht: „Du Vielgeliebter!" – Das hat mir immer schon sehr gut gefallen! Nicht nur ein bisschen geliebt – oder gerade mal so geliebt – sondern vielgeliebt!

Ich sehe da einen riesigen Wasserfall von Abbas Liebe vor mir. Und da fließt es und fließt es unaufhörlich …, so wie die Iguazu-Wasserfälle in Brasilien und Argentinien. Da war ich einmal persönlich vor ein paar Jahren. Das sind 250 Wasserfälle auf 2,5 km Fläche verteilt, einer neben dem anderen, soweit das Auge sehen kann. Da fließen und fließen und fließen, ohrenbetäubend, Wassermassen, Jahr für Jahr, seit ewig langer Zeit. Das hört nie auf, da gibt es keine Sekunde mal eine Pause. So ungefähr müssen wir uns das vorstellen mit dem VIELGELIEBT sein!

Auch Abba macht nie eine Unterbrechung, wenn es darum geht, uns zu lieben. SEINE Agape fließt an jedem neuen Trag und SEINE Güte ist jeden Morgen frisch und neu für uns da!

Mein Schritt heute:

Ich dusche heute mal ein bisschen länger und stelle mir dabei vor, ich stehe unter dem Wasserfall der Liebe des Vaters. Auch ich bin ein VIELGELIEBTER!

Tag 182 **1. Juli**

Gott ist mit mir!

Lernvers: Jeremia 31,3
„Ja, mit ewiger Liebe habe ich dich geliebt; darum habe ich dir meine Güte gezeigt!“

Gebet:

„Du bist mein Immanuel. Der Gott, der mit mir ist. Du bist für mich – ungeteilt, nur für mich! Papa, bei Dir lehne ich mich an. Ich liebe Dein Zu-mir-Stehen, gerade in den schweren Zeiten meines Alltags.“ …

Bibellese: Psalm 46

Impuls:

Dies ist ein Lied für Menschen, die sich von allen Seiten bedrängt fühlen und hungrig Ausschau halten nach dem Zuspruch: „Gott ist mit mir!“ Die meisten Psalmen sind Lieder und Gebete, die in Drucksituationen entstanden sind. Das macht sie so authentisch und nahbar. Auf die eine oder andere Art finden wir unser kleines Leben darin wieder.

„Gott ist unsere Zuflucht und Stärke! Ein Helfer, bewährt in Nöten!“ Andere übersetzen: „Ein Helfer, der in Nöten sehr gegenwärtig ist!“ oder „sich leicht finden lässt!“ Ich finde, das ist eine ausgesprochen gute Umschreibung für unseren himmlischen Vater! ER ist unser Immanuel! Gott mit uns und für uns! Das ist SEINE Identität.

Wie ich bereits ausführte, ordnen Sprachforscher nach neuesten Erkenntnissen dem Jahwe-Namen Gottes eine weitergehende Bedeutung zu als nur das philosophisch klingende *Ich bin, der Ich bin.* Der Gottesname wäre besser übersetzt mit: *Ich bin für euch und ich bin wirklich für euch!* oder *Ich werde für euch hilfreich da sein!* oder *Ich lebe für euch und schwöre euch, ich bin mit meinem ganzen Leben für euch da!*

Man stelle sich nur einmal vor, wenn in unseren Bibelübersetzungen die fast 7000 Jahwe-Stellen im Alten Testament mit diesem Wortlaut gefüllt worden wären, welch anderes Gottesbild hätten die Menschen durch die Jahrhunderte da vermittelt bekommen?! Aber es ist nicht zu spät! Psalmen wie dieser rufen uns in Erinnerung, dass unser Vater im Himmel Sich niemals verändert hat. ER ist und bleibt treu. Gott ist für mich! Gott ist mit mir! Das steht unumstößlich fest! Manchmal braucht es nur „still werden und erkennen!“

Mein Schritt heute:

Ich schreibe mir die Worte *Gott ist mit mir* mit einem Kugelschreiber als Erinnerung auf meine Handfläche.

Tag 183 **2. Juli**

Lebe geliebt

Lernvers: Jeremia 31,3
„Ja, mit ewiger Liebe habe ich dich geliebt; darum habe ich dir meine Güte gezeigt!"

Gebet:

„Drei kleine Worte: Ich liebe dich! – Wenn Du diese drei kleinen Worte zu mir sprichst, dann ist der Himmel los! Damit bekommst Du mich immer wieder rum! Damit eroberst Du mein Herz! Ich kann und will nicht widerstehen. Denn ich weiß, dass sind mehr als Worte. Du zeigst mir Deine Liebe ganz praktisch. Ich bin geliebt!" …

Bibellese: Maleachi 1,2; Offenbarung 1,5

Impuls:

Vor Jahren fing ein guter Freund von uns an, seine Mails und Briefe mit zwei kleinen Worten zu beenden: Lebe geliebt!

Bald schon machten das viele ihm nach, so auch ich. Ich finde diese kleine Aufforderung obergenial! Sie ist für mich eine liebevolle Erinnerung und ein Ansporn zugleich. Ein Denk-Mal zwischendurch für meinen Alltag, wenn mir alles wieder viel zu viel wird und ich den Wald vor lauter … du weißt schon! Diese beiden kleinen Worte bringen mich zurück in die Spur meines Lebens. Sie sagen mir: „Darum geht es doch wirklich, und um nichts anderes! Es geht um ein Leben in Fülle – und dieses glückliche Leben kannst du geschenkt bekommen, wenn du dich von der bedingungslosen Liebe des Vaters lieben lässt. Geliebt – bedeutet immer: ER hat dich zuerst geliebt! Deine Liebe ist nur ein Echo, ein Widerhall. Also höre auf, alles selber machen zu wollen und genieße es einfach, geliebt zu werden!"

Das fühlt sich für mein Leben wie Wellness an …, wie ein herrlicher Tag im Thermalbad mit Sauna, Massage, Whirlpool und Rundum-Verwöhn-Programm …, ein bisschen wie Königin Esther im Schaumbad für ihren König, oder wie David auf seiner grünen Wiese mit dem gedeckten Tisch.

Geliebt leben – das ist der Lebensstil der Kinder Gottes. Und damit ich das nicht wieder im normalen Tohuwabohu des Alltags aus den Augen verliere, danke ich allen, die mich daran erinnern!

Mein Schritt heute:

Ich werde heute meine Mails und Briefe mit „Lebe geliebt!" unterschreiben!

Papas Liebling

Lernvers: Jeremia 31,3
„Ja, mit ewiger Liebe habe ich dich geliebt; darum habe ich dir meine Güte gezeigt!"

Gebet:

„Ich bin Papas Liebling! Du nennst mich Deinen Augenstern und Sonnenschein. Ich mag Deine Kosenamen für mich. Täglich denkst Du Dir neue aus! Das macht mich glücklich und lässt meine Seele aufatmen!" ....

Bibellese: 2. Samuel 12,25

Impuls:

Es gibt Geschichten, die das Leben schreibt, die sind so wunderschön, dass man sie immer wieder neu erzählen darf. (Also auf die Gefahr hin, dass ich dir diese Story schon einmal erzählt haben sollte. Dann macht das gar nichts. Sie ist immer wieder neu schön!)

Ich war in einer Gemeinde zu einem Seminar eingeladen. Der Pastor stellte mir seine Familie vor. Zunächst seine liebe, schöne Frau; dann die großen Jungs. Du weißt ja, wie große Jungs einen Erwachsenen begrüßen; sie reichen schlaksig unbeholfen die Hand und gucken dabei meistens in eine andere Richtung. Und dann kam die kleine, süße Tochter an die Reihe. Oh, ein herrlicher blonder Lockenschopf. Ich neigte mich zu ihr herunter und sagte: „Hallo, ich bin der Matthias. Und wie heißt du?" – „Ich bin Papas Liebling!", kam prompt die Antwort.

Diese Predigt saß! Die werde ich mein Lebtag nicht mehr vergessen! Die kleine Blondine lebte in ihrer Identität, „Papas Liebling" zu sein. Ihr Vater hatte ihr das täglich ins Ohr geflüstert: „Du bist mein Liebling!" – bis diese Worte in ihrem Herzen Fuß fassten, ein Fundament bildeten und zu einem Weg wurden. Fortan lebte sie in dieser Realität: „Ich bin Papas Liebling!"

So will das unser Abba auch mit uns machen. ER sagt uns täglich, wie sehr ER uns liebt! ER flüstert zärtlich auch in dein Ohr: „Du bist Abba-Papas Liebling!" Und je mehr und mehr wir dieser Wahrheit Raum in uns schenken, desto mehr wird das zu unserer Identität werden. Geliebt! Grenzenlos geliebt!

Mein Schritt heute:

Ich schreibe mir zur Erinnerung auf einen Zettel oder an den Spiegel diese Wahrheit: Ich bin Papas Liebling! – damit sie mehr und mehr Teil meiner Identität wird.

Du bist immer für mich

Lernvers: Jeremia 31,3
„Ja, mit ewiger Liebe habe ich dich geliebt; darum habe ich dir meine Güte gezeigt!“

Gebet:

„Papa, Du bist für mich. Du bist echt parteiisch. Du bist immer für mich. Danke, dass ich mich darauf verlassen kann. Selbst an Tagen, wo ich versage und es nicht bringe. Trotzdem bleibst Du für mich.“ …

Bibellese: Psalm 56

Impuls:

Und wieder einmal geht es im Leben von David super eng zu. Eine Katastrophe löst scheinbar die nächste ab. Er wird bedrängt von allen Seiten. Da ist es schon erstaunlich, was wir aus seinem Munde hören: „Das weiß ich, dass Gott für mich ist!“ Mitten in den Stürmen des Lebens reißt die Wolkendecke auf und ein heller Lichtstrahl von Vertrauen bricht sich Bahn. Mich fasziniert das an diesem Mann. Und ich habe den starken Verdacht, dass auch Gott aus gleichem Grund von Davids Herzenshaltung so angetan ist. Er nennt ihn: einen Mann nach SEINEM Herzen!

Was war denn so besonders an Davids Herzen? – Irgendwie, irgendwo, irgendwann muss es Gott geschafft haben, diesen Mann so sehr zu erwischen, dass er fortan selbst in den turbulentesten Zeiten (zugegeben, manchmal mit etwas Verspätung, aber dann doch noch rechtzeitig) nicht mehr auf seine eigene Kraft baute, sondern sich vollkommen Gottes Hilfe anvertraute. Wenn David irgendetwas wusste, dann: Ich vertraue meinem guten Gott, denn: „Jahwe-Papa, Du bist für mich!“ Dieses absolut kindliche Vertrauen und Sich-fallen-Lassen in Gottes Güte sind einfach phänomenal. Sie sind der Grundtenor aller seiner Lieder und Gebete.

Und wie kommt man da hin? – Jedenfalls nicht, indem wir versuchen, alle Probleme zu vermeiden und alles Schreckliche aus unserer Biografie zu streichen. Wer Leben ohne Leiden will, wird nicht zur leidenschaftlichen Liebe taugen. Und wer keine Fehler machen will, wird niemals einen Schritt vorankommen. Trotz persönlicher Defizite, Versagen und Schuld und nie enden wollender Kämpfe ruhte David in der Gewissheit, dass sein Gott für ihn ist. Oder gerade wegen all dieser Schwachheiten! Jesus sagt: Die Starken brauchen keinen Arzt! Unser Vater im Himmel hat eine Vorliebe für Schwache!

Mein Schritt heute:

Ich schreibe zehn Stichpunkte auf, wo ich mich sehr schwach fühle und empfange Gottes „Für-mich-Sein“.

Tag 186 **5. Juli**

Ewig geliebt

Lernvers: Jeremia 31,3
**„Ja, mit ewiger Liebe habe ich dich geliebt;
darum habe ich dir meine Güte gezeigt!"**

Gebet:

„Abba, es ist schon erstaunlich, wie schnell meine Liebeskapazitäten aufgebraucht sind! Meine Art zu lieben hat bald ein Ende erreicht! Nur gut zu wissen, dass Deine Agape-Liebe endlos und ewig ist. Du liebst mich grenzenlos! Halleluja!" …

Bibellese: Jeremia 31,3

Impuls:

Was ist ewig? Wie lange dauert das? Hast du schon einmal einem Kind versucht zu erklären, was Ewigkeit bedeutet?

Wie erklärt man einem Blinden die bunte Welt der Farben? Oder einem Gehörlosen den Zauber von Klängen und Harmonien? Wir Menschen sind so begrenzt in unserem Verständnis, wenn es um das Phänomen der Ewigkeit geht. Zwar haben wir selber bereits unterschiedliche Zeitwahrnehmungen kennengelernt. Wie unendlich lang kam es uns als Kinder vor, bis endlich Weihnachten da war oder der heißersehnte Ferienbeginn?!

Und dann andererseits, wie unheimlich schnell verfliegen Zeiträume! Man sieht sich um und plötzlich sind aus Kindern Erwachsene geworden. Der Tag kommt garantiert, an dem auch du erste Falten in deinem Gesicht entdecken wirst und denkst: „Das da gehört nicht zu mir!" Zeit ist mehr als getaktete Einheiten. Raum ist mehr als Dreidimensionalität. Vergänglichkeit ist allgegenwärtig, sowie auch ewige Unvergänglichkeit. Um das erahnen zu können, muss man doch nicht erst Esoteriker werden, oder?!

Es gibt ein Geheimnis von Zeit und Raum. Unser himmlischer Vater ist Herr der Zeiten. ER wird in Jesaja 9,5 der „Ewig-Vater" oder auch „Vater in Ewigkeit" genannt. ER existiert und herrscht über alle Dimensionen von Zeit und Raum hinweg. Seien es die für uns sichtbaren Galaxien oder die für uns unsichtbaren Himmelswelten. ER kennt keine Begrenzung, kein Maß, kein Anfang und kein Ende. Unser Jesus ist Alpha und Omega! Mein Verstand kann es jetzt noch nicht fassen. Mein Herz mag es mehr und mehr umarmen. Mein Geist wird es selber miterleben in Gottes neuer Welt, was es bedeuten wird, ewig und grenzenlos geliebt zu leben!

Mein Schritt heute:

Ich betrachte fünf Minuten lang an den Zeigern einer Uhr, wie Zeit „ver-geht" – und freue mich an dem Geheimnis der ewigen Liebe von Abba!

Niemals allein

Lernvers: Jeremia 31,3
„Ja, mit ewiger Liebe habe ich dich geliebt; darum habe ich dir meine Güte gezeigt!"

Gebet:

„Einsamkeit war lange Zeit mein täglicher Begleiter. Er war mein Feind, mein Bedränger und mein Angstgegner! Für mich zählt es zu den großen Wundern Deiner Liebe, mein König Jesus, wie Du diesen Feind für mich in meinem Leben besiegt hast! Ich preise Dich dafür! Tausendmal Danke!" …

Bibellese: Hebräer 13,5-9; Johannes 16,32

Impuls:

Ich erinnere mich an den lebhaften Bericht eines guten Freundes, der gerade durch eine schwere Krankheitszeit gegangen war. Er hatte einen sehr langen Kampf gegen Krebs führen müssen. Mehrmals stand er am Rand des Todes und sah in den gierigen dunklen Schlund hinab. Sein Gesicht, besonders seinen Augen, waren gezeichnet von den schweren Anstrengungen, die hinter ihm lagen. Als ich ihn fragte, welche Lektion er auf dieser Strecke seines Weges gelernt hat, antwortete er, ohne länger nachdenken zu müssen: „Ich weiß jetzt umso mehr, was Jesus meinte, als er sagte: ‚Ich bin nie allein, denn der Vater ist immer bei mir!'"

Es wird Phasen in unserem Leben geben, da müssen wir alleine durch – da kann uns kein anderer Mensch bei helfen. Prüfungszeiten. Die Geburt eines Kindes. Zerbrochene Träume und Beziehungen. Eine Operation. Krankheitszeiten. Der Tod und Verlust eines geliebten Menschen. Und schließlich unser eigenes Sterben und der Tod. Jemand sagte mal zu mir jenen weisen Satz: „Erwarte nicht von anderen, dass sie deinen Weg verstehen, denn niemand außer dir muss ihn gehen!"

Aber über all dem steht die absolute Wahrheit und wunderbare Gewissheit: Ich mag zwar äußerlich den Weg alleine gehen – aber ich werde in meinem Herzen niemals allein sein, denn die Liebe des Vaters ist immer bei mir. Immer und ewig. Sie war es immer und wird es immer bleiben! ER wird mich niemals verlassen oder zu spät kommen.

You'll never walk alone! Mein Jesus ist immer bei mir, alle meine Tage bis ans Ende der Welt; und dann in ewig!

Mein Schritt heute:

Fällt mir jemand ein, der besonders einsam ist und dem ich heute ein Ermutiger der Vaterliebe Gottes sein darf?!

Tag 188 **7. Juli**

Der Herrliche

Lernvers: Jeremia 31,3
„Ja, mit ewiger Liebe habe ich dich geliebt; darum habe ich dir meine Güte gezeigt!“

Gebet:

„Du bist wunderschön, mein Liebster! In Dir ist all die Schönheit und der Glanz der Erde und des Himmels vereint. Und doch bist Du noch weitaus mehr! Du bist der Inbegriff von Herrlichkeit! Oh, wie liebe ich Dich!“ ....

Bibellese: Offenbarung 1,12-18

Impuls:

Seit meiner frühesten Kindheit habe ich so gerne diese Beschreibung von meinem König Jesus aus der Offenbarung des Apostel Johannes gehört. Ich hatte immer schon eine gute Fähigkeit zur Imagination und konnte mir das Gehörte bildhaft vorstellen: Ich sah, vor meinem inneren Auge, meinen König Jesus in all SEINER Pracht. Ich sah das lange königliche Gewand mit dem goldenen Gürtel. SEINE schönen Füße. SEINE Haare, weiß wie Schnee – nicht so wie bei alten Leuten, sondern eher wie das atemberaubende Strahlen einer Winterlandschaft im Sonnenschein. Und dann diese Augen, wie Feuerflammen. Gewaltig, majestätisch, unbezwingbar. Voller Autorität, und doch voller zärtlicher Leidenschaft eines Liebhabers. SEINE Stimme laut und tosend, wie die Niagara-Wasserfälle. Das scharfe Schwert, das aus SEINEM Mund hervorkommt; jedes Mal, wenn ER etwas gebietet, muss es geschehen. Dieses herrliche Angesicht. Unbeschreiblich schön! So gütig und liebevoll, wie kein anderer auf der ganzen Welt. Leuchtend wie die Sonne ...

Das ist mein Jesus! Das ist mein König! Herrscher aller Enden! Das ist das Angesicht des Vaters, das mir in IHM entgegenstrahlt in all SEINER Herrlichkeit. ER, der Herrliche, offenbart und zeigt mir, wie mein HERR in Wirklichkeit ist. Hier auf Erden trug mein Meister das demütige Gewand eines Hirten und Dieners, aber jetzt ist ER erhaben über alles, als König der Könige; und Herr der Herren! Wir wüssten nicht, was wahrhaftige Schönheit bedeutet – ohne IHN! Ich will Ausschau halten nach den Spuren SEINER Herrlichkeit – überall!

Mein Schritt heute:

Heute will ich Ausschau halten nach der Schönheit meines Vaters – sei es in einer Blume, im Lachen eines Kindes oder in den Gesichtsfalten eines alten Menschen!

Alles neu

Lernvers: Jeremia 31,3
„Ja, mit ewiger Liebe habe ich dich geliebt; darum habe ich dir meine Güte gezeigt!"

Gebet:

„Danke, Vater, Du sitzt auf dem Thron und sprichst: Ich mache alles neu! Ja, das wirst Du eines Tages tatsächlich tun! Aber danke auch für alles, was Du jetzt schon in meinem Leben an Erneuerung und Veränderung wirkst. Deine Liebe liebt mich neu und heil, mehr und mehr, Tag für Tag! Heute ist wieder solch ein Tag! Halleluja!" …

Bibellese: Offenbarung 21,1-7

Impuls:

Komisch, nun bin ich schon so lange auf dieser Welt und müsste es langsam wissen. Aber die Erkenntnis erwischt mich jedes Mal neu eiskalt: Haushaltsgeräte halten nicht ein Leben lang! Wow, was für eine Offenbarung?! – Wenn solch ein Teil bei mir zuhause mal wieder kaputt geht, nehme ich das fast persönlich! Denn in der Generation meiner Eltern musste ein Mixer noch ein Leben lang halten und wurde dann an die nächste Generation weitervererbt. Der kleine Junge in mir sagt trotzig: „Warum müssen heutzutage alle Sachen nur so schnell kaputt gehen? Warum hilft mir keiner bei der Reparatur?!" In den Ohren einer Wegwerfgesellschaft, in denen reparieren teurer ist als die Neuanschaffung, brauchen wir eine extra Erklärung, was Gottes Wort damit meint: „Ich mache alles neu!"

Also, was es schon mal nicht bedeutet: Gott entsorgt all unsere Herausforderungen und Probleme; sowie die unbequemen halbfertigen Angelegenheiten, die wir vor uns herschieben – und gibt uns dafür dann lieber neue Spielsachen, die wir wieder bald kaputt bekommen haben werden. Das wäre nur die spirituelle Variante der Wegwerfmentalität unserer Zeit.

Wenn Abba alles neu macht – dann verwandelt ER! Es geht IHM nicht zuerst um neues Material, sondern um ein neues Herz in uns. Mit dem alten Herzen würden wir bald das neue Geschenk wieder zerstören, so wie wir es vorher schon xmal bei anderen Gelegenheiten gemacht haben. Wir brauchen neue Herzen für das neue Leben mit IHM! Und das kommt einem Schöpfungswunder gleich! David wusste um dieses Geheimnis und bat in Psalm 51 darum. Recyceln und Reparieren reicht einfach nicht aus. Neu muss es sein. Ein neues Herz – ein Herz für den Vater! Und das schenkt uns der Himmel!

Mein Schritt heute:

Ich bitte heute meinen Vater um ein neues Herz für IHN. Ganz neu!

Tag 190 **9. Juli**

Ein Ozean der Vaterliebe

Lernvers: Jeremia 31,3

„Ja, mit ewiger Liebe habe ich dich geliebt; darum habe ich dir meine Güte gezeigt!“

Gebet:

„Die Fluten Deiner Liebe tragen und umgeben mich! Wasser des Lebens. So weit, so nah, so tief, so klar. Im Strom der Liebe schwimme ich. Deine Gnade fließt durch mich. Ich tauche heute wieder tief ein in dieses Meer Deiner Liebe!“ …

Bibellese: Offenbarung 4

Impuls:

Nach meiner Beobachtung gibt es mindestens zwei Typen von Urlaubsgenießern (oder auch noch ein paar mehr?). Die einen lieben die Berge, die anderen das Meer. Die Bergfreunde brauchen die majestätische Kulisse für ihr Lebensgefühl: Ich bin klein, aber umgeben von der erhabenen Größe der Schöpfung.

Die Strandläufer und Muschelsucher lieben das Lebensgefühl der unendlichen Weite des Horizontes, mit all den Wolken-Licht-Spielereien. Das sagt ihnen: Ich habe Raum zum Atmen und Leben.

Beide Bilder finden wir in der Bibel, Berge und Meer – um die Größe der Liebe Gottes zu beschreiben. Vor dem Thron unseres Vaters ist ein ganzer Ozean voll Agape – das kristallklare Meer. ER ist aber auch unser Berg Zion: ein Inbegriff für die Festigkeit und Beständigkeit der Liebe des Vaters.

Ich persönlich bevorzuge Urlaub am Meer. Meine Seele kommt da besonders gut zur Ruhe und findet Entspannung beim Anblick von Wind, Wellen und der Weite des Horizonts. Das kann ich stundenlang so machen. Einfach dasitzen und aufs Meer hinausschauen. Meine Gedanken fliegen mit den Wolkenfetzen am Himmel entlang und ich lasse mich im warmen Mittelmeerwasser auf meiner Luftmatratze treiben. Was braucht der Mensch mehr? (Ich höre schon wieder einige sagen: Die Berge! – OK!)

Gottes Vaterliebe ist mehr als ein Strom, sie ist ein ganzer Ozean an Leidenschaft und Hingabe für uns. Ich will weit hinausschwimmen, tief hineintauchen und mich von ihren Fluten tragen lassen. Ich will ein Teil dieses Meeres sein und werden. Ein „MEHR-es-Bewohner“. Leben in der Liebe des Vaters, das ist mein neuer Lebensraum!

Mein Schritt heute:

Wie wäre es, wenn ich heute mal schwimmen gehe (Schwimmbad oder See)? Ich schwimme weit hinaus und denke dankbar an den Ozean der Vaterliebe, der für mich immer da ist!

Teil 20

Abbas Charakter

Johannes 14,9

Tag 191 10. Juli

Papas Repräsentant

Lernvers: Johannes 14,9

„Wer mich gesehen hat, hat den Vater gesehen!“

Gebet:

„Jesus, wenn ich Dich anschaue, sehe ich das Vaterherz Gottes in Liebe für mich schlagen! Du bist meine Augenweide, mein Ohrenschmaus, mein Herzensbetörer. Ich glaube, ich verliebe mich gerade neu in Dich!“ …

Bibellese: Hebräer 1,1-3

Impuls:

Der Begriff *Charakter* bedeutet in seiner Substanz: *Profil, Abdruck, Spur, Prägung.* Mit anderen Worten, der Charakter eines Menschen ist im Wesentlichen eine Ansammlung von Prägungen, von Formungsprozessen durch andere Menschen, Umstände oder Werte. Die Wissenschaft nennt das: Sozialisation – die Prägung durch Familie und Gesellschaft.

Der Hebräerbrief sagt uns: Jesus Christus ist der Charakter Gottes. Das, finde ich, ist eine spannende Aussage.

Wer Jesus anschaut, der kann die Spuren des Himmels in IHM sehen. Die Liebe des Vaters hat auf und in Jesus einen bleibenden Eindruck, Ausdruck und Aufdruck hinterlassen. So kann Jesus mit Recht sagen: „Wer mich sieht, der sieht den Vater. Ich und der Vater sind eins!“ Jesus ist der absolute und ultimative Repräsentant von Abba. Es gab vor IHM schon einige Zeugen und Boten, die auf die Liebe des Vaters hingewiesen haben. Die Glaubensväter und Propheten. Aber kein Mensch hat den Vater im Himmel so widerspiegeln können, wie nur DER Sohn.

Der materielle Unterschied zwischen einem 5-Euroschein und einem 50-Euroschein ist minimal in der Herstellung. Was den Wertunterschied anbelangt, weiß aber jedes Kind, dass man mit dem braunen Schein zehn Mal mehr kaufen kann als mit dem blaugrünen. Frage: Was macht denn nun den großen Unterschied? – Die richtige Antwort muss lauten: Die Prägung auf dem Papier!

So ist es auch mit unserem kleinen Leben. Wir alle sind aus dem gleichen Holz – Papier – geformt. Den wahren Wert erhalten wir durch die Prägung. Wer hat dich geprägt? Wer hat seinen Eindruck und Aufdruck bei dir hinterlassen? Wem hast du es freiwillig erlaubt; oder wer hat sich dir übergriffig aufgedrängt; ist dir über deine Seele gefahren und hat seine Spuren hinterlassen? Es ist nie zu spät für eine neue Prägung. Dieses Mal aber durch die Liebe des Vaters. Komm nahe an SEIN Vaterherz und lass dir SEINE Küsse und Umarmungen heilsam, wie ein Siegel, auf dein Herz legen.

Mein Schritt heute:
Wo brauche ich eine neue Prägung durch die Liebe des Vaters?

Gott ist Agape, Abba, Licht, Geist

Lernvers: Johannes 14,9
„Wer mich gesehen hat, hat den Vater gesehen!"

Gebet:

„Du bist die Liebe in Person. Du bist der Geist des Lebens. Du bist das Licht der Welt. Du bist mein Abba, lieber Vater! Ja, Du bist: der Ich-Bin-Der-Ich-Bin! Jahwe! Ursprung allen Lebens, Schöpfer Himmels und der Erden! Und auch die Quelle von allem, was ich bin!" …

Bibellese: 1. Johannes 4,8+16; 1. Johannes 1,5; Johannes 4,24

Impuls:

In der Bibel finden wir viele *Metaphern* und *Allegorien;* das sind gleichnishafte Bildworte, die das Wesen und die Person unseres Gottes beschreiben. Manche sind uns bereits begegnet, wie etwa der gute Hirte, das Wasser des Lebens, der Weinstock. Daneben finden wir aber auch noch die *IST-Form.* Aussagen, die die Substanz beschreiben.

Ein Beispiel. Ich kann zu jemanden sagen: „Du bist wie eine Tochter für mich!" Dann beschreibe ich damit vielleicht die äußere Form unseres vertrauten Umgangs miteinander. Das macht die andere Person aber nicht wirklich zu meiner Tochter, weder genetisch, noch in Angelegenheiten des Erbrechtes.

Wenn ich aber sage: „Du bist meine Tochter!" – damit sage ich etwas über die wahre Substanz unserer Beziehung. Entweder ist diese Frau immer schon mein Fleisch und Blut gewesen und ich bekenne mich jetzt zu ihr; oder ich adoptiere sie mit allen Rechten und Pflichten als meine wahre Tochter. Zwischen beiden Aussagen liegen Welten!

Das Wort Gottes bezeugt, wer Gott in SEINEM Wesen wahrhaft ist:

- ER ist Agape-Liebe in Person. ER hat nicht nur Liebe. Sein ganzes Wesen ist Liebe.
- ER ist Licht in Person. ER hat nicht nur eine helle Ausstrahlung um sich herum, sondern ER strahlt von innen, denn da ist Licht.
- ER ist Geist in Person. Gott ist kein menschliches Wesen. ER hat keine menschlichen Begrenzungen in Sich. ER ist durch und durch Geist, heiliger Geist!
- Gott ist Abba-Vater. ER ist nicht nur vergleichbar mit einem netten Daddy; nein, das wäre viel zu wenig! ER ist der Vater aller Vaterschaft. ER ist das Original, von dem alle Elternschaft auf Erden kommt.

Das ist SEIN Wesen, SEIN wahrer Charakter! Kennst du IHN so?

Mein Schritt heute:
Ich verweile heute bei diesen IST-Aussagen über den Charakter des Vaters und spreche mit IHM darüber. Was macht das mit meinem Herzen?

Tag 193 **12. Juli**

Nur gut!

Lernvers: Johannes 14,9
„Wer mich gesehen hat, hat den Vater gesehen!“

Gebet:

„Du bist gut, gut, gut …, sehr gut, ausgezeichnet, extraordinär, herausragend, fantastisch, begeisternd, exorbitant, sensationell, brillant, grandios, spektakulär, phänomenal, supertoll, beeindruckend, attraktiv, anbetungswürdig, genial, himmlisch, herrlich, einzigartig …, und noch so viel mehr!!!“ …

Bibellese: Lukas 18,19; Nahum 1,7

Impuls:

Alle Superlative und alle emotionalen Energiewörter der Welt reichen nicht aus, um zu beschreiben, wie gut unser Vater im Himmel ist.

Mit Paulus können wir in Anlehnung an 1. Korinther 13 sagen: Wenn ich alle Sprachen, der Welt sprechen könnte … wenn ich alle Lieder der Welt singen könnte … wenn ich alle Kunstschätze der Menschheit an einem Ort der Welt stapeln könnte … wenn ich alle genialen Fähigkeiten, zu denen Menschen begabt sind, vereinen könnte … wenn ich alle Kraft und Energie auf allen Ebenen der Erde und des Himmels zusammenbringen könnte – all das würde niemals ausreichen, um unserem Gott in SEINER Fülle auch nur ansatzweise zu charakterisieren.

ER ist so viel mehr als die Summe aller geschaffenen Werke. ER ist der wahre Meisterkünstler. ER ist der Töpfer, wir sind der Ton. ER ist der Maler, wir sind das Bild. ER ist der Komponist und wir sind die Sinfonie. ER ist der Vater und wir sind SEINE Kinder! ER ist der Ursprung und die Quelle allen Lebens. Ohne IHN wären wir nichts und sind wir nichts! ER ist nur gut! Und alles, was ER macht, erhält das Gütesiegel des Himmels: „Und siehe, es ist sehr gut!“

Und weil der Vater NUR GUT ist – kann ER auch NUR GUTE Meisterwerke hervorbringen. Du bist eines davon! Deshalb höre bitte auf, negativ und pessimistisch über dich zu denken, zu fühlen und zu richten! Ein Kind, nur weil es in die Pfütze gefallen ist und jetzt von außen schmutzig aussieht, ist noch lange nicht von innen dreckig! Das alte „Drecksherz“ hat der Vater uns doch durch Jesu Opfertod längst entfernen lassen. ER hat uns ein neues Herz und einen neuen beständigen Geist implantiert. Das Herz eines geliebten Sohnes und einer geliebten Tochter. Ja, das bist Du! ER ist nur gut! Und Du auch – in und durch Christus!

Mein Schritt heute:

Ich werde IHM heute im Laufe des Tages immer wieder sagen oder singen oder beides: Du bist nur gut!

Tag 194 **13. Juli**

Treu und zuverlässig

Lernvers: Johannes 14,9
„Wer mich gesehen hat, hat den Vater gesehen!"

Gebet:

„Vater, Deine Treue und Zuverlässigkeit sind mir so kostbar! Auf Dich ist hundertprozentig Verlass. Von mir kann ich das leider nicht immer sagen. Ich habe schon so oft Menschen enttäuscht und es verrissen. Danke, dass Du zu mir stehst und mich nie in Stich lässt! Du bist mein fester Halt!" …

Bibellese: 1. Korinther 1,9+10,13

Impuls:

Menschen können enttäuschen – Jesus enttäuscht uns niemals! Das Wort „ent-täuschen" hat es in sich. Wir sollen durch diese oftmals ernüchternde bis schmerzvolle Erfahrung frei gemacht werden von Täuschung, von Lügen oder verzerrter Wahrnehmung. So kommen Realismus und Wahrheit herein. Weil man Jesus nicht täuschen kann, deshalb kann man IHN auch nicht in diesem Sinne ent-täuschen. Es gibt nichts, was ER nicht schon vorher über uns gewusst hätte. Er wusste, wen ER Sich da am Kreuz mit uns eingekauft hat – nämlich schwache, fehlerhafte, treulose Tomaten, Sünder und unperfekte Kinder!

Sind wir treulos – ER aber niemals. ER kann nicht anders. SEIN ganzes Wesen ist Treue und Zuverlässigkeit. Deshalb wird ER uns niemals mit SEINEM Charakter enttäuschen.

In SEINEM Wesen bleibt ER Sich – und damit auch uns – auf ewig treu!

Und dennoch kennen wir diese Emotion, dass wir uns selbst von Gott enttäuscht fühlen – obwohl, wie gesagt, das ja gar nicht möglich sein kann. Was ist es denn dann nur los in unserer Gefühlswelt?

Papa lässt es oftmals zu, dass die Lügenblasen, die wir in unseren Köpfen selber gebildet haben, zerplatzen. Das sieht so aus und fühlt sich so an, als ob ER uns an der Nase herumgeführt hat. Wir denken, ER hat uns enttäuscht! Aber dabei waren wir es nur selber, die wir Gott in unsere eigene Wunschbox gepresst haben – und jetzt ist das Ding geplatzt! Autsch! Gott sei Dank! Siehst du, es war doch nur wieder mal unsere Ent-Täuschung, Befreiung von falscher Vorgaukelei unserer Seele. Das gehört zu Papas heilsamem Umformungsprozess unseres Herzens. Das ist nicht schön, aber hilft uns im realen Leben anzukommen!

Mein Schritt heute:

Wo fühle ich mich enttäuscht von mir selber, anderen oder gar Gott? Ich will mich heute an Papas Treue und Zuverlässigkeit neu erinnern!

Tag 195 **14. Juli**

Fels der Zeiten

Lernvers: Johannes 14,9
„Wer mich gesehen hat, hat den Vater gesehen!“

Gebet:

„Du bist der Fels in der Brandung der Zeiten! Alles verändert sich rasend schnell. Manchmal komme ich gar nicht mehr hinterher. Aber Du bist die feste Größe und verleihst meinem Leben Standhaftigkeit, auch wenn sich alles um mich herum schneller zu drehen scheint! Danke für Deine Kontinuität und Beständigkeit im Wandel der Zeiten!“ …

Bibellese: Jesaja 9,1-6

Impuls:

Nichts ist so beständig wie der Wandel?! Allein, wenn wir die letzten 10 bis 30 Jahre mal Revue passieren lassen – alles ist rasanten Veränderungsprozessen unterworfen. Gesellschaftlich haben wir als Nation eine enorme Wandlung vollzogen und sind immer noch beim Projekt: deutsche Wiedervereinigung. Neue Errungenschaften im Bereich der Technik haben unser Alltagsleben besonders tiefgreifend verändert: wer könnte sich ein Leben ohne PC oder Smartphone überhaupt noch vorstellen?

Kluge Leute haben berechnet, dass jeder von uns heute in seinem kleinen Leben epochale Veränderungen in Zeitraffertempo durchlebt, für die früher zwei bis drei Generationen nötig gewesen wären. Mit anderen Worten, meine Seele muss verkraften, was früher drei Generationen nacheinander erlebt haben. Darum fühlt sich manche Psyche schrecklich alt und müde an, brennt aus und verabschiedet sich.

Ich vermute, jede Generation und Epoche hatte ihre eigenen Unmöglichkeiten und Überforderungen, sowie unsere auch. Die Namen der Probleme mögen sich ändern, aber die Herausforderungen bleiben. Damals für Israel waren es die Assyrer – eine neue Weltmacht, die alles Bisherige in den Schatten stellte. Das kleine Gottesvolk schien hilflos auf dem schäumenden Weltenmeer, wie eine kleine Jolle im Sturm, hin und her zu schaukeln. Da kommt der Mann Gottes, der Prophet, und sagt: „Hier ist die Lösung! Drei Worte: Kind, Sohn, Vater!“ Diese Lösung Gottes gilt durch alle Zeiten bis heute: „Werde wie ein Kind. Ich habe es dir vorgemacht. Vertraue dich kindlich Meiner großen Liebe an! Ich habe dir, Jesus, MEINEN Sohn gesandt, damit ER dich mit mir versöhnt. Denn ICH bin dein wahrer Vater, der dich ewig lieben wird!“

Mein Schritt heute:
Ich überlege mir 5-10 Dinge, die sich in den letzten Jahren rasant verändert haben. Daneben danke ich dem Vater für SEINE Beständigkeit als Fels der Zeiten.

Der Barmherzige

Lernvers: Johannes 14,9
„Wer mich gesehen hat, hat den Vater gesehen!"

Gebet:

„Du bist reich an Barmherzigkeit! Du bist der Barmherzige und Warmherzige! Deine Liebe trägt mich durch schwere Zeiten und lässt mich wieder jubeln. Du hast mir das Leben gerettet. Du hast mich aus dem Rachen des Todes gezogen."
…

Bibellese: Epheser 2,4; Lukas 6,36

Impuls:

Barmherzigkeit ist eine besonders schöne und wohltuende Charaktereigenschaft Gottes. Das Wort im Urtext lässt sich folgendermaßen umschreiben: *von innen heraus bewegt sein, innerlich erschüttert werden, die inneren Organe werden durchgeschüttelt.* Es geht also um ganz starke Emotionen.

Hörst du, der Vater hat ganz starke positive Gefühle für dich. IHN bewegt, was dich bewegt! Gott lässt es nicht kalt, welche Sachen bei dir gerade ablaufen. Das hat auch bei den Jesusjüngern Eindruck gemacht. Der Meister umarmt den Leprakranken, den kein Mensch mehr anfassen wollte. Der Meister ist barmherzig zu Alten, Schwachen, Frauen, Kindern, Ausländern – zu denen, die von der Gesellschaft abgehängt werden. Einmal erzählte Jesus die Geschichte von einem barmherzigen Lebensretter. Die Pointe versetzte alle in Erstaunen, denn dieser Barmherzige war ein Samariter, ein verhasster Ausländer.

Das hebräische Wort für Barmherzigkeit bezieht sich auf die Bauchhöhle einer Mutter und meint den Ort im Uterus, wo das neue Leben beginnt. Barmherzigkeit ist mütterlich, spendet Leben und versorgt. In Gottes großem Vaterherzen schlägt auch ein Mutterherz mit Barmherzigkeit!

Gut zu wissen, dass Abba reich ist an Barmherzigkeit. IHM geht niemals die Puste aus.

Auch an dieser Stelle hat ER mehr als genug – für jeden Menschen! Unser Abba empfindet mit uns. Wir sind IHM wichtig. ER lässt uns nahe an SEIN Herz herankommen. Ja, ER teilt unseren Schmerz und tröstet uns mütterlich!

Mein Schritt heute:

Wer braucht heute etwas Barmherzigkeit von mir? Ich will lernen barmherzig zu sein, wie mein Vater im Himmel barmherzig ist!

Tag 197 **16. Juli**

Allwissend und allmächtig

Lernvers: Johannes 14,9
„Wer mich gesehen hat, hat den Vater gesehen!"

Gebet:

„Mein Papa kann einfach alles! – Du bist allmächtig, allwissend, allgegenwärtig, grenzenlos, absolut gerecht, vollkommen gut, total voller Liebe, gnädig ohne Ende, einzigartig und himmlisch, göttlich und doch mir menschlich so zugewandt! Ich liebe Dich!" ...

Bibellese: Psalm 147,4-5; Offenbarung 1,8

Impuls:

Wenn es um Gottes Wesen geht, dann gehen uns bald die passenden Worte aus. Denn ER ist das Maß aller Dinge. ER ist alles in allem. Die „All-Worte", wie allmächtig, allwissend, allgegenwärtig ..., sie versuchen ein bisschen davon wiederzugeben, aber sprengen doch unsere allzu menschliche Vorstellungskraft! Gott ist Gott und kein Mensch. ER schläft nicht oder braucht mal eine Erholungspause. ER kann nicht lügen. ER ist nur rein und gut, ohne Falsch und ohne Willkür. ER ist unsterblich und unwandelbar. Wir kennen keinen menschlichen Vergleichspunkt. Wie sollten wir einem Eingebornen, der am Äquator lebt und wohlmöglich noch nie Schnee gesehen hat, verdeutlichen, wie bei uns der Winter aussieht; oder wie könnten wir einem Zweijährigen erklären, wie Atomkraftwerke funktionieren.

Immer ist Gott größer! Unser Papa ist der Aller-Aller-Größte! Ein Blick auf SEINE Werke lässt uns erahnen, wie groß ER sein muss. ER kennt alle Sterne bei Namen. ER hat Lebewesen ohne Zahl in den lustigsten Variationen kreiert.

Was verschlägt dir den Atem? Ist es ein Sonnenaufgang oder ein Regenbogen? Ist es ein bunter Herbstwald oder die Blumenwiese im Frühling? Ist es das Antlitz eines geliebten Menschen? Das Giggeln eines kleinen Säuglings?

Für mich zählt zu den schönsten Wundern SEINER Allmacht die Vielfalt, mit der ER uns Menschenkinder gemacht hat. Keiner gleicht dem anderen. Weder im Aussehen, noch im Geschmack, noch im Wesen. Manchmal finde ich das total anstrengend (warum können nicht alle so sein wie ich?) – aber meistens erlebe ich diese Diversität als riesiges Geschenk vom Papa. SEINE Lieblingsfarbe ist bunt! Der Allmächtige liebt halt alle SEINE bunten Kinder!

Mein Schritt heute:

Was versetzt mich heute in Staunen? Ich will darauf Acht geben, wo mir Papas Größe begegnen will!

Tag 198 **17. Juli**

Der Unwandelbare

Lernvers: Johannes 14,9

„Wer mich gesehen hat, hat den Vater gesehen!“

Gebet:

„Komm, lieber guter Heiliger Geist und führe mich. Ich weiß oft nicht den rechten Weg. Du bist mir Kompass und Navigator. Du kennst die ewigen Pfade, sowie das neue Land, wo noch keine Spuren zu finden sind. Du kennst Dich aus. Weil ich mich an Dich halte, werde ich mein Ziel sicher erreichen!“ …

Bibellese: Jakobus 1,17

Impuls:

Diese Schriftstelle ist besonders wichtig für alle, die darunter leiden oder gelitten haben, dass es in ihrer kleinen Welt zu viel Willkür, Launen und Unberechenbarkeit ihr Unwesen treiben. Es gibt Mütter und Väter, bei denen man nie weiß, woran man ist. Es gibt säkulare und geistliche Leitungspersonen, die uns ihren Willen aufzwängen und missbrauchen. Es gibt so viel Verunsicherung in Ehe und Partnerschaft durch Untreue und Manipulation.

Abba-Vater hat ein unwandelbares Wesen. SEIN Charakter ist und bleibt die feste Größe im Universum. ER ist nicht heute so und morgen so. SEIN „Ja“ ist ein „Ja“; SEIN „Nein“ ist ein „Nein“! ER ist weder übellaunig, noch wetterwendisch.

Kennst du den großen Unterschied zwischen Gottes Wesen und Gottes Wegen? In unserer deutschen Sprache liegt der Unterschied nur in einem Buchstaben. In Realität liegen Welten dazwischen. Gottes WESEN ist immer fest und klar, unumstößlich und eindeutig. Gott ist Liebe und wird immer Liebe sein!

Aber Gottes WEGE sind so viel höher, als der Himmel über der Erde ist! SEINE Wege werden wir niemals ganz verstehen können. ER ist souverän und hat den Überblick. Deshalb kann ER mal so und mal so uns ans Ziel führen. Das irritiert uns und kann ein bisschen verrückt machen. Da tauchen dann Zweifel auf und die ängstliche Nachfrage, ob Gott nicht doch etwas willkürlich sein könnte? – Nein! Papas Wesen ist unwandelbar! SEINE Wege der Liebe sind so wie SEINE Güte – sie sind jeden Morgen neu und beständig!

Mein Schritt heute:

Ich schreibe auf einen Zettel „WESEN Gottes“ und auf einen anderen „WEGE Gottes“. Dann gehe ich zu einem Freund und werde ihm von diesem Unterschied erzählen.

Der Wiederhersteller

Lernvers: Johannes 14,9
„Wer mich gesehen hat, hat den Vater gesehen!"

Gebet:

„In meinem Leben ist schon so viel zerbrochen gewesen. Danke, dass Du mein Wiederhersteller bist. Du hast die Scherben aufgelesen und ein Neues daraus gemacht. Ich danke Dir für das Wunder meines Lebens. Ich bin ein Zeichen und Wunder auf zwei Beinen – durch Dich und Deine Liebe!" …

Bibellese: Apostelgeschichte 3,21

Impuls:

Abba schenkt Zeiten der Erquickung, der Erfrischung, der Neubelebung, der Wiederherstellung!

Wenn in der Bibel von Gerechtigkeit gesprochen wird, dann versteht das Wort Gottes etwas völlig anderes darunter, als wir vermuten würden. In unserem Sprachgebrauch verbinden wir das Wort Gerechtigkeit mit Recht und Ordnung, mit Gericht und Justiz. In der westlichen Kultur mit unserem Rechtsstaatsverständnis bedeutet Gerechtigkeit: jemand begeht eine Straftat, wie etwa ein Diebstahl. Wenn nun der Dieb gefasst wird und man ihn zur Strafe ins Gefängnis wirft, hat man nach diesem Gerechtigkeitsverständnis dem Recht Genüge geleistet. Das Ziel wäre erreicht: die Bestrafung und bestenfalls Umerziehung des Täters. Ob das Opfer seinen Besitz zurückerhält (was in den meisten Fällen nicht geschieht), spielt nur eine untergeordnete Rolle.

Nun aber die Gerechtigkeit, die vor Gott gilt und vor Abba-Vater zählt! Hier steht das Opfer im Mittelpunkt des Interesses. Ihm ist Unrecht widerfahren. Das Ziel ist: das Opfer soll seinen Besitz wiedererhalten. Zeiten der Neubelebung. Die Wiederherstellung des Schalom, der vorherigen Grundordnung, soll herbeigeführt werden. Nebenbei wird der Dieb gefangen und erhält die Chance der Wiedergutmachung oder der Erziehung durch heilsame Beschränkung. Aber der Täter spielt nur eine untergeordnete Rolle. Gedanken der Strafe, Rache oder Vergeltung sind Gottes liebenden Vater-Herzen fern.

Jesus ist gekommen, die Werke der Finsternis zu zerstören (nicht uns!) – und den Gotteskindern zurückzugeben, was ihnen geraubt wurde – mit Zins und Zinseszins!

Mein Schritt heute:

Ich schreibe mir heute in mein geistliches Tagebuch, in welchen Bereichen ich mir von Abba Wiederherstellung wünsche.

Tag 200 **19. Juli**

Der Humorvolle

Lernvers: Johannes 14,9
„Wer mich gesehen hat, hat den Vater gesehen!"

Gebet:

„Das ist meine Freude, dass ich mich an Dich halte! Du füllst mein Mund mit Lachen und mein Herz mit kindlicher Leichtigkeit! Oh, wie schön ist es zu leben! Die Freude an Dir ist meine Stärke und Kraft. Lass bitte heute Dein strahlendes Angesicht über mir sein!" …

Bibellese: Matthäus 19,24+23,24

Impuls:

Eine kleine Übung: stell dich mal bitte vor einen Spiegel und schau dir deine Nase an …, na, wie findest du sie? Kannst du mit den Ohren wackeln? Ich kann mit den Augen schielen …, und was kannst du? Wie gefallen dir deine Ellbogen? Lustig, nicht wahr?!

Alleine wenn ich meinen Körper betrachte, meine ich zu merken, dass unser Abba viel Humor haben muss (wenn du mich jetzt persönlich sehen würdest, wüsstest du, was ich meine!). Bei Licht betrachtet gibt es so viel Fröhliches an uns zu entdecken. Warum tragen schwangere Frauen ihre Babys im Bauch umher und nicht auf den Rücken? Beobachte mal ein paar Leute: wie schlaksig geht jener Mann und wie drollig sieht die Frisur von dieser Frau aus! Ich verrate dir eines meiner Hobbys: Ich liebe es, mich in ein Straßencafé zu setzen, wo viele Leute entlanglaufen, und dann beobachte ich Papas Menschenkinder. Einfach nur so! Bitte, verstehe mich recht: Ich mache mich nicht lustig über die Leute oder schau spöttisch auf sie herab …, nein, vielmehr schaue ich auf zu jedem Einzelnen. Denn jeder ist ein Meisterstück! In jedem begegnet mir ein Stück von Abbas Genialität. Ganz der Papa!

Ich liebe den Humor, den Jesus an den Tag legt. Wie schlagfertig und kreativ ER Rede und Antwort steht: Ein Kamel durchs Nadelöhr. Der Balken im Auge. Das Goldstück im Fischmaul. Gebt dem Kaiser, was des Kaisers ist. Hallo, wie spaßig ist das denn?!

Meinem Papa-Gott geht es immer gut! ER ist immer gut drauf und hat keine Krise. Ich kenne keine humorvollere Person im ganzen Universum. Ja, ER ist die Quelle aller wahren Freude. Und wenn wir das mal zwischendurch vergessen haben sollten, dann lasst uns morgens unter der Dusche unseren Bauchnabel inspizieren. Dort hat nämlich Abba, als ER dich erschuf, mit SEINEM Finger drauf gestupst und gesagt: „Dich habe ich aber ganz besonders lieb!" Tja, und seitdem ist dieses kleine Ding an deinem Bauch. So ungefähr muss es wohl gewesen sein. ☺

Mein Schritt heute:
Was bringt mich heute zum Lachen? Ich will der Freude Raum geben!

Teil 21

Komm zur Ruhe

Matthäus 11,28-30

Tag 201 **20. Juli**

Leben aus der Quelle

Lernvers: Matthäus 11,28-30

„Kommt her zu mir, alle ihr Mühseligen und Beladenen! Und ich werde euch Ruhe geben. Nehmt auf euch mein Joch und lernt von mir! Denn ich bin sanftmütig und von Herzen demütig, und ihr werdet Ruhe finden für eure Seelen; denn mein Joch ist sanft und meine Last ist leicht!"

Gebet:

„Du bist die Quelle meines Lebens! Bei Dir findet meine Seele Erfrischung und Stärkung. Ich schwimme im Strom Deiner Liebe. Und lasse mich treiben auf den Wellen Deines Geistes." …

Bibellese: Psalm 36

Impuls:

Ich mag die Psalmen, die vom Strom Gottes singen. Wasser ist ein herrliches Element. Es reinigt, erfrischt, stillt den Durst. Nichts kann leben oder gedeihen ohne Wasser. Es schafft Lebensräume und besitzt auch gewaltige Kräfte. Wir lernen die stillen Wasser kennen, aber auch die reißende Strömung, wo man nicht mehr stehen kann, sondern sich den Fluten anvertrauen muss. Der Heilige Geist wird an vielen Stellen der Bibel sehr passend auf diese Weise umschrieben. ER ist das Wasser des Lebens, die Quelle, der Strom aus dem Allerheiligsten.

Als David zum König über Israel berufen wurde, da salbte ihn der Gottesmann Samuel mit Öl. Das war das Zeichen, dass er fortan nicht in eigener Kraft, sondern in der Kraft des Geistes Gottes die Königsherrschaft ausüben würde. Seitdem gab es zahlreiche Anlässe, bei denen sich David an dieses Ereignis erinnert haben wird. Als reicher König genoss er die Vorzüge des Lebens am Hof, mit täglichen Salbungen und Waschungen. Er lebte in dem Bewusstsein: Ich bin der Messias-König, der mit Gottes Geist Gesalbte. Aber statt der Last einer schweren Bürde, die sich damit auf den König gelegt hätte, spüren wir eine kindlich-vertrauensvolle Leichtigkeit im Herzen Davids. Wie kommt das nur?

Kann es sein, das Geheimnis lag darin, dass David sich ständig vor Augen führte, wer der eigentliche König und Herr im Land (und auf der ganzen Welt) ist – und wer nicht?! Und kann es sein, dass David bei all seiner Macht und Größe so „klein" und demütig blieb, weil er immer wieder zurück zur Quelle ging?! Wie oft lesen wir das in den Schriften: „Und David stärkte sich in dem Herrn." Er tauchte tiefer in die Fluten der Kraft Gottes ein und wurde so erfrischt und erneuert im Heiligen Geist.

Das ist Leben aus der Quelle!

Mein Schritt heute:
Ich lade den Heiligen Geist ein, mich neu zu erfüllen, indem ich ... (bete, lobe, in Gebetssprachen rede, schweige, staune).

Sei still und erkenne

Lernvers: Matthäus 11,28-30

„Kommt her zu mir, alle ihr Mühseligen und Beladenen! Und ich werde euch Ruhe geben. Nehmt auf euch mein Joch und lernt von mir! Denn ich bin sanftmütig und von Herzen demütig, und ihr werdet Ruhe finden für eure Seelen; denn mein Joch ist sanft und meine Last ist leicht!"

Gebet:

„Alles muss sich beugen und schweigen vor Dir. Ehrfurchtsvoll liege ich auf dem Boden wie ausgeschüttetes Wasser. Du bringst meine aufgewühlte Seele zur Ruhe. Komm und sei der Morgentau auf meinem trockenen Herzen. Lass mich neu aufblühen und aufleben! Ich sehne mich nach Dir!" …

Bibellese: Psalm 46,10

Impuls:

Meine Eltern gaben mir folgende Weisheit mit auf die Reise des Lebens: Nur an einem stillen Ort legt Gott Seinen Anker an!

Ich gehöre eher zu den aktiven und lauten Persönlichkeiten. Das Kontemplative wäre nicht mein erster Zugang zu Gottes Herzen. Dennoch heißt das keineswegs, dass mir die Stille fremd ist. Ganz im Gegenteil. Die Stille vor Gott ist wie ein ausgleichender Pendelschlag in die andere Richtung. Als jemand, der sich viel in der Öffentlichkeit unter Menschen zeigt und bewegt, habe ich entdeckt, wie überlebensnotwenig die verborgenen Stunden und Zeiten bei meinem Vater sind. Papa hat mich mal liebevoll ermahnt, ich solle nicht mehr „im Schaufenster meines Lebens" zeigen, als ich im Verborgenen bei IHM bin und von IHM empfangen habe. Nicht mehr Schein als Sein!

Die Zeit zu zweit mit IHM, das ist meine geheime Kraftquelle. Dort hole ich mir alles, was ich brauche. Das sind jene Augenblicke am Morgen, wenn ich mich auf SEINEN Schoß setze und vor allem anderen IHN erst einmal genieße. Das sind aber auch jene Oasentage zwischendrin, wo ich mir einfach ein paar Stunden Qualitätszeit nehme, nur für unsere Zweisamkeit. Mindestens einmal im Jahr versuche ich mir eine längere Zeit (Wochenende oder ein paar Brückentage) frei zu halten, wo Abba und ich Herzensaustausch pflegen. Über die Jahre haben wir beide unsere Art der himmlischen Freundschaft gefunden und kultiviert, die uns beiden gefällt und guttut. Es ist meistens eine Mischung von kreativer Symbolik, gepaart mit intensivem Bibelstudium (denn ich liebe SEINE Worte), ganz viel aufschreiben in mein geistliches Tagebuch und aufmalen (visualisieren/mindmapping) der vielen Gedanken und Impulse; das Ganze gewürzt mit Lobpreis, Abendmahl und Gebeten … So fliegen die Stunden und Tage dahin …, und mittendrin schweigen wir miteinander und genießen perfekte Momente der Ewigkeit.

Mein Schritt heute:

Ich werde einen Tag der Stille in den nächsten Wochen in meinem Kalender fest einplanen.

Es ist gut, Dich zu preisen

Lernvers: Matthäus 11,28-30

„Kommt her zu mir, alle ihr Mühseligen und Beladenen! Und ich werde euch Ruhe geben. Nehmt auf euch mein Joch und lernt von mir! Denn ich bin sanftmütig und von Herzen demütig, und ihr werdet Ruhe finden für eure Seelen; denn mein Joch ist sanft und meine Last ist leicht!"

Gebet:

„Ich will Dich preisen, wenn es mir gut geht. Und ich will Dich preisen in meiner Not. Ich will Dir Loblieder singen in den Nächten meiner Seele. Und ich will Dir zujubeln an den hellen Tagen meiner Freude." ...

Bibellese: Psalm 92

Impuls:

Wir erfahren zu Beginn, dass dieser Psalm besonders für den Sabbattag gedacht ist. Der siebte Tag, an dem unser Vater von SEINEN Werken ruhte. Ein Tag der Ruhe und des Genusses auch für uns. *Sabbat* bedeutet „aufhören mit allem, was man macht". Pause einlegen. Es ist eine ausgesonderte Zeit für Gott.

Und dann lesen wir: „Es ist *gut*, Jahwe zu *preisen*!" Das Wort *gut*, im Hebräischen *tov*, ist das gleiche Wort, das wir im Schöpfungsbericht vorfinden, als unser Vater alles betrachtete und SEIN Gütesiegel daruntersetzte: *tov!* Das heißt „sehr gut, erfreulich, wertvoll, wohlriechend, angenehm, vollkommen". Und das Wort für *preisen/danken* ist hier das Wort *jadah.* Es bedeutet, Gott von ganzem Herzen inniglich die Ehre zu geben!

Mit anderen Worten: Wenn wir zur Ruhe kommen, dann ist es sehr gut, mit Gott ganz nahe Gemeinschaft zu haben. Und das gelingt uns am besten im Lobpreis! Lobpreis und Anbetung ist die Sprache der Liebe unseres Herzens. Da singt ein Verliebter von seinem Gott. Da spricht ein Begeisterter von seinem Retter. Tag und Nacht.

Wie lobst du deinen Gott? Ist dein Sonntag auch ein ausgesonderter Tag der Nähe Gottes? Ich will jetzt kein schlechtes Gewissen erzeugen. Vielmehr möchte ich ermutigen, sich neu aufzumachen. Es stimmt, es ist wirklich sehr gut, unseren Vater zu preisen! Gönn dir doch am kommenden Sonntag eine Zeit der besonderen Nähe Gottes. Hol mal wieder dein Instrument hervor. Singe IHM die Songs deines Herzens. Rede zu IHM, wie es Verliebte tun. Du wirst staunen und am Schluss bekennen: „Mit frischem Öl hast Du mich überschüttet!"

Mein Schritt heute:

Ich nehme mir vor, mir am kommenden Sonntag eine besondere Lobpreiszeit für meinen Vater zu gönnen.

Baden in der Liebe des Vaters

Lernvers: Matthäus 11,28-30

„Kommt her zu mir, alle ihr Mühseligen und Beladenen! Und ich werde euch Ruhe geben. Nehmt auf euch mein Joch und lernt von mir! Denn ich bin sanftmütig und von Herzen demütig, und ihr werdet Ruhe finden für eure Seelen; denn mein Joch ist sanft und meine Last ist leicht!"

Gebet:

„Geliebter Jesus, an Deinem Herzen aus zu ruhen, tut mir so gut. Dann vergesse ich alles um mich her. Du sagst mir die Worte, die ich hören muss. Was bei Dir groß ist, wird groß. Und was bei Dir klein ist, wird klein. Danke für die himmlische Balance und Normalität, zu der Du mich führst, wie zu stillem Wasser!"
...

Bibellese: Johannes 4,14+23+24

Impuls:

Als vor (über) 25 Jahren Abbas Liebe frisch über die Gemeinde Jesu ausgegossen wurde in Argentinien, Toronto, Pensacola und an anderen Hotspots auf der Welt, da machten viele Gotteskinder eine neue Entdeckung (oder eine Wiederentdeckung ganz neu): Die Ruhe Gottes!

Soaking wurde das im angloamerikanischen Sprachraum genannt. Das einweichende Gebet, wie man leckere Speise in Marinade einlegt. Ich nenne das: Baden in der Liebe des Vaters! Warten, harren auf den Herrn; so wurde es oft in biblischer Terminologie ausgedrückt. Es geht darum, aufzuhören mit allem, was man sonst tut und auf Gott zu warten. Keine Fürbitte mehr, kein Beten in Zungen, keine Aktivitäten. Am besten sich auf den Teppich oder ein Bett legen und still sein. Leise ruhige Instrumentalmusik im Hintergrund und dann die Liebe von Abba fließen lassen. Nicht nur eine Minute, sondern 15-30 Minuten und gar ein paar Stunden. Alles hat SEINE Zeit ..., kämpfen und proklamieren hat SEINE Zeit; aber auch warten und in der Liebe baden hat SEINE Zeit.

Ich weiß noch, wie komisch wir uns am Anfang dabei vorkamen. Fast hatten wir ein bisschen schlechtes Gewissen. Wozu soll das denn gut sein? Ist das nicht zu passiv oder gar Faulheit? Doch mit den Malen wuchs unser Erfahrungsschatz. Wir sahen die Früchte in unserem Alltag, die aus diesen stillen Momenten der Ewigkeit erwuchsen. Abba lehrte uns dabei eine wichtige Lektion: „Nicht durch euer Wünschen, Wollen und Rennen kommt ihr schneller ans Ziel. Sondern: wenn ihr lernt, nahe an Meinem Herzen zur Ruhe zu finden, werdet ihr empfänglich für Meinen Segen!" Hörst du? – Wer in Abbas Liebe ruht, der kommt schneller ans Ziel!

Mein Schritt heute:
Ich nehme mir heute Zeit, um 15 Minuten in Abbas Liebe zu baden!

Tag 205 24. Juli

Schabbat schalom

Lernvers: Matthäus 11,28-30

„Kommt her zu mir, alle ihr Mühseligen und Beladenen! Und ich werde euch Ruhe geben. Nehmt auf euch mein Joch und lernt von mir! Denn ich bin sanftmütig und von Herzen demütig, und ihr werdet Ruhe finden für eure Seelen; denn mein Joch ist sanft und meine Last ist leicht!"

Gebet:

„Abba, heute feiere ich Schabbat Schalom mit Dir! Ich werde ruhen von meinen eigenen Werken, so wie Du damals am siebten Tag. Lass uns feiern, essen, trinken und tanzen! Denn alles ist vollbracht und Du sagst: Es ist vollkommen und gut so!" …

Bibellese: Markus 2,23-27

Impuls:

Warst du schon einmal in Israel? – Dann kennst du die geheimnisvolle Atmosphäre, wenn der Sabbat beginnt. Jeden Freitag gegen fünf Uhr nachmittags verwandelt sich eine geschäftige Hightech-Gesellschaft wie der Staat Israel zu einem einzigen großen Familientreffen. Der Sabbat wird bei Sonnenuntergang eingeläutet (im Judentum werden die Tage von Sonnenuntergang zu Sonnenuntergang gezählt – in Anlehnung an den Schöpfungsbericht in 1. Mose 1). Es fühlt sich so an, als ob jemand den Stecker ziehen würde. Die Straßen leeren sich, laute orientalische Geschäftigkeit wird ungewohnt leise. Friede legt sich für 24 Stunden über die Häuser der Städte und Dörfer. Überall kommen die Familien zusammen und feiern Schabbat Schalom: den Frieden nach getaner Arbeit. So wie der Vater am siebten Tag von allen Werken geruht hat, sollen nun auch SEINE Kinder mit IHM zusammen essen, trinken, feiern und die Ruhe genießen. Wer schon einmal bei einer jüdischen Familie eingeladen war, den Sabbat mitzufeiern, kann davon berichten, wie froh und ausgelassen, lecker und ausgiebig solch ein Fest sein kann.

Die Sabbatheiligung wurde zu einem der Haupterkennungsmerkmale jüdischer Religion. Und wie bei allem, was der Teufel nicht verhindern kann, das versucht er zu übertreiben. Aus der frohen Feierlaune der Kinder wurde ein starres Gesetz der Pharisäer. Jesus liegt mit diesem Pharisäergeist ständig in Konfrontation – auch heute noch! Der Sabbat ist für den Menschen geschaffen; nicht umgekehrt, der Mensch für den Sabbat! Und ER, unser König Jesus, ist der Herr über alles, und somit auch über alle Feiertage. Ups – kleine, unreife Kinder und religiöse Eiferer spielen lieber mit der Verpackung und verpassen oftmals das wahre Geschenk, das darin eingewickelt ist!

Mein Schritt heute:

Mal schauen, ob ich meinen Hauskreis gewinnen kann, an einem Abend mit mir Schabbat Schalom zu feiern?!

Wenn Zweifel mich plagen

Lernvers: Matthäus 11,28-30
„Kommt her zu mir, alle ihr Mühseligen und Beladenen! Und ich werde euch Ruhe geben. Nehmt auf euch mein Joch und lernt von mir! Denn ich bin sanftmütig und von Herzen demütig, und ihr werdet Ruhe finden für eure Seelen; denn mein Joch ist sanft und meine Last ist leicht!"

Gebet:

„Vater, mich plagen dunkle Gedanken. Zweifel und Ängste umzingeln mich. Ich fürchte mich vor den vielen Herausforderungen meines Lebens. Bitte, komm mir zur Hilfe und sei mein Licht in der Nacht." …

Bibellese: Psalm 53

Impuls:

Das deutsche Wort *Zweifel* kommt von „zweifach-denken". Man kann eine Sache so oder so betrachten. Entweder „Es gibt einen Gott!" – oder:„Es gibt keinen Gott!" Zweifel führen unser Denken und Fühlen in innere Zerrissenheit. Wir schwanken hin und her, verlieren so unseren Herzensfrieden. Und genau das beabsichtigt der Feind Gottes, der Teufel. Er ist ein Lügner und Betrüger, ein Verkläger und Entmutiger. Jesus nannte ihn einmal den *Vater der Lüge.*

Eigentlich müssten wir seine Lügen alle schon kennen: „Das schaffst du niemals! Gib doch auf! Keiner liebt dich, keiner denkt an dich! Du bist nichts wert. Du machst doch sowieso alles nur falsch. Schau dir die anderen Mal an: Die können das so viel besser als du. Ja, denen geht es gut – und für dich bleibt wieder nur der Rest.- Ach, und Gott? Den gibt es ja gar nicht! Du bist vollkommen allein! Du musst jetzt stark sein und streng dich mehr an!"

Wenn solches Gesülze in unser Hirn hinein krabbeln will, müssen wir auf der Hut sein! Geben wir diesen Lügengedanken erst einmal Raum, dann haben wir den Funksalat. Dann werden die Worte unseres liebenden Vaters von dem Geschwafel von Mister Dunkel überlagert und wir befinden uns mitten im Karussell der Zweifel. Wenn das bereits geschehen sein sollte, dann hilft nur eins: RESET! Alles anhalten, den „PC" runterfahren und neu starten.

„Unsere Rettung (wörtlich: Jeschua = Jesus) kommt aus Zion!" Jetzt muss Jesus ran! Jetzt brauche ich Jesus, denn ER ist die Wahrheit in Person! ER ist über jeden Zweifel erhaben. Jetzt brauche ich Christus-in-mir-Bibelworte. Einen Neustart, indem ich die Wahrheiten des Vaters neu über meinem Leben ausspreche – am besten sogar laut!

Mein Schritt heute:

Ich suche mir einen Abschnitt aus der Bibel (z. B. Epheserbrief), in dem Wahrheiten über mein Leben in Christus ausgesagt werden und bekenne sie laut.

Tag 207 **26. Juli**

Ruhen von den eigenen Werken

Lernvers: Matthäus 11,28-30

„Kommt her zu mir, alle ihr Mühseligen und Beladenen! Und ich werde euch Ruhe geben. Nehmt auf euch mein Joch und lernt von mir! Denn ich bin sanftmütig und von Herzen demütig, und ihr werdet Ruhe finden für eure Seelen; denn mein Joch ist sanft und meine Last ist leicht!"

Gebet:

„Du bist mein Friedefürst. Du hast alles für mich vollbracht. Ich danke Dir für Dein vollkommenes Werk am Kreuz. Ich umarme neu das Geschenk meiner Erlösung. Du hast die Macht der Sünde besiegt, den Teufel entmachtet und die Hölle geplündert. Ich bin ein Teil Deiner fetten Beute; Du, Sieger von Golgatha!" …

Bibellese: Hebräer 4,1-11

Impuls:

Es gibt zwei ganz wichtige Muskeln an unseren Armen: Beuger und Strecker. Wenn einer von beiden defekt ist, funktioniert das ganze Spiel der Muskulatur nicht mehr richtig und wir sind nur noch lahme Enten, die nichts mehr packen können. Das gleiche Prinzip gilt auch für den geistlichen Bereich.

Jesus Christus sagt: „Ohne Mich könnt ihr nichts tun!" Und Paulus sagt: „Ich kann durch Christus alles tun!"

Nichts tun und alles tun! Ruhen und Rennen. Beides gehört bei Christus zusammen, so wie an unseren Armen Beuger- und Streckermuskel. Es gibt Zeiten, da dürfen wir geistlich zu Hochtouren auflaufen und mit dem Meister zusammen die größeren Werke tun. Aber diese aktiven Zeiten müssen gespeist sein aus Zeiten der Ruhe und eingebettet sein zwischen Ruhephasen, denn sonst brennen wir aus.

Ich kenne niemanden auf der Welt, der so fleißig und aktiv war wie mein Meister. Aber ich sehe auch, wie ER ständig an die Quelle der Liebe des Vaters ging und zunächst selber daraus trank, bis ER wieder am Überlaufen war, voll von Herrlichkeit und Kraft. Jesus diente aus dem Überfluss an Liebe. Nicht aus dem Mangel und Druck eigener Leistung oder Erwartung anderer. Nichts anderes sollten wir tun.

Zuerst ruhen, baden und trinken im Meer der Liebe. Und dann überfließen, weiterfließen lassen, andere Menschen damit nass machen. Das ist der Lebensstil der Sabbatruhe der Kinder Gottes, die von den eigenen Werken ausruhen und in den vorbereiteten Werken Jesu weiterlaufen. Von Kraft zu Kraft, von Sieg zu Sieg, von Herrlichkeit zu Herrlichkeit. Du sagst, das klingt zu fantastisch?! – Komm und probiere es selber mal aus!

Mein Schritt heute:
Ich will mehr darauf achten, dass sich in meinem Leben Ruhephasen und aktive Zeiten in guter Balance gegenseitig ablösen.

Tag 208 **27. Juli**

Das Geheimnis der Stille

Lernvers: Matthäus 11,28-30

„Kommt her zu mir, alle ihr Mühseligen und Beladenen! Und ich werde euch Ruhe geben. Nehmt auf euch mein Joch und lernt von mir! Denn ich bin sanftmütig und von Herzen demütig, und ihr werdet Ruhe finden für eure Seelen; denn mein Joch ist sanft und meine Last ist leicht!"

Gebet:

„Hier bin ich! Und hier bist Du! Ich warte auf Dich. Du wartest auf mich ...."

Bibellese: Offenbarung 8,1

Impuls:

Es geht um das Geheimnis der Stille. Das finde ich wieder einmal eine interessante Bibelstelle!

Der Kontext ist folgender: Der Apostel Johannes erlebt am Ende seines langen Lebens, wie der Vater ihm Einblick in himmlische Geheimnisse gewährt. Daraus entstand dann das Buch der Offenbarung. Für viele Christen ist dies letzte Buch der Bibel sehr mysteriös. Manche sagen, „ein Buch mit sieben Siegeln". Einige können damit gar nichts anfangen, weil es zu bildhaft verwirrend auf sie wirkt. Andere haben daraus apokalyptische Fahrpläne gebastelt und meinen genau zu wissen, wie die Weltgeschichte zu Ende zu gehen hat. Ich finde es hilfreich, ein paar Parameter vorher zu klären.

Erstens: Das Buch der Offenbarung ist ein prophetisches Bilderbuch. Es spricht die Zeichensprache der Propheten, wie wir sie in der ganzen Bibel finden und kennenlernen können.

Zweitens: Stell dir bitte mal einen Spielfilm vor mit drei unterschiedlichen Drehorten, an denen die jeweiligen Handlungen stattfinden. Wie es in jedem Film Schnittstellen gibt, so müssen auch wir beim Lesen der Offenbarung darauf achten, wo wir uns gerade im jeweiligen Szenario befinden. Sind wir auf der Erde? Oder in der Himmelswelt, wo noch ein geistlicher Kampf stattfindet? Oder sind wir bereits am Ziel, am Thron Gottes, wo alles schon am Feiern ist?

Drittens: Wie die ganze Bibel, so dreht sich auch das Buch der Offenbarung zu allererst und allerletzt um die große Liebe des Vaters, die in Jesus sichtbar und begreifbar für uns wurde. Da ist das alleinige Hauptthema, auf das es ankommt. Alles andere muss sich dem als Nebenthema unterordnen. So bleibt die Hauptsache Hauptsache!

Nun lesen wir, dass im Himmel eine Stille (ein Schweigen) war, bevor es weitergehen konnte. Was könnte das wohl im Lichte dieser Parameter bedeuten?

Mein Schritt heute:
Ich will und werde heute über diese Frage schweigend nachsinnen. Und bin gespannt, was danach kommt!

Mein Schritt heute:
Ich will und werde heute über diese Frage schweigend nachsinnen. Und bin gespannt, was danach kommt!

Warten und erwarten

Lernvers: Matthäus 11,28-30
„Kommt her zu mir, alle ihr Mühseligen und Beladenen! Und ich werde euch Ruhe geben. Nehmt auf euch mein Joch und lernt von mir! Denn ich bin sanftmütig und von Herzen demütig, und ihr werdet Ruhe finden für eure Seelen; denn mein Joch ist sanft und meine Last ist leicht!"

Gebet:

„Ich warte auf Dich, wie ein Wächter auf den neuen Morgen. Ich halte Ausschau nach neuem Land, wie ein Matrose im Ausguck. Ich suche Dich und Deinen Willen für mein Leben. Ich will nicht einen Schritt ohne Dich gehen!" …

Bibellese: Psalm 42,6

Impuls:

Vor Jahren sah ich im Theater das bekannte Stück „Warten auf Godot" von Samuel Beckett. Es geht darin um das sinnlose Warten auf diesen mysteriösen „Herrn Godot", der doch niemals erscheinen wird. Godot ist lediglich eine Projektion der inneren Wünsche und Hoffnungen der wartenden Menschen. Er kann stehen für Träume, Ideale, Ideologien und Religionen – bestimmt ist die Namensähnlichkeit mit „Gott" nicht zufällig gewählt.

Der Volksmund sagt: Hoffen und harren hält manchen zum Narren! Religion als Opium fürs Volk? Die digitale Dauerberieselung der Medien als permanente Droge fürs Vergessen? Eine Menschheit, die an der Bushaltestelle der globalen Katastrophen auf ihren Untergang wartet?

Oder genau das Gegenteil: Erwarten wir doch das Beste … Die Evolution geht weiter? Der technische Fortschritt ist nicht aufzuhalten und wird uns noch neue Höhenflüge bescheren? Wir werden immer älter werden und …?

Mit welcher Zukunftsvision leben die Menschen um uns her? Welche Erwartung lebt in dir? In uns Christen? Wird alles schlimmer oder besser werden?

Der Vater ermutigt uns, nicht auf ETWAS zu warten, sondern JEMANDEN zu erwarten.

IHN zu erwarten. SEIN Kommen und Eingreifen. ER ist und bleibt der Herr der Geschichte. Es ist HIS-STORY, SEINE Geschichte mit uns Menschenkindern. Jesus wird wiederkommen. Der Vater holt uns nach Hause. Warten auf Gott – lohnt sich! Denn ER hat immer das erste und das letzte Wort!

Mein Schritt heute:

Ich werde heute Wartezeiten (an der Haltestelle, im Kaufhaus) als Chance wahrnehmen, mich an das Warten auf Papas Kommen zu erinnern.

Ruheort und Ruhekissen

Lernvers: Matthäus 11,28-30

„Kommt her zu mir, alle ihr Mühseligen und Beladenen! Und ich werde euch Ruhe geben. Nehmt auf euch mein Joch und lernt von mir! Denn ich bin sanftmütig und von Herzen demütig, und ihr werdet Ruhe finden für eure Seelen; denn mein Joch ist sanft und meine Last ist leicht!"

Gebet:

„Du bist mein Zufluchtsort, mein Ruhekissen und meine Lagerstätte. Ich komme runter von all dem Überdreht- und Überspanntsein meines Alltags. Ich lasse mich fallen in Deine Arme und Du fängst mich auf. Du bist mein sicherer Hafen in den stürmischen Zeiten, durch die ich gehe!" …

Bibellese: Markus 6,31; Jesaja 30,15

Impuls:

Wo tanken wir neue Kraft? Ruhe ist nicht gleich Ruhe. Man kann stundenlang schlafen und dabei das wahre Leben verpennen. In unserer schnelllebigen Welt gibt es eine Menge Angebote für Wellness, Freizeit und Erholung. Fernöstliche Meditationspraktiken schießen wie Giftpilze aus dem Boden und werden als moderne Ruhekissen für unsere erschöpften Seelen angepriesen. Selbst in Klöstern und auf dem Jakobsweg hetzen viele von Besinnung zu Besinnung.

Komm zur Ruhe, sagt uns Gottes Wort. Und damit meint es keine esoterischen Entspannungsübungen, sondern die Umkehr zu unserem lebendigen Gott und Vater. Nicht irgendetwas verleiht Ruhe. Es geht nicht um Methodik oder aromatische Duftöle. Es geht um eine konkrete PERSON.

Nur wenn wir an SEINEM Vaterherzen ankommen, lernen wir diesen himmlischen Frieden kennen. Da ist der wahre Ruheort. Schalom. Dort hören alle Kämpfe auf. Selbst die Stimmen der Verdammnis und Anklage müssen dort verstummen. Denn Jesus ist unser Friede in Person. An SEINER Brust brechen sich die stolzen Wellen der Hyperaktivität von Stressgeplagten. ER ist das Auge im Sturm. ER ist unser Ruhepol – mitten drin im Alltagsgeschehen. Wir können an jedem Ort, wo wir sind, diesen Frieden downloaden.

Ich schließe meine Augen und sage: „Hier bin ich, mein Abba!" – und ich höre sogleich SEINE Antwort: „Und hier bin ich, mein Kind!" – Und schon beginnt der Frieden sich in Wellen über mich und meine Situation auszubreiten. Am besten probiere es selber gleich mal aus!

Mein Schritt heute:

Ich schließe meine Augen und lade den Frieden Christi in meine Situation ein.

Teil 22

Lebensfreude – vom Glück zu leben

Nehemia 8,10

Glückselig

Lernvers: Nehemia 8,10
„Denn die Freude am HERRN ist eure Zuflucht!“

Gebet:

„Jesus, Du bist meine Lebensfreude und Du gibst mir neue Lebenskraft. Mit Dir zusammen kann ich über die Mauern der Unmöglichkeiten springen. Danke für das Lebensglück, das Du mir einhauchst!“ …

Bibellese: Matthäus 5,3-12

Impuls:

Freude zählt zu einem der wesentlichen Erkennungsmerkmale des Königreiches unseres Vaters. Unser Abba hat gut lachen und ist außer sich vor Freude. Papa ist gut drauf! SEIN Wesen ist fröhlich, heiter und glücklich. Wir haben keinen griesgrämigen Muffel-Gott zum Vater, sondern die humorvollste Person im ganzen Universum. Bitte lasst uns das nicht vergessen, wenn es ums Christsein geht. Zulange haben Christen schwarze Kleider und Kutten getragen, verfielen in Askese und andere Selbstkasteiungen, mit todernster Miene und stocksteif, entsagten „allen Freuden der Welt“, weil sie dadurch dachten, bessere Karten für den Himmel zu erhalten. Aber weit gefehlt – wer sich nicht freuen kann, der wird am Himmel keinen Gefallen finden, denn dort herrscht schiere Freude und Begeisterung bei Menschen und Himmelswesen. Die Stimmung im Vaterhaus ist absolut glückselig!

Deshalb kann Jesus davon gerne abgeben an all diejenigen, die nicht gut lachen haben auf dieser Welt. So beginnt ER die Präambel der Bergpredigt mit den Seligpreisungen. „Freuen dürfen sich alle! Sehr hocherfreut sein!“ – und was dann folgt ist eine erstaunliche Gästeliste für die Party des Himmels. Dort finden wir Leute, die wir auf den ersten Blick nicht vermutet hätten: die Armen, die Trauernden, die Sanftmütigen, die Gerechtigkeitshungrigen, die Barmherzigen, die Reinherzigen, die Verfolgten und Märtyrer …

Na, tolle Party, könnte man meinen! Wie soll da Stimmung aufkommen bei all dem Elend, was sich hier rund um den Meister versammelt? Doch die Freude des Himmels zeigt sich gerade in Lebenssituationen, in denen wir im Natürlichen nicht Glückseligkeit empfinden würden. Es ist eine Freude nicht aus uns selber, weil wir gut drauf wären; auch nicht, weil die Sonne heute so schön scheint und das Leben es so gut mit uns meint.

Abbas Freude ist eine „Dennoch-Trotzdem-Überwinder-Freude“!

Mein Schritt heute:

Ich öffne mein Herz für Abbas „Dennoch-Trotzdem-Überwinder-Freude“!

Lust auf Leben

Lernvers: Nehemia 8,10
„Denn die Freude am HERRN ist eure Zuflucht!“

Gebet:

„Ich will leben. Echtes Leben. Randgefüllt und überfließend mit Dir! Ich habe genug von dem alten Zeug. Ich habe Lust auf Dein Leben.“ …

Bibellese: Psalm 34

Impuls:

Mich überrascht mein Freund David wieder einmal. Wenn ich die Worte dieses Psalms lese und auf mich wirken lasse, dann würde ich niemals allein darauf kommen, in welcher Ausgangssituation er sie geschrieben hat. Dieses Lied klingt für mich so lebensbejahend, so leichtfüßig und glücklich. Da hat einer Lust auf Leben mit Gott! Er will es feiern und mit allen Sinnen genießen: sehen, fühlen, schmecken, wie freundlich Jahwe-Papa ist!

Und dann verrät uns der einleitende Vers, quasi ganz nebenbei, dass David diesen Song geschrieben hat, als „er sich wahnsinnig stellte vor Abimelech und dieser ihn von sich wegtrieb und er fortging“.

Vermutlich sagt dir das auf Anhieb noch nicht gleich etwas. Deshalb sei hier nur kurz skizziert, was damals dort ablief: David war auf der Flucht vor Saul, er war am Ende, kraftlos, verlassen und hungrig – ganz gewiss einer der Tiefpunkte in seiner Biografie. Er suchte Hilfe bei dem Priester Abimelech. Der aber wollte keinen Ärger haben und schickte ihn weiter. David blieb nichts anderes übrig, als sich bei den Philistern, den Erzfeinden Israels, als Wahnsinniger auszugeben, um irgendwie am Leben zu bleiben. Und nun kommst du! Ich frage dich: Wie passt das ganze Szenario zur Melodie dieses Psalms?

Meine Erfahrung deckt sich mit der von David. Mein Gott führt mich oftmals bis an den Rand des Abgrunds meiner Möglichkeiten – und dann noch drei Schritte weiter! Ich schließe die Augen und meine, bereits im endlosen Fall sein zu müssen. Warte auf den Augenblick des harten Aufpralls. Aber der kommt nicht! Wenn ich die Augen wieder öffne, stelle ich fest, ich stehe immer noch auf sicherem Boden. Ewige Hände halten mich. Abba war da und hat einfach SEINE Hand über den Abgrund gehalten. Und auf einmal war da ein Weg des Lebens, wo vorher keiner war. Wenn du ein paar Mal solch eine verrückte Rettung Gottes erlebt hast, wirst du immer noch Angst vor dem Abstürzen haben, aber auch jedes Mal eine prickelnde Neugier, wie ER es wohl dieses Mal wieder schaffen wird, einen Weg zu bahnen. Das macht Lust auf mehr ER-Leben mit Gott!

Mein Schritt heute:
Ich frage den Vater, welches Glaubensabenteuer ER für mich parat hat.

Tag 213 **1. August**

Glücksfall

Lernvers: Nehemia 8,10
„Denn die Freude am HERRN ist eure Zuflucht!"

Gebet:

„Welch Glück ist es, erlöst zu sein durch Dein Blut! Ich habe das große Los gezogen. Du bist mein Hauptgewinn! Dich hier bei mir zu wissen ist mein ganzer Reichtum. Ich bin nie allein und fürchte mich nicht vor dem, was kommt!" …

Bibellese: Markus 1,11; Lukas 3,22

Impuls:

Das ist der wahre Glücksfall: Getauft zu werden in der Liebe des Vaters.

Ich sehe, wie Jesus am Jordan steht. Bisher war die Taufe, die Johannes, der Rufer in der Wüste, predigte und praktizierte, eine ziemlich ernsthafte Angelegenheit. Der Prophet sprach den Leuten ins Gewissen und rief sie zur öffentlichen Umkehr von ihrer falschen Lebensweise auf. Es gab ein paar dramatische Szenen dabei, wie selbst Soldaten und Pharisäer sich taufen ließen. Da tauchte auf einmal Jesus, der Messias, in der Warteschlange der Täuflinge auf. Dabei wäre ER doch der Letzte, der es nötig hätte, Buße zu tun. Jesus ist doch der Reine und Perfekte. Johannes protestierte auch anfänglich und wollte Jesus zunächst nicht taufen. Doch der Meister überzeugte ihn und sprach davon, dass sie so den Willen des Vaters tun würden.

Als Jesus aus dem Wasser auftauchte, kam die Kraft des Heiligen Geistes über IHN – und eine Stimme aus dem Himmel war zu hören: „Das ist mein geliebter Sohn, an dem ich *eudokia* Wohlgefallen/Herzensfreude habe!"

Der Vater ist glücklich über SEINEN Sohn Jesus. ER freut Sich von Herzen an IHM als Person. ER freut Sich nicht zuerst über eine gute Leistung und Performance, denn Jesu Dienst als Messias hatte noch gar nicht richtig begonnen. Der Vater sucht nicht die Werke. ER sucht das demütige Herz des Sohnes. Dieses Herz freut IHN zutiefst.

Die kleine Silbe *„eu"* hat es in sich: *eudokia* ist das Wohlgefallen. *Eucharistie* ist das Freudenmahl. Und *euangellion* ist die Frohe Botschaft. Welch ein Glücksfall für uns.

Unser Vater ist der frohe Vater, der uns in SEINE Freude und Liebe hineintauft!

Mein Schritt heute:

Ich stelle mich hin und lausche auf die Stimme des Vaters, wie ER auch zu mir diese Worte sagt: „Du bist mein geliebtes Kind, an dem Ich meine Freude habe!"

Tag 214 2. August

Pure Lebensfreude

Lernvers: Nehemia 8,10
„Denn die Freude am HERRN ist eure Zuflucht!"

Gebet:

„Du machst mich vergessen die Jahre des Klagens und des Herzeleids. Du hast mir die alten Trauerkleider ausgezogen, mein Haupt mit Freudenöl gesalbt und mich mit bunten neuen Festgewändern des Heils bekleidet. Jetzt feiere ich mein neues Lebensglück mit Dir!" ...

Bibellese: Psalm 16,11

Impuls:

Wie ist wohl die Atmosphäre im Vaterhaus der Liebe Gottes? Ich habe mir oft diese Frage in den letzten Jahren gestellt.

Viele von uns hatten ein Elternhaus, in dem das Lebensgefühl eher schwer und mühsam war. Oft herrschte dort eine zerbrechliche Stimmung von explosiven Gefühlsschwankungen, Überforderung und undefinierbaren Launen. Ich habe viele Menschen getroffen, deren Elternhäuser gefüllt waren mit Wut, Trauer, Alkohol, Missbrauch, Gewalt und emotionaler Hilflosigkeit. Wer aus solch einem Hintergrund kommt, für den ist es nicht gleich möglich, mit fliegenden Fahnen ins Vaterhaus von Abba umzuziehen. Der fragt sich: „Ist denn das alles echt mit der Freude und der Liebe, oder kommt da doch noch etwas Schlimmes hinterher?"

Wenn es dir so gehen sollte, dass du dich in deinem Herzen noch nicht geborgen bei Abba fühlen kannst – dann will ich dich in SEINEM Namen ermutigen. Heilung braucht Zeit. Du darfst dir alle Zeit der Welt nehmen. Dein Ewig-Vater hat ewig-lang Zeit für dich. Du musst nicht funktionieren und dich auf Knopfdruck freuen. Das würde auch gar nicht klappen. Was ER sucht, ist echtes Leben. Was ER dir anbietet, ist pure Lebensfreude. Die Waisenkinder und Räuberkinder, die zu IHM nach Hause finden, brauchen Zeit, bis sie sich für die Atmosphäre des Himmels (wieder) öffnen können.

Aber glaube mir bitte: Je länger du in SEINEN liebenden Armen verweilen wirst und ER dich gesund lieben darf, umso mehr wird SEINE Freude auf dich überspringen und abfärben. Denn bei unserem himmlischen Papa zuhause, da wird gefeiert, getanzt, gelebt und gelacht! Vor IHM ist Freude die Fülle!

Mein Schritt heute:

Ich versuche, in meinem Geist die Atmosphäre der Freude in Gottes Vaterhaus zu empfangen und auszuleben.

Tag 215 **3. August**

Lachen im Himmel

Lernvers: Nehemia 8,10
„Denn die Freude am HERRN ist eure Zuflucht!"

Gebet:

„Du schenkst mir Freude, die von innen kommt. Du füllst mein Mund mit Lachen. Lässt meine Seele jubeln. Du tanzt mit mir auf den Köpfen meiner Feinde. Du lehrst mich glücklich zu leben und zu feiern, auch wenn ich noch überall in meinem Leben unfertige Baustellen entdecke!" …

Bibellese: Lukas 15,7

Impuls:

In dem gigantischen Dreier-Gleichnis, das uns Jesus in Lukas 15 erzählt – mit dem verlorenen Schaf, dem verlorenen Geldstück und den verlorenen Söhnen – geht es jedes Mal am Schluss um eine Party bei Vati. Ein Fest wird gefeiert, weil der Himmel das Verlorene wieder zurückbekommen hat. Hörst du den Vater lachen, vor Freude in die Luft springen und in die Hände klatschen?

Es soll Leute geben, denen wurde beigebracht: „Pst, sei schön ruhig und ehrfurchtsvoll, wenn du ein Gotteshaus betrittst!" – An manchen Kirchen müsste ein Schild hängen: „Lachen verboten!" – Für viele Christen ist ihr Glaube eine todernste Angelegenheit. – Schade und falsch! Denn unser Gott ist ein Gott der Freude und des Lachens! Und wenn die Kirchen da nicht mitmachen wollen, dann geht der Vater einfach weiter und sucht, wo man SEINE Freude einlässt!

Wie herrlich war das, als vor Jahren auf einmal der Heilige Geist uns mit SEINER mitreißenden Freude neu beschenkte. Als das heilige Lachen wieder in vielen Kirchen Einzug hielt. Ich kann mich an Gottesdienste erinnern, wo wir zu Hunderten uns fast schlapp lachten in SEINER Gegenwart. Dieses Lachen war höchst infektiös. Wenn einer anfing, sprang der Funke über zum Nächsten und weiter zum Nächsten. Und wenn man aufhören wollte, ging das Ganze wieder von vorne los. In diesen Zeiten der Erfrischung habe ich so viel gelacht, wie noch nie in meinem Leben.

Ich fragte damals Abba, warum und wieso ER diese Lachsalbung über uns ausgoss. ER sagte zu mir. „Der Teufel hat mit seinem zerstörerischen Werk zu lange Meine geliebten Kinder zum Weinen gebracht. Nun sende ich Meinen Heiligen Geist in Strömen über sie, damit ER ihnen die Freude an ihrer Errettung zurückschenkt!" Halleluja, Abba, bitte tue es noch einmal!

Mein Schritt heute:

Ich sage meinem Vater, dass ich offen bin für MEHR von SEINER himmlischen Freude. Auch für das Lachen im Geist!

Tag 216 **4. August**

Freude ohne Ende

Lernvers: Nehemia 8,10
„Denn die Freude am HERRN ist eure Zuflucht!“

Gebet:

„Heute ist mir mehr zum Weinen zumute, lieber Vater. Ich finde das Leben ungerecht und schwer. Es gibt so viel Enttäuschendes, was mich wieder runterziehen will. Ich spüre die Sogkräfte des Strudels übermächtig. Alles zerrt und zupft an mir. Hilfe, rette mich, hier ist meine Hand. Bitte ziehe mich zu Dir!“ …

Bibellese: Lukas 15,24

Impuls:

Hier steht geschrieben: „Und sie fingen an, fröhlich zu sein!“ Aber es steht nirgendswo geschrieben, dass sie jemals mit der Freudenparty aufhörten!!! Freude ohne Ende, das ist Programm im Himmel!

Christentum ist Freudentum. Freude ist die Währung des Himmels. Sie ist das Lebensgefühl, das bei Abba-Vater zuhause vorherrscht. Christen sind die fröhlichsten Menschen auf der Welt. Sie wissen es nur selber leider nicht genau, oder haben es wieder vergessen. Oder man sieht es ihnen nicht gleich an, weil sie es so gut verbergen können.

Wissenschaftler haben herausgefunden, dass Kinder am Tag etwa 400 Mal lachen; hingegen Erwachsene nur 15 Mal. Ich befürchte, ich habe noch weniger Lachen in meinem Leben. – Uah! Was ist nur los mit uns?! Warum lassen wir uns so schnell die Freude rauben und stimmen lieber ein in den Jammergesang der Welt, anstatt bei Abbas Freudenparty mitzumachen.

Ich glaube, das Feiern und Freude zu dem geistlichen Erbteil unseres Vaterlandes gehören. Ein Prosit der Gemütlichkeit! Wofür sind Deutsche weltweit bekannt? Für das Oktoberfest und für Weihnachtsmärkte. Für die deutsche Gemütlichkeit. Heute heißt das auf Dänisch *hygge* … Inbegriff für wohliges Lebensgefühl und Lebensglück. Aber bis vor ein paar Jahrzehnten haben uns die anderen Nationen um unsere *Gemütlichkeit* beneidet. Dieses kleine deutsche Wort wanderte als Fremdwort in so manches Lexikon anderer Sprache und Kultur. Hey, das ist unser Erbe! Lasst es uns bitte mit Abba wieder zurückholen! Die Party ist noch lange nicht aus!

Mein Schritt heute:

Vielleicht sollte ich mal wieder ein Fest veranstalten und mit ein paar Freunden feiern. Zum Beispiel, wie sehr der Vater uns liebt. Gründe gibt es genug!

Tag 217 **5. August**

Gesalbt mit Freudenöl

Lernvers: Nehemia 8,10
„Denn die Freude am HERRN ist eure Zuflucht!"

Gebet:

„Jesus, ich möchte so wie jene Frau sein, die das Öl auf Dein Haupt goss, Deine Füße mit ihren Tränen benetzte und sie unaufhörlich küsste. Ich möchte so wie der kleine Junge sein, der seine Fischbrötchen mit Dir teilte. Ich will so gerne mit Dir mein kleines Leben teilen!" …

Bibellese: Hebräer 1,9

Impuls:

Jesus ist der Messias, der mit dem Geist Gottes Gesalbte. Könige, Priester und Propheten wurden gesalbt mit Öl, als Zeichen der Einsetzung zu ihrem Dienst für Gott. Das Öl galt als Symbol für Heilung, Schönheit und Kraft – als Zeichen des Heiligen Geistes. Freudenöl, wie wir es hier in der Hebräerbrief-Stelle finden, ist ein Hinweis auf das Priestertum im Tempel. Auf dem Räucheraltar im Heiligtum wurden kostbare Gewürze und Inzensen verbrannt zum Wohlgeruch für Gott, unter anderem auch diese Art von Freudenöl.

Wenn wir an die Salbungen Jesu denken, dann erinnern wir uns daran, wie bei zwei Gelegenheiten Frauen kamen und Jesus mit Öl übergossen. Einmal war es eine Prostituierte, die ihren Hurenlohn brachte in Form von dem köstlichen Öl. Das andere Mal war es Maria zu Bethanien. Sie brachte ein Liter Nardenöl in Konzentrat, das war damals ungefähr der Preis der Mitgift für eine junge Frau, die heiraten wollte. Maria schenkte verschwenderisch Jesus ihre Zukunft, indem sie das Öl über den Meister ausgoss.

Kannst du dir einen Augenblick lang mal bitte vorstellen, wie es da geduftet haben mag. Das ganze Haus wurde von dem Wohlgeruch dieses Freudenöls erfüllt. Und selbst drei Tage später noch, als unser geliebter Herr am Kreuz von Golgatha unseren Kampf für uns kämpfte, und Blut, Schweiß und Tränen IHM das Haupt herunterrann, hat ER gewiss immer noch den Duft dieses Opfers reiner Liebe verströmt.

Als die Frauen dann am Ostermorgen zum Grab kamen, um den Leichnam des Gekreuzigten zu salben, da war ER bereits auferstanden und duftete als Rose von Sharon nach dem ewigen Leben des Vaters. Unser Jesus ist einfach dufte!

Mein Schritt heute:

Ich werde heute ein paar Duftöle ausprobieren und mit meinem Geruchssinn dem Freudenöl des Himmels nachspüren.

Lust am Herrn

Lernvers: Nehemia 8,10
„Denn die Freude am HERRN ist eure Zuflucht!"

Gebet:

„Jesus, ich liebe Dich nach Herzens Lust. Du bist meines Herzens Wonne und Freude. Danke, dass ich Deinen Willen kennen darf. Ich möchte Dir gefallen und für Dich brauchbar sein. Jeden Tag werde ich ein Stück näher zu Dir hinwachsen, das hast Du mir versprochen!" …

Bibellese: Psalm 37,4

Impuls:

Was für eine Verheißung?! „Habe deine Freude/Lust am Herrn – und ER wird dir geben, was dein Herz verlangt!"

Dieses Versprechen von Papa war für mich jahrelang wie ein Sicherungsseil an einer steilen Bergwand. Ich wusste, ich schaffe es nicht allein den Gipfel zu erklimmen und auf die Verheißung zu warten. Fast fünf Jahre lang habe ich täglich um ein bestimmtes Anliegen Gott in den Ohren gelegen. Und nichts geschah. Oder zumindest scheinbar nichts. Nur dieses Bibelwort gab der Vater mir immer wieder. Es kam auf verschiedenen Wegen zu mir, durch diverse Brüder und Schwestern. Es tröstete mein Herz, wenn ich verschmachtet und verzweifelt war. Es richtete mich neu auf und gab mir Hoffnung an Tagen, wo ich nicht mehr weiterwusste.

Wie kann man Lust und Freude an Gott in solchen Zeiten der Entbehrung und des Wartens haben, magst du fragen? – Es war auch wirklich nicht leicht für mich. Es ist nie leicht. Aber wenn auch du durch solch ein enges Nadelöhr gehen musst, dann darf ich dir sagen, dass du etwas sehr Schönes erleben wirst. Anfangs fühlt es sich ein bisschen wie Sterben an. Denn es wird ein Tag kommen, da wird der Vater dich fragen, ob du bereit bist, das, was du dir so sehr von Herzen von IHM wünscht, auf den Altar der Liebe zu legen und IHM zu schenken. Selbst auf die Gefahr hin, dass es dort bleibt und du es vielleicht nicht wiederbekommst. Das sieht wie eine harte Prüfung aus. Alles schreit in uns: „Nein!" Aber wenn du dann diesen Schritt gegangen bist, weil du SEINER Liebe vertraust, dann kannst Du sagen: „Mein Papa hat es gegeben; mein Papa hat es genommen; ich lobe Papa, denn ER bleibt mein Schatz, egal, was sonst in meinem Leben noch geschehen wird!" Das ist die Freude, die Lust am Herrn!

Mein Schritt heute:

Gibt es momentan etwas, was ich Abba vertrauensvoll auf den Altar SEINER Liebe legen sollte?

Zukunft und Hoffnung

Lernvers: Nehemia 8,10
„Denn die Freude am HERRN ist eure Zuflucht!"

Gebet:

„Abba, ich liege in der Hängematte des Vertrauens und Du hältst sie fest. Mein Leben mit Dir ist ein großes schönes Abenteuer. Du spannst Deinen Mantel unter mir auf und sagst: Spring! – So werfe ich mich voller Vertrauen in Deine Möglichkeiten hinein. Ich habe nichts – aber Du bist mein Alles!" …

Bibellese: Jeremia 29,1-4

Impuls:

Vor einiger Zeit sprach der Vater durch eine Vision zu mir: ER zeigte mir eine riesige Hängematte. In dieser Hängematte lag ich ganz entspannt und freute mich an meinem Leben. Dann zoomte das ganze Bild ein wenig weiter weg und ich erkannte, dass die Hängematte frei im Nichts schwebte, fast wie ein fliegender Teppich. Normalerweise befestigt man ja so etwas zwischen zwei Bäumen. Aber sie hing frei in der Luft, ohne abzustürzen. Dann hörte ich Abba sagen: „Ich halte dich übernatürlich auf meine göttliche Art! Du musst dir keinen Kopf um den Rest machen, wie das funktioniert. Du würdest es sowieso nicht verstehen. Also bleibe relaxt liegen und genieße die Aussicht!"

So ungefähr muss es auch für Israel gewesen sein, als Jahwe ihnen dieses Wort von der Zukunft und Hoffnung durch den Propheten mitteilen ließ. Wie soll man da ruhig bleiben, wenn die Umstände so gänzlich anders aussehen? Auch das Volk Gottes fühlte sich damals wie im Schwebezustand, oder schlimmer noch, wie im freien Fall. Und Abba sagte nur: „Ich halte euch! Das genügt!"

Das ist typisch für IHN. Das bereitet IHM himmlische Freude, wenn wir nur noch einen Weg mit einer Richtung vor uns haben. Es gibt kein Zurück, keine Abkürzung, keinen Notausgang – es geht nur vorwärts, ab und durch die Hecke.

Kurzer Faktencheck: erinnere dich mal bitte an Situationen, in denen du dich so gefühlt hast. Und dann hast du IHM vertraut. Und?! Hat ER dich fallen lassen? Oder hat ER dich durchgetragen – auf SEINE göttliche Art, ohne dass du es genau verstanden hast; aber da waren auf einmal Zukunft und Hoffnung! Was für eine Lebensfreude?!

Mein Schritt heute:

Ich lege mich heute in eine Hängematte/Schaukel oder ähnliches, und höre, wie Abba zu mir sagt: „Ich halte dich auf Meine göttliche Art!"

Tag 220 **8. August**

Was Abba Freude macht

Lernvers: Nehemia 8,10
„Denn die Freude am HERRN ist eure Zuflucht!"

Gebet:

„Vater des Lichts, Du freust Dich an Deinen Kindern! Du freust Dich daran, mir Gutes zu tun. Du hast einen göttlichen Spaß daran, mich zu beschenken, zu überraschen und meine Erwartungen bei weitem zu überbieten! Ich bin mit dabei!" …

Bibellese: Jeremia 32,37-42

Impuls:

Weißt du eigentlich, was unserem Abba-Vater Freude bereitet? Früher hätte ich gedacht: ER liebt es bestimmt, wenn SEINE Kinder alle brav, sauber, ordentlich durchs Leben gehen. Wenn wir IHM keinen Stress mit unserem Leben bereiten und gehorsam alles das tun, was ER von uns verlangt. Aber mal ganz ehrlich, solche frommen Wünsche haben alle Eltern, und was bekommen sie stattdessen? – Die volle Packung Leben … Kinder, die kleckern, ständig Fehler machen, rumalbern, rumzicken, uns jede Menge Arbeit bereiten …, und gerade deshalb lieben wir sie doch so, weil sie echte Menschenkinder aus Fleisch und Blut sind und keine Dummy-Puppen. Das ist das reale Leben und kein Hollywood-Film!

Papa liebt das reale Leben mit uns zusammen! ER liebt uns brutto – und nicht nur nett-oh! Wenn er sterile Roboter hätte haben wollen, dann hätte ER uns nicht erschaffen. Es ist IHM eine Lust, uns Gutes zu tun. Das bereitet IHM echte Freude und steigert SEINE Glücksgefühle.

Ich liebe es, anderen Menschen Geschenke zu bereiten. Ich plane manchmal Wochen und Monate vorher. Merke mir, welche Wünsche geäußert wurden und lege schon das eine oder andere kleine Präsent auf Halde, für den Fall der Fälle. Vielleicht tickst du ja ähnlich?! – Aber eins weiß ich genau: unser Abba, der beherrscht dieses Schenkenspiel noch viel, viel mehr und besser, als ich es je könnte. ER plant und macht und tut hinter den Kulissen des Himmels, weil es IHM solche Freude bringt, dich und mich glücklich zu sehen!

Mein Schritt heute:

Ich probiere es heute wieder aus und beschenke jemanden, ohne dass er es mitbekommt, von wem die Freude kam!

Teil 23

Staunen über die Wunder der Liebe

Lukas 1,37

Tag 221 **9. August**

Überrascht von Gott

Lernvers: Lukas 1,37

„Denn kein Wort, das von Gott kommt, wird kraftlos sein!"

Gebet:

„Lehre mich bitte neu das Staunen über die Wunder Deiner Liebe! Niemals will ich mich daran gewöhnen, dass ich Dein Kind sein darf. Ja, und sogar der Freund Deines Herzens. Du bist mir so vertraut. Ich liebe Deine Gegenwart!" …

Bibellese: 1. Könige 19

Impuls:

Wie oft schon habe ich Ähnliches in meinem Leben durchlebt, wie der Prophet Elia. Nach den größten geistlichen Siegen und Durchbrüchen können Zeiten von depressiver Anwandlung, Niedergeschlagenheit und Entmutigung kommen. Gerade noch flog der Sektkorken in Feierlaune; und jetzt ist der Stöpsel gezogen und ich sitze auf dem Trockenen. Wenn dir so etwas auch bekannt vorkommen sollte, dann willkommen im Club!

Interessant finde ich nun Abbas Therapie, wie ER SEINEN Freund Elia aus dem dunklen, seelischen Loch herausholt und zu neuem Leben erweckt. Zu allererst sorgt der Vater für das körperliche Wohl, denn mit einem leeren Magen und Kopfschmerzen lässt sich nichts Gescheites anfangen. Dieses Mal waren es nicht Raben, sondern ein Engel, der ihn bediente. Danach begegnet der Vater der Seele des Propheten. ER spricht mit Elia über dessen Frust und gibt ihm die Möglichkeit, alles mal raus zu lassen. Zum Schluss hat der Vater noch ein Geschenk für Geist und Herz, für den inneren Menschen: ER stellt den Propheten in eine höhlenartige Felsspalte hinein. Dann macht Papa ein bisschen Drama, Baby! ER zieht jetzt alle Register: Erst ein Sturm – dann ein Erdbeben, dass die Wände nur so wackeln – und schließlich ein sanfter, flüsternder Wind. Elia erlebt hautnah den Unterschied mit und kann erspüren, sein Gott ist in dem sanften Wind gegenwärtig, und nicht im Donnerwetter. Das besänftigt und ermutigt neu das aufgewühlte Herz des Propheten und er kann wieder aufstehen und seinen Weg weitergehen.

Für mich bedeutet das, wenn ich es auf mein und unser Leben übertrage: In solchen aufwühlenden Zeiten, wo uns die Hoffnung wegbricht, holt uns Abba da ab, wo wir uns gerade versteckt haben. ER versorgt unsere Grundbedürfnisse und redet mit uns über unsere Enttäuschungen. Dann stellt ER uns in Christus hinein. Jesus ist unser Fels des Heils. SEIN guter, sanfter Heiliger Geist bringt auch unsere aufgescheuchten Herzen wieder zurück ins Leben.

Mein Schritt heute:
Ich bringe mein aufgewühltes Herz zu Jesus und berge mich neu in meinem Felsen des Heils.

Tag 222 **10. August**

Die ganze Schöpfung preist Dich

Lernvers: Lukas 1,37
„Denn kein Wort, das von Gott kommt, wird kraftlos sein!"

Gebet:
„Heute will ich einstimmen in den Lobgesang der ganzen Schöpfung. Alles preist Dich und bestaunt Deine Größe und Herrlichkeit! Oh, wie wunderbar und vollkommen schön hast Du diese Welt gemacht." …

Bibellese: Psalm 8

Impuls:
Wer die Welt näher betrachtet, der muss doch zum Glauben kommen, dass es einen Schöpfer-Gott gibt und IHN für all das preisen! Wie kann man sich nur vorstellen, dass das alles reiner Zufall ist und sich im freien Spiel der Chaoskräfte entwickelt haben soll? Ich finde, wer solche abenteuerlichen Ansichten und Theorien vertritt und sie mir als „wissenschaftlich erwiesen" verkaufen will, braucht noch mehr „Glauben" als wir Christen, die wir an das Schöpfungswunder glauben!

David staunte über die herrliche Schöpfung. Er lebte im Bewusstsein: All das hat mein Vater im Himmel gemacht! Wer mit solchen Augen die Welt betrachtet, kommt aus dem Staunen gar nicht mehr heraus. Es lohnt sich, Bildbände über die verschiedenen Lebensräume unseres Planeten oder Tierfilme mit interessanten Hintergrundinformationen anzuschauen. Wir sollten uns Zeit nehmen, die Natur auf uns wirken zu lassen. Ein Sonnenuntergang, ein Sternenhimmel, der Gesang der Vögel, der Duft einer Rose: Auf einmal wird alles zu einer Sinfonie der Anbetung Gottes!

Und mittendrin der Mensch! Die Krone der Schöpfung – Papas Meisterstück! Ich sitze gern im Café und beobachte Leute. Jeder Mensch ist einzigartig. Und unser Vater liebt jedes Menschenkind auf eine besondere Weise. Dich – wie auch mich! Komm und lass uns heute einstimmen in den großen Chor der Anbetung, der die ganze Schöpfung durchzieht und niemals verstummen wird. Alles Geschaffene existiert, um den Vater zu preisen; wir können es freiwillig tun – das macht unseren Lobpreis so wertvoll für IHN!

Mein Schritt heute:
Ich achte auf die Wunder der Schöpfung um mich her und stimme mit ein in den Lobpreis, der mal laut und mal leise um mich ist.

Tag 223 **11. August**

Sehr gut gemacht!

Lernvers: Lukas 1,37
„Denn kein Wort, das von Gott kommt, wird kraftlos sein!"

Gebet:

„Du sprichst Worte zu mir, die mein Herz hören muss. Du sagst, dass ich wunderbar gemacht bin. Sehr gut und wertvoll! Du nennst mich Dein Kind, Dein Freund, Deine Braut. Du hast versprochen, immer bei mir zu sein und zu bleiben! Auf diesem Fundament baue ich mein Leben auf!" …

Bibellese: 1. Mose 1

Impuls:

Als Abba mit der Schöpfung fertig war, nahm ER Sich jedes Mal ausgiebig Zeit, Seine Meisterwerke zu betrachten. Über allem sprach ER das Gütesiegel „Sehr gut!" aus! Am siebten Tag, am Sabbat, nahm ER Sich sogar noch eine Extraauszeit, um mit SEINEN Kindern zusammen zu sein. Adam und Eva sollten keinen Daddy erleben, der gleich wieder ins Büro oder in die Werkstatt hetzt, sondern einen Papa, der mit ihnen spielt, feiert und das herrliche Leben genießt!

Ich weiß, dieses Bild vom Garten Eden empfinden die meisten säkularen Zeitgenossen zu märchenhaft – etwas archaisch; und selbst viele Christen würden das eher in den Bereich frommer Wünsche, Mythologien und Fantastereien abschieben. Soweit haben wir uns tatsächlich schon von Zuhause entfernt, dass wir unsere wahre Heimat nicht mehr wiedererkennen!

Jedoch in der Offenbarung der großen Vaterliebe Gottes kommen die Erinnerungen zurück, wie bei einem Menschen, der lange Zeit unter Amnesie litt und nicht mehr wusste, wer er eigentlich ist und wie sein Leben vorher aussah. Auf einmal erkennt unser Herz: wir haben einen Papa im Himmel, der uns total liebt und der uns super-super findet! Wir können uns wieder daran erinnern, wie ER zu uns sagte: „Sehr gut! Du bist mir sehr gut gelungen – ein Prachtexemplar!" Selbst den Geruch und die Atmosphäre von Zuhause kommen uns wieder ins Bewusstsein zurück. „Bei uns zuhause da wird in der Küche getanzt und auf dem Sofa Trampolin gesprungen. Denn, wo der Geist meines Vaters regiert, da ist Friede, Freude und Leben die Fülle!" Amen dazu!

Mein Schritt heute:

Ich nehme mir heute Zeit, mich in meinem Geist an mein himmlisches Zuhause zu erinnern: Was fällt mir da ins Herz?

Herr der ganzen Welt

Lernvers: Lukas 1,37
„Denn kein Wort, das von Gott kommt, wird kraftlos sein!“

Gebet:

„Du bist der Höchste, mein Papa! Du regierst über die ganze Welt! Du bist erhoben über alle und alles! Wer kann Dir widerstehen? Jede Macht muss sich Dir beugen! Deine Königsherrschaft wird nie enden.“ …

Bibellese: Psalm 97

Impuls:

Wir können noch viel besser als die Beter damals nachvollziehen, was das bedeutet: Unser Gott Jahwe ist Herr der ganzen Welt!

Die meisten von uns waren bestimmt schon einmal in einer ganz anderen Ecke der Welt unterwegs. Wir haben andersartige Kulturen, Sprachen, Rassen und Lebensgewohnheiten miterleben können. Dieser Globus ist so geheimnisvoll, so bunt, so vielfältig. Wie klein hingegen ist oftmals unser eigener Horizont.

Und selbst wenn wir die große, weite Welt nicht aus eigener Anschauung kennengelernt haben sollten, so begegnet sie uns doch auf Schritt und Tritt im Alltag. Unser blauer Planet ist ein globales Dorf geworden, eine Multi-Kulti-Gesellschaft im Medienzeitalter.

Der Gedanke, dass unser Vater im Himmel der König der ganzen Welt ist, dass ER über alle Völker, Kulturen und Kontinente regiert, dass ER überall zu Hause ist – auch in für uns ganz fremdartigen Ländern und Lebensweisen – das erfüllt mich mit Ehrfurcht und Staunen. Und es macht mich auch demütig.

Nicht ich und meine kleine Welt sind der Nabel der Menschheit! Es dreht sich nicht alles um mich! Oder um uns hier im reichen Europa! Mein Vater hat noch so viele andere Kinder mit schwarzer, brauner, gelber und roter Hautfarbe! Wahrscheinlich spricht ER mehr Chinesisch am Tag als Deutsch. Und bestimmt interessieren IHN die Nöte SEINER hungernden Kinder in Afrika mehr, als das Gejammer um unsere Sozialssysteme.

Es ist Zeit, größer von Gott zu denken! ER ist der Herr der ganzen Welt! Der Höchste im ganzen Universum. Und dieser große Gott, das ist unser Papa!

MeinSchritt heute:

Ich nehme mir einen Bildband über fremde Länder oder suche im Internet danach, und staune über die Größe des Königreichs von meinem Abba.

Tag 225 13. August

Der Sieger

Lernvers: Lukas 1,37
„Denn kein Wort, das von Gott kommt, wird kraftlos sein!"

Gebet:

„Halleluja, Du hast den Sieg! Halleluja, der Feind ist besiegt! Jesus, wir feiern Deinen Sieg am Kreuz. Du bist der Sieger über Sünde, Hölle, Tod und Teufel! Niemand ist so stark wie Du! Du bist der Größte! Du bist mein Superheld!" …

Bibellese: Offenbarung 19,11-16

Impuls:

Als Kind habe ich viel darüber nachgegrübelt, was wir wohl im Himmel eine ganze Ewigkeit machen sollen!? Der Gedanke, Jesus immer nur zu loben, kam mir ziemlich langweilig vor. Die Gottesdienste hier auf der Erde fand ich schon viel zu lang – aber wie würde das erst sein, wenn es nie aufhört?! Der Himmel, so schien es mir, wird nur den Musikern (besonders solche, die Harfe oder Posaune spielen können) und Chorsängern Spaß machen. Ja, so kindisch kann man über den Himmel denken!

Im neuen Licht der Offenbarung der Vaterliebe Gottes bekommt auch Gottes neue Welt eine andere Perspektive! Wir werden endlich nach Hause kommen. Wie nach einer langen Reise. Mann, was werden wir uns da alles zu erzählen haben?! Und die vielen Freunde und Verwandten, die wir wiedertreffen werden. „Und dann treff' ich dich! Oh, wie freu' ich mich!"

Wir werden so viel Neues entdecken und erleben können in Dimensionen, die wir jetzt noch gar nicht erahnen oder verstehen können. Aber über allem wird es ein gemeinsames Staunen geben, das alle Schönheit und Herrlichkeit, die auf uns wartet, bei weitem überstrahlt. Wir werden uns nicht genug sattsehen können an Jesus. ER ist das Gesprächsthema Nummer eins. SEIN Sieg von Golgatha. Es überrascht, dass der auferstandene Herr immer noch die Nägelmale an SEINEM Herrlichkeitskörper trägt, wie würdevolle Abzeichen. Dort vor dem Thron von Abba werden wir erst richtig ermessen können, was dieser gigantische Sieg in Wahrheit bedeutet. Durchbohrt aus Liebe für uns!

Bestimmt hast du schon einmal ausgelassen gefeiert, weil deine Mannschaft gewonnen hat – oder du eine Prüfung gemeistert hast. Aber das, was da im Himmel auf uns wartet, wird alles, was wir bisher kennengelernt haben, übertreffen. Das wird jede Siegesfeier, die wir hier auf Erden geprobt haben, in den Schatten stellen. Dieses Fest wird kein Ende nehmen!

Mein Schritt heute:

Ich werde heute meinem Champion Jesus ein paar Siegeslieder zujubeln!

Tag 226 14. August

Nicht durch Heer oder Kraft

Lernvers: Lukas 1,37
„Denn kein Wort, das von Gott kommt, wird kraftlos sein!"

Gebet:

„Jesus, bei Dir ist alles anders herum! Deine Uhren gehen anders. Du stellst meine kleine Welt auf die Füße. Das Große wird klein und das Kleine wird groß. Die Letzten werden die Ersten sein! Halleluja, Du wirfst Mächtige vom Thron und erhebst die Ohnmächtigen, so wie ich einer bin!" …

Bibellese: Sacharja 4,6-10

Impuls:

Nicht durch Heer oder Kraft, sondern durch Meinen Geist! Das ist eine starke Aussage. Typisch Papa. Darauf wären wir allein nicht gekommen.

Bei uns klingt das eher ein bisschen „verrückt". In unserer „normalen Welt", da läuft das aber anders. Wer die meisten Waffen hat, der ist der Stärkste und hat das Sagen. Bei uns stehen die Klugen, die Mächtigen, die Schönen, die Wohlhabenden, die Erfolgreichen ganz weit oben auf der Siegertreppe.

Wieder einmal lehrt uns Abbas Liebe das Staunen! Jesus kommt und zeigt uns, was beim Vater normal ist. Der Erweckungsprediger Moody sagte: „Die beste Methode zu zeigen, dass ein Stock krumm ist, ist es, einen geraden Stab daneben zu legen!" Unser Meister kam mit SEINER himmlischen Gradlinigkeit und offenbarte, wie krumm unser Stock ist, auf den wir uns bislang gestützt haben.

Jesus stellt ein schwaches Kind in die Mitte und lehrt uns, so kindlich klein zu werden, um Abba zu vertrauen. ER schenkte den Verachteten der Gesellschaft neue Würde. Mit SEINER ganzen Existenz stellte Jesus unter Beweis, dass unsere alten Werte und Normen in Gottes Augen „verrückt sind". Wer bei Abba zuhause mitleben will, der kann es nur im Geist tun. Mit anderen Worten: leben aus der Kraft Gottes und nicht in der eigenen Kraft, leben aus dem Vertrauen auf Abba und nicht im Vertrauen auf unsere eigenen Ressourcen!

Ein befreundeter Missionar sagte mal humorvoll augenzwinkernd zu mir: „Ach, weißt du, um es so zu machen, dafür bräuchte ich keinen Gott; das würde ich auch alleine irgendwie schaffen! Spannend wird es aber erst, wo ich auf Wasser laufe – das kann ich nicht ohne Jesus! Dafür brauche ich SEINEN Geist!"

Mein Schritt heute:

Ich will mein Alltagleben reflektieren: Wo lebe ich noch zu viel aus eigener Kraft und wo will ich mehr auf die Kraft des Heiligen Geistes vertrauen?

Du tust Wunder

Lernvers: Lukas 1,37
„Denn kein Wort, das von Gott kommt, wird kraftlos sein!“

Gebet:

„Abba, ich will die Wunder nicht vergessen, die Du in meinem Leben getan hast. Täglich will ich davon singen und erzählen, wie gut Du zu mir bist. Deine Liebe lässt mich leben.“ …

Bibellese: Psalm 98

Impuls:

Zeichen und Wunder sind feste Begriffe in der Bibel. Für den Gläubigen steht fest: „Mein Gott tut Wunder!“ Es ist eines der Erkennungsmerkmale Gottes und ein ganz entscheidender Hinweis auf SEINE Echtheit. Der wahre Gott zeichnet Sich durch übernatürlich-göttliche Taten aus. Das wunderbare Eingreifen Jahwes gehört zum Glaubensbekenntnis Israels. Das Volk sah die Wunder Gottes mit eigenen Augen. Sie wurden weitererzählt von Generation zu Generation. Die Palette reicht von Wundern in der Schöpfung und Heilsgeschichte, über Rettungs- und Versorgungswunder, bis hin zu den kleinen, persönlichen Wundern im Alltag.

Das Wort für *Wunder,* hier in unserem Psalm, umschreibt folgende Situation: „Da geschieht etwas Unerwartetes, unmöglich oder außergewöhnlich Erscheinendes, was den Betroffenen ins Staunen versetzt.“

Unser Papa überrascht uns durch SEIN wunderbares Eingreifen. Wir haben es zwar im Gebet erwünscht und herbeigesehnt, sind aber doch jedes Mal neu erstaunt, wenn es denn wirklich so geschieht.

Ich kannte einen lieben alten Bruder, der stets ein kleines Büchlein bei sich führte. Das war das Buch seiner persönlichen Wundergeschichten, die Gott in seinem Leben getan hat. Der liebe Bruder sagte mir, dass er von Zeit zu Zeit darin blättert, um sich zu erinnern, was sein Gott schon alles für ihn getan hat. Das stärke jedes Mal seinen Glauben und bewahre ihn in der Spur.

Es lohnt, sich an die Wunder des himmlischen Vaters in unserem Leben zu erinnern! Sie zu besingen oder weiterzuerzählen. Dadurch werden sie nur noch tiefer in unsere Herzen gepflanzt.

Mein Schritt heute:

Ich erinnere mich an Gottes wunderbares Eingreifen in meinem Leben und schreibe ein paar Ereignisse stichwortartig nieder.

Tag 228 16. August

Auferstehungsmorgen

Lernvers: Lukas 1,37

„Denn kein Wort, das von Gott kommt, wird kraftlos sein!“

Gebet:

„Halleluja, das Kreuz ist leer und das Grab ist leer! Jesus, Du bist auferstanden und lebst in Ewigkeit. Tod, wo ist dein Stachel?! Hölle, wo ist dein Sieg?! – Mein Erlöser lebt! Und weil ER lebt, lebe auch ich!“ …

Bibellese: Lukas 24,1-7

Impuls:

Unter all den Wundern, die unser Meister Jesus vollbracht hat, ist und bleibt das Wunder vom Ostermorgen das Größte!

Der Zweifel fragt: Kann das denn wahr sein? Schön wäre es, wenn mit dem Tod nicht alles aus ist – aber ist die Auferstehung Jesu wirklich möglich?

Selbst die Logik muss anerkennen: Wenn das stimmt, dass Jesus von den Toten auferstanden ist, dann hat ER wahrlich alle Macht und nichts ist IHM unmöglich!

Der Glaube bekennt: Ja, weil Jesus Christus von den Toten auferstanden ist – und ER ist auch mir begegnet – deshalb weiß ich, mein Erlöser lebt und alles ist IHM möglich!

Der Gottlose meint zu wissen: Der Tod ist eine Realität im Rahmen der Evolution. Nein, das mit der Auferstehung ist nur ein religiöser Wunschgedanke und unmöglich.

Beim Auferstehungsmorgen, da scheiden sich die Geister und trennen sich die Wege! So war es und so wird es bleiben – bis alle Menschen IHN, den Auferstandenen, in SEINER Herrlichkeit und Macht wiederkommen sehen werden.

Durch die Vaterliebe Gottes hat für mich selbst der Ostermorgen ein neues Strahlen erhalten. Abbas Liebe ist mächtiger als die stärkste Kraft, die wir Menschen kennen und fürchten: die Macht des Todes! Mich begeistert, wie C.S. Lewis in seinen Narnia-Büchern über den „Sieg von Aslan“ spricht. Der Löwe Aslan (ein Sinnbild für Jesus) lässt sich binden und schlachten auf dem Opferaltar, von den Mächten der Finsternis. Aber dann kommt der neue Morgen. Der Altar zerbricht unter der Wucht des Neuanfangs. Aslan lebt und befreit ganz Narnia vom bösen Zauber.

Wie groß muss die Macht der Liebe unseres Gottes sein, dass selbst alle Dämonen und Gewalten der Finsternis, mitsamt dem Tod, diese Agape-Liebe nicht zerstören können. Mächtige Fluten löschen sie nicht aus!

Mein Schritt heute:
Ich werde heute einen Auferstehungssong per Musikanlage laut abspielen und dabei tanzend und jubelnd den Sieg vom Ostermorgen feiern!

Die große Hochzeit

Lernvers: Lukas 1,37
„Denn kein Wort, das von Gott kommt, wird kraftlos sein!“

Gebet:

„Komm … tanz mit mir, mein Bräutigam! Jesus, Du bist der Bräutigam meines Herzens. Danke für Dein ewiges Ja-Wort, das Du zu mir gesprochen hast. Auch ich sage heute neu mein Ja der Liebe zu Dir. Ja, ich will Dich lieben an guten und an bösen Tagen. Ja, ich will Dir folgen und Dir vertrauen, jeden Tag neu!“ …

Bibellese: Offenbarung 19,1-10

Impuls:

Die Erzählungen der Bibel beginnen in einem Garten, wo ein wunderbarer Vater mit SEINEN geliebten Kindern spielt. Und die Berichte der Bibel enden in Gottes neuer Welt mit einem Fest: der großen Hochzeit! Die Hochzeit des Lammes. Wieder ist da der Vater mit SEINEN Kindern vereint. Doch dieses Mal sind die Kinder irgendwie größer geworden, sie sind zur Braut herangereift. Der Vater führt diese schöne junge Frau an der Hand und überreicht sie SEINEM herrlichen Sohn, dem Bräutigam. Jetzt kann die Hochzeit beginnen, auf die alle Welt so lange gewartet hat. Ein Fest, das nie mehr enden soll!

Neben dem Bildwort von *Vater und Kind* finden wir in Wort Gottes häufig die Metapher von *Braut und Bräutigam*, um das Wesen der Agape zu verdeutlichen. Jesus vollbrachte SEIN erstes Wunder auf einer Hochzeit in Kana. Das war volle Absicht! Die intime *jada* Liebe zwischen Mann und Frau ist immer wieder ein Sinnbild für unsere vertraute Freundschaft mit Gott. Es berührt mein Herz, dass Gott Sich nach mir so sehnt, wie ein Bräutigam nach seiner Zukünftigen. Ich weiß aus eigener Erfahrung, wie sich das anfühlt. Als verheiratete Person darf ich Anteil haben an dem tiefen Geheimnis der Liebe, dass aus zwei Menschen eine Einheit aus Leib-Seele-Geist werden kann. Das gehört zu den schönsten und kraftvollsten Erfahrungen, die ein Mensch in seinem Leben machen kann. Bis hin zu dem Wunder neuen Lebens, das als Frucht der Liebe aus Intimität heraus entstehen kann.

Auch wenn die große Hochzeit noch nicht begonnen hat, so sind doch schon die Vorbereitungen dafür mächtig am Laufen. Die Vorfreude und das sehnsüchtige Erwarten gehören bereits zum Fest dazu!

Mein Schritt heute:

Ich schaue mir heute (meine) Hochzeitsbilder an und öffne mein Herz für die Vorfreude auf die Hochzeit des Lammes!

Das neue Lied

Lernvers: Lukas 1,37
„Denn kein Wort, das von Gott kommt, wird kraftlos sein!“

Gebet:

„Jesus, ich will Dir ein neues Lied singen. Ein Lied der Bewunderung und der tiefen Verneigung vor Deiner Größe. Mit neuen Worten will ich Dich preisen. Das, was ich Dir noch nie gesagt habe, möchte ich in Worte meines Herzens kleiden.“ …

Bibellese: Psalm 96

Impuls:

„Singt Jahwe ein neues Lied!“ – Diese Aufforderung finden wir mehrmals in den Psalmen. Aber was ist damit eigentlich gemeint? Was ist das „neue Lied“? Mich erinnert das sofort an den alten Streit der Geschmäcker und Frömmigkeitsstile. Welches Liedgut ist nun besser: Choral oder Chorus?

Darauf gibt es keine einfache Antwort. Beides kann unserem Vater im Himmel gefallen, oder aber auch IHN verfehlen. Zu allen Zeiten haben Kinder Gottes unzählige Lieder gesungen. Die Kirchengeschichte birgt einen großen, reichen Schatz von Gesängen, Gebeten und Bekenntnissen. Aber zu allen Zeiten entstanden auch immer wieder neue Lieder – neue Musik, neue Formen und Ausdrucksweisen.

Mit dem „neuen Lied“ waren zunächst wirklich diese neuen Songs gemeint. Lieder, die zeitgemäß den Glauben der Christen in der jeweiligen Epoche ausdrücken. In ihrer Sprache, Musikstilrichtung und mit ihren Themen.

Doch auch altbewährte Glaubenslieder können zum „neuen Lied“ werden, wenn wir sie mit neuer Intensität und Frische singen. Die Psalmen sind ein lebendiges Zeugnis dafür. Diese Hits sind Evergreens und werden niemals an Aktualität verlieren. Daneben gibt es alte Hymnen und Gospels, die man immer wieder neu singen wird, bis Jesus wiederkommt, und auch noch danach.

In der heutigen Lobpreisszene hat der Begriff „das neue Lied“ eine weitere Bedeutung erlangt. Damit wird vielerorts ein spontanes Singen unter der Führung des Heiligen Geistes verstanden. Einzelne oder eine Gruppe singen in ihrer Muttersprache oder in „neuen Sprachen“ des Himmels intuitiv das, was sie in ihren Herzen empfinden oder von dem sie meinen, dass es auf Gottes Herzen ist.

Welche Saite auch immer der Vater zum Klingen bringen wird, wir wollen IHN loben und nicht vergessen: „Ich kehre zurück zu dem Herz der Anbetung, denn es geht nur um DICH, nur um DICH!“

Mein Schritt heute:
Ich singe ein neues Lied für meinen Abba!

Teil 24

Meine Zeit in Abbas Händen

Psalm 31,16

Tag 231 **19. August**

Sela – Gottes perfekte Augenblicke

Lernvers: Psalm 31,16
„In deiner Hand sind meine Zeiten!"

Gebet:

„Deine Liebe ist wie die Sonne. Sie ist immer und überall da. Ich will mich heute Deinem Licht zuwenden. So müssen alle dunklen Schatten hinter mich fallen. Durchflute mich mit Deinem Glanz. Wärme mich mit Deinen Strahlen. Bring mich bitte selber zum Leuchten als Licht in dieser Welt!" …

Bibellese: Habakuk 3,1-3

Impuls:

Etliche Male finden wir in den Psalmen, und auch hier beim Propheten Habakuk, jenes unscheinbare Wort *Sela*. Manche Bibelübersetzer hielten dies kleine Wort nicht für wichtig genug, so setzten sie es in Klammern oder erwähnten es höchstens in der Fußnote als Randnotiz. Was steckt nun aber hinter diesem geheimnisvollen Begriff *Sela?*

Die Psalmen sind ursprünglich Texte von Liedern, die man vielfach mit musikalischer und chormäßiger Unterstützung gesungen hat. Für die Musiker und Dirigenten gab es deshalb hier und da kleine Hinweise, nach welcher Melodie oder in welcher Tonart etwas vorzutragen sei. In gewisser Weise fällt auch das Wörtlein *Sela* in diesen Bereich der Regieanweisungen. Man könnte es folgendermaßen übersetzen: *Pause machen, retardierendes Moment; Spannung aufbauen, erzeugen und halten; aufhören mit allem; die Hände, die Augen und das Herz zu Gott erheben; still stehen vor Gott.*

Ich gehöre zu dem Stamm der „Jäger und Sammler". Ich liebe es, eine Menge schöner Dinge zu sammeln. Seit ich in der Liebe des Vaters lebe, sammle ich täglich PERFEKTE AUGENBLICKE. Und *Sela* hilft mir dabei! – Wie sieht das konkret aus?

Jeden Tag bitte ich den Vater, mir die Augen meines Herzens zu salben und zu öffnen, dass ich an SEINEN Wundern der Liebe nicht ignorant vorbeilaufe, sondern sie überall entdecken lerne. Begegnet mir irgendwo ein Hinweis auf IHN – zum Beispiel: ich bin fasziniert über das Singen der Vögel am Morgen oder es erfüllt mich mit Dankbarkeit, dass sich viele Dinge ineinanderfügen und meine Aufgaben gut zu einem Ergebnis kommen – das sind solche perfekten Augenblicke. Sie werden mir auf einmal bewusst. Jetzt kommt *Sela* ins Spiel. Ich verharre einen Augenblick und bleibe stehen; ich höre auf mit allem anderen, was ich tue; mein Herz und meine Hände erhebe ich zu Abba (oftmals äußerlich, manchmal nur innerlich) und genieße diesen perfekten Moment der Ewigkeit!

Mein Schritt heute:
Ich werde heute öfters *Sela* machen und die perfekten Augenblicke genießen!

Bald

Lernvers: Psalm 31,16
„In deiner Hand sind meine Zeiten!"

Gebet:

„Jesus, Du bist gestern, heute und in Ewigkeit! Du bist der, der da war, der da ist und der da kommt. Bei Dir passen meine Zeitformen nicht mehr. Du sprengst den Rahmen von Terminen und räumlicher Begrenzung. Danke, dass Du mir dennoch so nahe bist; hier und heute und mittendrin!" …

Bibellese: Offenbarung 22,12

Impuls:

Wie lange dauert „bald"?! – Jesus hat vor 2000 Jahren gesagt: „Siehe, Ich komme bald!" Demnach würde „bald" sehr lange bedeuten. Oder?

In den Augen unseres himmlischen Vaters müssen unsere zeitlichen Begriffe komisch wirken. Bei IHM sind 1000 Jahre wie ein Tag. Was ist dann schon „bald"? Ich erinnere mich noch an die langen Autofahrten, als unsere Kinder klein waren. Die Frage vom Rücksitz: „Papa, wann sind wir da?" – Die Antwort vom Steuerrad: „Bald!"

„Bald" ist eine relative Zeitangabe. Denn Zeit ist relativ, es kommt drauf an, wie man sie erlebt. Für das junge Paar, das im Sommer heiraten will, mag das Wort „bald" Stress auslösen, wenn sie an die vielen Dinge denken, die bis dahin noch zu planen, zu organisieren und vorzubereiten sind. Andererseits kann es ihnen gar nicht „bald" genug sein, wenn sie an ihre Leidenschaft und Sehnsucht denken.

John Wimber pflegte zu sagen: „Wie buchstabiert man Liebe? – Ich sage es euch: Z E I T!"

Zeit ist für sterbliche Menschen hier auf der Welt das kostbarste Geschenk, das wir einander geben können. Liebe braucht Zeit und schenkt Zeit. Wenn unser Abba in SEINER Agape-Liebe von „bald" redet, dann sehe ich dahinter SEIN Versprechen: „Keine Sorge, ICH bin die ganze Zeit über bei dir. Ich habe den Überblick und sitze am Steuerrad. Wir werden schon rechtzeitig und am richtigen Ort ankommen. Du kannst auf deinem Rücksitz ganz entspannt mitfahren, deine Gummibärchen essen und die Reise genießen! Bald sind wir da!"

Mein Schritt heute:

Ich nehme zwei Stühle und stelle sie hintereinander auf. Dann setzte ich mich auf den hinteren Stuhl und sage: „Papa, ich sitze auf dem Rücksitz. Du sitzt am Steuer. Du sollst den Kurs meines Lebens bestimmen. Ich vertraue Deinem Timing!"

Tag 233 21. August

Gottes Heute

Lernvers: Psalm 31,16
„In deiner Hand sind meine Zeiten!"

Gebet:

„Mein Vater, ich jubele Dir zu. Ich bin Dein größter Fan. Meine Augen schauen umher und erblicken überall Deine Werke. Du hast alles so supergut gemacht. Wie kann ich das nur immer wieder vergessen." …

Bibellese: Psalm 95

Impuls:

„Heute, wenn ihr SEINE Stimme hört, so verstockt eure Herzen nicht …!" Komisch, der Psalm beginnt aber erst ganz anders. Da wird die Größe Gottes gelobt und gepriesen. Da werden Jubellieder auf Jahwe angestimmt. Man könnte den Eindruck gewinnen, alles sei in bester Ordnung. Schöne, heile, fromme Welt.

Und dann die Ernüchterung: Auch ihr könnt harte Ohren und verstockte Herzen haben. Denkt an die Generation des Ungehorsams, die in der Wüste umherirrte, bis sie dort starb. Ihr Stolz und ihr Unglauben ekelten Gott an.

Liegt das wirklich so nahe beieinander: Hier unsere Lieder der Anbetung und des Vertrauens – und dort die eigenwilligen Irrwege der Rebellion?

Ja, wir Menschenkinder sind so schnell verführbar! Heute rufen wir „Hosianna" und morgen das „Kreuziget IHN!". Aus einem Munde heraus können wir loben und lästern. Aus einem Herzen heraus können wir lieben und hassen. Zu keiner Zeit können wir für uns selbst garantieren. Zu wetterwendisch ist unsere Seele. Ohne Jesus sind wir zu fast allem Schlimmen fähig. Aber mit IHM können wir Erstaunliches vollbringen!

Es gibt einen wirksamen Schutz gegen die Verführbarkeit durch die Stimme des Unglaubens: Das ist *Gottes Heute* !

Weil mein Gott heute lebt, redet und wirkt ER heute neu. SEIN Lebensatem ist voller Dynamik. Es reicht einfach nicht, IHN irgendwann einmal gehört zu haben. Nachfolge findet täglich statt. Wer *Gottes Heute* verpasst, wird im Gestern leben. Er kann vielleicht die alten Formen wahren. Aber sein Herz wird nicht da sein können, wo Gottes Herz heute zu finden ist. Das wäre blutleere Religion. Das ist Sterben in der Wüste. Darum machen wir uns jeden Tag neu auf, zu unserem guten Hirten zu kommen. SEINE Schafe hören SEINE Stimme und sie folgen IHM.

Mein Schritt heute:

Ich nehme mir heute mindestens 15 Minuten Zeit, still zu werden und auf die Stimme meines Abbas zu hören.

Tag 234 **22. August**

Warten auf Abba

Lernvers: Psalm 31,16
„In deiner Hand sind meine Zeiten!“

Gebet:

„Vater, ich warte sehnsüchtig auf Dich! Wann kommst Du und hilfst mir? Ich wünsche mir doch so sehr, dass Du bald Deine Versprechen in meinem Leben einlöst. Hilf mir bitte, auf Dich zu warten.“ …

Bibellese: Psalm 42-43

Impuls:

Diese beiden Psalmen der Söhne Korahs bilden eine inhaltliche Einheit. Sie haben einen gemeinsamen Refrain: „Was betrübst du dich, meine Seele, und bist so unruhig in mir? Harre auf Gott – warte auf IHN – denn ich werde IHM noch danken!“

Für Kinder gibt es nichts Schwierigeres als geduldiges Abwarten: Wie lange dauert es denn noch bis zur Bescherung? Wann gibt es den Nachtisch? – Auch Verliebte haben es nicht leicht mit dem Wartenkönnen: Wann ist es endlich so weit, dass ich meinen Schatz wieder im Arm halten darf? – Kranke stöhnen oftmals unter der Dauer des Wartenmüssens: Wann kann ich endlich wieder gesund herumlaufen? – Und alte Menschen, die des Wartens müde geworden sind, habe ich schon sagen hören: Wann darf ich endlich heimgehen?

Man könnte den Eindruck gewinnen, das halbe Leben bestehe aus Warteschleifen. Im Supermarkt an der Kasse, beim Telefonieren, auf der Behörde, überall dauert es endlos lange. Dabei erscheint uns das Wartenmüssen als verlorene Zeit. Wer wartet schon gern? Wir hätten die Zeit mit etwas Besserem füllen können. Das macht uns ärgerlich, frustriert und betrübt unsere Seele!

Und dann müssen wir auch noch auf Gott warten …?! „Am Tag wird Jahwe, mein Vater, SEINE Gnade mir senden (wörtlich: hinbefehlen), und in der Nacht wird SEIN Lied bei mir sein – ein Gebet zu dem Gott meines Lebens!“

So werden Warteräume unseres Lebens zu Orten der Gottesbegegnung. Es hängt von unserer Herzenseinstellung ab, ob Wartezeiten für uns vergeudete Zeit sind oder sich als spontane, unverhoffte Gelegenheiten entpuppen, mit Gott zu reden, Gemeinschaft zu haben, den Augenblick zu genießen. Dann werde ich die Wartezwischenräume anders beurteilen und nutzen. So wird der verpasste Bus für mich zum überraschenden Segen: „… und ich werde meinem Papa noch danken!“

Mein Schritt heute:
Ich will die Wartezeiten, die mir heute begegnen, als willkommene Gelegenheiten nutzen, mich an Abba und meinem Leben zu erfreuen.

Tag 235 **23. August**

Plötzlich!

Lernvers: Psalm 31,16
„In deiner Hand sind meine Zeiten!"

Gebet:

„Vater, heute gebe ich Dir meine Angst, dass ich es nicht rechtzeitig schaffe, wenn es drauf ankommt. Ich denke an Situationen, da habe ich es voll verpennt und versiebt. Es tut mir leid, wo ich Verabredungen mit Dir verpasst habe. Bitte verzeihe mir, wo ich zu schnell oder zu langsam war. Helfe mir bitte in Deinen Fußstapfen zu laufen!" …

Bibellese: Apostelgeschichte 2,1-4

Impuls:

Am Anfang waren es über 500 Männer (plus Frauen!), die dem auferstandenen Jesus Christus begegnet sind. Der Meister sagte zu SEINEN Jüngern, sie sollten in Jerusalem auf ein besonderes Geschenk vom Vater warten. Nur sagte ER nicht, wie lange sie warten sollten. So fingen sie also damit an. Ein Tag und noch ein Tag …

Die neue Jesus-Auferstehungs-Gemeinde traf sich an verborgenen Plätzen. Zu Beginn war noch viel Begeisterung und Schwung dabei. Aber je länger, desto mehr ermüdete der Elan der Jünger. Wo blieb nur das Geschenk des Himmels? Was meinte Jesus überhaupt damit? ER sprach von einer neuen Kraft durch den Geist Gottes. Aber die Abendtreffen wurden nur anstrengender. Dann blieben die ersten Leute weg. Enttäuschung breitete sich aus. Stimmen wurden laut, dass man sich wohl geirrt haben müsse; vielleicht hätten sie ja Jesus missverstanden, bringe denn Warten überhaupt etwas? – das sei so passiv! Noch mehr Leute blieben fern. Sie beteten und beteten. Keiner von ihnen wusste, wie lange das noch so weitergehen sollte!

Und dann kam Pfingsten. Plötzlich! Plötzlich fiel das Feuer vom Himmel! Plötzlich kam der Heilige Geist! Plötzlich wurde die Gemeinde überrascht mit der Kraft aus der Höhe, mit dem Geschenk vom Vater.

Am Ende, zu Pfingsten, nach zehn Tagen Gebet im Obergemach, da waren es nur noch 120 Personen (inklusive der Frauen!). Aber diese 120 Beter hatten gewartet, ohne zu wissen, wie lange es dauern würde. Es hat ihnen gereicht zu wissen, dass der Vater zur rechten Zeit handeln wird. Das WIE und WANN und WESHALB …, das legten sie vertrauensvoll in SEINE Hände! – Wer so lebt, ist qualifiziert für Abbas PLÖTZLICH!

Mein Schritt heute:
Gibt es Verheißungen Gottes in meinem Leben, auf die ich aufgehört habe zu warten? Dann will ich neu dafür ins Gebet gehen!

Alles hat SEINE Zeit!

Lernvers: Psalm 31,16
„In deiner Hand sind meine Zeiten!"

Gebet:

Alles hat Deine Zeit! Du bist der Bestimmer und weißt es am besten, was das Beste für mich ist. Ich kann ganz entspannt sein. Wenn ich bei Dir bin, dann werde ich nichts verpassen. Dann bin ich am Ziel meiner Träume angelangt!" …

Bibellese: Prediger 3

Impuls:

Als junger Mensch hat es mich manchmal total genervt, wenn meine Eltern mal wieder so einen weisen Spruch losließen: Alles hat seine Zeit!

Heute, wo ich im letzten Drittel meines Lebens angekommen bin, kann ich nur die tiefe Wahrheit dieses Wortes bestätigen. Ich könnte Dutzende Geschichten meiner eigenen Biografie benennen oder aus dem Leben anderer berichten, wo dieses Wort Gottes voll zutrifft. Ich gebe dem Ganzen noch meine Akzentuierung, indem ich sage:

Alles hat SEINE Zeit! Papas Zeit! – mit anderen Worten: Abba ist der Bestimmer über alle Zeiten!

Wenn du deine Lebenszeit in SEINE Hände legst, dann wird ER dich wunderbar führen und leiten. Du kannst IHM voll vertrauen, dass selbst scheinbare Unterbrechungen, Umwege, Sackgassen und Krisen kein Problem für die guten Wege Gottes mit dir sein werden. Abba baut alles vollkommen gut und liebevoll in SEINE Pläne mit dir und deinem Leben ein. Du wirst staunen, was anfangs wie Unmöglichkeiten aussieht, wird am Ende zu Gottes Möglichkeiten werden. Aus unserer Verlegenheit macht ER SEINE Gelegenheit! Und das alles in einem perfekten Zusammenspiel von Personen, Zeitabläufen und göttlichen Zufällen. Darf ich dir noch so einen weisen Rat mit auf den Weg geben? – Alles hat SEINE Zeit! bedeutet auch: Dinge dürfen zu Ende gehen. Das ist gar nicht schlimm, wenn etwas Gutes, was wir so liebgewonnen haben und nicht mehr loslassen möchten, wieder aufhört! Der Vater gibt und der Vater nimmt. Gepriesen sei der Name des Herrn!

Mein Schritt heute:

Ich male ein kleines Schild oder drucke es per PC aus, auf dem stehen wird: „Alles hat SEINE Zeit!"

Tag 237 **25. August**

Perfektes Timing

Lernvers: Psalm 31,16
„In deiner Hand sind meine Zeiten!“

Gebet:

„Vater, ich rufe zu Dir. Das Wasser steht mir bis zum Hals. Ich weiß nicht mehr aus noch ein. Bitte komme mir zur Hilfe. Danke, dass Du mein Schreien hörst. Danke, dass Du mich tröstest und festhältst.“ …

Bibellese: Psalm 69

Impuls:

Das Neue Testament bezeugt an mehreren Stellen, dass dieses Gebet Davids eine prophetische Dimension hat. Es ist einer der Leidenspsalmen Jesu. Diese Worte durchlebter Qual passen nahtlos zur Passion Christi. Nur, was sich gar nicht in das Bild einfügen will, ist der kleine Satz: „Ich aber bete zu Dir, oh Jahwe, zur angenehmen Zeit …!“

Von welcher angenehmen Zeit ist hier bitteschön die Rede? Das ist doch jetzt eher die Stunde der Finsternis. Der Feind Gottes spielt frech alle seine Trümpfe aus. Wie kann David da von „der angenehmen Zeit“ sprechen? Man könnte es auch übersetzen: „Ein Zeitpunkt nach Gottes Willen und Wohlgefallen, nach SEINEN Plänen und Vorstellungen.“ – Wie kann das alles nur Gottes Wille sein?

Gottes Uhren gehen anders! ER sieht die Dinge aus einer völlig anderen Perspektive. Wenn Gott uns heilen will, muss ER uns oftmals zuvor noch mehr verletzen, indem ER uns aufschneidet, um das Geschwür herauszuholen. Der richtige Zeitpunkt für SEINE Hilfe ist meistens dann, wenn wir ans Ende unserer eigenen Kraft gekommen sind und denken, jetzt sei alles aus.

Der Vater sieht die Ereignisse vom Ende her. Wir schreien: „Hole uns hier heraus!“ Und ER sagt: „Aber dafür habe ICH euch in die Situation kommen lassen, damit ICH besser an eure Herzen herankomme!“ Das sind die angenehmen Zeitpunkte – das passende Timing, das unser Gott in SEINER Weisheit herbeiführt, um SEINE Pläne in unserem Leben zu vollenden.

David hat gelernt, nicht gegen Gottes Pläne anzuarbeiten, sondern sich SEINER Liebe und Gnade anzuvertrauen. Auch wir können es lernen, in den perfekten Liebesabsichten des Vaters zur Ruhe zu kommen.

Mein Schritt heute:

Ich nehme meinen Terminkalender und bete, dass Gottes passendes Timing mein Leben ausmachen soll.

Meine Zeiten in Deiner Hand

Lernvers: Psalm 31,16
„In deiner Hand sind meine Zeiten!"

Gebet:

„Habe ich Dir schon einmal gesagt, wie glücklich und dankbar ich bin, mehr und mehr Dein Vaterherz kennenlernen zu dürfen?! Danke, dass Du mich aus meiner alten religiösen Zwanghaftigkeit herausgeholt hast! Ich liebe die herrliche Freiheit der Kinder Gottes! Hurra!" …

Bibellese: 1. Könige 18,36-46

Impuls:

Die richtigen Zeitpunkte herauszufinden ist eine ganz besondere Kunst der Nachfolge.

Vielfach sind wir zu früh dran und produzieren dann „Ismaels", die unreifen Früchte unserer ungeduldigen Eigenwilligkeiten. Oder wir sind zu spät dran und verpennen den richtigen Augenblick, so wie die törichten Jungfrauen im Gleichnis. Oder wir bewegen uns lieber erst gar nicht, aus Angst etwas Falsches zu machen, damit gleichen wir dem Mann, der seine Talente vergraben hat.

Es ist für unser Leben existentiell wichtig, mit dem Geist Gottes zu fließen. Denn Gott allein kennt die richtigen Momente und Zeitabschnitte. Dreieinhalb Jahre hatte es in Israel nicht mehr geregnet. Das war eine sehr lange Dürreperiode. Doch Gott wusste, wann und wie sie zu Ende gehen würde. Elia wurde von Gott gerufen. Der Mann Gottes betete inständig für sein Volk um Regen. Dann tauchte die erste kleine Wolke am Horizont auf – nicht größer als die Hand eines Mannes. Jetzt wusste der Prophet, dass die Zeit der Erhörung gekommen war. Es kam ein starker Regen, der die ersehnte Rettung brachte.

Mir gefällt das mit der kleinen Wolke. Oftmals sehe ich nichts am Horizont. Ich halte Ausschau nach Gottes gnädigem Eingreifen, aber nichts geschieht. Elias Vorbild ermutigt mich. Er blieb dran am Gebet und vertraute weiter. In seinem Geist hatte er das Rauschen des Regens bereits gehört, auch wenn äußerlich noch nichts sichtbar war. Aber er kannte das Herz Gottes und vertraute IHM weiter. So können auch wir stark im Geist werden und dem Vater glauben, dass ER zum rechten Zeitpunkt eingreifen wird; und wir am rechten Ort, zur rechten Zeit, mit der rechten Herzenshaltung mit dabei sein werden!

Mein Schritt heute:

Ich male mir mit einem Filzstift eine kleine Wolke auf die Hand. Sie soll mich heute daran erinnern, Ausschau nach Gottes guten Zeitpunkten zu halten!

Nie zu spät!

Lernvers: Psalm 31,16
„In deiner Hand sind meine Zeiten!“

Gebet:

„Abba, wann kommst Du endlich? Ich rufe zu Dir schon so lange! Aber Du antwortest mir nicht! Da ist keine Reaktion des Himmels! Hast Du mich etwa vergessen? Was ist nur los? Habe ich ein Signal überfahren? Wo bist Du nur? Ich sehe Dich nicht mehr ... bitte, komme schnell mir zur Hilfe!“ ...

Bibellese: Johannes 11,1-6; Markus 5,21-43

Impuls:

Beim Lesen der Evangelien fällt mir auf, dass die Menschen Jesus manchmal den Vorwurf machten, ER sei zu spät dran. Martha und Maria sagen: „Jesus, hättest Du nicht eher kommen können? Wo warst Du nur so lange? Warum hast Du so lange gewartet? Jetzt bist Du zu spät dran. Jetzt ist Lazarus tot!“

Das Gleiche bei Jairus zuhause: „Bemühe den Meister nicht mehr. ER kommt jetzt sowieso zu spät. Vor einer Stunde hat sie noch gelebt. Wo habt ihr nur so lange rumgebummelt? Jetzt ist es viel zu spät! Deine Tochter ist tot!“

Uih, da entdecke ich mein eigenes Herz. Oftmals denke ich genauso von Jesus. „Wo warst Du nur?! Hättest Du nicht eher kommen können? Jetzt ist alles aus. Zu spät, Pech gehabt!“

Bitte, alle Mann mal herhören: Jesus kommt nie zu spät!!! ER wartet auf den richtigen Zeitpunkt, den der Vater IHM zeigen wird, erst dann geht ER los! So machte ER es bei Lazarus und so machte ER es bei Jairus Tochter. Die Menschen dachten, alles sei aus. Aber der Tod ist für den Gott der Lebenden noch nie ein Problem gewesen. Tote hat ER mehrmals erweckt – nur Halbtote nicht. „Lazarus komm heraus!“, „Talita kum, Mädchen, steh auf!“ Und schon werden Wunder wahr!

So wird Papa das auch bei dir machen. ER kommt nie zu spät! Manchmal wartet ER ein bisschen länger, bis die Dinge ausgereift sind. Fürchte dich nicht, wenn die Umstände eine andere Sprache sprechen und alles in dir schreit: „Zu spät!“ – Papa weiß am besten, wann der beste Zeitpunkt ist, einzugreifen.

Mein Schritt heute:

Voll Vertrauen werde ich heute im Gebet über den Nöten meines Lebens aussprechen: Mein Papa kommt nie zu spät!“

Bis an mein Ende

Lernvers: Psalm 31,16
„In deiner Hand sind meine Zeiten!“

Gebet:
„Vater, danke für Deine Zusage, dass Du mich bis ins Alter tragen wirst – ja, bis an mein Ende. Ich will in jeder Phase meines Lebens Dir nahe sein. Egal, wie alt ich bin, ich werde immer Dein Kind bleiben, das auf Deinem Schoß sitzen darf …

Bibellese: Psalm 71

Impuls:
Hier schaut jemand auf einen langen Lebensweg zurück. Dankbar erinnert er sich an die zahlreichen Situationen, in denen sein Gott ihm hindurchgeholfen hat. Schon seit frühester Kindheit und Jugend hat Jahwe wunderbar für ihn gesorgt. Tag für Tag war ER spürbar bei ihm und hat ihn in den Fragen des Lebens unterwiesen. Was für ein geistlich reiches Leben!

Aber jetzt steht das Alter vor der Tür. Die Haare sind grau geworden. Die Kräfte lassen nach. Das ist ein eigenartiges Lebensgefühl, wenn man entdeckt, dass man alt geworden ist. Die Generation der eigenen Eltern hat sich verabschiedet. Nun gehört man selbst zu den Geburtsjahrgängen, die man immer häufiger in den Sterbeanzeigen wiederfindet.

Unsere Gesellschaft hat ein ziemlich gespaltenes Verhältnis zum Älterwerden. Einerseits sehen wir braungebrannte Mallorca-Senioren, die dank bester Medizin immer älter werden und mit neuen Hüftgelenken tanzend das Leben in vollen Zügen genießen. Daneben siechen Abertausende von alten, dementen Menschen leise leidend vor sich hin, qualvoll wartend auf den Tod.

Welche Empfindungen hast du, wenn es um das Thema *Altwerden* geht? Unser Psalmist schüttet sein Herz vor Gott aus. Das Alter ist keine leichte Phase unseres Lebens (– aber welche Phase ist das schon?)! Ein Kreis scheint sich zu schließen. So wie Kleinkinder vollkommen abhängig von der Hilfe der Eltern sind, so werden viele alte Menschen auch wieder bedürftig, gefüttert, gewaschen und müssen umsorgt werden. Doch der Unterschied ist gewaltig. Kinder kennen nichts anderes, als hilfsbedürftig zu sein. Wir Erwachsenen aber müssen unser Selber-machen-Wollen loslassen, um Hilfe zu empfangen. Die beste Vorbereitung auf das Älterwerden ist deshalb, bereits heute schon, als erwachsener Mensch, kindlich empfangen zu lernen.

Mein Schritt heute:
Ich beobachte alte Menschen und stelle mir vor, wie es einmal bei mir sein wird. Vertrauensvoll lege ich dann meine Zukunft in Abbas Hände.

Teil 25

Neue Hoffnung gewinnen

Epheser 1,18

Das Beste kommt noch

Lernvers: Epheser 1,18

„Er erleuchte euch die Augen eures Herzens, damit ihr wisst, was die Hoffnung seiner Berufung, was der Reichtum der Herrlichkeit seines Erbes in den Heiligen … ist!“

Gebet:

Abba, ich bin begeistert von Dir! Wie reich hast Du mein Leben gemacht?! Deine Liebe ist mein Zuhause! Die Freundschaft zu Dir ist mir kostbarer als alle anderen Beziehungen meines Lebens …

Bibellese: Psalm 27

Impuls:

Dieser Psalm strahlt total viel Licht und Hoffnung aus; wenngleich David hier auch von einer Menge Problemen in seinem Leben spricht. Eigentlich steckte er immer in irgendeiner Klemme: Familienknatsch, Anfeindungen (Mobbing), lebensbedrohliche Ereignisse. Er kannte bereits von frühester Kindheit Einsamkeits- und Verlassenheitsgefühle. Trotzdem sagt er: „Doch Jahwe, mein wahrer Abba-Vater, nimmt mich auf!“

Zwei Menschen gehen durch das gleiche Trauma; der eine wird bitter und der andere besser! Woran liegt das? – Jeder von uns entscheidet selbst, was er in sein Herz hineinlässt! Die Umstände mögen noch so niederschmetternd sein – worauf schauen wir? Die Entscheidung liegt bei jedem von uns. Ein Sprichwort sagt: „Jeder liegt so, wie er sich bettet!“ Mit zunehmendem Alter kann ich den Wahrheitsgehalt dieser Worte bestätigen. Jeder Mensch hat ein gewisses Maß an Eigenverantwortlichkeit für sein Leben. Ich kann selbst täglich wählen, ob ich mich der Hoffnungslosigkeit hingebe, oder mich beim Vater berge. Beides hat Auswirkungen auf meine Existenz.

David war kein Optimist von Hause aus – das bin ich auch nicht! Aber ich weiß, so wie David: Das Beste kommt noch! Ja, es fängt gerade in diesem Augenblick an! Das ist nicht Kraft des positiven Denkens, sondern göttlicher Realismus! „Ich bin gewiss, dass ich die Güte meines Vaters sehen werde!“ Ich mag zwar am Ende sein, aber mein Abba niemals. ER hat immer noch einen Ausweg parat. ER liebt es, aus meinen Katastrophen noch ein Wunder zu bauen. Ich bleibe einfach hier in SEINER Nähe und warte geduldig auf SEIN Eingreifen! Ich suche Zuflucht in SEINEN liebenden Armen – und nicht im Jammern und selbstmitleidigen Heischen nach Empathie von Menschen. ER wird kommen, so wie ER es immer getan hat!

Mein Schritt heute:
Ich übe mich im Proklamieren der Wahrheit Gottes über die Umstände meines Lebens: „Vater, Du bist mein ...!“

Neue Adlerflügel

Lernvers: Epheser 1,18
„Er erleuchte euch die Augen eures Herzens, damit ihr wisst, was die Hoffnung seiner Berufung, was der Reichtum der Herrlichkeit seines Erbes in den Heiligen … ist!“

Gebet:

„Vater, danke, dass ich wieder fliegen kann. Du hast mir neue Flügel des Glaubens gegeben. Damit erhebe ich mich im Geist über die Umstände, die mich runterziehen wollen. Getragen vom Aufwind Deiner Liebe überwinde ich alles, was mich zurückhalten will!“ …

Bibellese: Jesaja 40,28-31

Impuls:

Es wird berichtet, dass es in Israel eine Adlergattung gab, die circa alle sieben Jahre durch eine besondere Prozedur der Veränderung ging. Man beobachtete die Vögel und fand heraus: Zuerst flog der Adler auf einen hohen Berggipfel und setzte sich auf einen Felsen. Dann begann er sich mit dem Schabel die erhabenen Flugfedern auszureißen. Danach wetzte sich der Adler die scharfen Krallen am Felsen ab, bis sie abfielen. Und am Schluss noch seinen Schnabel. So saß er schwach und verwundbar dort oben für eine lange Zeit. Dann wartete er und wartete und wartete. Bis das Wunder der Schöpfung in ihm aufs Neue geschah. Langsam fingen an den Flügeln wieder neue Federn an zu wachsen, neue Krallen bildeten sich und kamen hervor; und zum Schluss noch ein scharfer Schnabel. Alles eine Nummer größer als zuvor … XXL! Das Warten hatte sich gelohnt!

Ausleger vermuten, dass der Prophet Jesaja hier in seinem Wort der Ermutigung auf diese besondere Form der Mauser Bezug nimmt. Die auf Jahwe warten bekommen neue Adlerflügel. Doch zuvor gehen wir durch eine Phase der Schwäche und Verwundbarkeit. Da sitzen wir wie die „Pleitegeier“ herum und sind verletzbar. Doch wir wissen, wo wir uns befinden. Wir sitzen auf dem Felsen. Christus ist unser Fels des Heils. Bei IHM darf ich mich bergen, wo ich mich müde, schwach und angreifbar fühle. ER passt auf mich auf! Mir kann nichts geschehen! Denn ER ist bei mir!

Auch dein Warten auf Abbas Hilfe wird sich lohnen. Du wirst wachsen an den Herausforderungen und Krisen. Du wirst stärker im Geist werden. Wenn du dich dann mit neuem Elan in die geistlichen Höhen schwingst, wirst du es selber merken!

Mein Schritt heute:

Ich schaue mir heute zur Inspiration Bilder oder Videoclips von fliegenden Adlern an.

Tag 243 **31. August**

Die Pläne SEINES Herzens

Lernvers: Epheser 1,18

„Er erleuchte euch die Augen eures Herzens, damit ihr wisst, was die Hoffnung seiner Berufung, was der Reichtum der Herrlichkeit seines Erbes in den Heiligen ... ist!“

Gebet:

„Ich liebe Dein Vaterherz. Das ist und bleibt für mich die größte und schönste Offenbarung. Das wertvollste Geschenk. Du bist so gut zu mir.“ ...

Bibellese: Psalm 33

Impuls:

Wer mich kennt, weiß, dass ich Herzen (in fast jeder Form) liebe! Denn sie erinnern mich an meinen himmlischen Vater. Unser Papa im Himmel hat ein riesiges Herz voller Liebe! Ich bin dankbar, dass ich keinem herzlosen Götzen dienen muss, der von mir tote religiöse Pflichten und Gesetzeswerke verlangt. In meinem Abba schlägt ein lebendiges Herz. Die Bibel spricht an vielen Stellen vom Herzen Gottes. SEIN Vaterherz ist gefüllt mit Plänen und Absichten, Gedanken und Emotionen der Liebe.

„Die Erde ist voll der Güte Jahwes!“ – so lautet das Bekenntnis von David. Mit anderen Worten: Wo ich mich auch hinwende, überall wird mir Jahwes Güte und Wohlwollen begegnen, denn so ist SEINE Herzenshaltung.

Ist das nicht ein bisschen übertrieben? Es gibt doch so viel Herzeleid auf der Welt. Fallen dir da nicht auch gleich ein paar schlimme Sachen aus deinem persönlichen Umfeld ein? Man braucht doch nur die Zeitung aufzuschlagen, um bei all den Katastrophenmeldungen festzustellen, dass sich David geirrt haben muss.

Wie wir schon gesehen haben, zeichnen die Psalmen ein ziemlich realistisches Bild von unserem menschlichen Alltag. Nun ist David hier kein Fehler unterlaufen, wenn er behauptet, dass in allem irgendwo auch Gottes Güte drinsteckt. Neutestamentlich würde das so klingen: „Denen, die Gott lieben, müssen alle Dinge zum Besten mitwirken!“ Vielleicht erschließt sich uns das ganze Bild nicht auf den ersten Blick, aber es lohnt sich, noch einmal neu hinzuschauen und nach der „Güte in der Tüte“ zu suchen. Wir wissen doch, unser Papa im Himmel hegt nur gute Absichten in SEINEM Herzen für uns – Gedanken der Zukunft und der Hoffnung!

Mein Schritt heute:

Ich nehme mir eine Konkordanz und schlage unter dem Stichwort „Herz“ nach, was ich über Gottes Herz finden kann.

Tag 244 **1. September**

Wiedergeboren zu einer lebendigen Hoffnung

Lernvers: Epheser 1,18

„Er erleuchte euch die Augen eures Herzens, damit ihr wisst, was die Hoffnung seiner Berufung, was der Reichtum der Herrlichkeit seines Erbes in den Heiligen ... ist!"

Gebet:

„Du bist mein bester Ermutiger! Danke für die neue Hoffnung, die Du wie eine zarte Pflanze in mein Herz implantiert hast. Ich will darauf behutsam achtgeben und sie pflegen. Bewässere sie mit dem Wasser Deines Geistes und Wortes!" ...

Bibellese: 1. Petrus 1,3-12

Impuls:

Das Wort Hoffnung kommt in der deutschen Sprache von „hüpfen". Da hüpft jemand vor Erwartung und Vorfreude. Denn er kann etwas sehen, was ihn beflügelt. Hoffnung hat viel mit Vision zu tun. Die Augen werden geöffnet für eine neue Sicht, womöglich der bisherigen alten Situation. Aber wir betrachten es aus einem anderen Blickwinkel und bekommen dadurch neue Hoffnung. Sie richtet sich auf etwas, was noch nicht da ist, was in der Zukunft liegt, aber schon in uns wurzelt und keimt, wie ein Samenkorn.

Umgangssprachlich wird ironisch gesagt: „Die Hoffnung stirbt zuletzt!" Wer hofft, der hofft weiter – der gibt nicht so schnell auf, der sucht nach Lösungen und neuen Wegen. Hoffnung ist durchweg positiv und konstruktiv.

Der Apostel Petrus spricht davon, dass wir wiedergeboren sind zu einer lebendigen Hoffnung. Als Sohn und Tochter Gottes bist du ein Hoffnungsträger. Wir sind Kinder der Hoffnung! Hoffnungslosigkeit passt überhaupt nicht ins Vaterhaus. Am Ende werden nur drei Dinge übrigbleiben, schreibt der Apostel Paulus im 1. Korinther 13: Glaube – Liebe – Hoffnung.

Glauben heißt Jesus vertrauen! Wenn es um die Liebe geht, landen wir gleich auf Abbas Schoß in der Vaterliebe. Für Hoffnung brauchen wir den Heiligen Geist. Als Kinder spielten wir so gerne: „Ich sehe was, was du nicht siehst!" Erst durch den Geist Gottes werden wir befähigt, neu hinzusehen. ER schenkt uns neue Perspektiven und schließt uns neue Horizonte auf. Was kein Auge bisher gesehen hat ... das schenkt Abba SEINEN Kindern durch den guten Geist.

Mein Schritt heute:

Ich hüpfe heute auf der Stelle. Gibt es etwas, worauf ich mit Erwartung und Vorfreude hoffe?

Tag 245 **2. September**

Neuer Mut zum Weitergehen

Lernvers: Epheser 1,18

„Er erleuchte euch die Augen eures Herzens, damit ihr wisst, was die Hoffnung seiner Berufung, was der Reichtum der Herrlichkeit seines Erbes in den Heiligen ... ist!“

Gebet:

„Jesus, Du bist mein größter Ermutiger! Du gibst meinem Leben neue Kraft. Dein Zuspruch beflügelt meine Seele. Dein guter Geist stellt mich wieder auf meine Füße. Danke für neue Motivation und Glaubenszuversicht.“ ...

Bibellese: Psalm 138

Impuls:

Das Wesen unseres Vaters im Himmel ist Ermutigung zum Leben. Im Neuen Testament kennen wir das Wort *paraklet* = Tröster, Ermutiger. Von gleicher Qualität ist das, was wir hier aus Davids Mund hören: „Du hast mir Mut verliehen. In meine Seele kam Kraft!“

Unser Abba weiß, wie anstrengend das Leben für uns Menschenkinder ist. ER ist kein ferner Gott, der aus der Distanz zuschauen würde. ER hat Sich eingemischt. IHM ist unsere Not unter die Haut gegangen. Nichts konnte IHN zurückhalten, selbst Mensch zu werden, Sich klein zu machen und zu erniedrigen. Gott wechselte die Seiten, um uns aus eigenem Erleben heraus zu verstehen.

Auf der Welt gibt es viel billige Vertröstung und oberflächlichen Trost. Da wollte Sich unser Vater nicht mit einreihen. Kein müdes Lächeln und Schulterklopfen nach dem Motto: „Kopf hoch, es wird schon wieder!“ Wenn wir Trost brauchen, merken wir sofort instinktiv, wie echt eine Geste oder ein Wort des Zuspruchs gemeint ist. Besonders tröstlich kommt es uns entgegen, wenn der andere durch die gleiche Not wie wir gegangen ist. Wenn er versteht, wovon wir reden. Wenn er den Schmerz unserer Seele aus eigener Erfahrung mit uns teilen kann. Wie anders hören sich dann die Worte an: „Du, das kenne ich. Ich weiß, wovon du sprichst. Aber vertraue mir: Es gibt Hoffnung! Ich war auch einmal da, wo du jetzt bist. Ich bin da auch durchgegangen. Es gibt einen Ausweg aus dem Labyrinth deiner Dunkelheit!“

Vielleicht braucht deine Seele gerade heute diesen Zuspruch vom Vater. Komm und lass dich trösten. ER will dir neuen Mut zum Weitergehen schenken!

Mein Schritt heute:

Ich lass mich vom Vater ermutigen, trösten, neu motivieren!

Tag 246 **3. September**

Der Gott aller Hoffnung

Lernvers: Epheser 1,18

„Er erleuchte euch die Augen eures Herzens, damit ihr wisst, was die Hoffnung seiner Berufung, was der Reichtum der Herrlichkeit seines Erbes in den Heiligen … ist!“

Gebet:

„Du bist der Gott aller Hoffnung, der Vater aller Barmherzigkeit. Du bist der Gott allen Trostes und meine Zuversicht. Du bist mein Gott des Friedens und der Gott aller Gnade! Papa, Du hast das Monopol auf alles Gute, denn alles Gute kommt nur von Dir!“ …

Bibellese: Römer 15,13

Impuls:

Unser Gott ist der Gott aller Hoffnung! Papa hat das alleinige Monopol auf Hoffnung. Alles andere, was die Welt uns als vermeintliche Hoffnung verkaufen will, ist nur Plagiat und billige Kopie. Sie sagen zwar Hoffnung, meinen aber Optimismus und Fortschrittsglaube. Sicherlich gibt es eine Vielzahl menschlicher Hoffnungsträger in Bereichen wie Politik oder technischer Innovation … hoffnungsvolle Typen, die wie Stars am Abendhimmel der Menschheit für kurze Zeit aufleuchten. Hier ein Barak Obama, da ein Elon Musks, hier ein Emmanuel Macron und dort ein Steve Jobs. Aber viele dieser Sternschnuppen verglühen schneller als wir hinschauen können. Denn aller Fortschrittsglaube und alle Euphorie scheitern an den Machtkämpfen und Rangeleien, die der Egoismus der Waisenkinder mit sich bringt.

Nur unser Vater-Gott allein kann echte Hoffnung geben! Eine Hoffnung für ein Leben hier auf Erden, aber auch eine Hoffnung, die weit über den Tod hinausreicht.

Wenn du neue Hoffnung für dein Leben brauchst, dann weißt du spätestens jetzt, wo du sie finden kannst. Bitte höre damit auf, sie an anderen Orten zu suchen. Du wirst sie dort nicht finden können.

Abba wird dir die Augen deines Herzens öffnen und ein weites Land zeigen. ER hat gute Pläne und Gedanken für deinen weiteren Weg.

Mein Schritt heute:

Ich werde heute in meiner Bibel nachschlagen und weitere Stellen zum Thema Hoffnung suchen.

Tag 247 4. September

Erleuchtete Augen des Herzens

Lernvers: Epheser 1,18

„Er erleuchte euch die Augen eures Herzens, damit ihr wisst, was die Hoffnung seiner Berufung, was der Reichtum der Herrlichkeit seines Erbes in den Heiligen ... ist!“

Gebet:

„Meister, bitte salbe meine Augen mit dem Balsam Deiner Klarheit. Wasche sie mit dem Wasser Deiner Wahrheit. Damit ich klarer sehen werde, schärfer unterscheiden kann und tiefere Einsichten bekomme. Öffne meine Augen des Herzens. Ich will Jesus sehen!“ ...

Bibellese: Epheser 1,17-19

Impuls:

Nach einem Gottesdienst kam eine Frau auf mich zu. Die Predigt hatte sie sehr angesprochen. Sie fragte mich, wie sie diesen Jesus, von dem wir sprechen, persönlich kennenlernen könnte. Sie wollte auch gerne so glauben können wie wir. Ich erzählte ihr von meiner Freundschaft zu Jesus und das ich mit IHM rede, weil ER da ist. Meine natürlichen Augen können IHN zwar nicht sehen, aber ich habe neue Augen bekommen. Augen des Herzens. Mit diesen neuen geistlichen Augen kann ich IHN wahrnehmen. Und auch mit neuen geistlichen Ohren kann ich SEINE Stimme hören.

Das machte die Frau neugierig. Sie fragte, ob das wohl bei ihr auch „funktionieren“ könne. Ich lud sie ein, mit mir zusammen es einfach mal auszuprobieren. Ich schloss meine Augen (ich vermute, sie hat es mir nachgemacht) und sagte dann in etwa so: „Jesus, bitte schenke doch dieser Frau neue Augen des Herzens, dass sie Dich sehen kann. Wasche bitte alles weg, was ihr im Weg steht und zeige Dich ihr in Deiner Liebe!“ Und dann fing auch die Frau an mit Jesus zu sprechen. Sie sprach mit IHM wie mit einer Person, die sie noch nicht kennt, aber die sie sehr gerne kennenlernen will. So ging das ein paar Minuten hin und her.

Als wir das Gebet beendeten und ich meine natürlichen Augen wieder öffnete, sah ich in die Augen einer völlig neuen Frau. Sie war ZUM GLAUBEN gekommen, ihr war unser auferstandener Herr begegnet. Es kam mir vor, als hätte sie eine Linie in der unsichtbaren Welt überschritten, und sie ist vom Land des Unglaubens ins Vaterhaus der Liebe Gottes eingezogen. Was für eine Freude war das! Wir hatten eine neue Schwester in der Familie Gottes bekommen. Und das alles, weil der Vater wieder einmal die Augen des Herzens bei einem SEINER verlorengegangenen, geliebten Kinder erleuchten durfte. Halleluja!

Mein Schritt heute:

Ich lege meine Hände auf mein Herz und segne es mit erleuchteten Augen!

Tag 248 5. September

Christus in uns

Lernvers: Epheser 1,18

„Er erleuchte euch die Augen eures Herzens, damit ihr wisst, was die Hoffnung seiner Berufung, was der Reichtum der Herrlichkeit seines Erbes in den Heiligen … ist!“

Gebet:

„In Dir ist mein Leben, in Dir ist meine Kraft, in Dir ist meine Hoffnung! Du in mir und ich in Dir! Komm und mache Wohnung in meinem Herzen! Wirf hinaus, was Dir nicht gefällt und ziehe ein mit Deinem guten Geist! Christus in mir, die Hoffnung der Herrlichkeit“ …

Bibellese: Kolosser 1,26-27

Impuls:

Paulus spricht in seinen Briefen oft in dieser Terminologie: Ich in Christus! Christus in mir!

Neulich hörte ich ein schönes Gleichnis dafür, dass dieses Geheimnis des Ineinanders versinnbildlicht. Stell dir mal bitte einen Schwamm vor, und dann als zweites einen Ozean. Wenn du diesen Schwamm nun in den Ozean hineintauchst, geschieht Folgendes: zum einen ist der Schwamm ganz und gar im OZEAN, von allen Seiten wird er vom Wasser umschlossen, er saugt sich voll und alle Poren werden voll Meerwasser laufen. Aber zum anderen ist auch der Ozean im SCHWAMM; zumindest ein klitzekleiner Teil des Ozeans. Verstehst du? Wenn du das Gleiche mit einem Stein und dem Ozean machst, kannst du den großen Unterschied sofort merken. Der Stein kann zwar im Ozean sein, aber der Ozean nicht im Stein. Steine sind hart und nicht durchlässig. Sie bleiben bei sich selber.

Jesus Christus ist die Hoffnung Gottes in Person, sowie ER die Liebe Gottes in Person ist. ER verschenkt Sich an uns. ER kommt und gießt SEINE Liebe und Hoffnung über uns und in uns hinein. Wie ein ganzer Ozean.

Und wir sind wie ein Schwamm. Zu Beginn noch etwas hart und trocken. Aber je länger wir ins Meer dieser Liebe des Vaters hineingetauft werden, saugen wir uns voll, werden durchtränkt, werden wir weicher, saugfähiger und aufnahmebereiter. Papas Liebe läuft in alle Kammern und Röhren, in alle Kapillare und Löcher (je mehr Löcher du hast, umso besser!) Siehst du, jetzt ist ER in dir und du in IHM!

Mein Schritt heute:

Ich nehme einen Schwamm und einen Stein und werde beides ins Wasser legen, um den Unterschied mit meinen Augen zu sehen!

Tag 249 **6. September**

Mein neues Land einnehmen

Lernvers: Epheser 1,18

„Er erleuchte euch die Augen eures Herzens, damit ihr wisst, was die Hoffnung seiner Berufung, was der Reichtum der Herrlichkeit seines Erbes in den Heiligen ... ist!"

Gebet:

„Halleluja! Danke für das gelobte Land. Ich darf in meinem Land der Verheißung leben, da wo Milch und Honig fließen. Mein Erbteil ist auf liebliches Land gefallen. Das neue Land, wo ich zuhause bin. Danke, dass Du mitten unter mir wohnst!" ...

Bibellese: Josua 1,1-9

Impuls:

Das neue Land der Verheißung ist in der Bibel ein wichtiger Sehnsuchtsort und ein Bild der Hoffnung. Es ist der Inbegriff für Zuhause, Heimat und Schutzraum.

Israel hatte kein eigenes Heimatland. Es war ein Volk, das lange Zeit in Ägypten als Fremdlinge in Sklaverei gelebt hat. Doch der Vater der Waisenkinder erbarmte Sich über sie und gab ihnen ein Versprechen: „Ich habe ein gutes, neues Land für euch. Das gelobte Land."

Israels Identität war und ist aufs Engste mit diesem kleinen Flecken Land verwoben. Mit Josua zogen sie hinein und nahmen es Stück um Stück in Besitz. Weil sie aber den Vater schon bald verließen, verloren sie den Schutz und die Feinde nahmen ihnen das Land wieder weg, führten sie in neue Sklaverei, dieses Mal nach Babylon. Nehemia, Esra und die anderen Rückkehrer bauten aus Trümmern ihre Heimat wieder neu auf. 70 Jahre nach Christus verlor Israel zum dritten Mal ihr Land, weil sie erneut ihren Vater aus den Augen und ihren Herzen verloren hatten. Es brauchte dieses Mal sehr lange Zeit, hunderte Jahre, bis Abbas Volk nach dem schrecklichen Holocaust, den Weg zurück in ihr Heimatland fand.

Wenn wir die vielen Schriftstellen zur Landeinnahme intensiv studieren, können wir eine Menge für uns daraus lernen. Denn die Landeinnahme ist ein Gleichnis für jeden von uns. Papa hat auch uns aus der Sklaverei der Sünde befreit. ER hat uns, die ehemaligen Räuberkinder, zu Sich nach Hause gebracht. Ins Land der Verheißung. Nun müssen wir lernen, in diesem neuen Umfeld zu leben, es in Besitz zu nehmen, zu kultivieren und zu gestalten. Nimm ein das gute Land, das Papa Dir gibt!

Mein Schritt heute:

Ich mache heute einen ausgiebigen Spaziergang und werde mir sagen: „Jeden Ort, darauf meine Füße treten, hat der Vater mir gegeben. Ich nehme mein gelobtes Land ein!“

Weite Horizonte

Lernvers: Epheser 1,18

„Er erleuchte euch die Augen eures Herzens, damit ihr wisst, was die Hoffnung seiner Berufung, was der Reichtum der Herrlichkeit seines Erbes in den Heiligen ... ist!"

Gebet:

„Du stellst meine Füße auf weiten Raum. Danke für das weite Land der unbegrenzten Möglichkeiten, das vor mir liegt. Ich brauche mich nicht davor zu fürchten, denn Du gehst voran. Ich folge Dir nur und singe mein kleines Lied der neuen Hoffnung!" ...

Bibellese: 1. Korinther 2,9

Impuls:

Vor ein paar Jahren ging ich (mal wieder) durch einen schweren Sturm meines Lebens. Abba ließ es zu, dass alles in und um mich herum erschüttert wurde und vieles zerbrach. Ein langer Lebenstraum und viele kostbare Beziehungen lagen innerhalb weniger Wochen in Trümmern vor mir. Es kam mir vor, als ob eine riesige Tsunamiwelle über mein bisheriges Land der Verheißung hereinbrach und alles mit sich in das Chaos der Zerstörung zog. Monatelang sah ich kein Licht, sondern nur schwarze Gewitterwolken. Dann war der Sturm vorbei; aber was war aus meinem Land der Verheißung geworden?! Ich sah überall nur noch Trümmer. Nichts war mehr so, wie es vorher war. Ja, es war gar kein Festland mehr da.

Anfangs wusste ich nicht, wo ich überhaupt bin. Alte, mir bekannte Anhaltspunkte auf der bisherigen Landkarte meines Lebens waren im Meer verschwunden. Ohne Abbas Trost und Beistand hätte ich aufgegeben. Doch ER hielt mich die ganze Zeit in SEINEN Armen. Ich trauerte Monate um den Verlust. Solange, bis ich keine Tränen mehr hatte. Dann war der Augenblick gekommen, wo mich Abbas Worte erreichen konnten: „Mein geliebtes Kind! Ja, das Alte ist vergangen, aber ich schenke dir ein neues Land! Dies ist dein Neu-Fund-Land!"

In den folgenden Monaten offenbarte ER mir im Geist mein neues Land: es ist eine Insel mit der Form eines Herzens. Gott zeigte mir so viele neue Lebensräume darauf. Neue Visionen und neue Träume wurden in mir wach. Parallel zu dem, was der Vater in meinem Inneren an neuen Horizont entwickelt, öffnen sich äußerlich in meinem Leben viele neue Türen und Beziehungen. Wenn ich jetzt auf die letzten Jahre zurückblicke, dann staune ich dankbar über mein Neu-Fund-Land. Und wisst ihr was, in der Bucht vor meiner Insel liegt ein großes Dreimaster-Segelschiff mit dem Namen: Nueva Esperanza. Neue Hoffnung.

Damit stechen Abba und ich immer wieder in See. Auf zu neuen Ufern! – Wie mag wohl dein Land der Hoffnung aussehen?

Mein Schritt heute:
Ich zeichne eine Skizze oder sammle Begriffe, die mein Land der Verheißung näher beschreiben können.

Teil 26

Gebet (er)leben

Lukas 11,9-10

Abba gibt so gerne

Lernvers: Lukas 11,9-10

„Bittet und es wird euch gegeben; sucht, und ihr werdet finden; klopft an, und es wird euch geöffnet werden! Denn jeder Bittende empfängt, und der Suchende findet und dem Anklopfenden wird geöffnet werden!"

Gebet:

„Jesus, ich rede so gerne mit Dir. Danke, dass ich Dir immer wieder mein Herz ausschütten darf. Aber ich höre Dir auch gerne zu. Danke für Dein Reden früh am Morgen und dann quer durch den Tag!" …

Bibellese: Lukas 11,5-13

Impuls:

Kennst du auch solche Gebetstreffen, wo man den fürchterlichen Eindruck gewinnen kann, man müsste dem Vater den Arm schmerzhaft umdrehen und solange festhalten, bis ER SEINEN Kindern endlich das gibt, was sie brauchen? Gebet – und besonders Fürbitte, kann manchmal so religiös ätzend daherkommen. Dabei sollte für die Kinder Gottes das Reden mit dem Vater zum Lustfaktor gehören, und nicht zum mühsamen Pflichtprogramm!

Wenn wir Jesu Gebetsleben näher unter die Lupe nehmen, dann werden wir sehr viel Freude und Natürlichkeit entdecken. Das war so ansteckend, dass die Jünger zu Jesus sagten: „Hey, so wie Du mit Deinem Abba sprichst, so möchten wir auch mit Gott reden können!"

Ich hörte von einem Mann Gottes, der vor über hundert Jahren in Norwegen gelebt hat und ein Träger von Erweckungsfeuer war. Er ging zu Fuß von Dorf zu Dorf und sprach dabei laut mit seinem Gott. Scharen von Leuten liefen hinter ihm her. Sie wollten seine Gebete hören, wie er mit Gott sprach. Das machte sie selber so hungrig auf das Leben mit Jesus, dass viele sich bekehrten. Unser Gebetsleben verrät sehr viel über unsere Gottesbeziehung.

- Wie betet wohl jemand, für den Gott ein Boss und Chef einer großen Firma ist?
- Wie betet jemand, der Gott als Richter und Verwalter von Recht und Ordnung sieht?
- Wie betet jemand, der Gott als Kriegsmann auf Feldzug gegen alle satanischen Kräfte und Mächte der Endzeit wahrnimmt?
- Wie betet jemand, der als geliebtes Kind zu seinem Vater kommt?

Mein Schritt heute:

Ich reflektiere mein eigenes Gebetsleben. Mit welcher Sichtweise komme ich zu Gott?

Ich aber bete

Lernvers: Lukas 11,9-10
„Bittet und es wird euch gegeben; sucht, und ihr werdet finden; klopft an, und es wird euch geöffnet werden! Denn jeder Bittende empfängt, und der Suchende findet und dem Anklopfenden wird geöffnet werden!“

Gebet:
„Vater, ich bringe Dir meine Wut im Bauch. Das hat so weh getan. Ich fühle mich so verletzt. Bitte sei Du meine Heilung und der Schutz über der Dünnhäutigkeit meiner Seele.“ …

Bibellese: Psalm 109

Impuls:
Auch dieser Psalm weist prophetisch auf den leidenden Christus hin. David durchlebt 1000 Jahre zuvor ein Stück Vorwegnahme der Passion Jesu: Verleumdung, Betrug und falsche Anklage. Er sieht sich umgeben von Widersachern und Feinden, die ihm nach dem Leben trachten.

Menschen können uns Unrecht tun und uns sehr verletzen. Da kann man so wütend werden, dass reale Hassgefühle im Herzen aufsteigen, ohne dass man es will. Mobbing am Arbeitsplatz oder in der Schule. Streit in der Ehe oder Familie. Selbst die Beziehungen in der Gemeinde können manchmal unerträglich werden.

Wie lebt man geschützt in herausfordernden Beziehungen, ohne neue Rachepsalmen zu texten? David gibt zur Antwort: „Ich aber bete“! Wörtlich: „Ich bin Gebet“ oder: „Ich lebe vollkommen im Gebet.“

Es gibt Menschen, die in ihrem Leben beten. Und es gibt Menschen, die in ihren Gebeten leben! – Letzteres trifft auf David zu. Er machte aus allem sofort ein Gebet. Er sprach direkt mit seinem himmlischen Vater über die Wut im Bauch und die Rachegelüste, die ihn plagten.

Ständige Kommunikation mit dem Vater ist die beste Seelenhygiene. Wir dürfen IHM alles sagen, zu jeder Zeit und auf unsere authentische Art, so „wie uns der Schnabel gewachsen ist“. Was für ein Privileg?!

Auch ich will es lernen, aus allem ein Gebet zu machen!

Mein Schritt heute:
Ich bringe meine angestauten Gefühle zum Vater und spreche mit IHM darüber im Gebet.

Tag 253 **10. September**

Gewissheit – Papa hört

Lernvers: Lukas 11,9-10

„Bittet und es wird euch gegeben; sucht, und ihr werdet finden; klopft an, und es wird euch geöffnet werden! Denn jeder Bittende empfängt, und der Suchende findet und dem Anklopfenden wird geöffnet werden!“

Gebet:

„Danke, Papa, ich weiß, Du hörst alle meine Gebete. Du erhörst sie nicht alle so, wie ich es mir manches Mal gewünscht hätte. Aber das ist auch bestimmt besser so. Denn Du hast den Überblick. Du bist Gott … nicht ich!“ …

Bibellese: 1. Johannes 5,15

Impuls:

Erste Tatsache:	Gott hört alle unsere Gebete!
Zweite Tatsache:	Gott er-hört alle unsere Gebete, aber …
Dritte Tatsache:	Abba hört alle unsere Gebete und ER hört sehr gut zu!

Punkt eins müsste für uns alle klar sein, oder?

Kurzer Nachtrag zu Punkt zwei – natürlich wissen wir, dass Gott nicht alle unsere Gebete erhören kann – weil wir Menschen zwischendurch auch eine Menge dummes Zeug daherbeten. Zum Beispiel, wenn es ums Wetter geht oder ums nächste Fußballspiel, da gäbe es eine Menge Interessenkonflikte, wenn unser Vater alle Wünsche von allen Kindern gleichermaßen erhören sollte.

Je länger ich im Vaterhaus lebe, bin ich froh, dass nicht ich alles entscheiden muss. Ich weiß oftmals gar nicht in einer gewissen Situation, was gut und was schlecht wäre. Mir fehlt da der Überblick. Wie oft schon habe ich mich geirrt und Dinge völlig falsch eingeschätzt.

Kommen wir also zu Punkt drei: unser Abba hört alle Gebete und ER hört dir gut zu. ER achtet nicht nur auf deine Worte (ob du die richtige Anrede und Vokabeln benutzt hast, damit das Gebet ja auch klappt), sondern ER achtet vielmehr auf deine Motive, auf dein Herz. Du kannst IHM vertrauen: ER wird dir alles geben, was in SEINEN Augen gut für dich ist. Du darfst IHM alles sagen, aber ER wird es für dich durch den Filter SEINER Liebe laufen lassen. Nur was durch diesen Filter hindurchpasst, wird dich in Form von „Gebetserhörungen“ wieder erreichen. Doch auch, was im Filter abgefangen wird, ist bei näherer Betrachtung eine Form von Gebetserhörung. Der Vater erhört unsere Bitte: „Und bewahre uns vor dem Bösen!“ Vor den Dingen, die uns nicht guttun.

Also sei ganz entspannt und freue dich auf Abbas Geschenke. Und danke IHM dafür, dass ER manches vorher aussortiert!

Mein Schritt heute:
Ich schütte mein Herz vor meinem himmlischen Vater aus und vertraue IHM, dass ER meine Motive und Wünsche sortiert.

Geheimnisträger

Lernvers: Lukas 11,9-10

„Bittet und es wird euch gegeben; sucht, und ihr werdet finden; klopft an, und es wird euch geöffnet werden! Denn jeder Bittende empfängt, und der Suchende findet und dem Anklopfenden wird geöffnet werden!"

Gebet:

„Ruach, Atem Gottes, wehe unter uns. Komm und sprich in meinen Geist hinein. Offenbare den Willen des Vaters. Öffne die Fenster des Himmels. Flüstere in mein Ohr und erzähle mir die Geheimnisse Deines Herzens!" …

Bibellese: Amos 3,6-8

Impuls:

Ich liebe den Geist der Prophetie! Ich liebe es, wenn der Geist Gottes frei unter uns weht, wie ER will. Nun bin ich schon so lange auf der Welt. Ich stamme aus dem letzten Jahrhundert und kann mich an so manche ungeistlichen Grabenkämpfe erinnern, wenn es um das Thema „Heiliger Geist und Geistesgaben" ging. Gott sei Dank ist das Schnee von gestern. Mittlerweile haben sich fast alle Kirchen für das Wirken des Heiligen Geistes geöffnet. Mehr oder weniger. Du wirst überall Kinder Gottes finden, die in neuen Zungen Gott loben, die für die Kranken um Heilung beten, und die ganz bewusst auf die Stimme Gottes hören.

Der Geist des Vaters offenbart uns gerne die Gedanken, die Emotionen und den Willen von Abba. ER macht uns quasi zu „Geheimnisträgern", in dem ER uns SEINE geheimen Herzensregungen mitteilt.

Das ist eine besondere Qualität in der Offenbarung der Vaterliebe. Es bereitet mir und meinen Freunden große Freude und Begeisterung, wenn wir über einzelnen geliebten Menschenkindern oder ganzen Gruppen die Geheimnisse des Vaters ausplaudern dürfen. Ich meine damit: was der Vater für jeden SEINER Lieblinge ganz tief in SEINEM Herzen trägt. Das sind solche unschätzbaren Kostbarkeiten und Perlen.

Mein Schritt heute:

Ich nehme mir Zeit, auf den Vater zu hören und werde die prophetischen Impulse aufschreiben.

Tag 255 | 12. September

Im Namen Jesu

Lernvers: Lukas 11,9-10

„Bittet und es wird euch gegeben; sucht, und ihr werdet finden; klopft an, und es wird euch geöffnet werden! Denn jeder Bittende empfängt, und der Suchende findet und dem Anklopfenden wird geöffnet werden!“

Gebet:

„Jesus, Dein Name ist der schönste aller Namen. In diesem Namen ist Rettung und Heil. Ich rufe Deinen Namen aus über all den Menschen um mich her. Ich lege ihn wie ein Siegel auf jedes Herz und Haus. Du bist unser Passalamm, das die Sünde der Menschheit hinwegträgt!“ …

Bibellese: Johannes 16,23

Impuls:

Im Namen Jesu zu beten ist mehr als nur die Stereotype zu benutzen: „Im Namen Jesu – im Namen Jesu …“

Wer kam nur auf die schräge Idee, der Vater würde jedes Wort, das wir beten, auf die Goldwaage legen?! Ich habe schon Leute komische Sachen reden gehört: „Nein, das hast du jetzt aber falsch gebetet – man bittet Gott nicht um Heilung; wir befehlen im Namen Jesu der Krankheit zu gehen!“ oder „Sag nicht immer: Herr, ich möchte dich bitten! Das zeugt von Unentschlossenheit, darauf antwortet der Herr erst gar nicht. Sag vielmehr: Herr, ich bitte oder ich will in Deinem Namen!“ oder „Du musst schon wissen, zu wem du sprichst: Willst du etwas vom Vater oder vom Sohn oder vom Heiligen Geist?“ oder „Kein Wunder, dass deine Gebete nicht erhört werden. Du hast ja auch vergessen zu sagen: So Gott will und wir leben!“ – Autsch!!!

Tut mir leid, wenn du so kleinkariert über unsern Vater im Himmel denken solltest! Mein Verständnis von Abba-Vater ist da anders. ER kriegt das schon auf die Reihe, wenn wir mal ein paar Worte durcheinanderwürfeln oder nicht richtig benutzen. Was soll Abba mit den armen Migranten machen, die kein perfektes Deutsch sprechen?

Unser Vater sieht nicht nur, was vor Augen ist – und hört nicht nur auf die Grammatik – vor allem hört und sieht ER mit SEINEM Herzen. Jesus ist Gottes Vaterherz. Im Namen Jesu beten heißt, nach SEINEM Herzen beten. Gemäß SEINEM Herzen beten.

„Abba, was hast Du auf Deinem Herzen? Was willst Du? Was bereitet Dir Freude?“

Mein Schritt heute:

Ich frage den Vater: „Was hast Du heute auf Deinem Herzen für mich und die Menschen um mich her?“

Siegesjubel

Lernvers: Lukas 11,9-10

„Bittet und es wird euch gegeben; sucht, und ihr werdet finden; klopft an, und es wird euch geöffnet werden! Denn jeder Bittende empfängt, und der Suchende findet und dem Anklopfenden wird geöffnet werden!“

Gebet:

„Jesus, Du starker Held. Du bist und bleibst der Sieger von Golgatha! Du sitzt als König auf dem Thron und rufst: ‚Es ist vollbracht!‘ König der Könige und Herr der Herren. Dir gehören alle Macht und Ehre.“ …

Bibellese: Psalm 149

Impuls:

David war ein Kriegsheld. An seinen Händen klebte viel Blut. Er wusste, wie man erfolgreich Kriege führt. Und er liebte die Siegesfeiern, wenn das Heer nach gewonnenem Kampf glorreich vom Schlachtfeld zurückkehrte. Das war jedes Mal ein Aufatmen, wie nach einem langen Gewitter. Dann öffneten sich die Stadttore. Die jungen Frauen zogen, in bunte Gewänder gekleidet und mit Tamburinen in der Hand, tanzend und singend den Soldaten entgegen. Kinderkreischen, Applaudieren, Lobeshymnen auf die Helden. Das war ein Siegesjubel!

Was hat nun dieses, auf uns etwas martialisch wirkende, Bild mit dem Vater zu tun? Unser Abba ist der größte Held und Machthaber! *Jahwe Zebaoth*, Herr der himmlischen Heerscharen, ist einer SEINER Namen.

Aber der Vater kämpft nicht gegen Fleisch und Blut. Man stelle sich nur einmal die lächerlichen Relationen vor?! SEINE Kämpfe finden in den unsichtbaren Welten statt. Dort hat ER ein für alle Mal den entscheidenden Sieg über den Teufel und alle dämonischen Mächte erzielt, als ER Jesus Christus von den Toten erweckte. Was in den Himmeln stattfand, hat auf der Erde seine Spuren hinterlassen. Wir sehen das Kreuz und das leere Grab. Seit Ostern stimmen auch wir den Siegesjubel an! Halleluja, Jesus ist der Sieger über Sünde, Tod und Teufel!

Die Schreiber des Neuen Testaments umschrieben den Sieg Jesu mit dem Wort *euangellion* Evangelium. Dieses Wort stammte aus dem militärischen Bereich der Antike. Hier schließt sich der Kreis zu unserem Psalm. Das Wort Evangelium beschreibt genau die Atmosphäre, von der der Psalm 149 singt. Das Evangelium war die Frohe Botschaft vom Sieg. Jeder, der diese Gute Nachricht hörte, stimmte in den Siegesjubel mit ein.

Unser Vater hat für allezeit in Jesus den Sieg! ER ist der Starke und Mächtige! Auch in unserem Leben!

Mein Schritt heute:
Ich stimme heute einen lauten Siegesjubel an über dem, was der Vater in meinem Leben getan hat!

Vaterbriefe

Lernvers: Lukas 11,9-10

„Bittet und es wird euch gegeben; sucht, und ihr werdet finden; klopft an, und es wird euch geöffnet werden! Denn jeder Bittende empfängt, und der Suchende findet und dem Anklopfenden wird geöffnet werden!"

Gebet:

„Oh, wie ich mich freue. Ich habe wieder mal Post von Dir. Danke für Deine Liebesbriefe. Die Liebesbriefe, die Du mir in der Bibel geschrieben hast; aber auch für die, die in meinen geistlichen Tagebüchern stehen. Ich bekomme gerne Post von Dir!" ...

Bibellese: Habakuk 2,2-3; Psalm 45,2

Impuls:

Kennst du das: Vaterbriefe schreiben? Gemeint ist damit, dass du dir Zeit nimmst, einen ruhigen Ort suchst, dich hinsetzt mit einem Blatt Papier und einem Stift (geht auch auf digitale Weise), und mit dem Vater in einen inneren Dialog eintrittst.

Du fragst IHN zum Beispiel: „Abba, was möchtest Du mir heute sagen?" Oder: „Vater, wie siehst Du mich?" Oder: „Vater, was ist Dir momentan besonders wichtig?" Und dann schreibst du in Briefform die Gedanken auf, die dir in Herz und Sinn kommen. Es geht schon damit los, mit welcher Anrede der Vater Sich an dich wendet. Würde ER wohl sagen: „Du da, du Versager ... oder Mein treuer Knecht?" – oder sagt ER: „Mein liebes Kind. Mein Sonnenschein. Mein Sohnemann. Mein Liebling ...?"

Wer das noch nie ausprobiert hat, muss anfänglich mit dem Gedanken kämpfen: „Das bilde ich mir doch alles nur ein. Ja, so wünschte ich mir vielleicht, dass Gott zu mir sprechen würde. Aber so nett ist ER dann wohl doch nicht, oder?!" – Und schon sind wir entlarvt! Kann es denn sein, dass du liebevoller zu dir selber bist, als Gott es sein würde?

Aber hallo! Abba liebt dich unwahrscheinlich. ER hat Sich SEIN Herz für dich rausgerissen. Denk an die Nägelmale Jesu!

Also probiere es bitte selber aus. Du wirst staunen! Ich sage dir, das kann richtig „süchtig" machen. Ich wüsste echt nicht, wo ich wäre, ohne all die vielen Vaterbriefe der letzten Jahre. Mittlerweile führen Abba und ich einen regen Schriftwechsel. Natürlich sprechen wir auch so miteinander – das tun meine Frau und ich auch. Dennoch sind Karins Liebesbriefe, Mails und WhatsApp etwas ganz Besonderes für mich. Ich hüte sie wie einen Schatz! – Das geht mir mit Abbas Liebesbriefen genauso!

Mein Schritt heute:
Ich schreibe heute einen Brief an meinen Abba-Freund!

Tag 258 **15. September**

Gottes Stimme hören

Lernvers: Lukas 11,9-10

„Bittet und es wird euch gegeben; sucht, und ihr werdet finden; klopft an, und es wird euch geöffnet werden! Denn jeder Bittende empfängt, und der Suchende findet und dem Anklopfenden wird geöffnet werden!“

Gebet:

„Papa, ich höre so gern Deine Stimme! Ich mag das, wenn Du mir leise zuflüsterst, oder mir laut etwas in Erinnerung rufst, oder mich durch Dein geschriebenes Wort ermutigst. Danke für Dein Reden.“ …

Bibellese: Psalm 29

Impuls:

„Die Stimme Jahwes schallt über den Wassern!“ – da muss ich sofort an die Male denken, wo ich Gelegenheit hatte, an den beeindruckenden Niagara-Wasserfällen zu stehen. Mal kommt unser Gott laut, und mal kommt ER leise. Mal wie ein ohrenbetäubendes Tosen von Wassermassen, und dann wieder wie ein sanftes Säuseln des Windes. SEIN Reden lässt sich nicht in ein Schema pressen. ER ist nicht nur bei den lauten Gebetskämpfern anzutreffen. Genauso wenig können wir SEIN Wirken nur auf ruhige Soaking-Zeiten festlegen. SEIN Geist bewegt Sich in Freiheit, wie ER es will. Alles hat SEINE Zeit bei IHM.

David liebte die Stimme Jahwes! Er liebte es, die Worte seines himmlischen Vaters zu hören und konnte nicht genug davon bekommen. Es gehört zu den schönsten Erfahrungen eines Von-Gott-Geliebten, dass wir Abbas Stimme hören können. Anfangs erschien es mir mysteriös und etwas komisch, wenn Christen behaupteten, sie würden Gottes Stimme hören. Wie, was denn – welche Stimmen hören die denn?

Je länger ich aber in der Liebesbeziehung mit meinem himmlischen Vater gehe, umso mehr ist mir SEINE leise, innere Stimme in meinem Herzen vertraut geworden. Anfänglich waren es fast eher rudimentäre Impulse: „Tue dieses, mach jenes …!“ Je vertrauter ER mir aber im täglichen Umgang wurde, desto mehr Worte und Klänge konnte ich noch dazwischen wahrnehmen. Heute wüsste ich wirklich nicht mehr, wie ich ohne SEIN tägliches Reden leben könnte.

So versuche ich täglich ein paar Minuten zu finden, in denen ich auf SEINE (mal laute und mal leise) Stimme höre. Seit Jahren schreibe ich SEIN Reden zu mir – so gut ich es halt verstehen kann – in meinen geistlichen Tagebüchern auf. Ich bin mir voll bewusst, dass es immer Von-Gott-Gehörtes in meinen menschlichen Worten bleibt. Dennoch kann ich ermutigend bezeugen, wie herrlich es ist, wenn Gottes Reden in unserem kleinen Leben in Erfüllung kommt! Probiere es bitte selbst aus!

Mein Schritt heute:
Ich werde mir Zeit nehmen, auf Gottes Stimme zu hören und es aufzuschreiben (in der Form eines Briefes vom Vater an mich).

Tag 259 **16. September**

Am Tag meiner Not

Lernvers: Lukas 11,9-10

„Bittet und es wird euch gegeben; sucht, und ihr werdet finden; klopft an, und es wird euch geöffnet werden! Denn jeder Bittende empfängt, und der Suchende findet und dem Anklopfenden wird geöffnet werden!"

Gebet:

„Meine Klage soll Dein Herz erreichen. Ich schütte mein Innerstes vor Dir aus. Komm und hilf mir am Tag meiner Not. Zahlreich sind meine Schmerzen. Ich stöhne und weine. Hörst Du mein Schreien?" …

Bibellese: Psalm 102

Impuls:

Ein weiterer Psalm für den leidenden Messias-König. Wer ihn aufmerksam durchliest, kann wieder viele Hinweise auf die Passion Jesu finden. Hier *klagt* der elende und verzagte Gottesknecht. Lauthals schüttet er seine seelischen Qualen vor Jahwe aus. Am Schluss steht aber wieder die frohe Glaubensgewissheit: „Du bleibst der ewig Unveränderliche!"

Im Altertum kannte man das *Klagen* lediglich im Bereich der Totenklage. Aber das *Klagen* Gott gegenüber ist ein ganz spezielles Genre der Heiligen Schrift. *Klagen* ist typisch jüdisch-christlich. Im Vergleich der Religionen ist das etwas ziemlich Einmaliges. In anderen Religionen fügt man sich stillschweigend asketisch in sein Schicksal. Oder man denkt, man müsse eine Strafe abbüßen. Aber man käme nie auf die Idee, mit einem lebendigen Gott darüber zu reden. Geschweige denn, sogar mit einem Gott darüber zu diskutieren. *Klagen* ist somit ein starker Ausdruck einer persönlichen Gottesbeziehung. Der Angefochtene ringt mit seiner Seele und mit seinem Gott. Er setzt sich mit IHM auseinander (und mit IHM zusammen).

Die Krise wird nicht als Endpunkt verstanden, sondern als Chance der neuen Gottesbegegnung. Der „Tag der Not" soll nicht herbeigesehnt, aber auch nicht verdrängt werden. Krisen sind wachstumsfördernde Lebensphasen. In diesen Leidenszeiten finden wertvolle Formungsprozesse statt, die es sonst so nicht geben würde. Unser Psalm gebraucht hier das Wort *barah,* was sonst nur für Gottes „Schöpfung aus dem Nichts" verwandt wird, wenn ER sagt: „… ein Volk soll erschaffen werden, Jahwe zu loben!"

Wenn wir mal wieder durch solche Beschneidungsprozesse gehen, dürfen wir am Tag der Not unser Herz vor dem Vater des Lichts ausschütten und IHM alles klagen.

Mein Schritt heute:

Ich klage meinem Vater-Gott meine momentane Not.

Friede für Jerusalem

Lernvers: Lukas 11,9-10

„Bittet und es wird euch gegeben; sucht, und ihr werdet finden; klopft an, und es wird euch geöffnet werden! Denn jeder Bittende empfängt, und der Suchende findet und dem Anklopfenden wird geöffnet werden!"

Gebet:

„Schalom, Jerusalem! Schalom, Israel! Friede, Heil und Wohlergehen seien mit euch. Abba, breite Deine Hände schützend aus über Deinem Volk. Lass es schon bald im Angesicht Jesu seinen Messias erkennen." …

Bibellese: Psalm 122

Impuls:

„Bittet für den Frieden (schalom) Jerusalems!" Diese Aufforderung gilt durch alle Jahrhunderte bis zum heutigen Tag! Das Volk Israel ist mehr als eine Nation. Und Jerusalem mehr als eine Stadt. Alles im Alten Bund hat eine geistliche Tiefendimension, die sich erst im Licht der Offenbarung der Liebe Gottes in Jesus Christus im Neuen Bund erkennen lässt. Israel ist ein Beispiel für unverdiente Erwählung. Und das geliebte Jerusalem ist ein Gleichnis für die Brautgemeinde.

Das Eine wird durch das Andere aber nicht abgelöst oder aufgehoben. Beides existiert ineinander verwoben und voneinander abhängig. Die Gemeinde Jesu lebt aus den jüdischen Glaubenswurzeln. Und Israel braucht die Gebete der Christenheit.

Wir sind zwei Kinder eines Vaters! Wir gehören in Ewigkeit zusammen. Wir haben einen gemeinsamen Messias und einen gemeinsamen Abba!

Überall auf der Welt entdecken Christen ihre Liebe und Verbundenheit zu Israel. Wer einmal ins „heilige Land" reist, wird eine erstaunliche Entdeckung machen: Trotz aller orientalischen Exotik und manchem Kriegsgeschrei bleibt da ein Gefühl von „Nach-Hause-Kommen". Uns verbinden 6000 Jahre Heilsgeschichte und so viele gemeinsame Verheißungen. Die Namen und die Orte erinnern an vertraute Bibelgeschichten. Das wird uns besonders intensiv in Jerusalem begegnen. Denn dort ist die Schnittstelle zwischen Altem und Neuem Testament. Abrahams Opferplatz, der Tempelberg, König David, König Jesus, Golgatha und der Ölberg … alles verschmilzt miteinander.

Gottes heilsgeschichtliche Uhr tickt. Die Nationen sind der große Zeiger. Israel ist der kleine Zeiger. Und dieser kleine Zeiger steht kurz vor zwölf.

Mein Schritt heute:

Ich suche mir etwas, was mich an Israel erinnert, und beginne dann Israel und Jerusalem mit dem Frieden von Abba zu segnen.

Teil 27

Wegweiser SEINER Liebe

Klagelieder 3,22-23

Papas ganzer Stolz

Lernvers: Klagelieder 3,22-23
„Ja, die Gnadenerweise des HERRN sind nicht zu Ende; ja, sein Erbarmen hört nicht auf. Es ist jeden Morgen neu. Groß ist Deine Treue!"

Gebet:

„Die ganze Schöpfung singt, jubiliert und stimmt mit ein, in den nie enden wollenden Lobpreis Deiner Geschöpfe. Himmel und Erde werden eins in dem Loblied, das die Welt umzieht. Und auch ich mache mit." …

Bibellese: Psalm 104

Impuls:

Unser Abba-Vater ist ein grandioser Künstler. Die ganze Schöpfung ist SEINER Hände Werk, Ausdruck SEINER Kreativität, Weisheit und Allmacht. Ein menschliches Leben reicht niemals aus, um die ganze Dimension der Werkstatt unseres Vaters abzuschreiten: Die Himmel der Himmel. Galaxien und Milchstraßen. Die Tiefen der Meere, die Weite der Wüsten, die Ausdehnungen der Gebirge. Die Artenvielfalt in der Pflanzen- und Tierwelt. Mikroorganismen, Atome und Moleküle. Und darüber SEIN Meisterwerk: wir, SEINE Kinder! Alles lobt IHN, alles erzählt von SEINER Größe.

Als unser Papa die Welt erschuf, hielt ER zwischendurch immer wieder mal inne und betrachtete SEIN Werk. ER genoss es. Und dann sagte ER: „Sehr gut!" Das war kein Eigenlob, sondern die spontane Freude und Begeisterung über die grenzenlose Schönheit der Schöpfung. „Die Herrlichkeit Jahwes bleibt bis in Ewigkeit! Jahwe freut Sich an Seinen Werken!"

Unser Vater hat nicht aufgehört, Sich zu freuen. ER genießt die Galaxien, die kein menschliches Auge je gesehen hat. ER ist dabei, wenn eine Supernova wieder einen neuen Stern zur Geburt bringt. ER sieht jede kleine Blume, die versteckt auf den höchsten Bergen blüht. ER taucht mit den Walen in die tiefsten Polarmeere ab. ER geht spazieren mitten im Regenwald. ER erlebt endlos viele Sonnenaufgänge und endlos viele Sonnenuntergänge. Und ER wohnt bei jedem der Milliarden SEINER Menschenkinder.

So strahlt das Angesicht des Vaters auch über deinem und meinem kleinen Leben. SEINE Liebe lächelt uns zu. Es ist Heilung für unsere geschundenen Seelen, dass Gott keine Krise bekommt, wenn ER an uns denkt, sondern Sich von Herzen freut!

Mein Schritt heute:

Ich nehme mir Zeit, die Schöpfung zu betrachten und freue mich mit über Papas gelungenes Meisterwerk.

Zeichensprache

Lernvers: Klagelieder 3,22-23
„Ja, die Gnadenerweise des HERRN sind nicht zu Ende; ja, sein Erbarmen hört nicht auf. Es ist jeden Morgen neu. Groß ist Deine Treue!"

Gebet:

„Wenn ich mich umblicke, dann kann ich überall Zeichen Deiner großartigen Liebe entdecken. Die Farbenmalerei der Morgenröte, der Flug eines Schwanes, das Lachen eines Kindes, der romantische Zauber zwischen zwei Verliebten ..., die Welt ist voller Zeichen, die von Dir und Deiner Liebe erzählen wollen. Danke dafür!" ...

Bibellese: Apostelgeschichte 21,10-11

Impuls:

Das, was Agabus hier tat, war eine prophetische Zeichenhandlung. Er nahm einen Gürtel und band damit die Hände und Füße des Apostel Paulus. Damit visualisierte er den inneren Eindruck, den ihm der Geist Gottes vermittelt hatte – Paulus wird gefangen genommen und gebunden werden. Die äußere Handlung sollte die gesprochene Botschaft unterstreichen und ihr Gewicht verleihen. Das ist so ein bisschen wie eine analoge Power-Point-Präsentation; nur halt nicht mit Video-Clip, sondern mit realen Dingen zum Anfassen.

Prophetische Zeichenhandlungen sind die Zeichensprache von Abba. Unsere Welt ist voller Symbolik und Zeichen. Symbole sind universal verständlich, über alle Sprachbarrieren und kulturellen Grenzen hinweg. Das ist genial. Wenn du mal in Japan in einem Restaurant sein solltest und eventuell eine Toilette brauchst, musst du vorher nicht erst Japanisch lernen. Ganz gewiss wirst du irgendwo im Raum ein Zeichen finden, wo eine Frau und ein Mann drauf zu sehen sind. Ah, da geht es also lang! Das ist überall auf der Welt so – naja, fast. Aber du verstehst schon, worauf ich hinauswill?!

Zeichensprache erklärt die Dinge von selber auf einer tieferen Ebene. Angefangen bei Schildern mit Strichmännchen, bis hin zu Gesten und Aktionen. Aber es ist mehr als nur ein netter didaktischer Kniff. Wenn zum Beispiel zur Erinnerung an etwas Tragisches für eine Schweigeminute lang alles stillsteht; oder wenn zu einer Protestversammlung alle mit zugeklebtem Mund kommen; dann hat das auch noch eine Kraft dahinter. Zeichen sind Kraftträger. Fragt sich nur, mit welcher Kraft sie gefüllt sind?!

Prophetische Zeichenhandlungen sind Kraftträger des Himmels. Bei Abba lernen wir, dass ER mit SEINEN Kindern gerne auf diese Weise kommuniziert; denn Kinder können besser Bilderbücher lesen.

Mein Schritt heute:
Ich halte heute Ausschau nach Schildern, Symbolen und Zeichen – erinnert mich irgendetwas davon an Abbas Liebe?

Tag 263 20. September

Im Schatten Deiner Flügel

Lernvers: Klagelieder 3,22-23

„Ja, die Gnadenerweise des HERRN sind nicht zu Ende; ja, sein Erbarmen hört nicht auf. Es ist jeden Morgen neu. Groß ist Deine Treue!"

Gebet:

„Es gibt einen Ort auf dieser Welt, da ist perfekter Friede und tiefe Entspannung. Da hören alle Kämpfe auf. Wie das Auge im Sturm. So berge ich mich im Schatten Deiner Flügel." ...

Bibellese: Psalm 61

Impuls:

Ähnlich wie einst Jesus von den Flügeln der Henne sprach, unter denen die kleinen Küken Schutz und Zuflucht finden, spricht hier David in solchen Bildern von seinem Gott. Geborgen im Schatten SEINER Schwingen.

Dazu fällt mir folgende kleine Geschichte ein: In einem Naturreservat hatte es gebrannt. Beim Aufräumen fand man unter den Kadavern der Tiere, die in den Flammen umgekommen waren, auch den leblosen Körper eines großen Vogels. Warum war er der tödlichen Gefahr nicht entkommen? Er hätte doch nur wegfliegen müssen? Als man den toten Vogel anhob, schlüpften ein paar quicklebendige Küken darunter hervor. Die Vogelmutter hatte ihr Leben für ihre Kleinen geopfert.

Was für ein Gleichnis?! So ist auch unser Vater im Himmel, in dessen Vaterherz ein Mutterherz schlägt. ER spannt SEINE Fittiche weit über uns aus. ER stellt Sich zwischen uns und die tödlichen Flammen. ER verbrennt an unserer Stelle am Kreuz und rettet uns so das Leben.

David wurde durch die mütterliche Zärtlichkeit seines Gottes getröstet. Stärke und Sanftmut kommen hier zusammen. Gottes Agape-Liebe enthält beide Seiten. Dies lässt sich durch die Berichte der gesamten Bibel hindurch verfolgen. Unser Gott ist mächtig und kraftvoll, aber ER ist auch zugleich behutsam und einfühlsam. Unser Abba-Vater hat maskuline und feminine Eigenschaften.

Im Neuen Testament lernen wir den Heiligen Geist so kennen. ER wird verglichen mit einer Taube. ER ist der Tröster in Person. Übrigens, das hebräische Wort für Geist Gottes *ruach* ist feminin. Das ist sicherlich kein Zufall. Unser Gott tröstet uns wie eine Mutter. Wir dürfen uns bei IHM verstecken, wie ein Kind unter der Schürze seiner Mama. So leben wir geborgen unter dem Schatten SEINER Flügel!

Mein Schritt heute:
Ich berge mich mit meinen Sorgen symbolisch unter einer Decke, wie unter den Flügeln des Allmächtigen.

Lebensbilder

Lernvers: Klagelieder 3,22-23

„Ja, die Gnadenerweise des HERRN sind nicht zu Ende; ja, sein Erbarmen hört nicht auf. Es ist jeden Morgen neu. Groß ist Deine Treue!"

Gebet:

„Danke für die Wolke von Zeugen, die mich umgibt. Danke für meine Freunde aus der Bibel und aus der Kirchengeschichte. Ihr Lebenszeugnis ist mir Vorbild, Ansporn und Ermutigung. Und vielen Dank, dass ich auch heute noch mit Freunden gemeinsam unterwegs sein darf. Danke für meine aktuellen Weggefährten!" …

Bibellese: Hebräer 11,32-12,2

Impuls:

Na, wer ist dein persönlicher Held in der Bibel? – Okay, du hast recht, es sind zu viele, die uns da einfallen. Die ganze Bibel ist voll mit Namen von Menschen. Gottes Wort erzählt ganze Biografien; gibt kleine Ausschnitte aus besonderen Lebensphasen preis; teilt uns Namen und Herkunft mit, manchmal nur einen Hinweis. Zum Beispiel der reiche Jüngling oder die blutflüssige Frau. Es sind Tausende, wenn wir sie zählen würden. Personen, die vor x Generationen gelebt haben, dazu noch in einem anderen Kulturkreis als wir.

Und dennoch spricht Papa zu uns durch diese Wolke von Zeugen. Ihr Leben bietet unzählige Anknüpfungspunkte für den Heiligen Geist, die wir auf unsere kleine Welt übertragen und anwenden können. Weil das alles Menschen sind, die in irgendeiner Form mit der großen Geschichte unseres großen Vaters etwas zu tun haben, deshalb sind sie Teil des Puzzles, zu dem auch wir dazu gehören – obwohl wir ein paar Tausend Jahre später an einem anderen Ort auf der Welt leben. Ihre Lebensbilder und unsere Lebensbilder passen zusammen als Teile eines gigantisch großen Bildes.

Ich werde bald nach Barcelona fahren und mir dort die Kathedrale La Familia Sagrada anschauen. Da ist eine unvollendete Kirche, an der seit über 130 Jahren gebaut wird. Was für ein Sinnbild?! Leute haben damals angefangen, die heute nicht mehr leben. Andere haben weitergemacht. Aber alle bauen zusammen an dem einen Haus Gottes – und das über Generationen.

Wir stehen auf den Schultern unserer geistlichen Väter und Mütter und Vorfahren. Eines Tages werden wir mit ihnen allen wieder vereint sein. Im großen Vaterhaus der Liebe Gottes, das dann vollendet sein wird! Halleluja!

Mein Schritt heute:

Ich schaue in einer alten Kirche vorbei, setzte mich hinein und staune, wie über Generationen hinweg unser Papa das große Bild vollenden wird.

Bilderbuchgeschichten

Lernvers: Klagelieder 3,22-23

„Ja, die Gnadenerweise des HERRN sind nicht zu Ende; ja, sein Erbarmen hört nicht auf. Es ist jeden Morgen neu. Groß ist Deine Treue!"

Gebet:

„Jesus, ich liebe Deine Geschichten und Erzählungen. Ich kann Dir stundenlang zuhören und vergesse dabei alles andere. Du bist ein Wortmaler und Sprachkünstler. Danke für die Lebensweisheit, mit der Du mich dadurch beschenkst!" …

Bibellese: Matthäus 13,44-46

Impuls:

Gottes Wort sagt uns, dass Jesus Christus alles Wichtige, was ER vom Vater den Jüngern mitzuteilen hatte, in Form von Gleichnissen und Geschichten weitergab. Diese kleinen, prägnanten Erzählungen haben es in sich. Auch noch 2000 Jahre später wirken sie trotz einer total veränderten Umwelt, in der wir heute im digitalen Zeitalter leben.

Die Gleichnisse und Bildworte Jesu sind zeitlos und kennen kein Verfallsdatum. Sie besitzen eine enorme Leuchtkraft, sie vermitteln Wahrheit und Weisheit über alle Grenzen hinweg. Das erleben wir jedes Mal, wenn wir in anderen Teilen von Papas großer, bunter Welt unterwegs sind. Ob im Dschungel des Amazonas, in der Wüste Israels, auf den Höhen der Anden oder unter dem endlos blauen Himmel Neuseelands – die Geschichten, die unser Meister erzählt, fesseln die Zuhörer. Sie treffen mitten ins Herz, bringen zum Lachen und zum Weinen, aber vor allem setzen sie göttliches Leben frei.

Wenn Jesus uns die Gleichnisse erzählt, dann hören wir darin die Liebe des Vaters zu uns sprechen. Kinder hören zu gerne die Geschichten ihres Papas. Sie lauschen den Erzählungen und ergänzen in ihrer eigenen Kinderfantasie. Kinder hören niemals nur zu, sie tauchen ein und werden Teil der Geschichte. Das ist Abbas volle Absicht dabei: ER will, dass du und ich selber Teil SEINER Botschaft werden. Nicht nur Zuhörer oder Betrachter, wie in einem Museum, sondern Mitspieler!

Heutzutage versuchen wir durch Bibliodrama oder andere darstellende Zugangsformen Wege zu finden, dass wir die Botschaft nicht nur hören, sondern selber miterleben. So verwandeln sich die Gleichnisse in Bilder-Buch-Geschichten, zum persönlichen „Anfassen" und „Begreifen".

Mein Schritt heute:

Ich lese ein Gleichnis und versuche es bildhaft-darstellerisch auf mein Alltagsleben zu übersetzen.

Tag 266 **23. September**

Ein Zeichen Deiner Güte

Lernvers: Klagelieder 3,22-23
„Ja, die Gnadenerweise des HERRN sind nicht zu Ende; ja, sein Erbarmen hört nicht auf. Es ist jeden Morgen neu. Groß ist Deine Treue!“

Gebet:

„Manchmal brauche ich ein Zeichen Deiner Güte. Etwas, das ich mit meinen Händen und in meinem Herzen festhalten kann. Komm und berühre mich mit Deiner Kraft. Offenbare neu die Macht Deiner Liebe in meinem Leben.“ …

Bibellese: Psalm 86

Impuls:

David betet: „Gib mir ein Zeichen Deiner Güte!“ – Ist das denn überhaupt legitim, Gott um ein Zeichen zu bitten?

Ja! Wir Menschen sind so gestrickt. Wir brauchen Zeichen und Wunder. Unser Glaube wächst daran und wird dadurch beflügelt. Ähnlich wie wir den bloßen Worten von Liebe nicht vertrauen könnten, wenn nicht konkrete Taten folgten, so geht es uns auch mit den Zusagen Gottes.

Aber hat uns unser Herr Jesus nicht davor gewarnt, allzu wundersüchtig zu werden? Hat ER nicht diejenigen glückselig gepriesen, die ohne sichtbare Hinweise an IHN glauben können?

Es wäre ein Irrtum zu denken, Zeichen und Wunder würden schon allein Glauben an Gott hervorrufen. Aber umgekehrt wäre es auch falsch, die übernatürliche Kraft und Freisetzung von Glauben durch Gottes machtvolles Eingreifen zu leugnen.

Gottes Wort bezeugt von Anfang bis Ende, dass das Reich Gottes übernatürlich ist: Heilungen, Versorgungswunder, göttliches Eingreifen … sind normal für Christen! Die Zeichen folgen den Glaubenden. (Bitteschön – nicht umgekehrt!) Wenn wir Gott vertrauensvoll um Zeichen SEINER Güte bitten und ER sie dann tut, so bricht sich das Königreich unseres Vaters mitten unter uns Bahn. Ein Christ liebt seinen Gott nicht *mehr*, wenn er von IHM geheilt wird. Aber, wenn Gott ihn heilt, wird dieser Christ es ganz gewiss leichter haben, dem Vater im Himmel zu vertrauen.

Das Problem der westlichen Christenheit ist sicher nicht, dass wir zu viele Zeichen und Wunder von Gott erbitten, sondern eher, dass wir unter den Möglichkeiten des zu Erwartenden bleiben. Das lässt sich aber ändern!

Mein Schritt heute:

Ich überlege, wo ich ein Zeichen der Güte vom Papa brauche und bitte IHN um ein Wunder.

Das Banner über mir ist Liebe

Lernvers: Klagelieder 3,22-23

„Ja, die Gnadenerweise des HERRN sind nicht zu Ende; ja, sein Erbarmen hört nicht auf. Es ist jeden Morgen neu. Groß ist Deine Treue!"

Gebet:

„Deine Liebe hat bleibende Zeichen auf mir hinterlassen. Ich bin gezeichnet von Deiner Güte. Mehr noch als eine Tätowierung auf der Haut – mehr noch als eine Schönheits-OP – Deine Liebe hat mich verändert von innen nach außen!" …

Bibellese: Hohelied 2,4

Impuls:

Ein Banner kann eine Fahne sein oder eine Standarte. Es ist ein weithin sichtbares Zeichen der Zugehörigkeit. Darauf sind oftmals Symbole, Farben, Formen oder auch bestimmte Worte. Könige und Feldherren tragen solche Flaggen und Banner mit sich. Das ist der Sammelpunkt für ihre Armeen. Sie zeigen dem Gegner, zu wem man gehört.

Auch Familien können eigene Wappen haben. Noch heute werden in Fußballstadien ein Meer von Fahnen und überdimensionalen Bannern geschwungen. Seit dem Sommermärchen 2006 ist es selbst in unserem Vaterland Deutschland wieder möglich, die Nationalflagge im Garten zu hissen, ohne unter Generalverdacht zu geraten, ein verkappter Nazi zu sein. Wir merken also: Menschen suchen und brauchen eine verbindende Identität – im Fachjargon: Cooperative Identity, wie ein Logo!

Für viele Christen ist das Kreuz ihr Logo Nummer eins. An Autos haben Christen oftmals einen Fisch-Aufkleber. Vaterherz-Bewegte lieben natürlich Herzen und Kronen. Bestimmt finden wir bei längerem Nachdenken noch ein paar weitere lohnenswerte christliche Banner, unter denen wir uns bei unserem König Jesus versammeln können.

Das Hohelied macht einen super Vorschlag dazu: Das Banner über mir ist Liebe!

Hey, mein lieber Leser, was hat man nicht alles schon über dich gesagt? Was wurde über dir an Worten und Festlegungen ausgegossen? Welche Namen, Titulierungen, Spitznamen, bis hin zu Flüchen hat man über dir ausgegossen? – Hör jetzt bitte noch einmal genau hin, was Abba über dir sagt und singt: „Du bist mein vielgeliebtes Kind! Das Banner über dir ist Liebe. Das ist das Vorzeichen deines Lebens geworden. Da ist ein fettes Plus. Die alten Minus-Negativ-Vorzeichen unseres Lebens sind ein für alle Mal durchkreuzt!

Es ist an der Zeit, die neue Flagge zu hissen. Auf ihr steht geschrieben: GELIEBT!

Mein Schritt heute:

Ich nehme eine Fahne oder bastele mir ein Banner, auf dem das Wort GELIEBT steht und werde diese Wahrheit gebührend feiern!

Lebendige Briefe

Lernvers: Klagelieder 3,22-23
„Ja, die Gnadenerweise des HERRN sind nicht zu Ende; ja, sein Erbarmen hört nicht auf. Es ist jeden Morgen neu. Groß ist Deine Treue!“

Gebet:

„Ja, das will ich gerne sein: ein Liebesbrief von Dir an die Welt. Mein Leben soll allein von Dir erzählen! Die Leute sollen darin lesen können, wie gut Du bist. Du bist der beste Papa, nach dem wir alle uns so sehr sehnen. Schreibe bitte weiter in mir!“ …

Bibellese: 2. Korinther 3,1-6

Impuls:

Wir schreiben nicht nur Vaterbriefe an Gott, sondern auch ER schreibt SEINEN Liebesbrief in unsere Herzen. Du und ich, wir sind Papas Liebesbriefe auf zwei Beinen – so sagt es uns jedenfalls Gottes Wort.

Ich finde das einen sehr schönen Gedanken von Abba. ER schreibt auf meinem Herzen, wie auf einem Blatt Papier. Mein Leben gleicht einem Buch. Viele Seiten sind bereits darin gefüllt mit unserer gemeinsamen Freundschaft- und Liebesgeschichte. Weil ich IHN liebe und IHM vertraue, gibt es für mich keine Zufälle mehr, sondern nur noch Gott-Fälle: Gott lässt mir alles, was ich brauche, zufallen; alle Dinge müssen mir zum Besten mitwirken. Mein ganzes Leben liegt in SEINER Hand. Mir kann nichts passieren, ohne dass Abba es wüsste und zugelassen hätte. Jesus, mein Herr, passt auf mich auf. So ist meine Biografie HIS-STORY (Gottes Geschichte mit mir), geschrieben auf den Lebenslinien meiner kleinen Welt.

Wer diese Sichtweise über seinen persönlichen Lebensweg einnimmt, der beurteilt und bewertet viele Ereignisse neu und völlig anders. Krisen und Scheitern im Leben sind dann nicht mehr länger peinliche Fettflecken auf dem Brief, die man tunlichst zu verstecken hat. Gerade die dunklen und ungeschönten Kapitel unseres Lebens erzeugen die Dramaturgie, die ein gutes und spannendes Buch lesenswert macht. Sie verleihen dem Ganzen Authentizität. Das ist das reale Leben und nicht Hollywood!

Was mag wohl der Vater in deinen Liebesbrief hineingeschrieben haben? Was ist schon sichtbar geworden? Was erahnst du, will ER dir noch mitteilen? Welche Kapitel warten noch darauf, geschrieben zu werden? Du bist mittendrin. Mittendrin im spannendsten Buch. Dort bist du die Hauptperson. Denn das ist deine Geschichte mit Abba!

Mein Schritt heute:
Ich nehme mir ein Blatt Papier und werde ein Brief an mein Herz schreiben; was ich mir selber schon immer mal sagen wollte!

Brot und Wein

Lernvers: Klagelieder 3,22-23

„Ja, die Gnadenerweise des HERRN sind nicht zu Ende; ja, sein Erbarmen hört nicht auf. Es ist jeden Morgen neu. Groß ist Deine Treue!"

Gebet:

„Dein gebrochener Leib ist das Brot meines Lebens geworden! Dein vergossenes Blut ist das Wasser, von dem ich täglich trinke! Dein Wille ist meine Speise! Dein Geist ist mein Lebensatem! Deine Arme sind mein Zuhause! Du bist mein ein und alles!" ...

Bibellese: Markus 14,22-25

Impuls:

Das Abendmahl ist die klassische prophetische Zeichenhandlung Nummer eins, die uns der Himmel geschenkt hat. Nur noch vergleichbar mit der Wassertaufe. In allen christlichen Kirchen und Kreisen feiern wir diese Zeichen der Liebe des Vaters. Zweitausend Jahre Kirchengeschichte haben zwar unterschiedliche Formen und Erkenntnisse entwickeln lassen, aber dennoch bleibt das Zeichenhafte, das Mysterion. Es liegt ein Geheimnis des Himmels auf Brot und Wein. Menschliche Logik und dogmatische Raffinesse reichen nicht weit genug, um dahinter blicken zu können.

Das verstehst du nur als Kind – als Kind Gottes! Wieso sollen auf einmal materielle Dinge, wie Brot und Wein, eine andere Substanz haben oder geistliche Wirkung besitzen?

Da sind wir wieder bei dem Phänomen der prophetischen Zeichenhandlung angelangt. Die Materie, Brot und Wein, ist wirklich nur Materie. Aber wenn gläubige Menschenkinder ihren Glauben mit ins Spiel bringen, dann passiert ein Wunder. Der Himmel ist auf einmal los. Wir betreten dann im Geist einen anderen Raum, steigen ein Level höher und näher zum Vater. Äußerlich sehen wir im Rahmen unserer Realität weiterhin nur die Materie; aber im geistlichen Raum verbindet Sich der Heilige mit dem Glauben in unseren Herzen. Das Wunder geschieht.

Gottes Kraft aus der unsichtbaren Wirklichkeit fließt jetzt in unser Zeit-Raum-Kontinuum und lädt das Stückchen Materie vor uns mit der Lebensenergie aus Papas Quelle. So verwandelt Papas Liebe Brot und Wein. So macht ER rote Stoffherzen zu Kontaktorten SEINER Liebe. So werden goldene Tücher zum Mantel SEINER Herrlichkeit. So werden Dekokronen und Plastikperlen zu Schmuckstücken aus der Schatzkammer des Himmels.

Hör mal, man muss nicht erst Esoteriker werden, um zu verstehen, dass es noch mehr als das Sichtbare gibt. Wir Kinder Gottes wissen, woher die wahre

Kraft kommt, die zum Leben führt. Sie kommt direkt aus der Liebe des Vaters und hat immer den gleichen Namen: Jesus!

Mein Schritt heute:
Ich werde heute mit meinem Abba-Freund die Zeichen SEINER Liebe im Abendmahl feiern.

Denk-mal

Lernvers: Klagelieder 3,22-23
„Ja, die Gnadenerweise des HERRN sind nicht zu Ende; ja, sein Erbarmen hört nicht auf. Es ist jeden Morgen neu. Groß ist Deine Treue!“

Gebet:

„Ich liebe Dein himmlisches Geocaching! Wenn ich mich umblicke, dann entdecke ich überall Wegweiser Deiner Liebe. Du hast mir die Augen und mein Herz dafür geöffnet. Jetzt sehe ich an allen Orten die Denkmäler, die mich an Deine Wunder in meinem Leben erinnern wollen!“ …

Bibellese: Klagelieder 3,22-23

Impuls:

Jahwe forderte SEIN Volk auf, Denkmäler zu errichten. Sie sollten Israel lehren: „Denk-mal darüber nach. Vergiss nicht, was der HERR Dir Gutes getan hat!“ So stapelten sie Steine aufeinander, bauten Altäre und Wahrzeichen, die sie an Gottes gutes Eingreifen erinnern sollten. Von Generation zu Generation. Wenn die Kinder dann ihre Eltern fragten: „Papa was bedeutet dieses Zeichen?“ Dann sollten die Eltern antworten: „Jahwe, unser Gott und Vater, hat uns hier den Sieg über die Feinde gebracht. ER hat für uns gekämpft und gesiegt!“ Oder „Hier hat unser Vorvater jenes Versorgungswunder erlebt, als er in seiner Not zu Gott rief. Der Allmächtige hat ihn gehört und hat segnend eingegriffen!“

Der biblische Glaube lebt von Erinnerungskultur. Unser großer Bruder, das Volk Israel, ist uns da ein sehr gutes Vorbild. Die jährlichen Feste, das wöchentliche Sabbatfeiern, die täglichen Lesungen in Gottes Wort …, das alles soll die Kinder an ihren Vater im Himmel erinnern. Wie geistliche Altäre und Denkmäler, die wir mitten in unserem Alltagstrubel aufbauen, sodass wir immer wieder darüber stolpern müssen und es niemals vergessen, wie gut ER doch zu uns ist.

Durch die Offenbarung der Vaterliebe Gottes haben auch wir einen neuen Zugang zur Erinnerungskultur des Himmels erhalten. Kinder lieben das Sinnliche-Erfahrbare-Spielerische. Denkmäler unserer modernen Zeit sind genauso aufgebaut. Sie wollen mehr als Informationszentren sein. Die Menschen sollen fühlen, riechen, spüren, schmecken …, mit allen Sinnen erleben und sich ganzheitlich erinnern. Das Denkmal wird zum erlebnispädagogischen Ort.

Bei Abba dürfen wir spielerisch und ganzheitlich das Erinnern lernen. Es können die kleinen Details sein, die den großen Unterschied bewirken. Ich schreibe mit einem Filzstift das Wort JA auf meine Handfläche und es erinnert mich den ganzen Tag an Papas Ja-Wort, das ER über meinem Leben ausgesprochen hat. Ich fühle die Plastikperle in meiner Hosentasche. Sie erinnert mich daran, dass Abba aus allem Schweren meines Lebens eine herrliche Perle machen kann. Ich liebe das!

Mein Schritt heute:

Ich will überlegen, welches Denk-mal mich heute an Abbas Liebe erinnern könnte!

Teil 28

Im Strom SEINER Liebe

Römer 5,5

Der Strom Gottes

Lernvers: Römer 5,5
„... die Liebe Gottes ist ausgegossen in unsere Herzen durch den Heiligen Geist, der uns gegeben worden ist.“

Gebet:

„Geist des Vaters, Du bist dieser Strom der Liebe, der direkt vom Herzen Gottes fließt. Fließe heute neu tief in mich hinein. Mache das Trockene nass, das Harte weich, das Dürre fruchtbar. Ich brauche Dich so sehr. Sei willkommen und fülle mich ganz aus, bis ich selber überfließe.“ ...

Bibellese: Hesekiel 47,1-12

Impuls:

Fische sind geboren, um im Wasser zu leben. Auf der harten Erde geht ihnen die Luft zum Leben aus. In gewisser Hinsicht gleichen wir ihnen. Unser Lebenselement ist Liebe. Wenn wir uns nicht geliebt wissen – geliebt leben, dann trocknen wir aus; ja, sterben sogar innerlich. Deshalb mag ich dieses allegorische Bild vom Strom Gottes, der aus dem Tempel fließt. Im Tempel, also da, wo Gott wohnt, wo ER angebetet wird und mit SEINER Herrlichkeit zu finden ist – genau dort entspringt diese Quelle der Lebenskraft.

Wo das Wasser hinkommt, findet eine Wandlung zum Leben, zum Guten hin, statt. Selbst Erstorbenes blüht neu auf. Vom Tempelberg in Jerusalem bis hinunter zum Toten Meer ist ein Gefälle von über 1.000 Metern. Mit anderen Worten: Gottes Liebesstrom will die tiefsten Tiefen unserer Existenz mit Lebenskraft erfüllen; es gibt nichts, was diesen Lebensstrom aufhalten kann!

Nun liegt es an uns, wie tief wir hineingehen. Wir können nur den großen Zeh eintauchen, oder uns im Nichtschwimmerbereich bis an den Punkt vorarbeiten, wo es so aussieht, als ob wir schwimmen würden, aber in Wirklichkeit haben wir immer noch festen Grund unter den Füßen. Oder wir lassen uns fallen und treiben in den Fluten – dort, wo wir es nicht mehr selber kontrollieren können.

Komm doch mit ins tiefere Wasser, wo du nicht mehr stehen kannst. Die Fluten werden dich dahin tragen, wo Abba dich haben will. Das macht Spaß!

Mein Schritt heute:

Ich gehe heute schwimmen (oder lege mich zumindest in die Badewanne) und genieße das Wasser, das mich umgibt und trägt. So mache ich mir den Strom SEINER Liebe neu bewusst.

Der Geist der Liebe

Lernvers: Römer 5,5
„... die Liebe Gottes ist ausgegossen in unsere Herzen durch den Heiligen Geist, der uns gegeben worden ist.“

Gebet:

„Vater, bitte befreie mich von jedem anderen Geist, der nicht aus Dir geboren ist, nimm weg alles Negative – jede Angst, Sorge, Zweifel, Minderwertigkeit und Menschenfurcht. Und gieße stattdessen Deinen guten, heiligen Geist heute neu aus über mich, Dein Kind.“ ...

Bibellese: 2. Timotheus 1,3-14

Impuls:

Wes Geistes Kind bist du? Heute heißt die Frage: Was „geistert“ da alles in unserem Bewusstsein und Unterbewusstsein herum? Welche schrecklichen Dinge können wir uns ausmalen, träumen oder denken? Wie viel Unreines, Gemeines und Hässliches lässt sich da leider noch ausmachen?

Wir brauchen sozusagen einen Ölwechsel. Die alte Suppe muss aus uns raus. Befreiung von all diesen „Geistern“, die wir bewusst oder unbewusst (wieder) hineingelassen haben. Einmal klarspülen lassen mit dem Blut Jesu der Vergebung. Und dann bitte neu volltanken mit dem guten Geist Gottes – dem Geist der Kraft, der Liebe und der Selbstbeherrschung.

Als Christen sind wir ein lebendiger Tempel des Heiligen Geistes auf zwei Beinen. So wie unser Jesus damals den Tempel in Jerusalem gereinigt hat und alles rauswarf, was dort nicht hineingehörte – so braucht auch unser Leben immer wieder eine radikale Tempelreinigung.

Kennst du die befreiende Wirkung von „beichten“, „Schuld bekennen“, „ans Licht kommen“? Ich erinnere mich, wie ich als junger Christ zum ersten Mal zu einem Bruder hinging und ihm von meiner verborgenen Schuld erzählte. Ich war so erstaunt, dass der Bruder mich nicht schräg ansah und verachtete, sondern mich sogar verstand! Wir gingen gemeinsam im Gebet zu Jesus und legten meine Lasten am Kreuz nieder. Ich erinnere mich noch genau an diesen Moment, wie herrlich befreiend das war! In meiner Scham hatte ich Strafe und Zorn erwartet. Aber, was mich empfing, war der Geist der Liebe und Annahme des Vaters! Was für ein Tausch! Ich gab IHM meine Schuld und ER beschenkte mich neu mit SEINER Kraft, Liebe und Disziplin!

Mein Schritt heute:

Ich suche mir heute einen Bruder/eine Schwester (geht auch per Telefon) und werde im Gebet mich vor Zeugen lossagen von der Finsternis, die mir jetzt bewusst geworden ist.

Tag 273 **30. September**

Wasser des Lebens

Lernvers: Römer 5,5
„... die Liebe Gottes ist ausgegossen in unsere Herzen durch den Heiligen Geist, der uns gegeben worden ist."

Gebet:

„Oh wie herrlich ist es, im Strom Deiner Liebe zu schwimmen! Du umgibst mich wohltuend. Du erfrischst mein Innerstes und verleihst mir neue Kräfte. Ich fühle mich so wohl in Dir. Komm und höre nicht auf weiterzumachen; komm, Heiliger Geist!" ...

Bibellese: Johannes 7,37-39

Impuls:

Ich liebe das Element WASSER! Ich liebe das leise Glucksen von Quellwasser, das sanfte Plätschern von Bergflüssen, das machtvolle Rauschen der Wellen des Ozeans und den ohrenbetäubenden Lärm von Wasserfällen. In der Bibel ist Wasser ein Synonym für den Heiligen Geist. So wie Wasser ist der gute Geist Gottes Lebensspender und pure Lebensenergie. Wir können nicht ohne IHN leben – genauso wenig, wie wir ohne Wasser überleben könnten!

Beim Laubhüttenfest gab es ein bestimmtes Ritual am Tag *Simchah Thora,* am Tag der Freude über Gottes Wort. Der Hohepriester goss vor den Augen aller frisches Wasser aus, als prophetische Zeichenhandlung: genauso lebensspendend wie dies Wasser, so gießt Jahwe SEINE Worte des Lebens über SEINEM Volk Israel aus. Als das damals beim Fest wieder geschah, störte Jesus die feierliche Stimmung und mischte Sich ein, indem er lauthals rief: „Wer an Mich glaubt und Meinen Worten vertraut, von demjenigen werden Wasserströme fließen – ja, eine nie versiegende Quelle wird in ihm entspringen!" Das weissagte Jesus über den Heiligen Geist.

Hier prallen zwei Welten auf einander. Religiöses Ritual und lebendiger Glaube. Hier das abgestandene Zisternenwasser des alten Judentums und dort das sprudelnd-frische Quellwasser unseres Rabbi Jeschua.

Jesus hat es versprochen: wer an IHN glaubt, von dem wird der Strom Gottes fließen. Tief in uns wird sich eine Quelle des Lebens auftun und wird uns sprudelnd nass machen, und auch die Menschen um uns her. Lasst uns dieses Wasser des Lebens trinken, darin baden, einweichen und schwimmen. Komm, tauche tief hinein. Wer lange genug im Wasser liegt, wird sauber, erfrischt und beginnt – nein, nicht schrumpelig zu werden! – er beginnt sich zu verändern. Das ist jedenfalls so im Wasser des Lebens. Du wirst Jesus ähnlicher werden, garantiert! Der Vater hat es versprochen.

Mein Schritt heute:
Ich mache meine Lieblings-Lobpreismusik an, lege mich aufs Bett oder den Teppich und bade in der Liebe des Vaters (mindestens 30 Minuten).

Tag 274 **1. Oktober**

Blühende Wüsten

Lernvers: Römer 5,5
„... die Liebe Gottes ist ausgegossen in unsere Herzen durch den Heiligen Geist, der uns gegeben worden ist."

Gebet:

„Papa, Deine Liebe bringt selbst die Wüsten in mir zum Blühen. Wenn Du bei mir bist, kann ich auf Wasser laufen, die Meere teilen und Berge in den Ozean werfen. Und vor allem bekommt mein Herz Flügel des Vertrauens! Oh, wie ich Dich liebe!" ...

Bibellese: Jesaja 35

Impuls:
Als unser Altbundeskanzler Helmut Kohl das Wort von den „blühenden Landschaften" in Ostdeutschland geschichtsträchtig in die Welt setzte, musste ich oft an dieses wunderschöne Bildwort vom Propheten Jesaja denken. Gottes tiefe Liebesabsicht ist die Wiederherstellung von Menschen und Nationen – und sogar noch mehr: ER will uns ein absolut erfülltes, glückliches und zufriedenes Leben an SEINER Seite schenken. Das Angeld, quasi die Anzahlung dafür, ist der Heilige Geist höchstpersönlich. Wir dürfen jetzt schon den Vorgeschmack SEINER Liebe und Güte erfahren, indem die Kräfte des Himmels hineinwirken in unseren Raum und Zeit. Die vollkommene Erfüllung der Verheißung wartet auf uns später in Gottes neuer Welt. Aber die Vorspeise ist auch nicht zu verachten!

Vor vielen Jahren waren wir wieder einmal in Israel zu Besuch und wurden unerwartet Augenzeuge eines seltenen Phänomens: die Wüste blühte. Es hatte einige Wochen zuvor ein wenig Niederschlag gegeben. Aber das reichte schon aus, um all das verborgene Saatgut des Lebens zum Erwachen zu bringen. Überall, wo sonst nur erdfarbene Steine und graues Geröll herumliegen, spross neues Leben in zartem Grün und wilder, bunter Schönheit hervor. Diese Predigt des Schöpfers werde ich nicht mehr vergessen: alles ist im Verborgenen bereits vorhanden und wartet nur darauf, zum Leben erweckt zu werden!

Wenn ich jetzt durch unser wiedervereintes deutsches Vaterland fahre, kann ich schon einiges an „blühenden Landschaften" entdecken. Das Bild ganzer Städte hat sich positiv zum Guten gewandelt. Das macht mir Mut, weiterzubeten und zu glauben, dass unser Vater auch noch geistlich unsere Nation wieder zum Blühen bringen wird! Ich bete für eine Erweckung der Herzen!

Komm und lass dich neu vom Geist des Vaters füllen, bis du überläufst. Es wird auch die Wüste in dir neu zum Blühen bringen!

Mein Schritt heute:

Ich lade den Heiligen Geist bewusst ein, mich (neu) zu erfüllen, bis ich überfließe. Ich öffne mein Herz und meinen Mund und bete IHN an, bis ER kommt.

Macht der Liebe

Lernvers: Römer 5,5

„... die Liebe Gottes ist ausgegossen in unsere Herzen durch den Heiligen Geist, der uns gegeben worden ist."

Gebet:

„Heiliger Geist, Du Geist des Vaters, Du bist so demütig, sanft, klar und rein, wie kristallenes Wasser. Und doch bist Du auch so stark und gewaltig, wie die Niagara-Wasserfälle oder die Ozeane in ihrer Größe. Danke für die Kraft und Dynamik sowie die Zärtlichkeit, die Du in mein Leben bringst." ...

Bibellese: Apostelgeschichte 1,4-9

Impuls:

Der Heilige Geist ist *dynamis.* Daher kommt unser Wort für Dynamit. ER ist kraftvoll – und kein süßlich-klebriger Lollipop! ER ist die Macht der Liebe Gottes in Person. ER ist die stärkste Kraft im ganzen Kosmos. Durch SEINEN Atem ist alles geschaffen worden. ER erhält alles am Leben durch SEINE göttliche Energie.

Wenn Gott all SEINE Liebe, die ER als Vater für uns besitzt, auf einmal über uns ausschütten würde – wir wären platt, wie eine Briefmarke. Wir würden das gar nicht überleben können. Wir würden verbrennen. So stark und heiß ist SEINE Liebesglut. Doch weil ER uns so sehr mag, hat ER in weiser Vorausschau diese Liebe dosiert.

Deshalb beten wir jedes Mal: „Mehr, Herr!" – da ist jetzt wieder Platz geworden, nun passt wieder etwas mehr hinein ... und Papa füllt nach. Du brauchst dich nicht vor dieser Macht SEINER Liebe zu fürchten, denn ER ist für dich. Aber lass sie uns bitte nicht unterschätzen – sie ist stärker als alles, sogar stärker als alle Höllenmächte!

Ich hatte vor Jahren beim Beten ein lustiges inneres Bild (Vision): Ich sah jemand, wie er dastand mit all seinen Nöten und Problemen. Auf einmal näherte sich ein gigantisch großer Lastwagen. Ein riesiger Truck. Ein Kipplader. Und eh ich mich versah, wurde die ganze Ladung des Lastwagens über der Person ausgeschüttet, bis man die Person gar nicht mehr sehen konnte – und damit auch die Nöte und Probleme. Sie waren darunter verschwunden. Ich hörte den Vater im Himmel sagen: „So kümmere Ich Mich in Meiner Kraft um deine Sorgen. Ich überhäufe dich einfach mit Meiner großen Liebe, bis nichts anders mehr zu sehen ist!"

Mein Schritt heute:

Ich stelle mich im Gebet unter den Wasserfall der Liebe Gottes; lade den Heiligen Geist ein, mit SEINER Kraft zu kommen; bete immer wieder: „Mehr, Herr…“, und schaue, was dann passiert!

Wachsende Liebe

Lernvers: Römer 5,5
„... die Liebe Gottes ist ausgegossen in unsere Herzen durch den Heiligen Geist, der uns gegeben worden ist."

Gebet:
„Vater, ich liebe Dich heute stärker, als ich Dich gestern geliebt habe. Und morgen werde ich Dich mehr lieben als heute. Denn die Liebe in mir wächst von Tag zu Tag. Sie zieht Kreise bis in die Unendlichkeit Deiner ewigen Liebe. Danke für alle Hilfe beim Wachsen, für allen Trost in den Wachstumsschmerzen und für den Strom des Himmels, der mich auch heute wieder nass macht." ...

Bibellese: Galater 5,16-26

Impuls:
Die Liebe Gottes in unserem Leben ist eine Frucht des Heiligen Geistes. Und wie alles im Himmelreich unseres Vaters, so ist auch sie Wachstumsprozessen unterworfen. Sie fällt nicht als reifes Endprodukt vom Himmel herab, sondern wächst und wächst und wächst. Vielleicht manchmal langsam, kaum bemerkbar und im Stillen. Aber sie wächst immens, bis sie herangereift ist zu einer schmackhaften, nahrhaften Köstlichkeit, die uns und auch andere satt machen will. So ist jedenfalls der Wille des Vaters. Freue dich über sichtbares und unsichtbares Wachstum der Liebe Gottes in deinem Leben. Denn die Liebe Gottes ist ausgegossen in dein Herz durch den Strom des Heiligen Geistes!

Ungeduld bringt gar nichts! Es wächst nicht schneller, wenn wir ungeduldig daran ziehen. Es bringt nur Enttäuschung, wenn wir vor der Zeit versuchen zu ernten. Wachstum braucht Zeit! Viel Zeit! Jede Pflanze, jedes Tier, jedes Lebewesen hat seine ganz spezifischen, eigenen Wachstumsperioden. Man kann das eine nicht mit dem anderen vergleichen oder übertragen.

Agape-Liebe ist eine Frucht des Himmels! Wir können sie nicht selber produzieren. Aber je mehr wir uns der Liebe Gottes öffnen und hingeben, umso mehr wird der Heilige Geist unsere Herzen damit fluten. Liebe ist dann Frucht von Liebe. Abba liebt uns zuerst, und wir werden erfüllt mit diesem Saatgut, bis es aufgeht und neue Liebe und Intimität in unseren Herzen wachsen lässt und hervorbringt.

Mein Schritt heute:
Ich schenke einem Freund einen Apfel oder eine Traube und frage ihn, wo er in meinem Leben in letzter Zeit geistliches Wachstum feststellen konnte.

Tag 277 **4. Oktober**

Geschenke der Liebe

Lernvers: Römer 5,5

„... die Liebe Gottes ist ausgegossen in unsere Herzen durch den Heiligen Geist, der uns gegeben worden ist."

Gebet:

„Papa, ich bin so himmelreich – reich beschenkt durch Deine Liebe für mich. Es gibt nichts Größeres, als Dich hier zu wissen in meinem Leben. So nahe an Deinem Herzen leben zu dürfen. Und Du öffnest mir die Schatzkammer und sagst, dass alles, was Dein ist, auch mir zur Verfügung steht. Ich kann mein Glück nicht fassen!" ...

Bibellese: Römer 12,1-8

Impuls:

Unser Vater hält wirklich nichts zurück, sondern teilt alles (!) gerne mit uns. Das griechische Wort „Charisma" kommt vom Wortstamm *„charis"* (d. h. Gnade), aber auch vom Wort *„chara"* (d. h. Freude) wird es abgeleitet. Die Geistesgaben sind Freudengeschenke aus der Gnadenschatulle unseres König-Vaters. Mit ihnen berühren wir den Himmel und bringen ihn herunter in unsere irdische Realität. Hast du schon entdeckt, was der Vater dir mitgebracht hat? Kennst du die Geschenke in deinem Leben; hast du sie empfangen und ausgepackt und gebrauchst sie jetzt? Freue dich an den herrlichen Charismen: Sprachengebet, Prophetie, Heilung, Freude am Helfen, Kraftwirkungen, Spaß am Weitersagen der Guten Nachricht ... – es gibt noch so viel mehr Geschenke! Nimm, so viel du kannst!

Als ich vor Jahren zum ersten Mal mit den *Charismen* des Heiligen Geistes in Berührung kam, erschien mir alles so heilig und fremdartig. Mir kam es vor, als ob diese Gnadengaben ganz besondere Auszeichnungen für ganz besonders hingegebene Mitarbeiter in der Gemeinde sein müssten. Doch durch die Jahre machte ich die Entdeckung: Charismen sind Liebesgeschenke des Vaters und keine Gratifikationen für besonders fromme Höchstleistungen. Liebe können wir uns niemals verdienen! Abba macht sie uns freiwillig zum Geschenk! Geschenke wollen empfangen und ausgepackt werden! Als Beschenkter kann ich zwar meine Wünsche äußern, aber der Geber allein bestimmt, was er wem schenken will!

Mein Schritt heute:

Ich realisiere, welche Gnadengaben der Vater mir bereits gegeben hat und danke IHM dafür. Dann bitte ich IHN um die Gabe, die mir zurzeit besonders fehlt.

Tag 278 **5. Oktober**

Brennende Herzen

Lernvers: Römer 5,5

„... die Liebe Gottes ist ausgegossen in unsere Herzen durch den Heiligen Geist, der uns gegeben worden ist."

Gebet:

„Mein Herz soll für Dich brennen, heller und heißer als je zuvor. Komm, Heiliger Geist, zünde das Feuer neu an, blase in die Glut und lass es brennen. Lass die Liebe für den Vater und den Sohn Jesus mich völlig verzehren! Gieß noch Dein Öl in die Flammen, dass selbst der stärkste Sturm und Regen von Widerständen mich nicht auslöschen können!" ...

Bibellese: Lukas 24,13-35

Impuls:

Frage: Woran erkennen wir, ob wir auf dem richtigen Weg sind? Antwort: Wenn unsere Herzen für Jesus brennen!

Kennst du noch das Kinderspiel „heiß oder kalt"? Als Kinder haben wir das so gerne gespielt. Jemand wurde rausgeschickt, während die Gruppe ein bestimmtes Objekt im Raum versteckte. Wenn die Person dann wieder reinkam, ging es los. Die Gruppe gab Signale durch das Klatschen auf die Oberschenkel. Kam der Suchende dem Objekt näher, klatschten wir lauter, dann bedeutete das: „heiß – heißer – heiße Spur". Entfernte er sich aber davon, wurde auch unser Klatschen leiser oder verstummte ganz. Jetzt war es „kalt – eine kalte Fährte"!

Ehrlich – so simpel und kindereinfach ist auch die göttliche Lektion heute. Wenn dein Herz kalt ist (oder lau, was in Jesu Augen auch nichts anderes als kalt bedeutet), dann bist du auf dem falschen Weg – der Heilige Geist hat Sich zurückgezogen. Da brennt nichts mehr im Ofen deines Herzens. Aber gehst du mit Jesus und weißt es selbst vielleicht noch nicht mal, aber ER ist da – dann wird es in deinem Herzen warm, wärmer und heiß. Denn der Heilige Geist wird da sein und das Feuer entzünden. Die Liebe zum Vater und zum Sohn wird in dir brennen.

Auf welchem Weg bist du gerade, mein Freund?! Die sogenannten „Emmaus-Jünger" waren auch unterwegs. Leider in die falsche Richtung. Ihre Enttäuschung trieb sie fort. Es war „kalt – ganz kalt", da, wo sie jetzt waren. Auf einmal nähert sich jener Fremder. Sie hatten IHN gar nicht kommen sehen. Aber jede Meile mit IHM zusammen ließ es „wärmer und wärmer" werden. Wie dieser Fremde ihnen alles anhand der Bibel erklärt, warum der Messias leiden, sterben und auferstehen musste. Wie ER das Brot nimmt und bricht, und danach den Kelch mit ihnen teilt. Da wird es ganz „heiß" in ihren Herzen. Da brennt die Offenbarung geradezu in ihnen: Das ist ja Jesus, der auferstandene Herr!

Mein Schritt heute:
Ich überprüfe mein Herz nach der Temperatur und entscheide mich, auf jeden Fall mit Jesus zu gehen!

Auf Wolke 77

Lernvers: Römer 5,5

„... die Liebe Gottes ist ausgegossen in unsere Herzen durch den Heiligen Geist, der uns gegeben worden ist.“

Gebet:

„Vater, Dich zu lieben, Dich zu kennen, Dir zu folgen ... mehr und mehr! Das ist der Himmel auf Erden! Je mehr ich Dich entdecke, umso mehr bin ich überglücklich, Dein Kind und Freund zu sein. Wo ist ein Gott, so wie Du? Du bist einmalig-herrlich – einfach zum Verlieben.“ ...

Bibellese: 2. Mose 33,7-34,8

Impuls:

Mose wurde Freund Gottes genannt. Er hat das Herz Gottes berühren dürfen! Seitdem Moses dem lebendigen Gott im brennenden Dornenbusch begegnet war, wollte er nur noch eines: er wollte näher zu diesem Gott hin. Er musste IHN kennenlernen, wie ER wirklich ist. Mehr als alles begehrte er die herrliche Gegenwart Jahwes zu schauen. „Lass mich Deine Herrlichkeit sehen!“

Aber was hat er wohl erwartet, was er da in der Herrlichkeitswolke vorfinden würde? Quasi auf der Wolke 77? Vielleicht dachte er, dieser mächtige, heilige Gott muss aus purem Gold bestehen? Oder vielleicht hatte er sogar etwas Angst vor IHM – vielleicht fürchtete er, Jahwe sei auch nur ein ehrfurchtgebietender Despot und Kriegsherr, wie die Pharaonen Ägyptens?

Was auch immer Moses gedacht und gefühlt haben mag, was er nun in der Shekina-Herrlichkeits-Wolke Jahwes miterlebte, war völlig anders: er kam aus dem Staunen gar nicht mehr heraus. Er tauchte tief ein in ein Meer von Barmherzigkeit, Güte, Gnade, Treue, Liebe. „Ach so ist Gott!!! ER ist ganz anders!!!“ Moses atmete, trank und aß davon. Er wurde durchflutet von dieser Realität. Diese Erfahrung würde sein Leben für immer verändern!

Ja, so ist unser Gott! Das ist SEINE Natur, SEIN tiefstes Wesen! Gott ist nur gut!!! Komm und tauche auch du mit ein in diese Wolke 77 und verliebe dich neu in diesen herrlichen Vater-Gott-Freund!

Mein Schritt heute:

Ich singe dem Vater und dem Sohn Anbetungslieder und tauche ein in SEINE Herrlichkeitswolke.

Tag 280 7. Oktober

Ein Meer (MEHR!) von Liebe

Lernvers: Römer 5,5
„... die Liebe Gottes ist ausgegossen in unsere Herzen durch den Heiligen Geist, der uns gegeben worden ist."

Gebet:

„Vater, je mehr ich von Deiner Liebe trinke, um so durstiger werde ich. Ja, ich bin süchtig nach Dir! Ich kann und will nicht mehr einen Tag ohne diese abgrundtiefe Zuwendung Deines Wesens sein. Du bist mein ganzes Glück. In Dir ist mein Leben verborgen..."

Bibellese: Offenbarung 22,16-17

Impuls:

Der Heilige Geist gießt in die Herzen der Brautgemeinde solch ein tiefes Verlangen nach MEHR von Gott. Bei der Ausgießung des Heiligen Geistes wird man ein Gebet sehr häufig hören: „Mehr, Herr!"

Darf man denn so unverschämt bitten? Darf man denn so maßlos sein? Ja, bitte! Unbedingt sogar!

Das ist das Werk des Heiligen Geistes in uns. ER schenkt uns Hunger und Durst auf MEHR von Gottes Liebe. Und keine Sorge, das kristallene MEER an dem Thron unseres Vaters reicht vollkommen aus, um jeden Durst der Welt zu stillen. Denn der Strom SEINER Liebe im Heiligen Geist wird genährt aus dem Meer SEINER Agape-Vaterliebe.

Wie lange kann ein Mensch ohne Trinken überleben? – Wir können zwar wochenlang auf feste Nahrung verzichten, aber unser Körper ist so aufgebaut, dass jede lebende Zelle in uns Wasser braucht. Der Mensch besteht zu fast 60 Prozent aus Wasser. Deshalb ist es für uns nicht möglich, länger als 100 Stunden ohne Trinken auszukommen. Alles, was darüber hinaus geht, bringt uns an den Rand unserer Existenz.

Das ist geistlich nicht anders. „Trinken bitte nicht vergessen!" – sonst besteht die Lebensgefahr der Austrocknung (Dehydrierung). Wer zu wenig trinkt, kann duselig werden und den Verstand verlieren.

„Geistlich" trinken wir und tanken auf, wenn wir die Liebe des Vaters in uns aufnehmen: zum Beispiel durch Lobpreis und Anbetung, das Baden in SEINER Gegenwart (Soaking), das Hören auf SEINE guten Worte.

Komm und trinke vom Wasser des Lebens! Es wird zu einer Quelle in dir werden! Du wirst satt werden und andere um dich herum auch!

Mein Schritt heute:

Ich trinke ein Glas frisches Wasser und bete danach: „Mehr, Herr! Ich bin durstig nach mehr von Deiner Liebe!"

Teil 29

Schönheit statt Asche

Psalm 147,3

Den zerbrochenen Herzen nahe

Lernvers: Psalm 147,3
„Er heilt die zerbrochenen Herzens sind, er verbindet ihre Wunden!“

Gebet:

„Das überwältigt mich mal wieder. Du übersteigst meine Vorstellungskraft. Du bist so anders und so viel besser, als ich es mir je ausmalen könnte. Du bist mein Gott, der bei mir wohnt. Mitten in meiner Zerbrochenheit. Danke für Deine Nähe!“ …

Bibellese: Jesaja 57,14-15

Impuls:

„Na, liebe Kinder, was meint ihr, wo wohnt denn der liebe Gott?!“ „Im Himmel!“ – schallt es aus allen Kehlen der kleinen Süßen.

Soweit zum Thema: Heile Welt. Die Bibel gibt uns, Gott sei Dank, eine umfassendere Version der ganzen Geschichte. Und diese Variante entspricht der ganzen Wahrheit. Ja, unser Gott wohnt im Himmel – in der unsichtbaren Dimension SEINER Herrlichkeit. Aber ER wohnt auch bei den Menschen, die ein zerbrochenes Herz und einen gebeugten Geist haben. Wow, diese Information muss ich innerlich erst einmal verstoffwechseln!

Ich hatte Abba schon länger in Verdacht, dass ER eine absolute Schwäche für die Schwachen hat. ER liebt Kinder und Alte, die Kranken und die Looser. Die Starken sind SEINE Beute, die gehören IHM sowieso. Aber bei den Kleinen und Zerbrechlichen geht ER enorm behutsam vor. Was findet ER nur an den Winzlingen und Schrägen? Warum macht ER Sich so viel Mühe, aus gescheiterten Typen, wie dem Rolling Stone Petrus einen Felsenmenschen zu formen?! Ich hätte IHM gleich sagen können, dass das nicht ohne ein paar derbe Rückschläge abgehen wird. Und warum ausgerechnet Paulus?! Dass der mit solch einem fiesen arroganten Charakter eine Menge Ärger und Konkurrenzkampf hervorrufen wird, das hätte Jesus doch schon eher kommen sehen müssen. Ich verstehe die ganze Personalpolitik des Himmels nicht! Haben die denn keine anderen, besseren Leute finden können? Alles nur Kaputte und Verbeulte …

Ups, da ist es schon wieder! Ich fühle mich voll ertappt! Meine ich denn wirklich, ich wäre so viel heiler, besser und unverbeulter?! „Danke, mein Abba, dass Du für solche Typen wie mich schwärmst. Danke, dass Du bei mir wohnen willst. Du musst mich echt mit anderen Augen sehen können. Das macht wohl Deine Liebe!“

Mein Schritt heute:

Ich werde Abba heute dafür danken, dass ER in meinem zerbrochenen, verbeulten Herzen Wohnung genommen hat!

So, wie wir sind

Lernvers: Psalm 147,3
„Er heilt die zerbrochenen Herzens sind, er verbindet ihre Wunden!“

Gebet:

„Danke Jesus, dass ich bei Dir schwach sein darf. Ich brauche Dir nichts vorzumachen. Du liebst mich, so wie ich bin. Ich darf zu Dir kommen, so wie ich bin. Du nimmst mich an, so wie ich bin. Bei Dir finde ich Hilfe.“ …

Bibellese: Psalm 146

Impuls:

Abba-Vater hatte schon immer eine „Schwäche“ für das Schwache. SEINE Vorliebe gilt Menschen mit einer Menge Problemen. Im Psalm 146 finden wir gleich eine ganze Auflistung von solchen „Schadensfällen“. Ist es uns aufgefallen, dass es für Gott noch nie ein Problem war, wenn wir oftmals in einem ziemlichen Schlamassel stecken? Jesus betitelt Menschen in Herausforderungen mit „glückselig“ und gratuliert ihnen zu der guten Ausgangsbasis für Gottes Eingreifen.

David stimmt genauso ein: „Wohl dem Menschen, dessen Hilfe der Gott Jakobs ist, dessen Hoffnung auf Jahwe ruht!“

Wann werden wir endlich begreifen: Wir dürfen zum Vater kommen, so wie wir sind! Wir brauchen nicht eine Maske aufzusetzen und uns zu verstellen. ER durchschaut das sowieso, wo wir nur eine fromme Rolle spielen. Selbst unser Schmutz hält den Vater nicht ab, „verlorene Söhne und Töchter“ zu umarmen und zu küssen. Wenn uns unser Herz wieder einmal verdammt, dann steht ER dennoch auf unserer Seite. ER hat Sich für uns entschieden, als wir noch gott-los waren und nichts von IHM wissen wollten. ER kennt unser altes Räuberleben, weiß um unsere Rückfälle und liebt uns trotzdem. Deshalb ist ER auch nicht zu schocken oder zu enttäuschen, weil ER Sich gar keinen Täuschungen über uns hingibt. ER weiß, dass wir schwach sind. Der Geist ist willig (na, das ist doch schon mal was!), aber das Fleisch ist schwach (das bekommt ER auch noch mit uns hin!).

Seitdem ich im Licht der Offenbarung der Vaterliebe Gottes angefangen habe zu leben, lerne ich mehr und mehr zu begreifen: Unser Abba hat nur *ein* Interesse. ER will uns, SEINE Kinder, in die Gemeinschaft SEINER Liebe hineinziehen. So wird ER versuchen, alles, aber auch alles – so wie wir sind – zu benutzen (auch Versagen, Katastrophen, Unfälle usw.), nur mit dieser einen Sehnsucht: uns näher an SEIN Herz zu bekommen.

Mein Schritt heute:

Ich stelle mir die Frage, wo der Vater gerade in meinem Leben dabei ist, mich durch Engpässe tiefer in SEIN Herz zu ziehen?

Einsam, aber nicht verlassen

Lernvers: Psalm 147,3
„Er heilt die zerbrochenen Herzens sind, er verbindet ihre Wunden!“

Gebet:

„Du bist mein allerbester Freund. Menschen können mich enttäuschen und verlassen, aber Du niemals! Du gehst alle Wege mit mir. Bleibst an meiner Seite. Ich berge mich bei Dir. Du bist mein Zufluchtsort.“ …

Bibellese: Psalm 55

Impuls:

Wie oft wurde David von Menschen enttäuscht und im Stich gelassen? Vater, Brüder, Arbeitgeber, seine Frau und seine Kinder – ständig kam neuer Frust hinzu. Er kannte die Einsamkeit in den Nächten auf den Feldern, auf der Flucht im Feindesland; aber auch die Einsamkeit, wenn verantwortungsvolle Entscheidungen getroffen werden mussten und kein Ratgeber mehr da war. Geistliche Mentoren und beste Freunde wurden ihm genommen. Ja, er kannte die Einsamkeit zur Genüge.

Heute würden wir sagen: Er war ein echtes „Mobbingopfer“. In diesem Psalm redet er sogar von dem Verrat durch Freunde und Vertraute. Das tut doppelt weh. Wem kann man denn dann noch vertrauen?

Dennoch wurde David nicht bitter oder menschenmüde. Die Einsamkeit tat zwar weh und er klagte sie seinem Gott. Aber er fühlte sich in dem allen nicht wirklich verlassen. Er wusste: Jahwe ist immer noch bei ihm. Jahwe ist sein Zufluchtsort!

Als Kind hatte ich auch solch einen Ort, zu dem ich mich hin flüchtete, wenn die Welt um mich herum zu gruselig wurde. Meine Butze. Mein Versteck. Meine Höhle. Da fühlte ich mich geborgen und sicher in meiner kleinen Ecke.

David suchte immer wieder Zuflucht und Versteck bei seinem Gott, wenn das Leben ihm böse mitspielte. Wie ein Kind rannte er dann vertrauensvoll in SEINE Arme und warf sich an Gottes Brust mit all seinen Nöten. Er hat das sehr oft getan. Es wurde zu einem Lebensstil für ihn: „Wirf dein Anliegen auf Jahwe und ER wird für dich sorgen!“

Es gehört zur Normalität, dass wir manche einsame Strecke gehen müssen, auf der uns kein Mensch begleiten kann oder will. Aber wir sind dann nicht allein!

Einsam? – Ja, vielleicht! Aber niemals verlassen! Unser Vater geht doch neben uns!

Mein Schritt heute:
Ich frage mich, wo ich zurzeit Einsamkeit erlebe und bitte Abba, mir zu zeigen, wo ER ganz nahe bei mir ist.

Tag 284 **11. Oktober**

Gescheitert und doch geliebt

Lernvers: Psalm 147,3

„Er heilt die zerbrochenen Herzens sind, er verbindet ihre Wunden!“

Gebet:

„Abba, Du kennst mich durch und durch. Du kennst meine ganze Biografie. Dir kann und will ich nichts vormachen. Ich gehöre zu den Leuten in Deinem Königreich, die schon so oft gescheitert sind. Ich bringe Dir heute meine Erinnerungen an die x-Male, wo ich bitter Schiffbruch erlitten habe. Und siehe, ich lebe – durch Deine Gnade allein!“ …

Bibellese: Lukas 22,54-62

Impuls:

Das Wort *scheitern* kommt aus der Schifffahrt. Genau genommen ist es ein Kürzel für *Schiffbruch erleiden*, wenn Holzschiffe/Holzscheite auseinanderbersten.

In unserer deutschen Mentalität ist das Scheitern negativ besetzt. Wir wollen und sollen alles richtig machen. Fehler sind dabei nicht erwünscht und eingeplant. Wer *gescheitert* ist im Beruf, Partnerschaft oder etwa im Sportlichen, der zieht sich besser schamvoll zurück, denn für *gescheiterte Existenzen* ist wenig Platz und Verständnis in unserer Erfolgsgesellschaft – und schon gar kein Respekt.

Wie schade, denn so verpassen wir eine Menge Leben! Unser Vater findet Scheitern gar nicht so schlimm! ER weiß: Unser Scheitern wird uns „gescheiter“ machen! SEINE Kinder lernen durch Versuche. Es ist noch nie ein Meister vom Himmel gefallen. Selbst Jesus musste alles lernen. Da gehören Versuche und Fehlermachen dazu – da geht eine Menge erst mal daneben. Aber das ist doch gar nicht schlimm. Das ist Training fürs Leben. Im Sport, in der Wissenschaft, in der Kunst – und eigentlich überall läuft das so. Du übst und probierst; mal klappt es, mal gelingt es nicht; aber du wirst immer besser werden von Versuch zu Versuch.

Und selbst wenn du echten Schiffbruch erleidest, dein kleines Boot krachend auseinanderfetzt und untergeht – dann bitte keine Panik auf der Titanic – Papa ist da und bleibt immer noch bei dir. Mach es so wie Petrus. Heule dich eine Runde in Abbas Armen aus und dann geht es weiter. Das Alte ist zerbrochen und weg. Okay, jetzt ist Platz da für Neues. Es geht weiter! Mit Abba geht es immer weiter! Hörst du?! Wie heißt es so schön: „Wenn das Leben dir Zitronen gibt, dann mache zusammen mit deinem himmlischen Papa Limonade daraus!“

Mein Schritt heute:

Ich presse eine Zitrone aus und mache Limonade daraus. Dabei summe ich mein Lied: „Voll versiebt – und doch geliebt!“

Tag 285 **12. Oktober**

Die Trümmer werden jubeln

Lernvers: Psalm 147,3
„Er heilt die zerbrochenen Herzens sind, er verbindet ihre Wunden!“

Gebet:

„Mein wunderbarer Gott, ich kann nur jubeln und staunen. Das hast Du wieder einmal himmlisch hinbekommen. Wo vorher Wüste und Trümmer waren, da blüht und brummt es jetzt nur so vor Leben. Ich stehe anbetend und staunend vor dem Wunder, das Du an meinem zerbrochenen Herzen gewirkt hast. Du bist mein Neu-Schöpfer. Der Finder und Erfinder meines neuen Lebens!“ ...

Bibellese: Jesaja 52

Impuls:

Erinnerst Du Dich noch an die schrecklichen Fotos aus der zerbombten syrischen Stadt Aleppo, die seinerzeit durch die Medien gingen? Eine Flugdrohne hatte erschütternde Bilder mit technischer Präzision geschossen. Was blieb, war ein Haufen Trümmer eines blutigen Krieges. Soweit das Auge reichte, nur Zerstörung. Nichts Heiles mehr, alles kaputt.

Ähnlich traumatisch muss es Israel damals erlebt haben, als die Feinde Jerusalem zerstörten. Kein Stein blieb auf dem anderen. Selbst Gottes Haus, der Tempel, lag in Schutt und Asche. Welch ein Bild der Hoffnungslosigkeit hat sich in ihre traumatisierten Seelen eingebrannt?! Fern der Heimat, in babylonischer Gefangenschaft, ging ihr Elend weiter. Nagende Zweifel quälten ihre zerschlagenen Herzen, als sie die pompösen Bauwerke Babylons mit eigenen Augen sahen. Die gigantischen Hängenden Gärten zählten zu den Weltwundern. Alle Tempel Babylons waren um etliches größer als der Tempel ihres Gottes Jahwe auf dem Zion. Hatten sie sich so getäuscht? War wohlmöglich ihr Gott Jahwe gar nicht der Stärkste und Größte?! Waren die Götter Babylons mächtiger? Nicht nur ihre verlorene Heimat lag in Trümmern. Ihr Glaube und ihre Hoffnung lagen zerschlagen und atomisiert im Wüstensand!

Mir sind in den letzten Jahren viele Menschen begegnet, die, geistlich gesprochen, ähnliches durchlebt haben. Auch ihr Leben lag zerschlagen, wie in Trümmern, vor ihnen. Hoffnungslos und ohne eine Zukunft. Doch da kommt Abba ins Bild. So wie damals in Babylon, als die Stimme eines Propheten erschall: „Eure Trümmer werden jubeln! Der Vater hat euch nicht vergessen! ER wird euch wieder aufbauen und zurück nach Hause holen!“ Dieselben Worte ruft ER noch heute all SEINEN „Trümmer-Kindern“ zu. Sie haben nichts an Kraft verloren. Denn unser Papa hält, was ER verspricht!

Mein Schritt heute:
Ich nehme einen Hammer und werde etwas zerschlagen. Dann halte ich die Teile in der Hand und proklamiere über meinen inneren Zerbrochenheiten: „Die Trümmer werden jubeln!"

Tag 286 13. Oktober

Jahwe baut uns wieder auf

Lernvers: Psalm 147,3
„Er heilt die zerbrochenen Herzens sind, er verbindet ihre Wunden!"

Gebet:

„Vater, Du bist ein herrlicher Baumeister. Du baust mein Leben wieder auf, selbst aus dem Scherbenhaufen meiner Träume. Die Trümmer müssen Dich loben. Du heilst und stellst wieder her." …

Bibellese: Psalm 147

Impuls:

„Jahwe baut Jerusalem!" – Vor einiger Zeit stand ich ehrfurchtsvoll vor den alten Steinen der Heiligen Stadt. Jerusalem ist schätzungsweise 25 Mal in seiner fast 6000 Jahre alten Geschichte zerstört und wieder aufgebaut worden. Meistens nahm man die alten Steine aus dem Schutt und verwandte sie erneut beim Wiederaufbau. Schicht auf Schicht. Das Neue entstand aus den Ruinen des Alten.

Hatte David das vor Augen, als er diesen Psalm schrieb? Er singt von der Hoffnung der Wiederherstellung. Jahwe baut uns wieder auf. So wie Jerusalem immer und immer wieder aufgebaut wird. Gott wird nicht müde, unsere zerbrochenen Herzen zu heilen, unsere Wunden zu verbinden, die Fallenden aufzufangen und die Niedergebeugten zu erheben.

ER formt aus unseren Wunden SEINE Wunder! „Wie oft macht ER das?", fragt die ängstliche Seele. „So oft es sein muss!", antwortet die Liebe.

Es gehört für mich zu den schönsten Wundern meines Lebens, miterleben zu dürfen, wie die Liebe des Vaters Menschen wiederherstellt. Ich liebe es, IHM dabei zuzuschauen. Da kommt ein Mann zu Gott. Sein Leben gleicht einer zerbombten Stadt. Als kleiner Junge wurde er auf schlimmste Weise sexuell erniedrigt und missbraucht. Das hat über lange Zeit seine Seele krank gemacht. In den liebenden Armen von Abba kann er sich von seinem Schmerz lösen, kann vergeben und wird frei. Die Liebe des Vaters baut ihn wieder auf. Jetzt ist dieser Mann selbst einer, der andere umarmt und Opfern den Weg in die Freiheit weist. Er steht auf neuem Land. Doch im Fundament des Neuen befinden sich die Trümmersteine seiner Vergangenheit.

Sage, wo deine Lebenswunden sind, und der Vater wird dir antworten, was ER noch fantastisch Gutes daraus machen möchte! So werden selbst die Trümmer noch jubeln!

Mein Schritt heute:

Ich lasse das Bild der Stadt Jerusalem auf mich wirken und schaue, wo der Vater dabei ist, mein Leben wieder aufzubauen.

Weizenkorn-Glaube

Lernvers: Psalm 147,3
„Er heilt die zerbrochenen Herzens sind, er verbindet ihre Wunden!“

Gebet:

„Du hast mich gesegnet mit Senfkorn-Vertrauen und Weinreben-Beschneidung. Jetzt beschenkst Du mich neu mit Weizenkorn-Glauben. Du bist ein guter Gärtner meines Herzens. Grabe tief in mir, streue Saatgut aus und pflanze Neues. Begieße es mit dem Wasser Deines Wortes und lasse die Sonne Deiner Liebe darüber scheinen!“ …

Bibellese: Johannes 12,23-28

Impuls:

Ich nenne das den Weizenkorn-Glauben. Jesus sagt, dass das Weizenkorn in die Erde fallen muss und durch ein Umwandlungsprozess gehen wird. Ohne diesen schmerzhaften Prozess wird es keine Frucht hervorbringen können. Dabei verliert das Weizenkorn seine ursprüngliche Gestalt und Existenz, wird aber zu etwas Neuem umgestaltet, was viel mehr Substanz und Leben beinhaltet. Nicht nur ein Korn, sondern ein Halm mit Hunderten neuer Körner.

Damit wir diese Lektion nicht nur theoretisch lernen, gibt uns der Meister gleich den passenden Anschauungsunterricht. Jesus hat die Kreuzigung vor Augen. Nur wenige Stunden trennen IHN noch von diesem Grauen. Der normale Durchschnitts-Glaube betet in vergleichbarer Situation: „Oh, Herr, hole mich hier raus! Das kann doch nicht Dein Wille sein! Wenn Du mich liebst, dann musst Du jetzt eingreifen! Ich bin doch Dein Kind. Krankheit und Tod sind nicht mein himmlisches Erbteil. Also hol mich bitte schnellstens hier raus; dann weiß ich, dass Du mich wirklich liebst!“

Der Weizenkorn-Glaube betet: „Vater, ich gehe durch solche Schmerzen und habe Todesangst. Bitte helfe mir und gebe mir die Kraft, an Deiner Hand da hindurchzugehen. Verherrliche Dich durch mein kleines Leben. Nicht mein Wille, sondern Dein Wille geschehe!“

Erkennst Du den gewaltigen Unterschied zwischen „Rette-Mich!“-Gebeten und „Verherrliche Dich!“-Gebeten? Darum geht es!

Wenn dich der Vater vor allen Krisen bewahren würde, dann würde sich dein Herz nicht verändern. Dann könnte keine neue Frucht entstehen. Höre bitte gut zu: „Papa bewahrt uns nicht vor den Stürmen, aber sehr wohl in den Stürmen!“ ER geht mit dir durch die Zeiten, die sich wie Sterben anfühlen. Da, wo es dunkel und eng wird in der Erde, und du unter enormen Druck gerätst und wohlmöglich deine ursprüngliche Form verlierst. Aber glaube IHM bitte: am Schluss wirst du gestärkt in neuer Auferstehungskraft hervorgehen – und ER wird in dir groß rauskommen und megamäßig verherrlicht sein!

Mein Schritt heute:
Ich nehme einige Getreidekörner und lass sie durch meine Hände rieseln. Dabei bete ich um den Weizenkorn-Glauben für mein Leben: „Verherrliche Dich!“

Löwengrube, Walfischbauch und Feuerofen

Lernvers: Psalm 147,3
„Er heilt die zerbrochenen Herzens sind, er verbindet ihre Wunden!"

Gebet:

„Halleluja! Du bist der Sieger! Du bist der Starke und der Überwinder! Danke, dass Du immer bei mir bist und mich nie verlässt! Ich brauche mich nicht zu fürchten. Selbst im Feuerofen, in der Löwengrube und im Walfischbauch – Du bist mir nah!" …

Bibellese: Daniel 11,32-33; 12,2-3

Impuls:

Was haben diese drei biblischen Geschichten miteinander gemeinsam: Daniel in der Löwengrube. Die drei Männer im Feuerofen. Jona im Bauch des Fisches.

- Erstens: sie klingen für unsere aufgeklärten Ohren viel zu fantastisch, um wahr sein zu können (deshalb lieben Kinderherzen sie auch so sehr!).
- Zweitens: es waren aussichtslose Situationen, die menschlich nicht lösbar sind – sondern normalerweise unweigerlich zum Tode führen müssten.
- Drittens: alle Freunde Gottes haben überlebt – weil sie ihrem Gott vertrauten und ER höchstpersönlich sie aus der Gefahr gerettet hat! Halleluja!

Mittlerweile müsstest du mich gut genug kennen und wissen, dass ich an die Wunder Gottes glaube und die Bibel für mich kein Märchenbuch ist. Okay, aber darüber müssen wir uns jetzt nicht streiten?! Viel wichtiger als dein oder mein Bibelverständnis ist die Frage: „Kann dich Gottes Liebe aus total aussichtlosen Umständen so himmlisch-übernatürlich-natürlich retten, dass du am Ende als strahlender Sieger hervorgehst?" Und da sage ich glatt: „Ja, das kann ER! Ich habe das in meinem eigenen kleinen Leben selber x-mal erfahren dürfen. Und ich bin auch Augenzeuge, wie mein Papa das im Leben anderer Menschen fertiggebracht hat!"

Jetzt willst du sicherlich ein paar Belege dafür hören. Hier kommen sie: Ich kann dir Freunde vorstellen, deren Ehe am Ende war und sie kurz vor der Scheidung standen; doch dann begegneten sie der Liebe des Vaters und ER füllte den Mangel in ihnen aus, den kein Partner stillen kann. Oder: Die junge Frau, die fast ihr Leben weggeworfen hätte, doch dann kam Abba und sie hörte aus SEINEM Mund, wie wertvoll sie für IHN ist; diese Wahrheit machte eine Prinzessin aus ihr! Und dann noch: Der Geschäftsmann, der im Burn-out landete, der immer stark sein musste, und doch tief drinnen ein kleiner, verunsicherter, ängstlicher Junge war, wie er dann am Ende seiner selbst angekrochen kam und Abba ihn auf dem Schoß nahm und gesundliebte. Das sind auch drei unmögliche Geschichten, die tödlich hätten ausgehen können, aber mein Papa ist der Größte – und ein Retter, wie es im Buche steht. Zum Beispiel in der Bibel!

Mein Schritt heute:
Ich erzähle einem Freund davon, wie die Liebe des Vaters mich in einer bestimmen Lebenslage gerettet hat

Gethsemane

Lernvers: Psalm 147,3
„Er heilt die zerbrochenen Herzens sind, er verbindet ihre Wunden!"

Gebet:

„Jesus, ich liebe das Kreuz. Ich erahne, wie schrecklich das Kreuz für Dich gewesen sein muss. Aber für mich ist das Kreuz das große Pluszeichen über meinem Leben. Danke für Golgatha. Danke für das Kreuz!" …

Bibellese: Markus 14,32-42

Impuls:

Weißt Du eigentlich, was das Kreuz wirklich bedeutet? Das Kreuz ist ein bestialisches Folterinstrument und perverses Hinrichtungswerkzeug. Die Römer haben es Tausendfach zur Demonstration ihrer Gewaltherrschaft eingesetzt. Ihr blutiger Weg an die Macht war von Kreuzen gesäumt, an denen sie ihre Unterdrückten hängten. Dabei haben die Römer dieses grausame Schafott nicht einmal selber erfunden, sondern von den Persern abgeguckt. Das Furchtbare am Kreuzestod sind nicht allein die Schmerzen, die die Nägel bereiten, die dem Gefangenen durch Füße und Hände getrieben werden. Es ist ein qualvoller Erstickungstod, den der Gefangene, von Fieberschüben und Organversagen begleitet, über Stunden langsam durchleidet. Der Kreuzestod galt in den Augen der römischen Gesellschaft so schändlich und undenkbar furchtbar, dass man keinen Römer diese Art der Bestrafung gegeben hätte.

Puh, und wir Christen? Wir haben überall Kreuze. Sie hängen in unseren Kirchen, an der Kette um den Hals und sonst wo. Für uns hat das Kreuz etwas durch und durch Positives. Ist das nicht erstaunlich? Wie kann das nur sein?!

Du, das würde auch nicht funktionieren, wenn unser Abba jedes Mal, wenn es um das Thema Kreuz geht, einen Schwermutsanfall erleiden würde oder einen Wutausbruch. Schließlich hing dort an diesem Stück „verfluchten Holz" SEIN geliebter Sohn, unser Jesus. Aber weder für Abba, noch für Jesus, ist das Kreuz von Golgatha ein Ort unverarbeiteter Trauer und Trauma. Der ganze Himmel ist versöhnt mit dem, was dort vor 2000 Jahren geschehen ist. Gott-Vater hat die Welt mit Sich selber versöhnt durch den Sohn, so leben auch wir jetzt als Versöhnte, als geliebte Töchter und Söhne! Golgatha war für den Vater kein unvorhersehbarer Schicksalsschlag oder ein ungerechter Justizirrtum.

Golgatha war die volle Absicht aus Liebe für uns! Deshalb fehlt dem Kreuz aller bitterer Nachgeschmack, den man vermuten könnte. Das Kreuz wurde für uns zum Siegeszeichen der Liebe des Vaters. Diese Agape ist so wunderbar und stark, dass sie selbst der „Teufelsküche" alle toxischen Giftstoffe entzieht und daraus ein Ort des himmlischen Friedens und neuen Lebens machen kann!

Mein Schritt heute:
Ich suche mir ein Kreuz und werde heute neu den Sieg der Liebe des Vaters feiern!

Tore aus Perlen

Lernvers: Psalm 147,3
„Er heilt die zerbrochenen Herzens sind, er verbindet ihre Wunden!"

Gebet:

„Oh, wie freue ich mich auf den Himmel! Bald werden wir zusammen sein! Bald, ganz bald. Du und ich, für immer vereint in Ewigkeit! Maranatha – ja, komme bald! Hilf mir bitte in der Zwischenzeit mein Leben fokussiert zu leben; wie eine kluge Jungfrau und wie ein wachsamer Wächter." …

Bibellese: Offenbarung 21,9-27

Impuls:

Am Ende der Bibel bekommen wir einen kleinen Vorgeschmack auf unser neues Zuhause im Himmel bei Abba. Die erste Schöpfung begann in einem Garten. Gottes neue Welt startet in einer Stadt, dem neuen Jerusalem. Mittlerweile haben wir hoffentlich ein bisschen mehr von der Gottes-Kinder-Bilderbuch-Sprache verstanden und gelernt. Natürlich heißt das jetzt nicht, dass der Himmel aus lauter Hochhäusern besteht und die Straßen aus Goldnuggets. Genauso falsch wäre es, die Zahl 144.000 als reine Zählzahl zu nehmen. Mensch, dann wäre der Himmel aber ganz schön leer! Und vor allem nur „Zeugen Jehovas" drin. Scherz!

Papa lädt uns mal wieder ein, mit unserer Fantasie etwas zu spielen. Anders werden wir den wahren Inhalt nie verstehen können. Es geht halt nur auf diese Kindertour! Versuch doch bitte, wie ein Kind diese Szene des Himmels, die hier beschrieben wird, auf dich wirken zu lassen. Achte auf den Inhalt, nicht auf Formalismus. Schließe die Augen und erspüre, welche Atmosphäre herrscht da im neuen Jerusalem? Was will uns Abba damit zeigen? Goldene Straßen, Edelsteine, Perlentore.

Ich höre in meinem Herzen, wie Abba zu mir spricht: „Schau, mein Kind. Bei Mir zuhause verwandele ICH alles Schwere deines Lebens in Herrlichkeit!" Gold wird im Feuer geläutert. Edelsteine entstehen in den Tiefen der Erdschichten unter enormen Druck. Perlen werden unter Schmerzen in einer Muschel geformt, wenn heilsame Substanzen die Wunde umschließen. Hörst du die Botschaft darin?!

Ich bin so glücklich und geborgen, wenn ich an den Himmel denke. Denn ich weiß, jetzt schon, dass Abba aus den schlimmsten Katastrophen ganz viel Herrlichkeit macht!

Mein Schritt heute:

Ich werde mir Gold, Edelsteine und Perlen anschauen und mich auf den Himmel freuen!

Teil 30

Du bist einzig-ART-ICH

Sprüche 4,23

Tag 291 **18. Oktober**

Erzähle mir deine Geschichte

Lernvers: Sprüche 4,23

„Mehr als alles, was man sonst bewahrt, behüte dein Herz! Denn in ihm entspringt die Quelle des Lebens!“

Gebet:

„Danke, Papa, für Deine unauslöschlichen Fußspuren in meiner Biografie. Du schreibst mit mir Geschichte. Deine Liebesgeschichte. Voller Abenteuer und wunderbarer Episoden.“ …

Bibellese: Psalm 78

Impuls:

Die Bibel ist ein Buch voller Geschichten. Geschichten, die der Vater mit einzelnen Menschen oder ganzen Völkern geschrieben hat. Auch unsere Alltagswelt ist voller Storys. Wir lesen Bücher, schauen Kinofilme, erzählen uns gegenseitig Sachen, die uns passiert sind. Die Seele des Menschen lebt von Geschichten. Früher erzählte man sie sich am Feuer, heute schauen wir sie uns im Fernsehen oder Internet an. Aber unsere Seele will etwas erzählt bekommen. Das beflügelt unsere Fantasie. Das inspiriert uns zu neuen Taten.

Das Volk Israel bekam von seinem Gott Jahwe den Auftrag, die alten Geschichten von Gottes Werken und Wundern von Generation zu Generation weiterzuerzählen, sogar aufzuschreiben, oder wie hier in Liedern zu besingen. Gott sei Dank haben sie das auch getan. Sonst hätten wir die Bibel nicht.

An etlichen Stellen der Bibel finden sich Wiederholungen. Immer wieder wurden die gleichen Ereignisse von anderen Menschen oder unter anderen Umständen neu erzählt. Die vier Evangelien sind da ein gutes Beispiel. Man könnte fragen: Aber reicht es denn nicht, eine Begebenheit einmal erzählt zu haben? – Anscheinend nicht! Der Mensch lernt durch Wiederholungen. Wie oft muss man eine Wahrheit gehört haben, von wievielen Zeugen muss es uns bestätigt worden sein, bis wir es glauben und erfassen können?!

Darum erzähl auch du deine Geschichte mit Gott. Immer wieder und immer wieder neu. Hör bitte nicht damit auf. Wiederholungen und unterschiedliches Layout sind erwünscht. Solange der Inhalt stimmt. Wir erzählen von Abbas großer Liebe in unserem kleinen Leben.

Mein Schritt heute:

Ich werde einen Teil meiner Geschichte mit Abba jemandem weitererzählen.

Du bist kostbar!

Lernvers: Sprüche 4,23
„Mehr als alles, was man sonst bewahrt, behüte dein Herz! Denn in ihm entspringt die Quelle des Lebens!“

Gebet:

„Ich rufe Dir zu: Du bist mir kostbarer als Gold und alle Schätze! – Und das Echo Deines liebenden Vaterherzens hallt zurück: Du bist mir kostbarer als Gold und alle Schätze! – So geht das heute hin und her!“ …

Bibellese: Jesaja 43,1-7

Impuls:

Was ist wohl der kostbarste, materielle Gegenstand, den Du besitzt? Ist es ein Auto, ein Gebäude, ein Schmuckstück, ein Kunstwerk, eine Antiquität, ein Goldbarren?

Papa, in SEINER großen Liebe, sagt dir: „Du bist mir kostbarer, als alle Schätze dieser Welt!“

Meine Frau und ich nennen uns gegenseitig liebevoll „Schatz“, wenn wir uns vertrauensvoll als Liebhaber ansprechen. Tatsächlich ist mir die Liebe und Freundschaft zu ihr die kostbarste Beziehung unter allen Menschen. Unsere Kinder sind weitere Kostbarkeiten und Goldschätze für uns. Daneben schätze ich mich glücklich, mit noch vielen weiteren kostbaren Beziehungen, Freunden und Weggefährten gesegnet zu sein. Ja, ich fühle mich himmelreich beschenkt!

Aber der größte Schatz von allen ist und bleibt Jesus! Das wird sich niemals ändern! Für die einen ist Jesus der Schatz im Acker, über den sie fast zufällig gestolpert sind. Für die anderen ist Jesus die kostbare Perle, nach der sie ihr Leben lang gesucht haben. Wie dem auch sei – aber für Jesus bist du auf jeden Fall die kostbare Perle und der große Schatz! In SEINEN Augen bist du so kostbar, dass ER gerne bereit war, die Herrlichkeiten, die ER im Himmel beim Vater genossen hat, hinter Sich zu lassen. Weil ER nur ein Ziel kannte, ER wollte dich erobern mit SEINER Leidenschaft und Hingabe.

Beides ist die Wahrheit: Jesus ist das Kostbarste meines und deines Lebens! Aber auch die andere Wahrheit stimmt: Du und ich, wir sind für Jesus die Kostbarsten!

Mein Schritt heute:

Ich werde heute im Bad länger vor dem Spiegel stehen bleiben, mich betrachten und es inhalieren, dass Abba zu mir sagt: „Du bist kostbar für mich, Mein Kind!“

Tag 293 20. Oktober

Der Kenner deines Herzens

Lernvers: Sprüche 4,23
„Mehr als alles, was man sonst bewahrt, behüte dein Herz! Denn in ihm entspringt die Quelle des Lebens!"

Gebet:

„König meines Herzens, singe mir bitte noch einmal die Melodie vor, nach der ich tanzen kann. Du allein kennst die Harmonien und Töne, mit denen Du mich ins Weite hineinlockst. Weil ich Dir traue, lass ich mich auf das Abenteuer ein!" ...

Bibellese: Apostelgeschichte 1,24-26

Impuls:

Die Passage aus der Apostelgeschichte, in der mein Namensvetter „Matthias", der Reserveapostel, vorkommt, hatte ich viele Jahre nie intensiver beachtet. Erst durch die Offenbarung der Vaterliebe Gottes bekam dieses Wort Gottes eine frische Relevanz für mich: Abba-Vater ist der Herzenskenner!

Es liegt einige Jahre zurück. Ich war noch nicht lange mit der Liebe des Vaters wachgeküsst worden. Alles war noch neu und ungewohnt für mich. Im Licht der neuen Offenbarung musste ich so viele alte Gedanken ablegen und verlernen und mich auf neue Wege und Entdeckungsreisen begeben. Ich hatte eine Einladung, an einem kalten Winterabend mitten unter der Woche irgendwo im nirgendwo zu einer Gemeinde über den Vater zu sprechen. Das sollte der Abend werden, an dem ich ein paar sehr wichtige Lektionen von Abba lernen würde. Es begann damit, dass ich den Impuls bekam, ein rotes Plüschherz mitzunehmen. Nun, ich dachte: „Okay, wie peinlich – aber wenn das Dein Wille ist, mich so zu demütigen vor allen Leuten, gut ..." Dann sagte Abba weiter: „Lege heute Abend jedem, der da sein wird, dieses Stoffherz auf die Brust und sei gespannt, was dann geschehen wird!"

Ehrlich gesagt, hoffte ich, dass nicht sehr viele Leute da sein würden. Aber es kam anders, der Raum war knackig voll mit fast 100 Personen. Alles in mir schrie: „Oh nein, worauf habe ich mich da nur eingelassen?!" Ich machte es kurz, erzählte den Leuten ein bisschen von meiner Geschichte, wie die Liebe des Vaters mich gefunden hat; und von SEINER Idee mit dem roten Herzen. Dann fing ich an und legte das Plüschherz der ersten Person auf ihr physisches Herz. Das Abenteuer begann: Ich konnte das Herz jeder Person erspüren, das heißt, welche Sehnsucht oder Not in ihr war. Im gleichen Moment konnte ich aber auch Abbas Herzschlag für die Person wahrnehmen. SEINE Liebe, SEIN Trost, SEINE Hilfe. So ging es den ganzen Abend. Bei jeder Person fühlte sich Abbas Liebe anders. Ich weinte Tränen, die nicht geweint werden konnten. Ich lachte die Freude heraus, die lange verschüttet war. Berufungen wurden ausgesprochen. Heilung erreichte Tiefenschichten. Neues Leben wurde vielfältigst freigesetzt. Und das alles nicht wegen einem roten Plüschherzen, sondern weil Abba der wahre Herzenskenner ist!

Mein Schritt heute:

Ich nehme ein Stoffherz und lege es auf mein Herz. Der Kenner meines Herzens wird zu mir sprechen!

Handgemacht

Lernvers: Sprüche 4,23
**„Mehr als alles, was man sonst bewahrt, behüte dein Herz!
Denn in ihm entspringt die Quelle des Lebens!"**

Gebet:

„Halleluja, ich bin ein handgemachtes Original! Einzigartig. Ein Kunststück und Meisterwerk! Bitte verzeih mir, mein Daddy, wo ich zu lange als billige Kopie vor mich hingedödelt habe und das Leben der anderen nachspielen wollte!" …

Bibellese: 1. Mose 2,4-7

Impuls:

Es lohnt sich, die Schöpfungsgeschichte intensiv auf sich wirken zu lassen. Wir dürfen Abba bei der Arbeit in der Werkstatt des Lebens über die Schulter schauen. Egal, welcher Schöpfungstheorie du anhängst: Evolutionist, Kreationist oder einen anderen Mist … Scherz! Ich meinte natürlich Masterdesignerplan! Wie auch immer, ich hoffe, du hast so oder so das kindliche Staunen nicht verlernt: „Mein Papa hat die ganze Welt gemacht! Die Krone, die ER allem aufgesetzt hat, das bist du, oh Menschenkind! Ein handgemachtes Original! Ganz der Papa!"

Der Vater nahm Materie vom Erdboden und formte Adam, den ersten Sohn, daraus. Uih, wie spannend! Ein befreundeter Arzt wies mich mal darauf hin, dass alle biochemischen Stoffe, die den menschlichen Körper ausmachen, in der Erde tatsächlich auch zu finden sind. Deshalb beerdigen wir ja die Toten, weil die gleichen Stoffe sich wieder miteinander verbinden können. Asche zu Asche, Staub zu Staub. Wie praktisch! Also Abba, der Töpfermeister, baute aus dem Lehmklumpen eine Person. Alle Engel waren total aufgeregt und schubsten einander. Wie würde der Sohn wohl aussehen, der Erste von allen? Da lag er, ein rotfarbiger Tonklumpen. Kopf und Torso, Arme und Beine daran. Fertig und doch irgendwie noch nicht.

Aufgepasst, was macht der Vater jetzt? ER beugt Sich über das Angesicht des Sohnes und küsst ihn. Ja, ich habe es genau gesehen. ER hat ihn geküsst. Gottes Ruach-Atem. Ich habe ihn gerochen. Es sah jedenfalls so aus wie wachküssen. Wow, und da geschah es. Der Tonklumpen verwandelt sich, wird anders. Macht Platz für Haut und Haare. Der Brustkorb beginnt sich zu heben und zu senken. Er atmet. Da klopft etwas in seiner Brust. Der Adam schlägt die Augen auf. Wachgeküsst ins Leben von Abba. Und was sieht der Erste als Erstes? ER blickt in die liebevollsten Augen, die man sich überhaupt nur vorstellen kann. Augen voller Liebe, wie ein ganzer Ozean. ER sieht den Papa und hört, wie der Papa sagt: „DU bist mir ganz besonders gut gelungen! Mein Meisterwerk!"

Mein Schritt heute:

Zeit für Komplimente! Sag heute jemanden: „Du bist dem Vater im Himmel ganz besonders gut gelungen!"

Tag 295 22. Oktober

Mit dem Leben davongekommen

Lernvers: Sprüche 4,23
„Mehr als alles, was man sonst bewahrt, behüte dein Herz! Denn in ihm entspringt die Quelle des Lebens!“

Gebet:

„Halleluja! Mein Herz hüpft, wenn ich an Dich denke. Wie gern lebe ich mit Dir. Du bist mein ganzes Glück! Du bist für mich! Du bist meine Stärke und mein Lied. Durch Dich habe ich den Sieg.“ …

Bibellese: Psalm 118

Impuls:

Dies ist ein weiterer Psalm, der im Neuen Testament an vielen Stellen auf Christus hin gedeutet wird. Das Lied ist so reich an Inhalt, dass man gleich mehrere Lieder daraus hätte machen können. Da jauchzt einer aus vollem Herzen über die Rettung, die ihm Gott geschenkt hat. Das klingt wie Osterjubel! Es bricht aus ihm heraus: „Ich werde nicht sterben, sondern leben und die Taten Jahwes verkündigen!“ Noch mal gutgegangen! Er ist mit dem Leben davongekommen! Gott sei Dank!

Können wir uns in die Lage hineinversetzen? – Der Arzt teilt dem Patienten nach der OP mit, dass es kein bösartiger Krebs ist. – Der beim schweren Autounfall Eingeklemmte wird geborgen und kann alle Gliedmaßen bewegen. – Die Frau hält nach vielen Fehlgeburten endlich ihr gesundes Kind im Arm. – Der Mann, der schon dachte, er wäre bei der Prüfung erneut durchgefallen, bekommt die erlösende Mitteilung: Bestanden! – Das sind Augenblicke im Leben, die man nie mehr vergessen wird. Ein Stück neues Leben. Wir jubeln laut: „Dies ist der Tag, den der HERR gemacht hat. Wir wollen uns freuen und fröhlich sein in IHM!“

Wie viele Male hätten auch wir schon tot sein können? Wie viele Wundergeschichten hat der Vater für uns ausgedacht, um uns am Leben zu erhalten? Auch wir sind x-mal mit dem Leben davongekommen. Erinnere dich bitte heute neu daran. Schutz und Bewahrung auf Reisen und in brenzligen Situationen. Heilung und Durchhilfe in Krankheitsphasen. Versorgungswunder bei Engpässen unseres Alltags. Licht am Ende des Tunnels in Krisenzeiten. Unser Vater ist so treu! ER kommt niemals zu spät!

Mein Schritt heute:

Ich erinnere mich an mindestens drei Situationen, wo ich mit dem Leben davongekommen bin und bedanke mich von Herzen bei Papa!

Tag 296 **23. Oktober**

Heilig dem Herrn!

Lernvers: Sprüche 4,23

„Mehr als alles, was man sonst bewahrt, behüte dein Herz! Denn in ihm entspringt die Quelle des Lebens!"

Gebet:

„Vater im Himmel, Du bist mir heilig. Geheiligt werde Dein Name. Dein Reich komme. Dein Wille geschehe. Wie im Himmel, so auch hier bei mir auf der Erde! Ich will heilig leben, ausgesondert für Dich und Deine Pläne!" …

Bibellese: 3. Mose 11,44

Impuls:

Wenn es um den Begriff HEILIG geht, können Kinder Gottes ganz schnell auf schräge Abwege oder komische Umwege geraten. Es gibt da so viel religiöses Zeug, was uns in die Quere kommen will. Die ganze „Heiligenverehrung" mit allem Brimborium, bis hin zu dem angstmachenden Gottesbild eines unnahbaren „Heiligen Herrgotts", dem man sich lieber vom Hals fernhalten möchte. Mir kommt es so vor, dass der Teufel es geschafft hat, auf das kleine Wort *heilig* einen Trojaner drauf zu setzen. Jedes Mal, wenn wir diese Datei des Himmels aufrufen, fangen wir uns gleich noch ein paar Viren von Religiosität mit ein. Was hilft da weiter? – Wir brauchen Papas himmlischen Fire Wall!

In der Offenbarung der Liebe des Vaters wird das Wort *heilig* neu formatiert und kann keinen Schaden mehr anrichten! Stattdessen entfaltet es seinen wahren Inhalt! In der Sprache der Kinder Gottes heißt es nun extra-spezial-wunderbar!

So hat es unser Abba gemeint: die Priester und Diener, die sollten extra-spezial-wunderbar sein! Ausgesondert nur für IHN; so wie auch alles andere, was zu ihnen gehört. Kleider, Häuser, Musikinstrumente; alles extra-spezial-wunderbar! Auch ihre Ehen und Familien, ihre Freizeit und Hobbys: einfach alles extra-spezial-wunderbar, nur für den Vater!

Tja, und das hat sich bis heute nicht verändert! Unser Vater ist von Hause aus absolut extra-spezial-wunderbar! Alles, was ER macht, was ER sagt und wie ER ist. Und wir als SEINE Kinder sollen auch so leben! Was in dieses Maß nicht hineinpasst, das passt dann auch absolut nicht zu uns!

Mein Schritt heute:

Ich versuche mit meinen Worten das Wort *heilig* neu zu formatieren.

Tag 297 **24. Oktober**

Wie im Traum

Lernvers: Sprüche 4,23

„Mehr als alles, was man sonst bewahrt, behüte dein Herz! Denn in ihm entspringt die Quelle des Lebens!"

Gebet:

„Vater, danke, dass Du meine Träume kennst. Und danke, dass so viele meiner Träume schon in Erfüllung gegangen sind. Sei Du meine Vision und meine Hoffnung. Sei Du mein Ziel und mein Weg." …

Bibellese: Psalm 126

Impuls:

„Wir waren wie die Träumenden …!" Wenn ich auf mein Leben zurückschaue, dann kann ich sagen, dass ich ohne Träume und Visionen nicht vorwärtsgekommen wäre. Zugegeben, manchmal waren meine Träume viel zu groß für die gegenwärtige Realität. Dann musste ich durchs Tal der Ernüchterung und Tränen. Aber sehr oft, mehr als oft, haben mich Gottes Träume in meinem Herzen inspiriert und weit über mich hinauswachsen lassen.

Die Bibel lehrt uns, dass „ein Volk ohne Vision" zugrunde geht. Wer nicht mehr träumen kann, ist meistens geistlich schwach und krank. Das „sehende Auge", die „erleuchteten Augen des Herzens" sind Wunder Gottes. Wir können etwas sehen, was der natürliche Mensch nicht mitbekommt. Unser Vater gewährt SEINEN Kindern Einblick in die zukünftigen Dinge. ER verrät uns SEINE Pläne und ermutigt uns durch SEINE Versprechen. Das motiviert enorm und weckt neue Energien.

Israel lebte in diesem Kräftefeld von Verheißung und Erfüllung. Es ist wie Saat und Ernte auf dem Feld eines Bauern. Mit der Vision der großen Ernte im Herzen kann der Bauer selbst die härteste Arbeit des Pflügens und Säens auf dem kargen steinigen Boden Israels vollbringen – auch wenn es unter Tränen sein müsste. Doch er weiß ganz tief drinnen, dass die Ernte kommen wird.

Auch dein Leben braucht Träume und eine lebendige Vision! Bitte den Vater darum, dir zu zeigen, was ER noch alles mit deinem Leben vorhat! Und bitte IHN auch, dass du sehen kannst, was schon alles in deinem Leben in Erfüllung gekommen ist. Bitte IHN, eventuell den einen oder anderen Traum, der gestorben sein mag, neu zu erwecken.

Das ist das Bekenntnis der Menschen, die auf Gott schauen und IHM vertrauen: „Jahwe hat Großes an uns getan!"

Mein Schritt heute:

Ich bringe die Träume meines Herzens zu Abba und bitte IHN um eine Zeit der Ernte dafür.

Nach dem Herzen Gottes

Lernvers: Sprüche 4,23
„Mehr als alles, was man sonst bewahrt, behüte dein Herz! Denn in ihm entspringt die Quelle des Lebens!"

Gebet:

„Hilf mir bitte, Jesus. Ich will ein Mensch nach dem Herzen Gottes sein. Gib mir ein reines, neues, ungeteiltes Herz und einen beständigen neuen Geist. Mache mein Herz fest und verankere meine Seele in Dir und Deinem Wort!" ...

Bibellese: 1. Samuel 13,14

Impuls:

Die Aussage „David war ein Mann nach dem Herzen Gottes" beinhaltet zwei wichtige Aspekte.

Erstens: Unser Vater-Gott hat ein Herz! Denke bitte nicht leichtfertig, dass diese Wahrheit allgemein christliches Gedankengut sei. Ich behaupte, die meisten Menschen, die heutzutage leben, haben ein Gottesbild von einem ziemlich herzlosen Herrgott. Leider trifft das auch auf die Mehrheit der Christen zu. Du kannst ganz schnell Pluspunkte bei den Leuten sammeln, wenn Du Gott auf die Anklagebank der Menschheit setzt. Wie kann ein Gott der Liebe nur zulassen ... bla, bla, bla ... die Kreuzzüge, den Holocaust, soviel Ungerechtigkeiten? Schon hast du den Applaus auf deiner Seite. Jedem muss spätestens jetzt klar sein: entweder gibt es gar keinen Gott (was man schon immer gewusst hat) – oder aber, dieser Gott ist ein herzloser, willkürlicher Tyrann, der vor das Tribunal der Menschheit gehört.

Leider machen selbst Christen bei dieser Gottesjagd mit. Du wirst schnell ein paar enttäuschte Jesusanhänger finden, die miteinstimmen können in die Litanei der Vorwürfe: „Ja, wo war denn Gott, als mein Mann an Krebs starb! Die ganze Gemeinde hat für ihn gebetet und dann ist er doch gestorben!" Du würdest dich wundern, wer alles in deiner Kirche sitzt und auch die Anklageschrift mitunterschreiben würde.

Darum ist die Offenbarung der Vaterliebe Gottes nicht nur ein nettes kleines Randthema für ein paar Leute mit Nachholbedarf, die eine schwere Kindheit hatten. Diese Offenbarung ist ein absolut wichtiges Korrektiv zu einem falschen Gottesbild und der fetten Lüge von Mister Dunkel, dem ultimativen Waisenknaben!

Zweitens: Es gibt Menschen, die das Herz Gottes berühren. Damit das klar ist, Abba hat nur Lieblingskinder. Wir können und brauchen uns nicht die Liebe des Vaters mit frommen Werken zu erarbeiten. ER macht keinen Unterschied. ER liebt uns alle gleich – ob Sünder oder Gerechte. Aber wir können mit unserer

Liebe zu IHM, den Unterschied machen! Es berührt SEIN Vaterherz, wenn SEINE Liebe in uns ein Echo findet!

Mein Schritt heute:
Ich will Abbas Herz berühren. Womit könnte ich IHN glücklich machen?

Perspektivwechsel

Lernvers: Sprüche 4,23
„Mehr als alles, was man sonst bewahrt, behüte dein Herz! Denn in ihm entspringt die Quelle des Lebens!"

Gebet:

„Heute soll alles mal anders herumlaufen. Lass uns die Welt anhalten und schauen, wie es weitergeht. Jeschua, Herr der Durchbrüche, breche neu durch bei mir und in unserer Zeit. Verrücke mich in Dein Reich, das nicht von dieser Welt ist!" …

Bibellese: Jesaja 33,17

Impuls:

Das Wort Perspektivwechsel gehört für mich zu den Wörtern meines Jahres. Das biblische Pendant wäre *metanoeo …umkehren, neu-denken, anders-sehen…!*

Wie fade und langweilig hört sich das in der Erwachsenensprache an: Buße tun …, und schon sehe ich graue Butzemänner vor meinem inneren Auge, wie sie durch einsame Klosterkreuzgänge wandeln und sich kasteien. Wie eine Szene aus dem Film *Der Name der Rose.* Schrecklich, wie verquer!

Abba will uns eine neue Sicht verleihen. Eine neue Metaebene eröffnen. ER will uns die Augen des Herzens öffnen. Wir sollen mit SEINEN Augen und durch SEINE Augen, durch SEINEN Geist, die Welt neu sehen lernen. Das macht Spaß. Wenn wir auf SEINEM Schoß sitzen, oder gar auf Papas Schultern, und von dort aus alles noch einmal neu betrachten. Das schafft eine gänzlich neue Wahrnehmung. Blinde Flecken und optische Täuschungen werden überwunden.

Okay, jetzt oute ich mich: Ich bin ein leidenschaftlicher Puzzler. Das klingt für manche wie kurz vor dem Seniorenheim. Aber mir macht das echt Spaß (wenn ich längere Zeit am Stück habe, wie im Urlaub), mich an solch ein Puzzle zu setzen. Vor gar nicht langer Zeit habe ich mit Abba zusammen ein Puzzle gemacht. Eigentlich ging die Initiative von IHM aus. ER sagte mir, ER wolle mir dabei etwas beibringen. Puh, das war das bisher schwerste Puzzle meines Lebens: 1.500 kleine Teile, und alle sahen so wahnsinnig ähnlich aus. Ich saß fast eine Woche Tag und Nacht daran und hätte das „blöde Teil" fast weggeworfen oder x-mal aufgeben wollen. Meine Geduld war bis zum Anschlag gefordert. Denn dieses Puzzle hatte eine Besonderheit. Manche Teile ließen sich mit einem leichten Druck an den falschen Punkten einsetzen. Dort fielen sie gar nicht störend auf. Erst dann, als sie an der eigentlichen Stelle fehlten, kam alles ins Rotieren. Mühsam lernte ich den Unterschied, wenn ein Teil wirklich passt, oder ich es „passend machen will".

Ich lernte in diesen Tagen enorm viel über Perspektivwechsel. Ich musste ständig meine Position vor dem Bild verändern, sonst kam ich nicht voran. Umdenken, neu hinsehen und umkehren, wo sich etwas am falschen Platz in meinem Leben befindet! Abba, wir verstehen … mehr und mehr!

Mein Schritt heute:

Ich lege mich auf den Boden und übe Perspektivwechsel.

Tanze deinen Tanz

Lernvers: Sprüche 4,23
**„Mehr als alles, was man sonst bewahrt, behüte dein Herz!
Denn in ihm entspringt die Quelle des Lebens!"**

Gebet:

„Komm dreh Dich mit mir im Tanz, mein Abba. Und dreh mich weiter im Wind des Geistes! Ich will Deinen Rhythmus in mir aufnehmen. Ich stelle mich einfach auf Deine Füße und tanze so den Tanz der Kinder mit ihrem Abba-Vater!" …

Bibellese: Johannes 21,21-22

Impuls:

Abba-Vater sagt zu dir: „Tanze deinen Tanz, mein Kind!" Bitte höre auf, dich nach den Rhythmen und Melodien der anderen zu bewegen. Das passt doch gar nicht zu dir, mein Liebes. Ich habe dich einzig-Art-ICH geschaffen! Du bist Mein ganz besonderer Schatz! Mein handgeformtes Original. Mein Kunstwerk. Du darfst sagen: ICH. Und dieses ICH gibt es so kein zweites Mal. Du bist ganz speziell. So, wie du die Welt siehst – das ist einzig. Das, was dir gefällt und was dir wichtig ist, das gefällt auch Mir und ist so wunderbar einzig.

Ich liebe das, wie du liebst; wie du dich für Dinge begeistern kannst. Und selbst wie schnell du zu entmutigen bist und aufgeben willst, berührt Mein Herz. Ja, du berührst Mein Herz! Wenn ich dich so traurig und mutlos sehe, dann muss Ich gleich zu dir hinlaufen, will dich in Meinem Arm nehmen und dich trösten. Es macht Mich glücklich, wenn du glücklich bist.

Bitte vergleiche dich nicht mehr länger mit den anderen Kindern. Du bist du. Das genügt Mir. Das soll auch dir genug sein. Für dich ist genug Raum zur Entfaltung. Wenn dir andere zu nahetreten, dann gehe ihnen etwas aus dem Weg. Es ist Platz für alle da. Jeder darf seinen Tanz tanzen. Trau dich, Mein Kind. Du kannst dich sehen lassen. Du bist schön und kostbar. In Meinen Augen ist alles an dir wunderbar. Du solltest dich mehr im Spiegel Meiner Vater-Augen betrachten lernen.

Ganz besonders begeistert es Mich, wenn ich dich tanzen sehe. Und zwar deinen Tanz. Der Tanz, für den Ich dich ins Leben gerufen habe. Unser Tanz des Lebens. Nur du und Ich kennen die Schrittfolge. Nur in deinem und in Meinem Herzen schlägt derselbe Rhythmus, singt dieselbe Melodie. Du darfst leben. Dein Leben. Mein Leben. Unseren Lebenstanz."

Mein Schritt heute:

Ich werde meinen Tanz mit Abba tanzen!!!

Teil 31

Liebe leben lernen

Römer 8,28

Hast du mich lieb?

Lernvers: Römer 8,28
„Wir wissen aber, dass denen, die Gott lieben, alle Dinge zum Guten mitwirken!"

Gebet:

„Danke, mein guter Vater, für die Schule des Glaubens, in der ich lebe, und für alle Lektionen der Liebe! Ich lerne so gerne von Dir. Ich möchte so lieben können, wie Du liebst. Ja, ich habe erkannt, dass es nichts Wichtigeres zu tun gibt, als Dich zu lieben!" …

Bibellese: Johannes 21,15-18

Impuls:

„Hast du mich lieb?" – das ist die Frage aller Fragen, die Gott-Vater beschäftigt – und nicht, wie viele Sünden wir begangen haben mögen oder wo noch unsere Fehler liegen könnten. Gott ist Agape-Liebe in Person. Das, was bei IHM zählt, ist Liebe. Und die einzige Möglichkeit, mit IHM zusammenzuleben, heißt, IHN zu lieben.

Liebe ist die Sprache, die ER spricht. Liebe ist SEIN Atem, SEIN Herzschlag und SEIN ganzes Wesen. Eine so simple Frage, die eine ganze Welt auf den Kopf stellt. Und je nachdem, wie die Antwort ausfällt, öffnen sich Türen zum Himmel oder zur Hölle. Diese kleine Frage, darum geht es zutiefst in unserer Lebenszeit hier auf der Erde. Kannst du diese Frage eindeutig von Herzen beantworten?

Es gibt Zeiten, da „eiere" ich genauso wie Petrus herum: „Ja, ich mag Dich, ich finde Dich gut, ich brauche Dich …!" – Aber danach hat Jesus gar nicht gefragt! ER will wissen, ob du und ich, ob wir uns auf SEINE Agape-Liebe einlassen wollen. Das geht nur ganz und völlig!

Wir können diese Form der göttlichen Liebe nicht aus eigener Kraft selber „machen"! Diese Liebe will zuerst empfangen werden, um sie dann weiterfließen zu lassen. Wir können noch nicht einmal Jesus lieben – ohne zuvor von IHM Liebe empfangen zu haben.

Das ist die Lektion, die Petrus – und auch wir – hier lernen dürfen! Lieben ist immer Antwort auf Geliebt-leben-lernen!

Mein Schritt heute:

Ich werde Jesus diese Frage persönlich beantworten (möglichst auf eine konkrete Art und Weise)!

Ein Raum im Herzen Gottes

Lernvers: Römer 8,28
„Wir wissen aber, dass denen, die Gott lieben, alle Dinge zum Guten mitwirken!"

Gebet:

„Vater, in Deinem Herzen gibt es einen Raum der Liebe, wo nur wir beide Zutritt haben, einen Ort der intimen Begegnung. Immer wieder will ich diesen Raum der Begegnung betreten und Zeiten mit Dir dort, in tiefer Liebe verloren, verbringen." …

Bibellese: Jesaja 54

Impuls:

Gott, der Vater, hat mir vor Jahren eine sehr tiefe Offenbarung geschenkt: eine Schau SEINES Vater-Herzens. In SEINEM Herzen, das so riesengroß wie ein ganzes Universum ist, befinden sich zahllose Räume. Für jeden Menschen gibt es dort einen eigenen Raum der Begegnung. Und jeder Raum sieht vollkommen anders aus. Diese Räume sind gefüllt mit den „vollkommenen Momenten" unseres Lebens, mit Lobpreis und Wundern, mit der Kreativität und den Talenten unserer Persönlichkeit und vielem anderen mehr. Vor allem fiel mir auf, dass der Vater begeistert war über die Vielfalt und Unterschiedlichkeit, mit der jeder einzelne Mensch fähig ist, IHN zu lieben. Jeder „nach seiner eigenen Art" – milliardenfache Formen, Farben und Stile. Und doch in perfekter Harmonie.

Wie mag es wohl in deinem Raum der Begegnung im Herzen des Vaters aussehen? Es ist doch kein Zufall, dass du genau das liebst, was du liebst. Dein Geschmack, deine Vorlieben, deine Einzigartigkeit. Deine Person und Persönlichkeit. Niemand ist so wie du. Niemand kann dem Vater das geben, was allein nur du besitzt. Das bestimmt den wahren Wert von uns Menschen. Wir mögen unterschiedliche Gaben und Talente haben – aber jedes Kind in Abbas Familie ist unendlich kostbar für IHN! Unabhängig von unserem Tun und Wissen – sondern allein durch unser individuelles SO-SEIN!

Wenn ich nicht komme und Abba liebe mit dem, was ER in mich hineingelegt hat, dann fehlt etwas in SEINER himmlischen Sinfonie. Ich fehle IHM dann! Es macht IHM etwas aus und betrübt SEIN Herz. Aber wenn ich komme und meine Farbe, meinen Klang, meine Melodie des Lebens einbringe, dann hüpft Abbas Herz vor Freude. Meine Krickelkrackel-Bilder, meine Sandkuchen, meine unfertigen Liebesgaben …, sie sind IHM unendlich wertvoll!

Komm, mache mit, besuche diesen Raum in SEINEM Herzen, mache dein Herz weit, spanne die Pflöcke weiter und liebe Abba, so wie nur du IHN lieben kannst!

Mein Schritt heute:
Ich mache heute etwas Schöpferisches für den Vater und bringe es in diesen „meinen" Raum der Begegnung in SEINEM Herzen.

Was Liebende tun

Lernvers: Römer 8,28
„Wir wissen aber, dass denen, die Gott lieben, alle Dinge zum Guten mitwirken!"

Gebet:

„Vater, Deine Liebe ist mir köstlicher als Wein, schöner als alle Schönheit der Welt und inniger als alle Beziehungen zu Menschen. Ich küsse Dich mit meinem Lobpreis und umarme Deine Güte. Ich höre Dein zärtliches Flüstern. Ich kann Dir nicht widerstehen." …

Bibellese: Hohelied 4

Impuls:

Neben der Vater-Kind-Beziehung beschreibt uns Gottes Wort SEINE Liebe in den Bildern von Braut und Bräutigam.

Das hat viel mit Romantik, sogar mit Erotik, zu tun. Den Reformator Martin Luther und andere Bibelübersetzer muss das mächtig verwirrt haben, dass sie am liebsten das Hohelied aus der Bibel hinausgenommen hätten. Aber Gottes Geist hat darauf aufgepasst, dass dies nicht geschehen durfte!

Denn genau so romantisch-zärtlich-verspielt, geradezu intim, will der Vater uns lieben und von uns geliebt werden. Küsse, Umarmungen, Zärtlichkeiten, Liebesgeflüster, Leidenschaft und Verlangen – das, was Liebende tun – und noch mehr darüber hinaus; darum geht es in unserer Liebesbeziehung zu dem lebendigen Gott.

Es ist Zeit, ein neues, emotionales und spürbares Kapitel in unserer Gottesbeziehung aufzuschlagen – und zwar IHN mit Haut und Haaren, Leib und Seele lieben zu lernen.

In manchen christlichen Kreisen ist kein Platz für Emotionen, wie Lachen, Weinen, Begeisterung und Spontanität. Man scheint sogar sehr stolz darauf zu sein, dass man „nüchtern und vernünftig dem Herrn nachfolgt"!

Aber Gefühle und Verstand sind beides gute Gaben Gottes! Unser Vater im Himmel will uns ganz und ganzheitlich mit SEINER Agape-Liebe beschenken, und auch mit Kopf und Herz von uns geliebt werden!

Liebe ist fühlbar, spürbar und erfahrbar. Sie ist mehr als ein Gefühl – aber vornehmlich mit der ganzen Bandbreite unseren Emotionen zu erleben. So hat sich Abba das ausgedacht!

Mein Schritt heute:

Ich schreibe Jesus, meinem Bräutigam, einen zärtlichen Liebesbrief!

Die Sprachen der Liebe

Lernvers: Römer 8,28

„Wir wissen aber, dass denen, die Gott lieben, alle Dinge zum Guten mitwirken!“

Gebet:

„Herr, öffne Du mir den Mund und lehre mich die Sprachen Deiner Liebe. Oftmals fehlen mir die Worte, Dich anzuhimmeln, von Dir in höchsten Tönen zu schwärmen. Dabei hast Du es wirklich verdient, dass Du alle Ehre, Ruhm, Preis und Anbetung erhältst. Oh Du, mein wunderbarer Papa!“

Bibellese: Epheser 1,3-14

Impuls:

Lobpreis ist die Sprache der Verliebten Kinder Gottes. Wir beten den lebendigen Gott an. Wir preisen SEIN Wesen um SEINER selbst willen. Im Lobpreis ist nur ER das Thema unserer Betrachtung. Gott steht im Zentrum, nicht wir! Beim Danken, beim Bitten, beim Klagen – da bleibe ich noch so stark bei mir selbst. Aber im Loben schaue ich auf den Vater und den Sohn, und vergesse alles andere um mich her. Der Vater thront und wohnt im Lobpreis SEINER Kinder. Jedes Mal, wenn wir IHN anbeten, kommt SEINE Herrlichkeit zu uns.

Lobpreis ist oftmals ein Weg, auf den wir uns miteinander machen: Wir treten mit Danken in den Vorhof des Tempels. Noch sind wir beschäftigt mit den Dingen, die um uns und unsere menschlichen Bedürfnisse kreisen. Wir bringen unsere Anliegen vor IHN. Schütten unsere Herzen aus mit allem, was uns bewegt. Danke. Bitte. Ich. Wir.

Dann gehen wir weiter hinein ins Heiligtum. Hier singen wir IHM unsere Lieder. Du bist würdig. Du allein. Du! Es geht nicht mehr um uns allein, sondern um IHN. Wir sinnen nach über SEIN Wesen und SEINE Wunder. Was ist auf Gottes Herzen? Was entspricht SEINEM Willen? Wir machen uns eins im Geist mit SEINEN Anliegen. Wie ein Volk von Königen, Priestern und Propheten.

Schließlich treten wir ein ins Allerheiligste. Wir kommen noch tiefer und höher zu IHM in Anbetung, bis an den Thron SEINER Gnade, bis an SEIN Vaterherz, bis auf SEINEN Schoß. Unsere Gebete verwandeln sich in ein AMEN – ja, so wie Du es willst! Dein Wille geschehe! Staunen und Stille. Einssein. Harmonie der Herzen. Himmlischer Friede und göttliche Freude. Endlich zuhause.

Mein Schritt heute:

Ich werde heute den Vater anbeten und preisen mit meinen Liedern und in neuen Zungen/Sprachen, bis ich IHN am Gnadenthron treffe.

Tag 305 **1. November**

Miteinander teilen

Lernvers: Römer 8,28
„Wir wissen aber, dass denen, die Gott lieben, alle Dinge zum Guten mitwirken!"

Gebet:

„Danke, Abba, dass Du alles mit mir geteilt hast. Sollte der Vater noch etwas zurückhalten können, nachdem ER uns den Sohn zum Geschenk gemacht hat? – Nein, Du hast uns wirklich alles geschenkt. In Jesus habe ich die ganze Fülle Gottes. In IHM, in Jesus, ist alles, was ich brauche! Vielen Dank dafür!" …

Bibellese: Johannes 15,9-17

Impuls:

Gute Freunde haben keine Geheimnisse voreinander. Sie teilen alles miteinander. Jesus nennt uns SEINE Freunde. Alles, was der Vater IHM gezeigt hat, das hat ER uns mitgeteilt. Manche Menschen meinen, wenn sie ein Hauch von Geheimnisvollem umgibt, dann wären sie interessanter. Aber unser Gott hält nichts davon; ER hält nichts zurück. ER hat uns SEIN ganzes Herz offenbart: SEINE Gedanken, Pläne und Wünsche liegen schriftlich vor in SEINEM Wort. ER hat wirklich absolut alles mit uns geteilt! ER gab Sich selbst. Denn ER wollte eine echte Beziehung der Liebe zu uns haben. ER will unser Freund sein!

Vor Jahren war ich als Gastsprecher in Südamerika in einer sehr großen Gemeinde. Alles dort war groß und beeindruckend. So viele Menschenmassen, so viele Wunder, die dort geschahen. Und jetzt kamen wir mit unserer Botschaft von der Vaterliebe Gottes. Was würde das nun werden?! Als ich mit meiner Predigt zu Ende war, kam einer der Leiter auf mich zu. Das war ein Riese von einem Mann. Er sagte: „Ich bin ein General Gottes. Wenn Gott mir sagt: Bete für die Kranken und heile sie, dann bete ich für die Kranken und heile sie. Ich bin Gottes Knecht und gehorche den Befehlen meines Gottes! Aber du, du kennst Gottes Herz und bist SEIN Freund. Bitte bete für mich!"

Knechte kennen nur Befehle und Gesetze, aber Freunde kennen das Herz des anderen. Wir dürfen und sollen Abbas Herz kennen! In Jesus hat ER Sich uns vollkommen hingegeben.

Koinonia bedeutet miteinander teilen, geben und nehmen. Gott gab bereits alles, nun sind wir dran! Werden auch wir alles mit IHM teilen? Unsere Gedanken, Gefühle, Wünsche, Pläne, Zeit und Träume – ER wartet darauf. ER wartet auf dich und mich!

Mein Schritt heute:

Ich will es heute lernen, mit dem Vater über alles, was mich bewegt, zu sprechen – auch über meine geheimsten Träume und Befürchtungen.

Zeit haben

Lernvers: Römer 8,28
„Wir wissen aber, dass denen, die Gott lieben, alle Dinge zum Guten mitwirken!"

Gebet:

„Mein himmlischer Vater, Du hast immer Zeit für mich. Du schläfst nicht und gehst niemals fort von mir. Alle Tage bis in Ewigkeit werden wir zusammen sein. Und auch ich will Dir Zeit schenken, will mir Zeit nehmen, um jetzt schon in Deiner Gegenwart zu leben!" …

Bibellese: Prediger 3

Impuls:

Alles hat seine Zeit! Damit gemeint ist eine gewisse, bestimmte Zeitspanne. Alles geht einmal zu Ende – nur unser Vater ist ewig, erhaben über Raum und Zeit. Deshalb ist meine Zeit in SEINER guten Hand. Liebe braucht Zeit. Man kann nicht mal eben schnell lieben. Eine Beziehung des Vertrauens aufzubauen bedarf vieler einzelner Augenblicke. Liebende warten aufeinander, reden miteinander, schweigen miteinander, gehen aufeinander zu. Das alles ist ein Weg, ein Prozess, der Zeit braucht. Unser Gott kam in Zeit und Raum – als die Zeit erfüllt war, sandte der Vater SEINEN Sohn – um mit uns Zeit zu verbringen, um mit uns zusammenzuleben in Liebe.

In unseren persönlichen intimen Zeiten mit dem Vater wird es auch nicht anders gehen. ER will unser Herz, und das braucht Zeit. In den Gottesdiensten können wir es merken, je mehr wir den Vater wertschätzen, weil wir IHM Zeit widmen, desto stärker nimmt das Bewusstsein SEINER Gegenwart zu!

Alles hat SEINE (Gottes) Zeit! – Das ist tröstlich zu wissen. Unser Vater regiert über alle Momente und Augenblicke unseres Alltagslebens. In Gottes Präsenz erleben wir Zeitabläufe in einer anderen Dichte und Bedeutsamkeit. Da können uns einzelne Minuten wie Tage vorkommen und tausend Jahre wie ein Tag!

Entscheidend ist: Haben wir (die) Zeit oder hat die Zeit uns?! Sind wir Sklaven der Uhr? Oder können wir zeitlos bei Gott verweilen? Zeit haben ist in unserer schnelllebigen Welt ein kostbares Geschenk, wenn nicht sogar das Wertvollste. (Qualitäts-)Zeit haben ist ein starker Ausdruck von Lieben. Ich höre auf mit allem anderen und konzentriere mich auf die eine Person: Ich schenke ihr meine Zeit und Aufmerksamkeit!

Mein Schritt heute:

Ich lege meine Uhr beiseite, wenn ich mit dem Vater Gemeinschaft habe, und schenke IHM meine Zeit als Ausdruck meiner Liebe!

Einswerden

Lernvers: Römer 8,28
„Wir wissen aber, dass denen, die Gott lieben, alle Dinge zum Guten mitwirken!"

Gebet:

„Du in mir und ich in Dir. So nahe willst Du mir kommen. Ja, nach dieser tiefen Einheit mit Dir sehne ich mich. Dein Herz soll in meinem Herzen schlagen. Ich will die Welt mit Deinen Augen sehen. Eins-werden, eins-sein bis in alle Ewigkeit. Vater – Sohn – Heiliger Geist … und ich, Dein Kind!" …

Bibellese: Johannes 17,21-26

Impuls:

Eines der tiefsten Geheimnisse göttlicher Liebe ist die Einheit. Sie ist in Gottes Wesen begründet. Drei-Einheit: Vater, Sohn und Geist.

ER hat uns nach SEINEM Bild als Menschen ebenso in eine Dreieinheit geschaffen: Leib – Seele – Geist. ER hat uns in die intimste menschliche Beziehung von Mann und Frau (Ehe) gestellt: sie werden ein Fleisch sein. Einswerden, verschmelzen. Zwei und doch eins. Und aus der Frucht ihres Einswerdens entsteht eine neue Einheit: die Mutter mit einem Baby unter dem Herzen. Das sind alles Schattenbilder und Gleichnisse für das Einswerden mit dem Vaterherzen Gottes und für die Liebeseinheit der Jünger Jesu. Dabei dürfen wir nie vergessen, dass es ein Prozess ist. Einheit hat mit einem Weg zu tun, den wir aufeinander zugehen müssen – und mit dem Bleiben beim anderen, im anderen!

Beim Turmbau zu Babel hören wir: „Nun sind die Menschen eins geworden (in ihrem Begehren und Streben nach Unabhängigkeit). Nun kann ihnen nichts mehr verwehrt werden!" Deshalb musste der Vater eingreifen und diese falsche Form von Einheit zerstören durch die Sprachverwirrung unter SEINEN Kindern. Denn Einheit ist eine enorme Stärke des Himmels! Wo zwei oder drei einswerden: da werden göttliche Kräfte freigesetzt und Wunder geschehen.

Jesu hohepriesterliches Fürbittegebet aus Johannes 17 ist bisher noch in weiten Teilen unerfüllt. Schauen wir uns die Zerrissenheit und Sprachverwirrung unter Gottes Menschenkindern an, so scheint es noch ein sehr langer Weg zu sein, bis wir in Einheit zusammenkommen. Doch das Wunder von Pfingsten lässt uns hoffen: Als plötzlich der Geist Gottes auf SEINE Kinder kam, konnten sie einander wieder verstehen, egal welche Sprache sie sprachen. Tausende Menschen, in all ihrer Unvollkommenheit und Verschiedenheit, wurden ein Herz und eine Seele … durch die Macht der Liebe des Vaters. Die Liebe Gottes ist ausgegossen und macht uns eins!

Mein Schritt heute:

Ich mache mich eins mit einem Wort Gottes (Bibel) und werde es ausbeten über meinem Leben!

Gott erkennen

Lernvers: Römer 8,28
„Wir wissen aber, dass denen, die Gott lieben, alle Dinge zum Guten mitwirken!"

Gebet:

„Vater, Du bist mir so vertraut geworden. Seit so vielen Jahren nun lerne ich Dich besser und tiefer kennen. Wenn ich zurückschaue, blicke ich auf unzählige gemeinsame Erfahrungen, die uns miteinander verbinden. Ich kann und will mir ein Leben ohne Dich gar nicht mehr vorstellen!" …

Bibellese: Johannes 17,1-5

Impuls:

Den Vater kennen, das ist das wahre Leben! Das hebräische Wort für „erkennen, kennenlernen" heißt *jada*. Das ist ein fantastisches Wort! Es umschreibt ein intensives, miteinander Vertrautsein; es wird sogar für das intime Einswerden zwischen Mann und Frau gebraucht. Gott zu erkennen, IHN kennenzulernen, ist also keine nüchterne, sachliche, philosophische Theorie, bei der wir am Schluss eine Definition besitzen. Gott kennenlernen, das heißt, IHM konkret begegnen, Erfahrungen mit dem Lebendigen machen, SEINE Wunder und SEINE Liebe persönlich schmecken, von Herz zu Herz einswerden.

Wie in einer menschlichen Liebesbeziehung, so bleibt es auch mit Gott immer spannend. Wir entdecken mehr und mehr von SEINEM Wesen. Und da gibt es immer noch Rätselhaftes, was wir nicht verstehen können. Aber das ändert nichts an unserer Beziehung zu IHM. Ich höre ja auch nicht auf, meine Frau zu lieben, nur weil ich sie als Mann nicht immer verstehen kann! Gott als Vater kennenzulernen, ist eine lebenslange Reise mit vielen wunderschönen Stationen! Ja, das ist das wahre Leben!

Es geht Gott vor allem um eine Herzensbeziehung! ER ist weniger interessiert an den formal richtigen Verhaltensweisen, an der Erfüllung von Gesetzen und Pflichten.

„Gib mir dein Herz, mein Kind! Und lerne du mehr und mehr meinen Herzschlag kennen!" – Das ist Gottes tiefster Wunsch!

Das ist das wahre Leben, von dem unser Meister Jesus hier spricht. IHN kennenzulernen: SEIN Vaterherz tiefer zu entdecken, zu berühren und zu empfangen. Das geht aber nur, wenn wir in Kontakt mit unseren eigenen Herzen kommen.

Mein Schritt heute:

Ich versuche mich an mindestens fünf Situationen zu erinnern, wo mir der Vater begegnet ist – wie habe ich IHN dabei besser kennengelernt?!

Verliebt in meinen Gott

Lernvers: Römer 8,28

„Wir wissen aber, dass denen, die Gott lieben, alle Dinge zum Guten mitwirken!“

Gebet:

„Papa, mein Herz hüpft, mein Puls geht schneller und die Schmetterlinge schwirren mir im Bauch, wenn ich heute an Dich denke. Ja, ich bin verliebt in Dich, habe rosarote Gefühle! Du bist mir neu und wunderbar begegnet. Ich kann und will nicht von Dir lassen. Es ist einfach viel zu schön.“ …

Bibellese: Psalm 116

Impuls:

Verliebte können gar nicht genug diese drei kleinen Wunderworte hören oder sagen:

„ICH LIEBE DICH!“ Und auch unser Vater im Himmel sagt uns das ständig neu, wie sehr ER uns liebt!

Nun haben wir damit so unsere Probleme, den Emotionen freien Lauf zu lassen. Teils haben wir unsere Gefühle unter Verschluss genommen, gekränkt durch schmerzliche Erfahrungen in der Vergangenheit; teils sind wir so preußisch-deutsch erzogen worden, ja nicht zu emotional zu reagieren; teils sind wir jahrelang einer falschen Theologie gefolgt, die unseren Glauben zu einer rein theoretisch-nüchternen Angelegenheit verkommen ließ.

Doch der Vater im Himmel will unser Verliebtsein mit der ganzen Palette an Gefühlen, die dazugehören: Lachen, Weinen, Begeisterung, Leidenschaft, Schmerz, Wut. Verliebte machen sogar verrückte Sachen aus Liebe für den anderen und sind manchmal etwas kindisch enthemmt. Unser Abba machte selber etwas total „Verrücktes“, als ER aus Liebe SEINEN Sohn, und damit SEIN eigenes Herz, für uns opferte. Und da sollten wir nun cool bleiben?

Wer in Gott verliebt ist, der schämt sich nicht seiner Gefühle oder seiner Taten. Es ist doch wunderschön, wenn wir unser Verliebtsein zum Ausdruck bringen können. Jeder Verliebte findet seinen eigenen Weg, die Liebe im Herzen zu demonstrieren. Mal laut, mal leise – mal kreativ und mit viel Getöse; mal schlicht und unscheinbar. Egal wie, die Liebe meldet sich zu Wort!

ICH LIEBE DICH! – Das ist die nötige Vergewisserung, die Verliebte sich gegenseitig immer wieder neu schenken wollen, um so das Band der Liebe durch die Jahre immer stärker werden zu lassen!

Mein Schritt heute:

Ich will etwas „Verrücktes“ aus Liebe für meinem Vater machen!

Zurück zur ersten Liebe

Lernvers: Römer 8,28
„Wir wissen aber, dass denen, die Gott lieben, alle Dinge zum Guten mitwirken!"

Gebet:

„Bitte, Vater, pass auf mich auf. Und wenn mal das Feuer meiner Liebe zu Dir drohen sollte auszugehen, dann entfache bitte die erste Liebe ganz neu in meinem Herzen. Ich will bei Dir bleiben und niemals von Dir fortgehen. Wohin sollte ich auch gehen? Du bist doch mein ganzes Glück, die Quelle meines Lebens!" …

Bibellese: Offenbarung 2,1-7

Impuls:

„Eins habe ich gegen dich, dass du die erste Liebe verlassen hast!" So lautet das Resümee unseres Herrn. Aber was bedeutet dann dies Wort von der „ersten Liebe"?

Ich habe durch die Jahre viele unterschiedliche Antworten und Auslegungen dazu gehört: erste Liebe, das sind die ersten Werke, die man als junger Christ tut, wie etwa: viel Beten, Bibellesen, von Jesus weitersagen.

Andere sagen: erste Liebe, das sind die wunderschönen Gefühle, die man damals bei der Bekehrung am Lagerfeuer hatte.

Aber ich habe festgestellt, dass sich hinter der „ersten Liebe" die Liebe des Vaters verbirgt. Die „erste Liebe" ist die bedingungslose Liebe. Wir sollten sie schon als Babys von unseren Eltern kennengelernt haben. Bevor wir irgendetwas tun konnten, hat uns Gott bereits zuerst geliebt. An diesen Quellort können wir umkehren, wenn es in uns kälter und lauer geworden ist. Es gibt eine grenzenlose Liebe, die für uns da ist. Sie sprudelt wie eine nie versiegende Quelle. Das ist Abbas große Liebe für uns, SEINE Kinder!

Also kein Mehr an eigener Anstrengung, kein nostalgischer Versuch, alte Gefühle zu reproduzieren, sondern ein erneutes Eintauchen in das Meer SEINER Vaterliebe für uns! Der Vater im Himmel liebt uns immer zuerst! Unsere Liebe zu IHM wird dann lediglich das Echo auf SEINE „erste Liebe" sein!

Mein Schritt heute:

Ich werde heute bewusst meine erste Liebe pflegen, indem ich „Vater-Lieder" singe und „Vater-Gebete" spreche!

Teil 32

Lebensstil der Liebe

Johannes 13,34-35

Wahrheit und Liebe

Lernvers: Johannes 13,34-35

„Ein neues Gebot gebe ich euch, dass ihr einander liebt, damit, wie ich euch geliebt habe, auch ihr einander liebt. Daran werden alle erkennen, dass ihr meine Jünger seid, wenn ihr Liebe untereinander habt."

Gebet:

„Vater, Du kannst nicht lügen, denn Du bist voller Wahrheit und Gerechtigkeit. Auf Dich kann ich mich voll verlassen. Alles, was Du zusagst, hältst Du ein. So will auch ich in der Wahrheit leben." ...

Bibellese: Johannes 8,31-44

Impuls:

Wer ist unser Vater? – Der „Vater der Liebe" oder der „Vater der Lüge"? Darum geht es heute. Der Teufel will auch gerne Vater sein. Aber er ist kein Schöpfer, sondern nur Geschöpf. Er kann kein Leben hervorbringen; er ist impotent und kann nur zerstören. Seine Werke sind Lüge, Verdammnis und Vernichtung. Er ist ein Ankläger, ein Sklavenschinder und Waisenknabe, sogar ein Mörder von Anfang an.

Wie anders hingegen ist unser himmlischer Vater! SEINE Wahrheit ist befreiend. Liebe ohne Wahrheit ist Sentimentalität, und Wahrheit ohne Liebe ist Brutalität. In Gottes Wesen fließen aber beide Aspekte zusammen und schaffen einen Lebensraum, in dem die Kinder Gottes im Licht der Realität leben lernen können. Zum Lebensstil der Liebe, den Gottes Kinder führen, gehört also ganz wesentlich, nicht den Lügen des Feindes über uns selber oder über andere Vertrauen zu schenken, sondern die Wahrheit (das ist Wort Gottes) vertrauensvoll zu bejahen!

Mir hilft es von Zeit zu Zeit, mich hinzusetzen und in mich hineinzuhorchen: Welche negativ-destruktive Lügengedanken wollen sich da wieder einnisten und schlagen bereits erste Wurzeln? Welche Ängste, Lügen, Selbstzweifel und Anklagepunkte lassen sich in meinem Herzen finden? – Nun hilft keine Verneinung oder Verdrängung dieser „Viren der Finsternis" in meinem Herzen. Vielmehr braucht es eine Radikalkur göttlicher Wahrheit. Manchmal hilft es mir, die Lügen des Feindes aufzuschreiben, die ans Licht kommen. Dann halte ich ganz bewusst die Wahrheit, die der Vater mir in SEINEM Wort sagt, daneben und durchkreuze so die Pläne der Finsternis. Ich entscheide mich, den Worten meines wahrhaftigen Vaters mehr Glauben zu schenken!

Mein Schritt heute:

Ich löse mich im Gebet vom „Vater der Lüge" und ersetze seine Lügen durch die Worte der Wahrheit vom „Vater der Liebe"!

Demut und Liebe

Lernvers: Johannes 13,34-35

„Ein neues Gebot gebe ich euch, dass ihr einander liebt, damit, wie ich euch geliebt habe, auch ihr einander liebt. Daran werden alle erkennen, dass ihr meine Jünger seid, wenn ihr Liebe untereinander habt."

Gebet:

„Jesus, so sanftmütig und demütig wie Du ist kein anderer weit und breit. Du liebst mit unbeschreiblicher Selbstlosigkeit. Ein König, der zum Diener aller wird. Ein Vater, der Sich für SEINE Kinder opfert. Ein Bräutigam, der mit SEINEM eigenen Leben den Brautpreis bezahlt! Darum soll meine Antwort auf ewig meine Liebe zu Dir sein!" …

Bibellese: 1. Petrus 5,5-11

Impuls:

Hast du das schon mal von dieser Seite aus gesehen und betrachtet: Sich-Sorgen-Machen ist nur eine verkappte Art von Stolz!? – Und Stolz ist wiederum: in sich selbst verkrümmte Eigenliebe. Umgekehrt: wer selbstlos – das heißt: sich selbst loslassend – Gott liebt, der demütigt sich. Derjenige gibt sich selbst – und damit alle Sorgen des Lebens, von materieller Versorgung über Gesundheit, Arbeitsplatz, die Sorge um geliebte Menschen, den Wunsch nach einem Ehepartner und was sonst noch an Mangel uns beschweren könnte – er gibt all diese Sorgen vertrauensvoll in die Hände unseres guten, himmlischen Abba-Vaters. Das ist jedes Mal ein Akt des Vertrauens, und zugleich ein Stück Sterben des eigenen Egos.

Demut lohnt sich! Jedes Mal wendet sich der Vater uns zu, hebt uns auf und beschenkt uns neu mit SEINER Liebe. Wir demütigen uns, indem wir unsere Sorgen auf den Vater werfen! Damit bekennen wir existentiell, dass wir es alleine nicht schaffen. Wir brauchen einen Vater, der uns hilft und für uns sorgt. Wir realisieren, dass wir klein und schwach sind.

Demut ist der Mut zur Wahrheit: als Kinder können wir nicht ohne die liebende Fürsorge unseres himmlischen Vaters (über-)leben! Wir schämen uns nicht für diese Abhängigkeit, sondern wir rühmen sie als unsere wahre Identität.

Wer geliebt-leben-lernt, der lebt demütig und kindlich vertrauensvoll in dieser sorgenfreien Gewissheit der Liebe des Vaters. Der weiß immer mehr, wer er im Vater ist und was er aus eigener Kraft alles nicht ist und auch nicht sein braucht! Das ist der herrlich befreiende Lebensstil Vielgeliebter!

Mein Schritt heute:

Ich suche mir heute ein paar Steine und werfe sie symbolisch mit meinen Sorgen vertrauensvoll auf Gott!

Glaube und Liebe

Lernvers: Johannes 13,34-35

„Ein neues Gebot gebe ich euch, dass ihr einander liebt, damit, wie ich euch geliebt habe, auch ihr einander liebt. Daran werden alle erkennen, dass ihr meine Jünger seid, wenn ihr Liebe untereinander habt."

Gebet:

„Wer liebt, vertraut dem anderen. Und Dir, Papa, kann ich absolut vertrauen. Unzählbar sind die Male, wo Du Dich bewiesen hast als treuer Freund, tröstender Beistand und Helfer in der Not. Ja, ich schenke Dir mein Vertrauen. Ich glaube Dir. Und ich weiß, dass mein Erlöser lebt!" …

Bibellese: Hebräer 11

Impuls:

Das ist das Glaubenskapitel in der Bibel überhaupt! Hier geht es nicht um „Protzerei", sondern um gelebte Beziehungen. Hier haben Menschen ihr Vertrauen auf ihren Gott gesetzt und wurden nicht enttäuscht. Der gute Vater schenkt SEINEN Kindern Glauben und führt sie wundersam durch alle Widrigkeiten hindurch.

Das deutsche Wort „Glauben" hat den gleichen Wortstamm wie „verloben, lieben, geloben, vertrauen". So können wir „Glauben" mit „Vertrauen" gleichsetzen. Demnach ist es ein Beziehungswort – eine Herzensangelegenheit. Es ist Ausdruck unserer Liebesbeziehung zum lebendigen Gott, und kein selbstgemachter Kraftakt. Das wäre die falsche „Glaubensbewegung". Unser Glaube wird vielmehr von SEINER Liebe bewegt! Vaterherz bewegt!

Wie oft schon habe ich in Kirchen folgenden Satz gehört: „Du musst nur fest genug dran glauben, dann wird dir Gott es schon geben!" Dass hört sich so an, als ob Glaube doch nur wieder unsere eigene Anstrengung sei. Da ist jemand krank oder hat ein anderes ernsthaftes Problem und dann wird ihm gesagt: „Wenn du nur richtig glaubst, wird dir Gott helfen!" Mit anderen Worten: „Wenn die Hilfe nicht kommt, bist du selber daran schuld, weil du nicht genug geglaubt hast!" Somit wird der arme Tropf gleich doppelt bestraft: er hat die konkrete Not und trägt dazu noch die Strafe für seinen mangelhaften Glauben!

Aber so ist unser Abba nun wirklich nicht! Gott sei Dank! Die „Glaubenshelden" aus Hebräer 11 können ein Lied davon singen. Sie sind Freunde des Allerhöchsten, die der Liebe Gottes mehr vertrauen, als nur nach einer Gebetserhörung Ausschau halten!

Mein Schritt heute:
Ich lasse mir vom Vater zeigen, wofür ich im Glauben in nächster Zeit einstehen soll. Das schreibe ich auf und schaue in ein paar Wochen nach, was daraus geworden ist.

Gnade und Liebe

Lernvers: Johannes 13,34-35
„Ein neues Gebot gebe ich euch, dass ihr einander liebt, damit, wie ich euch geliebt habe, auch ihr einander liebt. Daran werden alle erkennen, dass ihr meine Jünger seid, wenn ihr Liebe untereinander habt."

Gebet:

„Vater, Deine Gnade ist größer als Menschen es verstehen können. Du begnadigst den Schuldigen und opferst den Heiligen. Wie unendlich tief ist Deine Liebe zu mir. Gut, dass man sich Gnade nicht verdienen kann. Danke für dieses Geschenk des Himmels. Lehre mich auch, ein gnädiger Mensch zu werden!" …

Bibellese: 2. Korinther 12,1-10

Impuls:

Mit der Gnade Gottes begegnet uns eine der vollkommensten Ausdrucksformen der reinen Agape-Liebe des Vaters. In keiner anderen Religion, Philosophie oder Lebensform gibt es diesen Begriff „Gnade". Der normale Mensch versteht dieses Konzept des Himmels nicht. Der Teufel auch nicht!

Ja, es mutet uns nahezu ungerecht an. Wie kann man nur so gnädig sein?! Würdest du etwa den Mörder deiner Kinder begnadigen oder den Menschen, der dir so sehr wehgetan hat? Alles in uns schreit nach Gericht und Gerechtigkeit – nach Rache. Wir wollen lieber unser Recht bekommen. Aber das Blut Jesu auf Golgatha schreit noch lauter: es ruft Gnade und Liebe auf uns ungerechte Menschen herab!

Gnade hat einen Haken: wir können nicht selber begnadigt werden wollen und anschließend Richter über andere spielen. Entweder lebst du auf der Ebene der Gnade oder auf dem Level von Recht und Gerechtigkeit. Es geht nur eines davon!

Gnade ist göttlich-übergerecht! Gottes Gnade weist uns den Weg zur Gerechtigkeit, die vor Gott gilt. Das ist mehr als nur menschliches Gerechtigkeitsempfinden. Durch unsere menschlichen Augen betrachtet sehen wir etwas völlig anderes: das ist doch absolut ungerecht, dass der Straftäter Barabbas der Todesstrafe entgeht, und dafür Jesus, der unschuldige Sohn Gottes, am Kreuz sterben muss! Wer aber mit den erleuchteten Augen des Herzens noch einmal hinschaut, quasi durch die Gnade Gottes hindurchblickt, kann das Ausmaß an göttlicher Vaterliebe dahinter entdecken: der schuldige Barabbas (wörtlich übersetzt lautet sein Name: Sohn von Abba) darf weiterleben, weil Jesus (der wahre Sohn vom himmlischen Abba) freiwillig dessen Strafe übernimmt. Gnade ist ein unverdientes Geschenk der väterlichen Liebe Gottes!

Ja, so gnädig geht es im Vaterhaus der Liebe zu!

Mein Schritt heute:
Gibt es jemanden im meinem persönlichen Umfeld, dem ich Gnade schenken muss? Dann will ich es gerne mit Jesu Hilfe tun!

Gehorsam und Liebe

Lernvers: Johannes 13,34-35

„Ein neues Gebot gebe ich euch, dass ihr einander liebt, damit, wie ich euch geliebt habe, auch ihr einander liebt. Daran werden alle erkennen, dass ihr meine Jünger seid, wenn ihr Liebe untereinander habt."

Gebet:

„Bitte verzeih mir, lieber Vater, wenn ich mich manchmal so bockig anstelle und rebellisch meine eigenen Wege gehe. Ich will Dich nicht verletzen. Dafür habe ich Dich viel zu lieb. Bitte reinige mein Herz von allem Ungehorsam und schenke mir ein ungeteiltes Herz!" …

Bibellese: 2. Mose 20,1-21

Impuls:

Die 10 Gebote sind eigentlich gar keine Gebote, im Sinne von Verboten oder Gesetzen. Sie sind die 10 Guten Worte unseres himmlischen Vaters. So werden sie auch im Urtext auf Hebräisch bezeichnet.

Wer ihnen folgt, auf sie hört, hinhört und gehorcht – der wird seinen Lebensweg in großem Segen gehen. In der hebräischen Sprache gibt es keinen Imperativ (Befehlsform). Hier steht alles in der Zukunftsform (Futur). Dann heißt es also nicht mehr länger: „Du sollst nicht dies …, du sollst nicht das …", sondern vielmehr: „Du wirst nicht …, du wirst nicht …!"

Was bedeutet das nun? Das erste Gebot ist im Grunde genommen gar kein Gebot, sondern ein Aussagesatz: „Ich bin der HERR, Jahwe, dein Gott!" Und wenn Jahwe-Vater mein Gott und Herr ist, wenn ich mit IHM in einer engen, liebevollen Beziehung zusammenlebe, dann werde ich nicht sündigen wollen, sondern gerne SEINE Worte hören und ihnen gehorchen. Dann werde ich nicht stehlen, morden, lügen usw. – weil das einfach nicht mehr zu dem Leben mit meinem himmlischen Vater passt!

SEINE Gebote sind nicht schwer für verliebte Jungs und Mädels! Gottes Liebe leitet die Kinder anders, als es ein Polizist oder ein Sklaventreiber tun würde. Wer nur aus Angst vor Bestrafung brav ist, der lebt nicht wirklich im Vaterhaus der Liebe Gottes. Er mag zwar äußerlich die Spielregeln einhalten, aber er lebt nicht mit Abba zusammen.

Erst wenn wir das Herz des Vaters mehr und mehr kennenlernen, wird es uns wirksam vor den sündigen, falschen, eigenwilligen Wegen bewahren können. Dann sind wir nicht mehr zuerst darauf fixiert, das Falsche zu vermeiden, sondern unser Bestreben wird es sein, dem Vater Freude und Ehre zu machen!

Mein Schritt heute:

Ich lese die 10 Gebote noch mal im Futur als „Zukunftsaussagen" laut vor!

Vergebung und Liebe

Lernvers: Johannes 13,34-35

„Ein neues Gebot gebe ich euch, dass ihr einander liebt, damit, wie ich euch geliebt habe, auch ihr einander liebt. Daran werden alle erkennen, dass ihr meine Jünger seid, wenn ihr Liebe untereinander habt."

Gebet:

„Alles hast Du mir vergeben! Alle meine schweren Sünden und die schlimmste Schuld. Du wäschst mich reiner als Schnee in der Kraft des Blutes Jesu. Mir sind Steine vom Herzen gefallen. Laut will ich jubeln und von der Macht Deiner vergebenden Liebe singen." …

Bibellese: Lukas 7,36-50

Impuls:

Wem viel vergeben ist, der liebt viel! Wir stehen in einer langen Reihe, zusammen mit der Sünderin zu Füßen Jesu, mit Barabbas und dem Schächer am Kreuz. Auch uns hat Jesus Christus alle Schuld vergeben, ohne dass wir eine Gegenleistung bringen könnten oder müssten. Nur der Vater kann Sünden vergeben. Nur ER kann uns freisprechen von aller Verurteilung und Anklage des Feindes. ER kommt und nimmt unsere Schuldscheine und nagelt sie an das Kreuz SEINES geliebten Sohnes. Je größer die Schulden sind, sagt Jesus, umso tiefer wird der Dank ausfallen. Die Vergebung meiner vielen Sünde reicht jetzt schon aus, dass ich IHM eine ganze Ewigkeit zu Dank verpflichtet bin!

Das Wort „Ver-geben" weist in unserer Sprache darauf hin, dass etwas weg-gegeben, los-gelassen wird! Etwas, was wir nicht selber festhalten können. Sei es die Schuld eines anderen Menschen oder unser eigenes Versagen. Wir können die Last nicht selber tragen. Und wir brauchen es auch nicht! Denn unser genialer Papa hat zusammen mit Jesus, SEINEM Sohn und mit dem Heiligen Geist, einen Ausweg für uns geschaffen. Einen Weg heraus aus aller erdrückenden Schuldenlast. Die Gute Nachricht lautet: Es gibt Vergebung für die schlimmsten Sünden!

Kennst du diesen erlösenden Augenblick, wenn dir ein großer Stein vom Herzen fällt, weil die Vergebung Gottes real bei dir angekommen ist?! Das ist eines der größten Geschenke, die dir Abba machen konnte. Du darfst ohne Altlasten unbeschwert deinen Weg weitergehen. Dir ist vergeben. Du bist freigesprochen. Da ist niemand mehr da, der dich anklagen oder verdammen kann – denn die Strafe ist bezahlt. Du kannst dich wieder sehen lassen, ohne Scham und Furcht. Ein Neuanfang. Ein neues Leben. Neue Chancen und neue Möglichkeiten. Und falls du wieder mal versagst – dann gibt es wieder Vergebung!

Mein Schritt heute:
Ich achte auf mein Herz und will heute jedem alles vergeben – so wie auch mir vom Vater vergeben wurde!

Freude und Liebe

Lernvers: Johannes 13,34-35

„Ein neues Gebot gebe ich euch, dass ihr einander liebt, damit, wie ich euch geliebt habe, auch ihr einander liebt. Daran werden alle erkennen, dass ihr meine Jünger seid, wenn ihr Liebe untereinander habt.“

Gebet:

„Papa, Du bist die humorvollste Person im ganzen Universum. Vor Deinem Angesicht ist Freude und Lachen ohne Ende. Du freust Dich mit Jauchzen über mich. Und ich freue mich ausgelassen über Dich! In unserer Liebe sprudelt und sprüht es nur so von Heiterkeit und Unbeschwertheit.“ …

Bibellese: Philipper 4,4-9

Impuls:

Der Teufel hat keinen Grund zum Lachen. Seine Späße sind schmutzig und gehässig und gehen immer auf Kosten anderer. Seine Freude ist in Wahrheit Schadenfreude oder Zynismus.

Hingegen besitzt unser Vater im Himmel ganze Schatzkammern voller lupenreiner Freude. So rein und funkelnd wie geschliffene Diamanten. Der ganze Himmel lacht uns zu. ER lacht uns nicht aus!

Abba hat gut lachen! SEINE Freundlichkeit und Liebe erhellen unser Leben. Es ist geradezu so, als ob der Vater uns zuzwinkert und liebevoll anlächelt. Das Königreich unseres Gottes besteht zum großen Teil aus Freude im Heiligen Geist (auch wenn sich das bei uns Christen in weiten Teilen noch nicht herumgesprochen haben sollte). Wir haben allen Grund zur Freude! Jesus ist unsere Freude – bis in Ewigkeit! Wir gehören zu den glücklichsten Menschen auf der Welt (man sieht es uns leider nicht immer an)! „Denn ich bin geliebt, ich bin angenommen, kann kommen, was will – was will, kann kommen!“

Der Aufruf zur Freude durch den Apostel Paulus an die Gemeinde in Philippi ist keine pseudofromme Durchhalteparole: „Nun gebt euch aber selber mal einen Anschubs, zieht die Mundwinkel hoch und freut euch gefälligst!“ Freude lässt sich doch nicht einfach so befehlen. Man kann sich nicht auf Kommando hin freuen. Wie ist das dann wohl aber gemeint?!

Bei unserem Abba zuhause herrscht eine Atmosphäre von Freiheit, Frieden und Freude. Je mehr wir in dieser Realität innerlich ankommen, nach Hause kommen, desto mehr werden wir sie äußerlich ausstrahlen können. Egal wie die Umstände sein mögen! In Dir (Jesus) ist Freude in allem Leide!

Mein Schritt heute:

Ich schaue mir heute etwas Lustiges an (Comic, Video, Witzebuch), was mich zum Lachen bringt – und freue mich in IHM!

Opfer und Liebe

Lernvers: Johannes 13,34-35

„Ein neues Gebot gebe ich euch, dass ihr einander liebt, damit, wie ich euch geliebt habe, auch ihr einander liebt. Daran werden alle erkennen, dass ihr meine Jünger seid, wenn ihr Liebe untereinander habt."

Gebet:

„In Deiner unermesslich großen Liebe warst Du zu jedem Opfer für mich bereit. Und selbst, wenn es Dein eigenes Herz bedeutet hat! Oh Vater, ich danke Dir so sehr dafür. Und nun bringe ich Dir mein Opfer der Liebe: mein Herz, meinen Lobpreis, meine ungeteilte Hingabe." …

Bibellese: Hosea 6,1-6

Impuls:

Das Opfer, das Gott gefällt, besteht nicht aus getöteten Tieren. Wohl aber aus totem Fleisch. Mein fleischliches Ich (Egoismus), das soll sterben, wenn ich selbstlos dem Vater diene. Es soll „geschlachtet" werden, wenn ich in Barmherzigkeit für andere da bin – wo ich mir doch selber Hilfe wünschen würde. Andere lieben, nicht zuerst von ihnen geliebt werden. Dieses Opfer kann nur der Mensch bringen, der zuvor Gottes Liebe für sich selbst empfangen hat. Das ist unser Lebensstil, bis Jesus wiederkommt: die Liebe des Vaters empfangen und sie dann an andere weitergeben!

Das ist das Opfer, das IHM gefällt! Ich kann nur das weitergeben, was ich zuvor selber empfangen habe. Ich habe keine Liebe in mir selbst, die ich geben könnte.

Früher glich mein Leben einem Feuerwehrschlauch. Normalerweise befand ich mich in einem leeren, platten Zustand. Aber wenn der Hydrant der Liebe Gottes aufgedreht wurde, dann stand ich prall unter Strom und konnte im Einsatz voll meinen Dienst leisten. Bis alles wieder vorbei war und ich wieder platt und leer am Boden lag. So sah mein geistliches Leben viele Jahre aus. Doch dann kam Abbas Liebe und wurde zu einer Quelle in meinem Herzen. Jetzt gleichen mein Leben und Dienen vielmehr einem Springbrunnen mit mehreren Schalen. Erst wenn eine Schale vollgelaufen ist, kann sie überlaufen und weitergeben an die nächste Schale, und so weiter. Also nicht mehr länger aus dem Mangel heraus leben, sondern aus dem Überfluss. Ich darf selber zuerst voll, voller und überfließend sein, bevor ich anderen diene.

So wird mein Opfer zu einem Weiterreichen von Gnade und Liebe im Überfluss!

Mein Schritt heute:

Ich werde heute jemandem ganz praktisch in der Liebe des Vaters dienen!

Kampf und Liebe

Lernvers: Johannes 13,34-35

„Ein neues Gebot gebe ich euch, dass ihr einander liebt, damit, wie ich euch geliebt habe, auch ihr einander liebt. Daran werden alle erkennen, dass ihr meine Jünger seid, wenn ihr Liebe untereinander habt.“

Gebet:

„Vater, ich berge mich bei Dir. Um mich her wüten Kämpfe. Und dunkle Wolken brauen sich über mir zusammen. Warum kann das Leben nicht immer so unendlich leicht und schön sein wie noch gestern? Mir ist so bange und ich bin müde vom Kämpfen. Bitte, komm mir zu Hilfe! Sei mein Retter in der Not!“ …

Bibellese: Epheser 6,10-24

Impuls:

Wie *passt* das zusammen: Kampf und Liebe? Gott ist ein Realist! ER weiß, dass wir in dieser Welt noch viele Kämpfe und Schlachten zu schlagen haben. Und in SEINER Liebe erspart ER uns das auch nicht. An den Herausforderungen werden wir wachsen. Sie sind wie Gewichte, die unsere Glaubensmuskeln trainieren und stark machen. Aber der Vater ist bei uns in all den Schlachten. ER gibt uns SEINE himmlische Waffenrüstung. Und schließlich wird ER selber für uns streiten. So wie ER schon einmal auf Golgatha für uns die größte Schlacht gewonnen hat.

Mit IHM sind wir mehr als Überwinder. Wir sind Sieger! Mit dem Vater auf unserer Seite werden wir niemals untergehen. Glaube mir, selbst die Kämpfe, durch die du jetzt gerade gehst, werden dich nur näher an SEIN liebendes Vaterherz ziehen! In den Herausforderungen unseres Alltags bekommen wir nur tiefere Wurzeln!

Es ist erstaunlich, bei Licht betrachtet sind die umkämpften Zeiten unseres Lebens oftmals die intensivsten und prägendsten Phasen in unserer Biografie. Wenn wir mitten drin sind und die Kämpfe um uns toben, können wir das meistens nicht so gut sehen und erkennen. Aber mit etwas Abstand kommen wir zu einer anderen Beurteilung: dort, wo wir besonders herausgefordert wurden und durch Prüfungen gingen, erlebten wir vielfach einen größeren Segen. *Your test will become your testimony! – Deine Prüfung wird zu deinem Glaubenszeugnis werden!*

Die Bibel ist voller Beispiele: geliebte Kinder Gottes gehen durch viele Kämpfe – aber sie werden dabei gesegnet und stark im Glauben, selbst wenn es einmal scheinbare Niederlagen und Verluste gibt. Vaters Ziele mit uns sind anders: IHM geht es nicht um den möglichst leichtesten und schmerzfreien Weg für SEINE Kinder – ER sucht vor allem unser Wachstum, Reife und Frucht. Da geht es nicht ohne Beschneidung und Belastungsproben. Aber wir dürfen in allen Prüfungen immer SEINER Liebe gewiss sein!

Mein Schritt heute:

Ich stelle mich hin und ziehe mir pantomimisch die ganze Waffenrüstung von Papa an!

Segen und Liebe

Lernvers: Johannes 13,34-35
„Ein neues Gebot gebe ich euch, dass ihr einander liebt, damit, wie ich euch geliebt habe, auch ihr einander liebt. Daran werden alle erkennen, dass ihr meine Jünger seid, wenn ihr Liebe untereinander habt."

Gebet:

„Mein guter Vater, Du selbst bist mir zum größten Segen geworden. Ich fühle mich so reich beschenkt durch Deine Nähe und Gegenwart in meinem kleinen Leben. Du gibst mir alles, was ich brauche. Du bewahrst mich vor allem Unnötigen. In Deinen segnenden Händen bin ich so gut aufgehoben." ...

Bibellese: 4. Mose 6,22-27

Impuls:

Kannst du mir bitte erklären, was „Segen" bedeutet? Der Volksmund sagt: „An Gottes Segen ist alles gelegen!" – Segen ist in der Bibel ein anderes Wort für „Schalom" – das ist der Zustand der vollkommenen Versorgung und Geborgenheit, tiefste Zufriedenheit und Lebensglück. Alles Gute kommt von oben! Vom Vater des Lichtes. Dieser Segen ist die ausgeschüttete Fülle der Liebe Abbas. Wenn einem so viel Güte widerfährt, dann hat man genug zum Weitergeben.

Mit Segen brauchen wir niemals zu geizen. Gesegnete Menschen sollen zu Segnenden werden. So wie der Vater unser Segen in Person geworden ist, möchte ich ein Segen in Person für die Menschen um mich her sein!

Hier finden wir nun den sogenannten „aaronitischen Segen". Er steht im 4. Buch Moses. Mitten zwischen Geschlechtsregistern und Geschichten über das halsstarrige Volk Israel. Eines der auffälligsten Worte in diesem biblischen Buch ist das Wort „murren". Das ist also der Kontext für jenen Segensspruch des Vaters. Mir gefällt das, denn so sieht das reale Leben aus. Mittendrin im Chaos dieser Welt erreicht uns Abbas Segen.

Wie heißt es hier: Der Vater sieht mit einem freundlichen Lächeln auf SEINE Kinder. SEIN Angesicht strahlt über uns, wie die Sonne. ER blickt nicht düster und drohend auf uns selbst, wenn wir es wieder einmal verpeilt haben. ER beschenkt uns vielmehr mit Gnade und Schalom. Ja, ER wendet SEIN Angesicht zu uns hin. Bibelübersetzer sehen darin einen Hinweis auf die im Orient übliche Begrüßung mit einem Kuss. Der Vater wendet SEIN Haupt (Jesus) zu uns hin, um uns zu küssen. Um uns wiederzubeleben, zu reanimieren, mit dem Ruach-Atem des Lebens. Welch ein schönes Bildwort vom Segen des Vaters! So kann nur Einer lieben und segnen!

Mein Schritt heute:

Ich will möglichst vielen Menschen, die mir heute begegnen werden, segnende Gedanken hinterherschicken!

Teil 33

Versprochen ist versprochen

Römer 8,39

Gesegnet, um ein Segen zu sein

Lernvers: Römer 8,39

„... weder Höhe noch Tiefe, noch irgendein anderes Geschöpf kann uns scheiden von der Liebe Gottes, die in Christus Jesus ist, unserem Herrn!"

Gebet:

„Ich darf leben als ein gesegnetes Kind des Allerhöchsten. Du bist mir zum Segen geworden, lieber Vater. Du hast mich heraus in Deine Weite gerufen. Ich habe alles verlassen und bin Dir gefolgt. Niemals zurück, näher zu Dir!" ...

Bibellese: 1. Mose 12,1-3

Impuls:

Kleine Erinnerung und Wiederholung: Das Wort *segnen* bedeutet vom biblischen Wortsinn her: *Gutes aussprechen/Gutes in Existenz rufen/anpreisen/loben.*

Segen ist keine Einbahnstraße. Vater-Gott spricht Gutes über uns in Existenz; ER öffnet die Schleusentore in der Himmelswelt und schickt himmlische Geschenksendungen. Wir, die Reichbeschenkten, segnen IHN zurück in Form von unserem Lobpreis und Danksagungen. Dies ist wie ein Wasserkreislauf zu verstehen. Segen fällt wie Regenwolken auf gutes Land herab und befruchtet die Ernte. Im Sonnenlicht der Gnade verdunstet die Feuchtigkeit des Bodens und steigt wie Dampf zum Himmel empor. Dort destilliert der Dunst zu Wassertropfen und neue Wolken bilden sich. So bleibt der Kreislauf des Segens in Gang. Segen strömt herab, Gebet steigt auf.

Schade, wenn die verwachsenen Erwachsenen daraus wieder ein Schema machen. Nach dem Motto: „Ich gebe Dir, damit Du gibst!" – Dann wird Lobpreis berechnend. Wir „machen" Lobpreis, damit wir den Himmel öffnen, den Feind besiegen, die Atmosphäre zum Kippen bringen, durchbrechen usw. Wir suchen die Hände des Gebers, aber nicht mehr SEIN Herz und Angesicht. Der göttliche Segenskreislauf wird unterbrochen und gerät ins Stocken.

In der Welt der Kinder Gottes sieht das anders aus. Für uns gibt es keinen größeren Segen als Abba selber! Ganz nahe bei IHM sein bedeutet uns mehr als Geld, Erfolg, Ruhm bei Menschen. Nicht „etwas" ist für uns der Segen, sondern ER selber in Person!

Das ist der gewaltige Unterschied. Viele Gotteskinder leben für den Vater, für SEINE Werte, Visionen und Aufgaben. Und sie empfinden es als Segen, wenn ihnen die Dinge dann gut gelingen. Erfolg ist dann gleich Segen. Aber Papa sucht zuerst Kinder, die mit IHM leben. SEINE Person, SEIN Herz zu kennen, das ist der wahre Segen der Kinder!

Mein Schritt heute:
Ich werde mich der Frage stellen: Lebe ich für den Vater oder lebe ich mit dem Vater?

Auf Abrahams Spuren

Lernvers: Römer 8,39

„... weder Höhe noch Tiefe, noch irgendein anderes Geschöpf kann uns scheiden von der Liebe Gottes, die in Christus Jesus ist, unserem Herrn!“

Gebet:

„Danke, Abba, für meinen großen Bruder Abraham. Sein Leben ist mir Inspiration. Danke für seinen Mut, sein Vertrauen und seine Freundschaft zu Dir. Gebe mir bitte etwas davon ab. Ich will auf seinen Spuren mit Dir weitergehen!“ ...

Bibellese: Römer 4

Impuls:

In der Offenbarung der Vaterliebe Gottes bekennen wir: Wir sind nicht Kinder des Moses, sondern Kinder Abrahams. Mit anderen Worten: Wir sind nicht Kinder des Gesetzesbuchstabens – Kinder, die nur Geboten und Verboten Gehorsam leisten. Wir sind vielmehr Kinder der Gnade und des Vertrauens.

Abraham lebte zu einer Zeit, wo es noch kein geschriebenes Gesetz gab. Lange vor den 10 Geboten und all dem dazugehörigen Kleingedruckten. Dennoch fand er Gnade vor dem Angesicht des Vaters. Allein durch Glauben, Vertrauen. Nicht durch fromme Leistung und Anstrengung. Somit wurde Abraham zum Vorbild für uns Christen. Abba gefiel, wie Abraham IHM vertraute. Nämlich wie ein sehr guter Freund.

Es gab in der Bibel eine Stelle, die ich immer mied; denn sie machte mir Angst und ich verstand darin Gottes Wege nicht. Das war 1. Mose 22, wo Gott dem Abraham sagte, er solle seinen Sohn Isaak opfern. Wie kann Gott so etwas Furchtbares von einem Vater verlangen und dann selber ein guter Vater sein wollen?! Das war meine innere Feedbackschleife, über die ich nicht hinwegkam. Bis mir eines Tages Abba sagte: „ICH hätte dich nie darum gebeten, weil ICH schon vorher wusste, wie du rumzicken würdest!“ – Ups, das saß! – Wir wissen heute, dass auf dem Berg Moria, wo Isaak geopfert werden sollte, später der Tempel stehen würde – und nur ein Hügel weiter das Kreuz von Golgatha. Wir kennen das Ende der Geschichte. Isaak wurde nicht geschlachtet, sondern ein Schaf stattdessen. Hunderte Jahre später wird unser Abba SEINEN geliebten Sohn Jesus hier auf diesen Bergen opfern für unsere Schuld, aber da wird kein anderes Ersatzschaf da sein. Abba hatte einen Freund gesucht, der mit IHM zusammen SEINEN Vater-Weg gehen wollte. Und SEIN treuer Freund Abraham war dazu bereit!

Ich kann jetzt so gut verstehen, dass Abba dieses Vertrauen ausreicht, mehr als alles Richtig-machen-wollen und alle fromme Werkgerechtigkeit.

Mein Schritt heute:
Ich erinnere mich an die Abrahams-Geschichten. Finde ich noch andere Punkte an ihm, die Abba gefallen haben?

Auf die Verheißung warten

Lernvers: Römer 8,39
„... weder Höhe noch Tiefe, noch irgendein anderes Geschöpf kann uns scheiden von der Liebe Gottes, die in Christus Jesus ist, unserem Herrn!“

Gebet:

„Papa, Du machst keine leeren Versprechungen. Was Du zusagst, das hältst Du gewiss. Auf Deine Verheißungen kann ich bauen. Danke, dass Du gesagt hast, wenn ich meine Lust an Dir allein habe, dann wirst Du meine Herzenswünsche in Existenz rufen. Ich vertraue Deinen Worten!“ ...

Bibellese: Hebräer 10,35-39

Impuls:

Hast du schon mal auf eine Verheißung von Abba warten müssen? Ich vermute ja, denn ich habe beobachtet, dass die allermeisten Versprechen, die Abba Menschen macht, mit großem Zeitunterschied bei ihnen in Erfüllung gehen.

Verheißung und *Warten* gehören bei IHM zusammen! Mir kommt es sogar so vor, als ob Abba uns hauptsächlich das *Warten* beibringen will, und *SEINE Verheißungen* den nötigen Anreiz dafür bieten, dran zu bleiben.

- Was soll denn an Warten gut sein?

Warten fördert unsere Treue und Beständigkeit. Es reinigt uns von falschen oberflächlichen Motiven. Es trainiert unsere Glaubensmuskeln. Unser Charakter wird bewährt und gefestigt.

- Wie lange muss man warten?

Keine Ahnung. Da gibt es kein Schema F. Vorher weiß man das nicht so genau. Es ist halt nicht wie bei einer Schwangerschaft, wo spätestens in neun Monaten das Baby da ist. Warten dauert so lange, wie es dauert. Abba hat den Überblick!

- Welche Frucht bringt das Warten auf die Verheißung Gottes?

Gott verspricht uns eine große Belohnung, wenn wir in den herausfordernden Zeiten des Wartens nicht aufgeben, nicht resignieren. Jetzt ist nicht die Zeit wegzugehen, sondern tieferzugehen. Warten vertieft unsere Beziehung zu Abba. Wenn wir nichts mehr haben als IHN allein, dann haben wir wirklich nur noch IHN! Das ist wie nach einer Fastenzeit. Nach solch einer Zeit der Entbehrung schmeckt ein Bissen Brot wie ein Festschmaus.

Mein Schritt heute:

Vielleicht werde ich heute eine Mahlzeit ausfallen lassen oder ganz fasten, damit Abba wieder mehr Platz in meinem Herzen finden kann!

Tag 324 20. November

An Papas Zusagen festhalten

Lernvers: Römer 8,39

„... weder Höhe noch Tiefe, noch irgendein anderes Geschöpf kann uns scheiden von der Liebe Gottes, die in Christus Jesus ist, unserem Herrn!“

Gebet:

„Wunderbarer König, ich halte mich fest an Dir. Ich halte Dich fest und lass nicht los, bevor Du mich segnest. Ich will das haben, was Du für mich bereitet hast. Es ist mir ernst. Nimm weg meine Halbherzigkeit und meinen Wankelmut!“ ...

Bibellese: Hebräer 10,19-23; 1. Korinther 1,20

Impuls:

Darf ich dich mal etwas fragen? Wie sieht das in deinem Leben aus? Wie lebst du mit den Verheißungen Gottes? Welche Zusagen hat Papa dir persönlich gemacht? Weißt du, wovon ich spreche?

Wie merkst du dir das, was ER versprochen hat? Hast du dir diese Worte in einem Buch aufgeschrieben?

Ich bin überrascht, wie wenig konkret und diffus die Kinder Gottes mit dem Thema Verheißungen umgehen. Das muss sich aber ändern. Aber bitte flott, lieber Gott!

Allein in der Bibel wirst du Hunderte Versprechen Gottes finden! Jemand ganz Kluges hat nachgezählt und kam auf über 750 Stück! Wow! Wenn man dann noch die 3.268 erfüllten Prophetien, die ein gläubiger Professor herausgefunden haben will, dazu addiert ... uih, uih, uih ..., das muss aber reichen! Da hast du für jeden Tag im Jahr mindestens 3-5 Zusagen Gottes!

Ferner redet Gottes Geist durch prophetische Eindrücke, Bilder, Träume ... Es lohnt sich, diese Impulse des Heiligen Geistes aufzuschreiben, denn Gottes Geist wiederholt sehr gerne die Dinge, die IHM für uns super wichtig sind. Es ist geradezu typisch für IHN, dass ER durch mindestens zwei bis drei Bestätigungen einen Impuls von mehreren Seiten her unterstreicht und beleuchtet. Ich nenne das „Abbas Scheinwerfer“. Es wird heller und heller, klarer und eindeutig.

Ich hoffe, ich kann dich dafür (neu) gewinnen, mehr darauf zu achten, was Abba dir konkret und persönlich zu sagen hat. ER hat so viele gute Worte und Gedanken für dich. Auf hunderten Wegen sendet ER uns SEINE Ermutigungen und Zusagen. Es kann uns verwirren, dass zu viele Worte um uns herumschwirren und wir am Ende gar nichts mehr wissen. Deshalb fange am besten Schritt für Schritt an. Und zwar jetzt gleich!

Mein Schritt heute:

Ich beginne heute (neu) mit meinem Buch der Zusagen von Abba. Ich schreibe Verheißungen der Bibel darin auf und auch prophetische Eindrücke, die mein Herz besonders ansprechen und segnen.

Der Regenbogen gehört uns

Lernvers: Römer 8,39
„... weder Höhe noch Tiefe, noch irgendein anderes Geschöpf kann uns scheiden von der Liebe Gottes, die in Christus Jesus ist, unserem Herrn!"

Gebet:

„Das ist Deine Welt, mein Gott. Du teilst sie mit keinen anderen Götzen und Geistern. Du bist der Höchste, oh Herr über allen Göttern! Dir gehört alle Anbetung der Menschen. Jedes Knie wird sich beugen. Jede Macht und Gewalt in den Himmelswelten!" ...

Bibellese: 1. Mose 8,21-22; 9,9-13

Impuls:

Der Regenbogen gehört uns, so wie die Taube, der Fisch, der Leuchter ... Papa hat uns, SEINEN Kindern, die Zeichensprache des Himmels geschenkt.

Doch weil die Kirchen zu lange mit Erwachsenzeug beschäftigt waren, mit Bilderstürmerei und Vernünfteleien, haben sie den Klang und die Bedeutung dieser Sprache des Himmels vergessen. So kamen die Esoteriker daher und besetzten frech die frei gewordenen Plätze. Sie sprechen jetzt von „Energieorten, Kraftlinien, Geistheilung und Erleuchtung". Das hat aber nichts mit Abbas hellem Licht zu tun. Zu viele trinken hier aus den dunklen dämonischen Pfützen von Mister Dunkel. Dennoch gibt es unter den Fehlgeführten etliche, die auf ihrer Suche nach Erleuchtung nur falsch abgebogen sind. Gerade unter Esoterikern lassen sich viele, offene Herzen finden. Sie wussten es nur halt nicht besser. Sie dachten, ihnen gehört der Regenbogen und der Geist ... usw.

Abba ruft alle SEINE Kinder nach Hause und viele kommen, von allen Enden der Welt. Auch aus allen spirituellen Richtungen. ER hat versprochen, dass alle, die nach dem reinen Wasser durstig sind, zu IHM kommen dürfen und bei IHM trinken, bis der Durst auf Leben in Fülle gestillt wird. Zuhause bei Papa heilt ER uns von dem Vergessen, der Amnesie der Sünde. Und wir wachen wieder auf und erkennen neu. Der Regenbogen gehört ja uns, den Kindern Gottes!

Ich freue mich auf die Tage, wenn noch viele „verlorene Söhne und Töchter" heimkommen werden in die offenen, liebenden Arme von Abba. Ich höre den Vater rufen: „Wer kommt in Meine Arme?! Wer kommt in Meine Arme?!"

Mein Schritt heute:

Ich bete für Nachbarn, Arbeitskollegen, Freunde, die auf der Suche nach Erleuchtung falsch abgebogen sind. Und segne sie in die Arme von Abba zurück!

Nichts kann uns trennen

Lernvers: Römer 8,39

„... weder Höhe noch Tiefe, noch irgendein anderes Geschöpf kann uns scheiden von der Liebe Gottes, die in Christus Jesus ist, unserem Herrn!"

Gebet:

„Du sagst, nichts kann mich von Deiner Liebe trennen. Was für eine starke Zusage! Bitte helfe meinem Herzen diese Wahrheit neu zu umarmen, aufzusaugen und alle Tage daran fest zu halten. Ich habe Angst, dass es mir im Alltag wieder wegrutscht und verloren geht!" ...

Bibellese: Römer 8,38-39

Impuls:

Römer 8 ist mein Geheimrezept für graue Tage, an denen mir der Himmel droht, auf den Kopf zu fallen. Ich liebe diese Klarheit der Wahrheit, die der Apostel wie ein Fundament vor uns ausgießt. Auf diesem Boden der göttlichen Tatsachen können wir felsenfest stehen; egal, was Menschen um uns her tun oder sagen; egal, was meine Gefühle mir vorgaukeln; egal, wie die Umstände sein mögen; egal, ob mein Herz mich verdammt!

Der ganze Römerbrief ist ein wunderbares Meisterwerk biblisch-theologischer gesunder Lehre. All die wichtigen dogmatischen Themen, wie die Rechtfertigung des Sünders allein aus Gnade oder die Gerechtigkeit – gemeint ist die Wiederherstellung, der Kinder Gottes, die uns der Vater allein auf Grund von Glauben und nicht von eigenen Werken schenkt – all das sind schon tiefe Einsichten und Erkenntnisse, auf denen die weltweite Kirche Jesu durch die Jahrtausende hindurch sicher und gut gegründet steht. Und mittendrin dann das Kapitel 8. Da schwärmt der Apostel von der Vaterliebe Gottes, von Abba und SEINEN vielgeliebten Kindern. Das Zentrum der ganzen Lehre ruht auf diesen Säulen, auf den liebenden Armen unseres Abbas.

Diese Arme halten auch dich! Auf immer und ewig. Ewige Arme sind unter dir! Nichts kann dich von SEINER Liebe trennen. Nicht einmal deine Schwäche oder dein schmollendes Unvermögen. Papa kennt dich durch und durch. Mit all deinen Ecken, Macken und Kanten. ER wusste, wen ER Sich da eingekauft hat mit dem Blut SEINER Liebe. ER sagt SEIN vorbehaltloses und bedingungsloses JA zu dir! Auch heute – egal wie du drauf bist!

Mein Schritt heute:

Ich lese Römer 8 meinem inneren Menschen laut vor (am besten mal in einer anderen, neuen Bibelübersetzung).

Größeres sehen und tun

Lernvers: Römer 8,39
„... weder Höhe noch Tiefe, noch irgendein anderes Geschöpf kann uns scheiden von der Liebe Gottes, die in Christus Jesus ist, unserem Herrn!"

Gebet:

„Heiliger Geist, ich durfte schon so viele Wunder Deiner Herrlichkeit mit meinen Händen betasten, mit meinen Augen sehen und mit meinem Herzen berühren. Danke für Dein Wirken in unserer Zeit. Falle bitte neu mit dem Feuer Deiner Erweckung. Brenne hell auch in mir!" ...

Bibellese: Johannes 14,8-14

Impuls:

Was sind die „größeren Werke", von denen der Meister hier spricht? Sind das Erweckungsgroßveranstaltungen, wo Tausende zusammenkommen, wo die Kraft Gottes fällt und einzelne Menschen zu Boden gehen, Kranke gesund werden und viele Leute sich bekehren ...

Oder muss es da noch eine Schippe dramatischer zugehen: Totenauferweckungen, Goldzähne, Engel tanzen auf der Bühne, Goldstaub rieselt herab, himmlisches Heilungsöl auf den Händen der Beter ...

Reicht das immer noch nicht? Noch mehr Drama, Baby?! – Die Gegenwart Gottes erfüllt mit heiliger Ehrfurcht eine Stadt, einen Ort, einen Landstrich, ein ganzer Indianerstamm wird gerettet ...

Wow, ich liebe das Alles. Wirklich! Glaube es mir bitte. Und einiges davon habe ich selber sogar schon hier und da im Laufe meiner immer länger werdenden Biografie höchst persönlich miterleben können. Danke und Halleluja dafür!

Ich bin froh, dass ich nicht entscheiden muss, was die „Größeren Werke" sind, von denen Jesus hier spricht. Vielleicht soll jedes Gotteskind das für sich selber herausfinden dürfen.

Aber für mich gehört die Ausgießung von Abbas Liebe auf jeden Fall zu den größeren Werken! Das ist für mich das Allergrößte! Bei all dem Getöse von Erweckungsfeuer und geistlichen Aufbrüchen, in denen ich mich in all den vielen Jahren bewegen durfte, hat die Offenbarung des Vaterherzens Gottes mein Leben am Tiefsten und Nachhaltigsten geprägt und verändert. Ich kenne viele Freunde, die dasselbe bezeugen würden!

Mein Schritt heute:

Ich erinnere mich an Orte der Erweckung in meinem Leben, wo ich die „größeren Werke" schon (mit)erleben durfte und bete: „Mehr, Herr! Bitte mehr, Papa!"

Tag 328 **24. November**

Versprochen ist versprochen

Lernvers: Römer 8,39

„... weder Höhe noch Tiefe, noch irgendein anderes Geschöpf kann uns scheiden von der Liebe Gottes, die in Christus Jesus ist, unserem Herrn!“

Gebet:

„Das ist so sicher, wie Dein Ja und Amen! Du hältst Dein Wort. Auf Dein Versprechen hin fahre ich noch einmal hinaus aufs Wasser und werfe meine Netze des Vertrauens ein weiteres Mal aus!“ ...

Bibellese: Psalm 33,4+11

Impuls:

Gott schreibt ein Buch der Erinnerungen. ER erinnert Sich an die guten Zeiten mit uns. Aber auch an SEINE Zusagen. ER vergisst kein Wort von dem, was ER uns versprochen hat. Bei IHM gilt: versprochen ist versprochen!

Hat dich jemand schon mal so richtig im Regen stehen lassen? Du hast dich auf ihn und seine Zusagen total verlassen, und dann warst du am Ende ganz verlassen, warst der Blödmann, der es hätte besser wissen müssen. Wie reagiert man in solch einem Augenblick? – Das verletzte Herz schreit: „Das wird mir nie wieder passieren! So schnell werde ich keinem mehr mein Vertrauen schenken!“ Dann krümmt es sich und macht dicht. Es tut besonders weh, wenn jemand, dem du dein ganzes Herz hingehalten hast, so wortbrüchig und treulos mit dir umgeht. Gibt es da noch ein paar Narben auf deiner Seele? Dein Freund, der dich in Stich gelassen hat? Dein Vater, der nicht zu seinem Wort stand? Eine Verlobte, die den Rückzieher gemacht hat? Die Zusage einer Hilfe, die nicht eingehalten wurde? Hey, das Register der gebrochenen Versprechen kann sehr lang sein!

Und wie steht es mit dir selber? Welchen Versprechen bist du nicht nachgekommen? Wo klagt dich dein eigenes Herz an und verdammt dich für deine Feigheit? Besonders dramatisch wird es, wenn wir noch einen dritten Bereich uns anschauen: Wo fühlen wir uns von Gott betrogen und in Stich gelassen? Natürlich weiß unser frommes ICH, dass Gott uns nie anlügen wird. Aber in unseren Herzen kann es sich genauso anfühlen. Wir hatten IHM und SEINER Führung blind vertraut und dann zerplatzte alles, wie eine Seifenblase.

Das sind heute eine Masse an Herzensfragen. Komm und lege all die gebrochenen Versprechen, die du in dir noch entdeckst, in SEINE durchbohrten Hände.

Abba wird Sich darum kümmern – ER hat es versprochen!

Mein Schritt heute:

Ich werde mir einen Seelsorger suchen und im Gebet die gebrochenen Versprechen, die ich in meinem Leben noch entdecke, in Abbas Hände legen.

Tag 329 **25. November**

Ein neues Herz

Lernvers: Römer 8,39

„... weder Höhe noch Tiefe, noch irgendein anderes Geschöpf kann uns scheiden von der Liebe Gottes, die in Christus Jesus ist, unserem Herrn!“

Gebet:

„Du hast mir ein neues Herz versprochen! Das brauche ich auch. Ich benötige neue Gedanken und neue Gefühle. Die alte Kraft reicht nicht aus. Schaffe in mir ein neues Zentrum. Mach mich zu einem Tempel Deiner Herrlichkeit!“ ...

Bibellese: Hesekiel 36,25-28

Impuls:

In der Geschichte der Menschheit gab es schon vielfach epochale Wechsel. Reiche kamen und gingen. Revolutionen brachen sich Bahn. Neue Ideologien und politische Systeme, Religionen und Kulturen lösten einander ab. Bei allen hehren Glanzideen, zu denen die Menschen fähig sind, gibt es jedoch immer einen Störfall: das war und ist das eigene menschliche Herz. Theorien, wie unser Zusammenleben besser, gerechter, ökologischer usw. sein könnte, die gibt es viele – nur die Menschen haben wir nicht dafür! Es scheitert an dem egoistischen Herzen!

Taraaa! Und hier kommt nun Abbas Lösungsmodell! Durch die Propheten verspricht ER uns eine fantastische Perspektive. „Wir werden jetzt nicht ein bisschen an euch rumschrauben und aufpolieren. Ihr braucht ein radikal neues Herz. Und das bekommt ihr auch, und zwar von Mir!“

Wie sieht dieses neue Herz aus? – Es ist ein schönes Herz. Ein Kinderherz, das genau zu diesem Abba-Vater im Himmel passt. Es ist eine neue Personenmitte. Alles dreht sich hier um das Leben mit IHM. Von Herz zu Herz.

Abba ist ein Liebhaber von Herzen! Bei IHM gilt: Herz ist Trumpf! Herzen haben bei IHM immer Vorfahrt! Wir können die Bedeutung des Herzens gar nicht hoch genug betonen. Dies Thema wurde im Laufe der Kirchengeschichte und auch der Menschheitschronik sträflich vernachlässigt. Weil vieles so herzlos begonnen wurde, endete vieles auch so entsetzlich blutleer und musste sterben. Unser Gott sieht mit dem Herzen und sucht die Herzen SEINER Kinder. IHM geht es um eine Herz-zu-Herz-Beziehung. Darum werden wir nicht müde zu erinnern: „Suche das Vaterherz Gottes. Lass Dich von SEINER Liebe berühren und erfüllen. Aber komme auch in Kontakt zu deinem eigenen Herzen. Denn nur so kannst du die Liebe des Vaters tiefer erfahren. Es geht um eine tiefe Herzensfreundschaft zwischen Abba und dir, SEINEM geliebten Kind!“

Mein Schritt heute:
Ich schneide ein großes Herz aus Papier aus und schreibe dort Stichworte hinein. Was hat der Vater in meinem Herzen neu werden lassen?

Ewiges Leben

Lernvers: Römer 8,39

„... weder Höhe noch Tiefe, noch irgendein anderes Geschöpf kann uns scheiden von der Liebe Gottes, die in Christus Jesus ist, unserem Herrn!“

Gebet:

„Halleluja! Du hast mir ewiges Leben geschenkt! Du bist bei mir alle Tage bis ans Ende, bis an mein Ende. Ich gehe an Deiner Hand. Und eines Tages gehen wir nur ein Stückchen weitergehen, zu Dir nach Hause. Jetzt bist Du bei mir. Dann bin ich bei Dir!“ ...

Bibellese: Lukas 11,25-27

Impuls:

Folgende Geschichte wird erzählt: Ein sehr alter Mann lag im Sterben. Sein Pfarrer sollte ihn noch einmal besuchen kommen. Der Geistliche war voller Unruhe, was er dem Alten auf die letzte Reise mitgeben sollte. So stand er vor dem Krankenbett. Der alte Mann sah ihn verzweifelt an und sprach: „Nun habe ich ein Leben lang an den Verheißungen Gottes festgehalten und heute Morgen bin ich aufgewacht und konnte mich an keine einzige mehr erinnern! Was soll ich jetzt nur tun?“ Der Pfarrer grübelte eine Weile, dann fragte er den Alten: „Glaubst du denn, dass dein Gott SEINE Verheißungen auch vergessen hat?“ Der Greis lächelte in sich hinein und sagte nur: „Oh nein, die wird ER gewiss niemals vergessen!“ Dann schlief der Alte selig ein und machte seinen letzten Atemzug.

Abba hat versprochen, alle Tage bei uns zu sein. Das umfasst auch den letzten Tag hier auf der Welt. Ich habe als Seelsorger schon manchen auf dieser letzten Etappe des Lebensweges begleitet und kann sagen; es gibt einen himmelweiten Unterschied, wie Menschen von dieser Welt abtreten. Im Anblick der Ewigkeit zeigen sich die Fundamente, auf denen unser Lebenshaus steht. Halten wir verkrampft das fest, was wir eh nicht festhalten können? Oder geht ein geliebter Sohn, eine geliebte Tochter, an Abbas Hand nur ein Stückchen weiter in Gottes neue Welt hinein? So wie die Sonne hier untergehen mag und hinter dem Horizont in einem neuen Land wieder auftauchen wird.

Wer sein Herz Jesus anvertraut, der bekommt von IHM das Geschenk des ewigen Lebens. Ein unzerstörbares Leben, das hier beginnt und in Ewigkeit kein Ende finden wird. Das ist die Hoffnung der Kinder Gottes. Wir werden ewig leben im Vaterhaus SEINER Liebe! Und selbst wenn wir zu schwach wären, uns an diese Verheißung Gottes zu erinnern, unser himmlischer Papa vergisst sie nicht. Versprochen!

Mein Schritt heute:
Wenn es sich ergibt, gehe ich heute auf einen Friedhof und werde dort eine fröhliche Pause einlegen in tiefer Vorfreude auf mein ewiges Leben bei Papa im Himmel!

Teil 34

Fester Halt
in stürmischen Zeiten

Jesaja 43,1

Tag 331 **27. November**

Fester Halt

Lernvers: Jesaja 43,1
„Fürchte dich nicht, denn ich habe dich erlöst!
Ich habe dich bei deinem Namen gerufen, du bist mein!"

Gebet:

„Abba, ich vertraue Dir. Ich bringe mein Herz zur Ruhe, im Vertrauen, dass alle Deine Wege und Pläne gut für mich sind. Mir kann nichts passieren, wenn ich Dich nur habe." …

Bibellese: Psalm 62

Impuls:

Ein weiteres Lied des Vertrauens. Anscheinend kam David mit diesem Thema zeitlebens an kein Ende. Auch wir sollten uns darauf einstellen: Gott-Vertrauen ist ein lebenslängliches Trainingsprogramm mit vielen Abschnitten und Facetten. Jedes Mal, wenn man denkt: „Jetzt weiß ich aber, wie es richtig geht." – kommt garantiert eine neue Lektion auf uns zu.

Glauben ist der zentrale Schlüsselbegriff der Bibel. Unser deutsches Wort kommt ursprünglich vom Stamm *geloben, verloben, lieben.* Ich glaube nicht an *etwas,* sondern ich vertraue *jemanden!* Es ist ein Beziehungswort! Das ist der himmelweite Unterschied zwischen Religion und Relation. Insofern ist Rechtgläubigkeit eine fatale Sackgasse des Pharisäertums. Unser Gott will doch keine Streber, die selbst alles richtig machen, sondern Liebhaber, die von Herzen IHM vertrauen und IHN machen lassen.

König David durchlebte und durchlitt viele schwere Episoden auf seinem Lebensweg. Andere Menschen wären wahrscheinlich daran zerbrochen oder gar an Gott irregeworden. Ihn trieb der Druck aber nur näher zu Jahwe, seinem Vater. Es kann der Wendepunkt eines Lebens werden, wenn jemand mit David bekennt: „Ich vertraue Gott, dem Vater, allezeit – unter allen Umständen!"

Wer zu dieser Einsicht gelangt, der sieht sein Leben in einem völlig neuen Licht. Dann bist du nicht mehr länger ein Spielball von Schicksalsmächten oder unglücklichen Zufällen. Dann weißt du, dass alles, aber wirklich auch alles, zuerst an den liebenden Augen deines Abba-Vaters vorbei muss. Und du kannst deine Seele im Vertrauen zur Ruhe bringen: Mein Papa hat den Überblick! Alles wird gut! ER hat immer einen Ausweg! SEINE Liebe kommt mit meinem Leben sicher ans Ziel!

Mein Schritt heute:

Ich spreche heute Gott, meinem Vater, neu das Vertrauen aus, indem ich betend bekenne: „Ich vertraue Dir allezeit, unter allen Umständen!"

Im Sturm schlafen

Lernvers: Jesaja 43,1
„Fürchte dich nicht, denn ich habe dich erlöst!
Ich habe dich bei deinem Namen gerufen, du bist mein!"

Gebet:

„Danke, dass Du in den Nächten meines Lebens immer über mir gewacht hast. Deine Güte ist neu an jedem Morgen. Ich liege sicher in Deinem Arm. Nahe an Deiner Brust und höre Deinen Herzschlag. Das gibt meiner Seele den Frieden zum Ruhen!" …

Bibellese: Markus 4,35-41

Impuls:

Wie hat unser Herr Jesus nur mitten in einem Sturm schlafen können? Der muss solch ein Ruhe weggehabt haben! Ich habe noch nie in meinem Leben Orkane, die über meine Seele hinwegbrausten, verpennt. Mein ängstliches Herz hat geradezu ein Frühwarnsystem aufgebaut, auf dem Hintergrund vieler schlimmer Erfahrungen, die ich von klein auf gemacht habe. Sobald der Regen heftiger gegen die Scheiben meiner Seele trommelt, bin ich auf Hab-Acht-Stellung: „Vorsicht, da kommt etwas Unschönes auf dich zu!" Und schon ist nichts mehr mit Schlafen.

Kennst du auch diese schlaflosen Nächte, wo dein Inneres nicht mehr runterkommt? Tausend Gedanken schwirren wir kleine hässliche Mücken um dich herum, die dich piesacken. Du kannst keine innere Ordnung mehr in dein Unterbewusstsein bringen. Zu müde zum Denken, aber viel zu wach zum Fallenlassen. Schlafprobleme sind eine häufige Folge unserer inneren Unruhe. Dieses Getriebensein, die ständige Überforderung und der permanente Stress erzeugen einen enormen Überdruck im Kessel.

SEINEN Freunden schenkt Abba es im Schlaf. Tiefenentspannt wie ein kleines Kind. Keine Sorgen vor dem Morgen, einfach nur da sein und ruhen. Wie schön wäre das doch?! Warum funktioniert das aber oftmals nicht?

Weil wir immer noch meinen, selber die Kontrolle über alles haben zu müssen. Weil wir, wie Waisenkinder, die zu viele schlechte Erfahrungen gemacht haben, nicht wirklich vertrauensvoll loslassen können. Weil uns der Vater fehlt, der zu uns die Worte sagt, die unsere Seele sich nicht selber sagen kann: „Sch…, mein Kind, es wird alles gut! Papa ist da und passt auf dich auf! Du kannst ruhig schlafen!"

Jesus konnte mitten im Sturm schlafen, weil ER in diesem Ur-Vertrauen der Liebe des Vaters SEIN ständiges Zuhause hatte. Und ich habe sogar eine Ahnung, auf welchem Kissen er da gelegen hat. Mich würde es nicht wundern, wenn es mein rotes Plüschherz war! – Scherz!

Mein Schritt heute:
Ich lege mich heute auf mein Herzkissen und werde ein paar Minuten *soaken*, egal ob Sturm oder nicht!

Wie lange noch?

Lernvers: Jesaja 43,1
„Fürchte dich nicht, denn ich habe dich erlöst!
Ich habe dich bei deinem Namen gerufen, du bist mein!“

Gebet:

„Vater, ich halte es nicht mehr aus! Wie lange geht das noch so weiter? Bitte komme mir schnell zur Hilfe! Mein Maß ist voll; ich kann nicht mehr!“ …

Bibellese: Psalm 13

Impuls:

Es gibt Tage, da stoßen wir an unsere Grenzen. Da scheint es so, als ob alles, was wir mal geglaubt haben, uns zwischen den Fingern zerrinnt. Die Wunder, die ich gestern erlebt habe, helfen mir da heute auch nicht mehr weiter. Meine kleine Welt wird von einem Tsunami der Verzweiflung überflutet und ich fühle mich wie im freien Fall. Ich gehe durch Dunkelheiten und sehe nur Wüste vor mir.

Ich kenne solche Tage – du auch? Gut, dass die Beter der Bibel solche Erfahrungen auch aus ihrem eigenen Leben kennen. Der Schrei „Wie lange noch?!“ ist ein Gebet, das jeder von uns früher oder später rufen wird. Denn irgendwie scheinen Gottes Zeitpunkte mit unseren nicht immer übereinzustimmen. Der Ewig-Vater nimmt Sich manchmal ewiglange Zeit, jedenfalls nach unserem Empfinden gemessen.

Aber genau da liegt die (ER-)Lösung: anstatt Gott, quasi mit Liebesentzug und Schweigen, zu bestrafen, weil er IHN zurzeit mal wieder nicht versteht, geht der Psalmist zu Gott höchstpersönlich und redet mit IHM. Er klagt IHN nicht an, aber er klagt IHM seine innere Not! Und er fragt; er bleibt mit seinem Gott im Gespräch – obwohl es ihm sicherlich schwerfällt, in all seinem Schmerz die Stimme Gottes zu hören. Er setzt sich nicht mit Gott „auseinander“, sondern „zusammen“! Er bleibt dran: „Ich aber vertraue auf Deine Gnade!“ – Was für ein Gebet des Glaubens!

Klage, Zweifel, Wut und Trauer gehören zu einer lebendigen Gottesbeziehung dazu. Dafür müssen wir uns nicht schämen oder entschuldigen. Sie zeugen eher von einer realen Liebesbeziehung zu einem realen Gegenüber. Die Bibel ist voll davon. Ich werde eher misstrauisch bei Christen, deren Nachfolge solche Schattenseiten scheinbar gar nicht kennt.

Also, wenn es dir (und mir) mal wieder so geht, dann denke dran: Alles ist im grünen Bereich! Halte durch und vergiss nicht, du darfst zu Abba schreien: „Wie lange noch?!“

Mein Schritt heute:
Ich suche mir einen ungestörten Ort, an dem ich lauthals mein Herz vor Gott ausschütten kann.

Tag 334 **30. November**

Unser Glaube auf dem Prüfstand

Lernvers: Jesaja 43,1
„Fürchte dich nicht, denn ich habe dich erlöst!
Ich habe dich bei deinem Namen gerufen, du bist mein!"

Gebet:

„Herr meiner Stürme, Herr meiner Kämpfe! Du bist mein fester Halt in turbulenten Zeiten. Wenn alles wankt und fällt, Du lässt meine Hand nicht los. Aus großen Tiefen ziehst Du mich heraus und stellst meine Füße auf den sicheren Felsen!" …

Bibellese: Markus 6,45-56

Impuls:

Eine weitere Sturmgeschichte! Es soll ja ein paar mehr Stürme in unserem Leben geben, oder?! Die Jünger hatten gerade noch miterlebt, wie die Massen von ihrem Meister begeistert waren. Jesus hatte mal wieder ein großes Wunder vollbracht: 5000 Männer plus Anhang wurden satt, weil ER Brot und Fisch wundersam vermehrt hat. Klar, dass die Leute IHN anschließend zum König machen wollten. Die Jünger überlegten gerade, wem welcher Ministerposten am besten stehen würde, da hieß es schon wieder. „Weiter!" Schade, dass Jesus so wenig von Public Relation hielt.

Okay, dann ab ins Boot und über den See. Nur komisch, dass der Meister allein zurückbleiben wollte. Der hat doch gar kein Boot, wie will ER denn dann nachkommen? Gut, das lassen wir mal SEINE Sorge sein. Als die Jünger mitten auf dem See waren und ruderten und ruderten, da kam ein Sturm auf. Viele von ihnen waren Fischer. Sie kannten aus eigener Erfahrung solche Fallwinde am See Genezareth und wussten, wie tückisch das werden kann. Also, liebe Leute, ran ans Leder und schneller rudern! Aber sie kamen nicht vom Fleck! Im Gegenteil, die Lage wurde lebensbedrohlich. Die Wellen brachen über ihnen zusammen. Endlose Stunden. Sollte das ihr Ende sein? Und wo war nur der Meister? Da, jetzt sehen sie sogar schon Gespenster. Da geht ein Geist übers Wasser. Sie schreien vor Angst wie kleine Kinder. Aber ist das nicht Jesus? Wie kann das sein? Typisch Petrus. Der hält sich wohl immer für was Besseres.

Unfassbar, jetzt steigt Petrus aus dem Boot aus und will auch noch auf dem Wasser laufen. Und geht dabei unter! Hi, Hi …, hab´ ich doch gleich gewusst! Aber da ist schon die Hand des Meisters und zieht ihn wieder hoch. Dann treten die beiden ins Boot. Und Jesus spricht ein Machtwort zum Sturm. Augenblicklich ist der ganze Spuk vorbei. „Meister, wo warst Du nur? Wenn Du hier bei uns gewesen wärst, hätten wir den ganzen Schlamassel erst gar nicht erlebt?!" Ich höre SEINE Antwort: „Ich war immer bei euch. Ich habe euch gesehen im Sturm und habe für euren Glauben gebetet!"

Mein Freund, Jesus erspart uns nicht alle Stürme. Manchmal schickt ER uns sogar welche! Aber SEINE Liebe wird niemals von uns weggehen. SEINE Hand hält dich!

Mein Schritt heute:

Ich erinnere mich daran, wie Jesus mich durch Stürme meines Lebens gebracht hat.

Ich vertraue meinem Gott

Lernvers: Jesaja 43,1
**„Fürchte dich nicht, denn ich habe dich erlöst!
Ich habe dich bei deinem Namen gerufen, du bist mein!"**

Gebet:

„Abba, wenn ich auf meinem Weg zurückschaue, dann kann ich vieles nicht verstehen. Gerne hätte ich manches anders gemacht. Und vieles mir anders gewünscht. Dennoch ist mein Herz voll Frieden und Zuversicht, denn ich weiß, ich kann Dir voll vertrauen!" …

Bibellese: Hebräer 12,1-3

Impuls:

Was weiß ich schon – aber ich vertraue meinem Gott! Dieses schlichte Glaubensbekenntnis hat mir schon in so mancher Lebenslage sehr weitergeholfen. Ich empfinde es wie die Umkehrung des Sündenfalls. Ja, das ist essen vom Baum des Lebens!

Der Vater lebte mit den Kindern im Garten. Dort gab es wunderbare Bäume mit leckeren Früchten zum Naschen. Von allen Bäumen durften die Kinder essen. Aber in der Mitte des Gartens gab es einen Baum, von dem sollten sie nicht essen. Denn dann würden sie sterben müssen. Eva fragte Adam: „Was ist Sterben?" Adam darauf: „Keine Ahnung, noch nie davon gehört!" Diesen besonderen Baum nannte Papa „den Baum der Erkenntnis von Gut und Böse". Drolliger Name für einen Baum. Und der stand direkt neben noch so einem anderen Baum, den nannte Papa „den Baum des Lebens", von dem sollten die Kinder essen. Aber sie wollten nicht, denn die verbotenen Früchte lockten sie mehr.

Wer vom Baum der Erkenntnis isst, der will es selber wissen, selber machen, selber bestimmen. Selbstbestimmt leben ist in unserer Gesellschaft ein sehr hohes Gut. Es bedeutet, das Recht auf persönliche Freiheit, auf eigene Entscheidungen und individuelle Entfaltung. Die Früchte sehen wirklich lecker aus und schmecken gut. Aber wie hoch ist der Preis dafür?!

Vom Baum des Lebens essen sieht dann so aus wie das Leben Jesu. Der sagt: „Ich kann nichts von mir selber aus tun! Ich tue nur das, was Ich den Vater tun sehe. Ich sage nur das, was Ich den Vater sagen höre. Ich vollbringe nur die Werke des Vaters. Denn der Vater und Ich sind eins!"

Das hört sich für mich ganz stark nach meinem Bekenntnis an: Was weiß ich schon – aber ich vertraue meinem Gott! „Jesus, Du bist mein Baum des Lebens! Ich esse gern davon und lebe an der Hand von Abba." Ein kleiner Junge im Körper eines erwachsenen Mannes, an der Hand des Höchsten! Ja, das bin ich!

Mein Schritt heute:

Ich esse heute eine herrliche Frucht und denke dabei genussvoll an den Baum des Lebens!

Du bist mein ganzes Glück!

Lernvers: Jesaja 43,1
**„Fürchte dich nicht, denn ich habe dich erlöst!
Ich habe dich bei deinem Namen gerufen, du bist mein!"**

Gebet:

„Oh Vater, wie sehr freue ich mich an Deiner Güte und Liebe! Du bist mein ganzes Glück und mein größter Schatz! Ich kann nicht schweigen!" …

Bibellese: Psalm 16

Impuls:

David überschreibt diesen Psalm mit: „Eine goldene Kostbarkeit", was wahrscheinlich so viel bedeutet wie: „Dieses Lied/Gebet ist MIR immens wichtig!" Auch für mich sind diese Worte sehr wertvoll geworden. Ich bete sie gern von Herzen mit. Zum Beispiel: „Es gibt für mich nichts Schöneres als Dich!" David schwärmt von seinem Gott, wie ein Liebhaber von seiner Braut. Oder: „Jahwe ist mein schönes Erbteil!" Er sieht sich in der Rolle der Leviten, die bei der Landeinnahme Israels als Priestergeschlecht kein anderes Erbe bekamen, als die Abhängigkeit von Gott in ihrem Dienst. Gott wurde ihr Erbteil! Genauso empfindet David und freut sich über diese tiefe Verbundenheit!

Mir begegnen viele Menschen, die sich vom Leben (oder besser gesagt, von Gott) benachteiligt fühlen. Sie hatten eine schwere Kindheit, traumatische Ereignisse durchkreuzten ihre Entwicklung oder „Schicksalsschläge" verbauten ihnen die Zukunft. David könnte sich ohne Problem in diese Gruppe miteinreihen. Auch er hatte keine leichte Kindheit. Er wurde (als vermutlich unehelicher Sohn) vom eigenen Vater und der Familie schlecht behandelt und nicht anerkannt. Sein erster Chef hätte ihn fast umgebracht und betrog ihn mehrmals auf übelste Weise. Lange Zeit lebte er ausgestoßen im Ausland. Seine Biografie liest sich wie eine Aneinanderreihung von äußerst schwierigen Lebensumständen. Und selbst später noch, als er König wurde, hörten die Anfeindungen nicht auf. Das ist das Material, aus dem man „Seelsorgefälle" strickt!

Warum konnte David bei all der erfahrenen Ungerechtigkeit und Härte des Lebens nur so positiv bleiben? Ich denke, es lag an seiner Herzenseinstellung: Er hatte keinen Menschen mehr auf der Welt, aber er hatte seinen Gott! So erwählte er Gott zu seinem Freund und Vater und zu seinem ganzen Glück!

Mein Schritt heute:

Ich erinnere mich an ein paar schwere Situationen meines Lebens (wo ich mich beraubt, vernachlässigt usw. fühlte) und erwähle neu Abba-Vater zu meinem Erbteil.

Mein Erlöser lebt!

Lernvers: Jesaja 43,1
**„Fürchte dich nicht, denn ich habe dich erlöst!
Ich habe dich bei deinem Namen gerufen, du bist mein!“**

Gebet:

„Halleluja! Mein Erlöser lebt! Ich juble Dir zu! Hosanna, mein König, der vor mir auszieht! Ich folge Dir im Triumphzug der Befreiten. Du hast mir das Leben gerettet. Du bist der Heiler meines Herzens. Bei Dir habe ich mein Zuhause gefunden!“ …

Bibellese: Jesaja 43,1-13

Impuls:

Der Apostel Paulus berichtet davon, dass er fünfmal mit 39 Schlägen ausgepeitscht wurde und einmal mit Ruten. Wie sah danach wohl sein Rücken aus? Kaum zu glauben, aber einmal wurde er sogar bei einer Steinigung getötet und musste wieder auferweckt werden. Was macht das wohl mit einem Menschen? Dreimal hat er auf offener See Schiffbruch erlitten – einmal davon trieb er danach 24 Stunden im Meer, bevor die Rettung kam. Wie lebt man nach solchen Traumata weiter? Er schreibt von vielen gefährlichen Reisen, von Gefängnisaufenthalten, von reißenden Flüssen, heißem Wüstensand, kalten Nächten, Hunger und Durst, von Raubüberfällen. Hast du das gewusst, dass der Apostel all das durchlebt und überlebt hat?

Noch heftiger als all diese äußeren Faktoren, die schon reichen würden, einen Menschen zum physisch-psychischen Wrack werden zu lassen, erlebte Paulus die Enttäuschung durch Menschen in der Gemeinde Jesu als größte Qual. Ich frage mich, wie konnte er nur durch so viele „Wassertaufen“ und „Feuerproben“ gehen, ohne dabei bitter und hoffnungslos zu werden?

Da lande ich wieder bei der Liebe des Vaters. Geliebte Kinder sind die stärksten Wesen auf dieser Welt. Kinder, die sich von ihren Eltern geliebt fühlen, können die schlimmsten Ereignisse wie Hungersnöte, Kriege, Naturkatastrophen, Vertreibung und Flucht überleben. Im geistlich übertragenen Sinn, weil Paulus auf dem Schoß von Abba und in den Armen Jesu geborgen war, konnte er all die Traumata seines Lebens überleben. Er sagte einmal: „Ich lebe, doch nun lebe nicht mehr ich, sondern Christus lebt in mir!“

Glaube mir bitte, auch du kannst all die schlimmen Sachen, die dir in deinem Leben passieren, überleben und ins volle Leben kommen. Dein Erlöser lebt und hält dich sicher in SEINEN Armen der Liebe!

Mein Schritt heute:
Ich bin ein Überlebender! Abba hat mich aus den Stürmen und Traumata meines Lebens gerettet. Ich will IHM heute besonders dafür danken: „Mein Erlöser lebt und mit IHM lebe auch ich!“

Helfer in großer Not

Lernvers: Jesaja 43,1

**„Fürchte dich nicht, denn ich habe dich erlöst!
Ich habe dich bei deinem Namen gerufen, du bist mein!"**

Gebet:

„Danke für die unzähligen Male, wo Du auf mich aufgepasst hast. Vater, Du bist der feste Halt in meinem Leben. Ich wüsste gar nicht, wie ich ohne Dich weiterleben könnte!" …

Bibellese: Psalm 17

Impuls:

Wie habe ich nur jemals ohne Gott leben können?! Wie konnte ich nur denken, dass ich es alleine schaffe?! Wie entsetzlich hilflos, orientierungslos und einsam ist der Mensch, der auf sich selbst geworfen ist?! Wohin gehen Waisenkinder mit ihren Sorgen, Ängsten und Nöten?!

Es gibt ein Zuhause für jeden von uns! Das ist das Vaterherz Gottes! David lebt in dieser Identität eines Von-Gott-Geliebten. Er beschreibt das in diesem Psalm so wunderbar: Er selbst kennt den Weg nicht – aber er läuft „in den Fußstapfen" seines großen Daddys, der den Weg bereits vorausgegangen ist. So wird er sicher das Ziel erreichen. Er selbst kann nicht richtig auf sich aufpassen – aber der Vater ist stark genug und behütet ihn wie SEINEN „eigenen Augapfel". Er selbst kann sich nicht die nötige Ermutigung geben, die er für ein Weitergehen in den dunklen Nächten seines Lebens braucht – aber er „sättigt sich am Anblick des Vaters" beim Erwachen. So weiß er, dass er nicht allein ist. Der Vater ist das Erste, was er am frühen Morgen (und auch den Rest des Tages) vor Augen hat.

Eigentlich beginnt dieses Gebet als ein Klagepsalm, aber es endet voller Vertrauen in Gottes wunderbarer Gnade! Ich lerne von unserem großen Bruder David, mit aller Not vertrauensvoll zum Vater zu kommen, mein Herz vor IHM auszuschütten (zu klagen, zu weinen, Raum zu schaffen), aber dann nicht bei mir oder meiner Not stehen zu bleiben, sondern einen „zweiten Blick" zu wagen: Wo ist Jahwe in meiner Not? Was macht ER gerade? Was hat ER noch vor? – Die Not hat nie das letzte Wort bei Abba-Vater, wenn wir zu IHM kommen!

Mein Schritt heute:

Ich suche einen schweren Gegenstand, den ich als Symbol für meine Lasten im Gebet zum Vater bringe und zu SEINEN Füßen ablege.

Am Ende und doch am Anfang

Lernvers: Jesaja 43,1
**„Fürchte dich nicht, denn ich habe dich erlöst!
Ich habe dich bei deinem Namen gerufen, du bist mein!"**

Gebet:

„Wie oft dachte ich schon, dass es nicht mehr weitergeht. Und dann warst Du da und hast zur mir das Wort des Lebens gesprochen, das ich mir nicht selber sagen konnte! Sprich es bitte heute neu. Und sprich es durch mich zu einer Welt, die so dringend Deine Liebe braucht!" …

Bibellese: 2. Korinther 4,7-18

Impuls:

Wer in der Liebe des Vaters zuhause ankommt, der empfängt ein neues Lebensgefühl. Ja, eine neue Lebenswirklichkeit. Abba schenkt SEINEN Kindern einen Herzensfrieden, obwohl sie umzingelt leben von tausend Problemen, ungelösten Fragen und absoluten Überforderungen.

Ich finde, Paulus beschreibt das Dilemma hier sehr gut. Alles um ihn herum ist chaotisch – aber siehe, wir leben! Wir sind am Ende mit unserem Latein, und doch erst am Anfang von Papas Möglichkeiten. Wir leben mitten in der Liebe des Vaters. Anders kann ich es mir auch gar nicht mehr vorstellen!

Wir könnten leicht den Fehler machen und denken, dass erst wenn alle Knoten und Knubbel unserer kleinen Existenz sich auflösen, das richtige Leben losgeht. Aber das ist eine fette Lüge! Abbas Liebe ist alltagstauglich! Sie ist kampferprobt und waschecht. Bestens geeignet für die Herausforderungen des ganz normalen Wahnsinns.

Das griechische Wort für „Vollmacht" *exousia* bedeutet: Leben aus dem Sein vor Gott! Das finde ich super! Vollmacht ist bei Abba keine komisch-religiöse Angelegenheit für hyperventilierende Oberfromme. Nach dem Motto: „Faste und bete 40 Tage, dann bekommst du Vollmacht!" Vollmacht wird niemals das Ergebnis unserer eigenen frommen Anstrengungen sein. Vielmehr, wenn wir ganz nahe am Herzen des Vaters leben, so wie Jesus, dann fließt die Kraft Gottes auf uns über. Papas Herz ist wie eine sprudelnde Quelle des Lebens. ER läuft über mit Liebe und Leben, es läuft über auf uns, und wenn wir voll damit sind, läuft es über in eine Welt, die so sehr nach Liebe dürstet und hungert! Und siehe, wir leben! Leben in Hülle und Fülle!

Mein Schritt heute:

Ich lausche dem Klang von fließendem Wasser: So will Abbas Liebe in meinem Herzen überfließen!

Papas heiliges ES MUSS

Lernvers: Jesaja 43,1
**„Fürchte dich nicht, denn ich habe dich erlöst!
Ich habe dich bei deinem Namen gerufen, du bist mein!"**

Gebet:

„Danke für die tiefe Gewissheit, dass alles, absolut alles in meinem Leben, dass alle Dinge mir zum Besten mitwirken müssen. Du hast Dein heiliges ES MUSS gesprochen, und keine Macht der Welt kann dagegen noch etwas unternehmen. Das schenkt meinem Herzen großen Frieden!" …

Bibellese: Römer 8,28

Impuls:

Spielst du auch gerne Gesellschaftsspiele, so wie ich? Ich spiele total gerne, aber wie gesagt, die Sache mit dem Verlieren, da übe ich immer noch dran! Du kennst bestimmt Kartenspiele, bei denen es spezielle Karten gibt, die besonders viel wert sind – Joker oder Trümpfe. Heute zeige ich Dir Papas „Joker-Karte" für unser Leben.

Wir finden sie in Römer 8 – wo auch sonst! Viele nennen sie das heilige ES MUSS! Alles muss(!) uns zum Besten dienen! Das ist jetzt keine absolute Neuigkeit, könnte man meinen. Aber in der Offenbarung der Vaterliebe Gottes erstrahlt auch dieses Wort in neuer Herrlichkeit!

Sicherlich kennst Du das Wort „Synergieeffekt" – gemeint ist das Zusammenspiel vieler Faktoren und Kräfte, damit am Schluss etwas Gutes dabei rauskommt. Dieses Wort *synergein* steht auch auf Papas Joker-Karte: alle Dinge unseres Lebens – absolut alles, was uns zufällig zustößt, mit voller Absicht geplant geschieht, was wir lieber vermieden hätten, was so gar nicht reinzupassen scheint, die schönen Augenblicke, aber auch die Traumata … alles, wirklich alles, MUSS uns zum Besten mit-dienen, mit-wirken!

Puh, da will ich kurz mal tief Luft holen! – Das lässt sich so fröhlich daherzwitschern an einem luftigen Frühlingsmorgen; aber wie sieht das aus an einem Tag wie neulich, als ich von einem lieben Menschen wiederkam, dessen Partner sich das Leben nahm, weil er keinen Ausweg mehr sah. Oder wie hört sich das an dem Tag an, wo ich erfuhr, dass bei einem tragischen Autounfall eine ganze Familie ums Leben kam, und nur einer zurückblieb. Was sagt man dann? Wo bleibt da das heilige ES MUSS …?

Hör bitte gut zu, wenn du oder jemand, den du sehr gern hast, durch solch eine dunkle Zeit gehen muss, wird Abba SEINE Kinder nicht mit frommen Worten zutexten, sondern ER wird sie zu allererst in SEINEN Armen festhalten, ihre Tränen trocken und ihnen SEINE Nähe schenken. Später, viel später wird ER ihnen dann SEIN heiliges ES MUSS zeigen – aber das braucht viel Zeit und eine Menge Beziehung!

Mein Schritt heute:
Ich schreibe ES MUSS auf ein Blatt Papier und hänge es mir zur Erinnerung auf!

Teil 35

Wege der Liebe finden

Psalm 119,105

Licht auf meinem Weg

Lernvers: Psalm 119,105
„Eine Leuchte für meinen Fuß ist dein Wort, ein Licht auf meinem Pfad!“

Gebet:

„Ich freue mich über Deine Worte, wie ein Angler der einen dicken Fisch gefangen hat, wie ein Jäger, der einen fetten Braten nach Hause bringt, wie ein Sammler, der große Beute gemacht hat! Dein Wort erleuchtet meinen Lebensweg!“ …

Bibellese: Psalm 119,105

Impuls:

Es soll Kinder Gottes geben, für die Bibellesen eine schwierige Angelegenheit ist. Vielleicht liegt es wieder einmal daran, dass wir es auf die „Erwachsenen-Tour“ probieren. Da wird in einem Hauskreis eine Bibelstelle vorgelesen. Und die erste Person, die sich zu Wort meldet, sagt: „Das verstehe ich aber nicht, dass der Apostel schreibt, die Frauen sollen in der Gemeinde schweigen …?!“ – Und schon geht es los, das dumme Spiel der verwachsenen Erwachsenen. Wir reden über Buchstaben und Theorien, wir reden über den Vater, so als ob ER gar nicht anwesend wäre, aber wir sprechen nicht mit IHM. Das ist echt dumm und unhöflich!

Die Bibel ist doch Abbas Geschenk an uns. Sie ist eine dicke Sammlung von SEINEN Liebesbriefen, die ER alle an uns geschrieben hat. Natürlich können die Kinder nicht gleich alles auf einmal verstehen und bekommen manche Zusammenhänge nicht gleich auf die Reihe. Das ist aber gar nicht schlimm! Hauptsache ist doch, dass ER mit dabei ist! Papa wird uns das alles schon erklären, wenn es für uns dran ist. Früher oder später. Schritt für Schritt.

ER sagt: „Schaut mal, Meine Worte sind wie eine Laterne in dunkler Nacht, die Ich in Meiner Hand halte. Wie weit leuchtet das Licht? … Genau so weit, dass ihr genau passend den nächsten Schritt gehen können. Aber nicht weiter. Der Rest des Weges ist immer noch eingehüllt in der Dunkelheit der Nacht. Aber ist das schlimm?! Nein, denn Ich bin ja da bei euch. Und da ist Mein Licht. Das ist Mein Wort. Und solange ihr beides bei euch habt, gehen wir einfach weiter. Schritt um Schritt. Bis wir am Ziel sind. Und dann ist es bestimmt auch schon Morgen und die Nacht eures Lebens ist vorbei! So machen wir das!“

Mein Schritt heute:

Ich werde heute meine Bibel in den Arm nehmen und damit etwas durch die Wohnung tanzen, vor Freude über Papas Worte, die ER mir geschenkt hat!

Tag 342 8. Dezember

Macht Bahn!

Lernvers: Psalm 119,105
„Eine Leuchte für meinen Fuß ist dein Wort, ein Licht auf meinem Pfad!"

Gebet:
„Danke, Mein König! Du machst Wege, wo keine Wege sind. Du baust mitten durch die Wüste ein Prachtallee und eine Durchfahrtstrasse durchs Meer. Das Hohe machst Du niedrig und das Tiefe erhebst Du, sodass wir gemeinsam das Ziel erreichen!" …

Bibellese: Jesaja 40,1-5

Impuls:
Wege sind etwas Wunderbares. Wege verbinden Menschen miteinander; sie bringen Anschluss an neue Lebensräume; sie verknüpfen Bestehendes und erschließen Neuland; sie bieten Fluchtmöglichkeit und Rettung. Ohne Straßen und Wegenetz kann sich ein Land nicht weiterentwickeln. Wege sind wie Lebensadern, durch deren Verästelung sich pausenlos pulsierend neue Energien ergießen.

Ich war vor Jahren im Regenwald am Amazonas. Direkt da, wo der Dschungel beginnt. Ein Dschungel ist kein deutscher Wald, wo man auf schönen Wegen wandern kann. Der Dschungel ist eine gigantische, geschlossene, grüne Wand, vor der du stehst. Dort gab es keine Wege, denn bei dem tropischen Klima wächst alles in enormer Geschwindigkeit und wuchert ganz schnell wieder alles zu. Will man dort hinein, da brauchst du jemand mit einer scharfen Machete, der sagt: „Ich bin der Weg!" Zack, zack, zack, …, haut er um sich und bahnt sich einen Weg!

So ist das auch mit Jesus. ER sagt von Sich: „ICH BIN DER WEG!" – Und zack, zack, zack …, bahnt ER einen Weg, wo vorher kein Weg war!

So will ER es auch bei dir und mir machen in den Bereichen unseres Alltags, wo wir momentan kein Durchkommen finden. Ist es bei dir vielleicht dein Bankkonto, dessen Anblick dir die Sprache verschlägt? Oder eine Beziehung, die sich total kompliziert entwickelt hat? Oder ist es eine Krankheit, die dir in den Knochen steckt und dir deinen Lebensatem abschnürt? – Egal wie: Abba wird Bahn für dich machen! ER findet immer einen Weg – einen Ausweg!

Mein Schritt heute:
Ich mache heute einen kleinen Spaziergang und achte bewusst auf die Wege, die sich kreuzen und neu beginnen!

Alles erzählt von Dir

Lernvers: Psalm 119,105
„Eine Leuchte für meinen Fuß ist dein Wort, ein Licht auf meinem Pfad!"

Gebet:

„Papa, schenke mir bitte Augen des Herzens, die Deine Spuren überall entdecken können. Danke für die unendlich vielen Zeichen Deiner Liebe um mich her!" …

Bibellese: Psalm 19

Impuls:

„Die Himmel erzählen von der Herrlichkeit Gottes!" Ich habe gehört, Weltraumforscher hätten Schwingungen im All aufgefangen und diese Schallwellen dann in Töne umgesetzt. Dabei seien wunderbare Sphärenklänge hervorgekommen. Also mich würde es wirklich nicht wundern, wenn das ganze Weltall voll von Harmonie und Lobpreis ist. Denn das sagt uns bereits Gottes Wort – ob nun mit Schall oder ohne! Die ganze Schöpfung ist ein Hinweis auf die Großartigkeit unseres Papas, des einzigartigen Master-Designers! Die Sterne und Galaxien, die Pflanzen und die Tierwelt – das ganze Leben in seiner bunten Vielfalt, alles erzählt von der Größe Gottes! Auch David stand damals anbetend vor der Schöpfung und staunte über die unermessliche Schönheit Gottes, die sich darin widerspiegelt.

Die Natur ist nicht Gott, genausowenig wie das Bild eines Malers identisch mit dessen Person wäre. Im Kunstwerk zeigt sich lediglich ein Stückchen der Kreativität des Künstlers, so wie sich in der Schöpfung nur ein Stück der Genialität und Größe unseres himmlischen Vaters offenbart.

Das Gleiche gilt auch für die Bibel. Auch sie ist nicht Gott, sondern Gottes Wort in Menschenwort. Göttlich-fehlerlos in ihrer Aussagekraft, aber menschlich und damit auch begrenzt in ihrer Form. Wir haben einen göttlichen Schatz in einem irdenen, zerbrechlichen Gefäß.

Schwächt die Form den Inhalt? – Keineswegs! David war schon zu seiner Zeit begeistert über die Nähe Gottes, die er beim Bibellesen im Alten Testament finden konnte. Wir haben weitaus mehr Wort Gottes und tiefergehende Offenbarung. In der Schöpfung, in der Bibel – überall sind Abbas Spuren zu finden für jeden, der aufmerksam danach sucht!

Mein Schritt heute:

Ich halte Ausschau nach Spuren Gottes in meinem Alltag, die mich wie ein Gleichnis an SEIN Wesen oder SEIN Handeln erinnern.

Wege, wo keine Wege sind

Lernvers: Psalm 119,105
„Eine Leuchte für meinen Fuß ist dein Wort, ein Licht auf meinem Pfad!“

Gebet:

„Christus, mich fasziniert es, wie Du Auswege findest aus den schrägsten Situationen. Du bist ein Genie, wenn es darum geht, unmögliche Fälle zu lösen. Du findest himmlische Lösungen, auf die kein Mensch käme. Ich bin gespannt auf Dein nächstes Projekt!“ …

Bibellese: Jesaja 35

Impuls:

Lass uns bitte heute tief in dieses Gemälde eintauchen, das Gottes Geist durch den Propheten uns hier vor Augen malt. Das ist wieder so eine Bibelstelle, die wir nur als Kinder begreifen können! Okay, los, … kann es beginnen?

Ich sehe eine Wüste vor mir. Warst du schon mal in einer Wüste? Wüsten haben eine unheimliche Schönheit: sie sind wie ein lebendiges Extrem, zwischen Hitze und Kälte; Wasser und Sand; Leben und Tod. Wüsten sind so endlos weit wie das Meer. Dort gibt es keine Wege, die Bestand hätten. Der Wind und die wandernden Sanddünen formen das Gesicht einer Wüste ständig neu.

Das Bild wandelt sich. Die Ödnislandschaft wird von unsichtbarer Hand umgeformt. Oasen entstehen, Wasserquellen sprudeln auf im Wüstensand. Es grünt und wird bunt. Denn Abba hat gesagt, dass diese Wüste blühen soll, wie ein wunderschöner Garten. Was ER spricht, was ER verspricht, das muss geschehen. Dann baut ER noch eine Prachtallee mitten hinein.

Jetzt sehe ich einen bunten Zug von Menschen. Sie bewegen sich tanzend, singend, hin und her schwenkend über diese prachtvolle Straße. Es sind Männer und Frauen, Alte und Junge, Leute verschiedener Hautfarben. Sie alle sind in einem bunten Feierzug des Lebens vereint unterwegs. Das sind die erlösten Kinder des Vaters. Aus allen Nationen und Generationen. Sie feiern das Leben. Sie feiern, dass ihr Vater die Wüste, die in ihren Herzen war, in eine blühende Landschaft verwandelt hat. Sie wissen, wo sie herkommen: aus der Gefangenschaft von Depression, Druck und Missbrauch, Stolz und Minderwertigkeit. Nie mehr wollen sie vergessen, wovon Jesus sie frei gemacht hat. Aber jetzt feiern sie die Liebe des Vaters! ER hat ihr Wüste in einen Garten verwandelt! Halleluja!

Mein Schritt heute:

Ich werde mir heute Bilder von Wüsten anschauen und Abba preisen, dass ER in jeder meiner Wüsten Wege zum Leben macht!

Höhere Wege

Lernvers: Psalm 119,105
„Eine Leuchte für meinen Fuß ist dein Wort, ein Licht auf meinem Pfad!"

Gebet:

„Abba, Deine Wege sind mir oft viel zu hoch. Da komme ich nicht mehr mit. Ich kann das nicht begreifen. Wo führt das Ganze noch hin? Mir wird schwindelig dabei. Ich muss mich festhalten an Dir, sonst falle ich hinten runter!" …

Bibellese: Jesaja 55,6-9

Impuls:

Wenn ich im Flugzeug sitze und in 8000 Meter Höhe über den Ozean düse, dann muss ich an dieses Wort von Abba denken. SEINE Wege sind so viel höher. Höher als der Himmel. Geht es noch ein bisschen höher? Ja! Wie muss es erst dem Astronauten Alexander Gerst auf der Raumstation im Weltall ergehen, wenn er auf unseren blauen Planten herabsieht? So viel höher als der Himmel.

Geht es noch etwas höher? Aber immer doch! Der Himmel ist ganz schön groß und weit. Ich habe in einem „Wissenschaftsbuch" für Kinder nachgelesen (du weißt schon, das verstehe ich viel besser), wenn man alle Planeten, die es in unserem Sternensystem Milchstraße gibt, in Form von Reiskörnern sammeln würde, dann könnte man einen Raum, zum Beispiel mein Wohnzimmer, von oben bis unten mit diesen vielen Reiskörnern vollmachen. Stark, was?! Und selbst das ist nur ein winzig kleiner Ausschnitt von dem Teil Himmeluniversum, das wir bisher kennen.

So, nun haben wir ein bisschen mehr Licht angeknipst: mit anderen Worten, Gottes Wege sind unfassbar hoch für uns! Wir kommen da niemals dran. Sie entziehen sich völlig menschlicher Logik oder Weisheit. Wenn du denkst, dann denkst du nur, du denkst. Am besten wir lenken gleich ein und vergeuden nicht unnütz unsere Energie! Ich habe bereits darauf hingewiesen. Es gibt einen gewaltigen Unterschied zwischen Abbas WEGEN und Abbas WESEN! Du erinnerst dich hoffentlich …!

Wir werden niemals völlig die WEGE verstehen können, die der Vater uns in SEINER unüberbietbaren Weisheit und Liebe führt. Aber wir können IHM rückhaltlos vertrauen, denn wir kennen SEIN Wesen, SEINEN Charakter, SEIN Herz. Wir kennen Jesus! „Du bist der Höchste, oh Herr, und alle Deine Wege sind einfach höher! Danke dafür!"

Mein Schritt heute:

Ich schaue heute an den Himmel und guck mal, was da so alles fliegt und sich bewegt. Und danke Papa für die höheren Wege mit mir!

Tag 346 **12. Dezember**

Sehnsucht in der Wüste

Lernvers: Psalm 119,105
„Eine Leuchte für meinen Fuß ist dein Wort, ein Licht auf meinem Pfad!"

Gebet:

„Hier bin ich in meiner Wüste und habe Sehnsucht nach Dir! Mein ganzer Mensch dürstet nach einer Berührung Deiner Liebe. Sei Du mein Wasser, meine Oase, an der ich mich erfrischen kann!" …

Bibellese: Psalm 63

Impuls:

Dieser Psalm entstand in der judäischen Wüste. In der Bibel gilt die Wüste als Ort der Prüfung, aber auch der Gottesbegegnung. Es ist ein Ort der Extreme: Hitze, Kälte, Schönheit, Monotonie, Stille und Öde prallen aufeinander. David verbrachte viele Tage seines Lebens in solchen wüsten Gefilden, zwischen Steinen und Disteln. Er kannte das Geheimnis der Wüste: Hier wird das menschliche Leben auf das Eigentliche reduziert. Jetzt zeigt sich, was existenziell wichtig ist. Alle ablenkenden Annehmlichkeiten und Zerstreuungen sind vorbei. Es zählt die eine Lilie zwischen den Dornen und der eine Becher mit erfrischendem Wasser.

Auch unser Glaubensleben braucht von Zeit zu Zeit solche *Wüstentage*. Zur Ruhe kommen. Pause machen. Aufhören mit allem, was man gerade tut. Ein Fasten für den Körper und die Seele. Kein Handy, kein Internet, keine Unterbrechung. Schweigen und Lauschen. Das kann ein Tag, ein Wochenende oder gar eine Woche zur inneren Sammlung und Einkehr sein.

Wer das persönlich miterlebt, wird staunen, wie selbst Wasser auf einmal wieder köstlich schmeckt. Man wird neu dankbar für das, was vorher selbstverständlich schien. Das Leben gewinnt neu an Intensität. Ebenso in geistlichen Dingen. Auf einmal finden wir neue Worte im Gebet. Wir hören wieder klarer Gottes Stimme. Wir erkennen tiefer SEINE Gnade: „Denn Deine Gnade ist besser als Leben!" Unsere Sehnsüchte werden wieder auf die wesentlichen Ziele gelenkt. Ich komme nach Hause. Zum Vater. Zu mir selbst. Ja, ich brauche solche Zeiten. Es ist wie bei einem Bleistift, der von Zeit zu Zeit neu angespitzt werden muss, soll er seine Bestimmung erfüllen. Oder wie bei meinem Handy – das muss auch immer wieder regelmäßig neu zum Auftanken an die Akku-Ladestation!

Mein Schritt heute:

Ich werde in der kommenden Zeit einen Wüstentag in meinem Kalender fest einplanen.

Gebahnte Wege in den Herzen

Lernvers: Psalm 119,105

„Eine Leuchte für meinen Fuß ist dein Wort, ein Licht auf meinem Pfad!“

Gebet:

„Preis sei Dir, Du Baumeister meines Lebens! Du machst gebahnte Wege in mir! Du baust mich von Neuem auf. Vieles Alte musstest Du erst abreißen, damit Platz für das neue Leben in mir wurde. Ich halte still und vertraue Deinen Bauplänen. Ich bin gespannt, wie Du weitermachen wirst!“ …

Bibellese: Psalm 84,6

Impuls:

„Abba, heute lege ich mein kleines Herz in Deine große Meisterhand! Was hat dieses kleine Herz schon alles gesehen, gehört und miterlebt? Ich danke Dir, dass Du es so sehr liebst.

Nie werde ich den Tag vergessen, als mein Herz in tausend Trümmerteilen vor mir lag. Du bist gekommen, hast Dich vor mich auf den Boden gekniet und hast meine Scherben aufgesammelt. Eine nach der anderen. Da waren so viel Zärtlichkeit und Trost in jeder Berührung. Meine scharfen Splitter und Scherben haben Deine Hände blutig zerschnitten. Aber Du hast weitergemacht, hast jedes Teil zusammengesucht und mir dabei meine Geschichte erzählt. Du hast mir gesagt, wie wertvoll ich für Dich sei. So kostbar, dass es Dir eine Ehre sei, meine Schmerzen mit mir zu teilen. Dabei floss und floss Dein Blut aus den Wunden Deiner Liebe. So wie auch meine Tränen flossen, die ich so lange, viel zu lange, in meinem Innersten weggesperrt und unter Verschluss hielt. Aber jetzt konnte das heilsame Wasser fließen. Das tat so gut, nur gut!

Dann holtest Du aus dem Bausch Deines Hirtengewandes das Ölfläschchen hervor. Behutsam und still hast Du das Öl der Heilung über die Scherben meines Herzens gegossen. Da geschah das Wunder. Blut, Tränen und Öl verbanden sich zu einem Strom des Lebens. Sie umschlossen die Trümmerteile meiner Vergangenheit und tauften sie mit der schöpferischen Kraft des Himmels. Deine Hände, die geliebten und guten Hände des Töpfers, des Weingärtners, der Hebamme, des Arztes und guten Hirtens, Deine Vater-Hände formten aus meinem alten Herzen, unter der verwandelnden Kraft von Ruach, etwas ganz Schönes und Neues. Mein neues Herz. Es fing an zu schlagen, erst langsam und dann immer kräftiger. Jeder Herzschlag sagte mir: geliebt, geliebt, geliebt! Das Herz eines geliebten Sohnes/Kindes schlägt in mir.

Ich bin Papas Wunschkind und Dein Liebling. Ein Sohnemann nach dem Herzen Gottes. In meinem Herzen höre ich jetzt die Melodie Deines Herzens. Dein Leben hat in mir einen Weg gefunden. Gebahnte Wege für Dich, meinen Neu-Schöpfer! Ja, das ist meine Herzgeschichte!“

Mein Schritt heute:
Ich gehe, jogge, laufe heute eine Runde – genieße dabei jeden einzelnen Schritt auf meinem Weg!

Zeiten der Erfrischung

Lernvers: Psalm 119,105
„Eine Leuchte für meinen Fuß ist dein Wort, ein Licht auf meinem Pfad!"

Gebet:

„Wie ein sonniger Tag in Frühling, wie ein Spaziergang am Meer, wie Duschen nach schwerer Arbeit, wie ein Festmahl mit Freunden, wie die Freude nach einer Geburt, wie das Lachen meiner Geliebten, wie ein gutes Buch, wie ein Sinfonie … ja, so bist für Du und noch so viel mehr. Vater, ich liebe Dich!" …

Bibellese: Apostelgeschichte 4,19

Impuls:

Es gibt Tätigkeiten in meinem Leben, die ich total ungerne mache. Sie kosten mich unendlich viel Kraft. Vor denen drücke ich mich am liebsten und schiebe sie auf die „lange Bank". Hast du auch so ein Möbelstück zuhause bei dir?

Hingegen gibt es andere Sachen, die beflügeln mich geradezu. Da bin ich total lebendig und drehe voll auf (zum Beispiel beim Bücherschreiben über Abbas Liebe). Von diesen Dingen kann ich gar nicht genug bekommen. Es läuft fast mühelos, wie am Schnürchen. Das sind für mich Zeiten der Erfrischung und Erquickung meiner Seele. Davon kann ich nicht genug bekommen!

Abba hat uns Menschenkinder so erfunden. Wir ticken so, weil ER uns mit dem Lustfaktor ausgestattet hat. Natürlich wissen selbst Kinder, dass es nicht immer nach Lust und Laune gehen kann. Es kann nicht immer Süßigkeiten geben oder Burger. Und es kann auch nicht immer nur Ferien geben.

Aber die schönsten und größten Dinge, zu denen wir fähig sind, lassen sich nicht per Kadavergehorsam und verbissener Disziplin allein verordnen. Ohne Leidenschaft und lustvolle Hingabe läuft nichts. Weder draußen in der Welt, noch im Vaterhaus. Deshalb sagt Gottes Wort: „Habe deine Lust an Abba, und ER wird dir geben, was dein Herz sich wünscht!"

Wann fühlst du dich so richtig lebendig? Was macht dir enorme Freude? Wobei kannst du völlig tiefenentspannt aufatmen und dich fallen lassen? Wann lebst du im Zentrum dessen, wofür du geschaffen worden bist?! – Wenn du mehr und mehr Antwort auf diese inneren Fragen deines Herzens bekommst, dann wirst du entdecken, was Abba empfunden hat, als ER dich ins Leben rief!

Mein Schritt heute:

Ich werde heute etwas machen, was typisch für mich ist und mich glücklich leben lässt.

Spätregen

Lernvers: Psalm 119,105
„Eine Leuchte für meinen Fuß ist dein Wort, ein Licht auf meinem Pfad!"

Gebet:

„Danke, Papa, Du kommst nie zu spät. Deine Geschenke erreichen mich immer dann genau passend, wenn ich sie am meisten brauche. Ich preise Dich dafür, denn Du weißt besser, was ich brauche, als ich es selber wüsste. Du bist Geber aller guten Gaben! Ich lebe von Deiner grenzenlosen Güte!" …

Bibellese: Joel 2,21-3,5

Impuls:

Israel gehört zu den Ländern der Welt, die mehrere Erntezeiten kennen. Das hängt von den jeweiligen Regen- und Trockenperioden ab. Im Land Israel gibt es in der Regel in Frühling den sogenannten Frühregen und im kurzen Winter den Spätregen. Wie gesagt, „in der Regel" bedeutet: meistens, aber nicht immer!

Vor allem im Winter, da ließ der Regen oft auf sich warten – man nannte ihn wohl deshalb Spätregen. So blickten die Bauern und Winzer voller Spannung an den Himmel, ob sie irgendwo ein Wölkchen entdecken könnten. Für mich als Norddeutscher ist das eine schwer nachvollziehbare Angelegenheit, da es sich bei uns eher andersherum verhält – wir halten Ausschau nach wolkenfreiem Himmel. Mich hat es fast umgehauen, als ich mal wieder im Heiligen Land war und es nach langer Trockenheit in Strömen anfing zu regnen. Da kamen die Leute aus den Häusern und tanzten auf den Straßen in den Pfützen, weil sie so froh und überglücklich über den Regen waren. Na, da haben wir bei uns zuhause viel Grund zum Tanzen!

Der Prophet Joel wird zum Mund von Abba: So lange schon hatte es in Israel nicht mehr geistlich geregnet! Abbas Volk war ausgedörrt und verschmachtet. Wie Verdurstende in der Wüste. Zu allem Überdruss kam dann noch eine verheerende Heuschreckenplage dazu. Die Biester fraßen die letzten Stängel der Hoffnung weg. Wenn nix mehr geht, dann geht immer noch etwas bei Abba! ER lässt verkündigen, dass eine neue Regen-Segen-Zeit anbrechen wird. So wie der Spätregen manchmal länger auf sich warten lässt, aber dennoch kommt. So wird die Liebe des Vaters in Strömen fließen, wenn ER SEINEN Lebensgeist über SEINEN Kindern ausgießen wird.

Abba macht SEINE Worte wahr und lässt es regnen: damals bei Joel, später zu Pfingsten, und auch bei dir und mir! SEIN Spätregen kommt nie zu spät!

Mein Schritt heute:

Beim nächsten Spätregen werde ich auch ein Tänzchen durch die Pfützen wagen!

Stelle Deine Gemeinde wieder her

Lernvers: Psalm 119,105
„Eine Leuchte für meinen Fuß ist dein Wort, ein Licht auf meinem Pfad!"

Gebet:

„Jesus, danke für die Gemeinschaft mit anderen Christen. Das tut mir gut. Danke für alle Liebe, Ermutigung und Stärkung, die mein Glaube dadurch erfährt. Bitte segne die Gemeinschaft Deiner Kinder!" …

Bibellese: Psalm 80

Impuls:

Der Glaube an Gott war zu keiner Zeit eine rein individuelle Privatsache. Unser Vater-Gott hat viele Kinder. Deshalb bekehren wir uns immer auch zu einer Gemeinschaft der Kinder Gottes, wenn wir zum Glauben an Jesus finden. Jesu Ruf in die Nachfolge läuft ausschließlich über die Nachfolge-Gemeinschaft der Jünger in der Gemeinde Jesu. Es gibt kein Solo-Christentum. Das Thema *Gemeinde* ist heute eine sehr heiß diskutierte Angelegenheit. Überall gibt es verwundete und frustrierte Christen, die die Nase voll haben vom herkömmlichen Gemeindeleben. In ihrem Schmerz suchen sie nach ganz neuen Formen oder versuchen ihren Glauben ohne jegliche Gemeinde zu leben.

Dreimal betet Asaph in diesem Psalm: „Oh Jahwe, stelle wieder her …!" Und dann spricht er über die zerstreute Herde, die besiegte Armee und den verbrannten Weinstock. Alles gleichnishafte Bildworte für Israel. Und Israel ist wiederum ein Vorläufer für die Gemeinde Jesu. Es geht demnach um die Wiederherstellung der Gemeinde.

Ja, sehr viele Kirchen und Gemeinden haben tatsächlich ihre geistliche Vitalität und Kraft verloren. Sie brauchen eine neue Reformation, Erweckung, Wiederbelebung. Auch wir sind aufgerufen, den Vater zu bitten: „Stell uns wieder her!" – Und wenn wir so beten, dann bitten wir zugleich für uns selbst – denn wir sind und bleiben immer ein Teil der großen Familie Gottes.

Persönlich schaue ich sehr erwartungsvoll in die Zukunft, wie die herrliche Offenbarung von der Vaterliebe Gottes auch das Gemeindeleben vor Ort prägen und verändern wird. Ich erwarte neue Impulse des Heiligen Geistes, wie Gemeindeleben in der Gemeinschaft der geliebten Kinder Gottes aussehen wird. Es lohnt sich, mit Abba drinnen im Vaterhaus Gottesdienste zu feiern!

Mein Schritt heute:

Ich bete für meine Gemeinde bzw. für die Kirchen meiner Stadt um eine tiefe Wiederbelebung durch die Liebe des Vaters.

Teil 36

In der Liebe bleiben

Johannes 15,9

Beim Vater bleiben

Lernvers: Johannes 15,9
„Wie der Vater mich geliebt hat, habe ich euch geliebt! Bleibt in meiner Liebe!"

Gebet:

„Mein Vater, wohin sollte ich denn gehen? Du bist doch mein Ein und Alles. Bei Dir bin ich zu Hause. Alle Tage meines Lebens will ich im Vaterhaus bleiben. Bei Dir bin ich am Ziel all meiner Träume und Hoffnungen. Ich liebe Dich!" …

Bibellese: Galater 4,1-9

Impuls:

Viele Christen denken von sich, dass sie Gott als Vater bereits kennengelernt haben. Sie meinen schon zu wissen, dass Gott sie liebt. Das Thema „Gottes große Liebe" zählen sie eher zum Babykram im Glauben. Das sei nur etwas für Anfänger. Alpha-Glaubensgrundkurs, erste Einheit. Sie sagen sich: „Komm, lass uns weitergehen zur festen Speise und diesen Babymilchbrei hinter uns lassen." Welch ein fataler Irrtum!!!

Ich habe andere Christen sagen hören: „Ich habe doch einen guten, liebenden Vater in meiner Familie kennengelernt. Ich habe kein Problem mit Vaterschaft. Das mit dem Vater-Ding ist doch nur etwas für die Kaputten und Traumatisierten. Ich brauche das nicht!" Und an fast jedem Wochenende erleben wir auf unseren Vaterherz-Seminaren, dass Teilnehmer zu uns kommen und sagen: „Vielen Dank, das haben wir alles schon gewusst!"

Die Vaterliebe Gottes ist die größte Offenbarung! Die Apostel haben am Ende ihres Lebenswerkes die Agape-Liebe über alle anderen Erkenntnisse gestellt. – Weitergehen? Ja, wohin denn? – Ich bin am Ziel angekommen, im Zentrum des Heilsplans Gottes. Ich bin beim Vater angekommen. Dort will ich bleiben und IHN tiefer und tiefer kennenlernen alle Tage meines Lebens. Beim Vater entdecke ich, was es bedeutet, Kind, freier Mensch und Erbe zu sein. Welch ein Reichtum des Himmels!

Es gibt eine „erfüllte Zeit" für diese herrliche Offenbarung! Eine Zeit im Leben von jedem Kind Gottes, wo der Vater Sich uns persönlich vorstellen will. Früher oder später, aber genau passend! Dann geht es nicht mehr länger um theoretisches Wissen und Erkenntnisse, sondern um eine lebendige, liebende Freundschaft zu Abba!

Eines Tages werden wir Menschen die Vaterliebe Gottes neu entdecken! Dann werden wir zum zweiten Mal in der Geschichte der Menschheit das Feuer entdeckt haben!

Mein Schritt heute:
So wie Kinder laut schreien, rufe ich den Namen meines himmlischen Papas mehrmals lauthals aus!

Dranbleiben

Lernvers: Johannes 15,9

„Wie der Vater mich geliebt hat, habe ich euch geliebt! Bleibt in meiner Liebe!"

Gebet:

„An Dir kleben wir, in Tod und Leben! … Ich lasse Dich nie, nie mehr los! Du bist doch mein Schatz, den ich im Acker nicht vermutet hätte. Du bist meine kostbare Perle, für die ich alles hergegeben habe. Nein, niemals will ich Dich wieder loslassen. Vater, Du bist mein Freund in Ewigkeit!" …

Bibellese: Johannes 15,1-8

Impuls:

„Ohne Dich bin ich nichts. Ohne Dich bin ich tot. Ohne Deine Liebe war alles tot in mir und um mich herum. Doch dann hast Du mich ‚toten Zweig' eingepfropft in den herrlichen Weinstock Deiner Liebe. Dein Lebenssaft fließt nun in meinen Adern. Deine Liebe atme ich. Von Deinen Quellen lebe ich.

Und was kann ich dazu tun? Nichts – außer dranbleiben, stillhalten bei den Beschneidungsprozessen an meinem Herzen und Deine Liebe durch mich strömen lassen in eine kalte, liebeshungrige Welt. So entsteht Frucht zu Deiner Ehre. Du hast mich unverdientermaßen mit Deiner Liebe wachgeküsst. Und nun berühre ich andere Menschen damit. Auch sie sollen aus der Erstarrung des Todes zurück ins Leben finden. Dich, Papa, zu kennen, heißt: ewiges Leben!"

Das Wort für „bleiben", das hier im Griechischen steht, bedeutet soviel wie „sich festbeißen und nicht mehr loslassen". Ich sehe da vor meinem inneren Auge einen kleinen Hund, der sich beim Spielen festgebissen hat in seine Kuscheldecke und sie einfach nicht mehr wieder hergeben will. Seine wilde Entschlossenheit und sein kühner Mut lassen ihn dranbleiben; egal, was kommt!

So will auch ich die Vaterliebe Gottes nie mehr loslassen! Ich habe mich festentschlossen in sie hineinbegeben. Sie ist zu meinem täglichen Lebensstrom geworden, ohne den ich nicht mehr existieren kann und will! Es gibt viele Zentrifugalkräfte in meinem Alltag, die an mir ziehen und mich wieder davon wegbringen wollen. Was müsste man nicht alles noch machen und tun, um die Welt zu retten? So viele Ansprüche und Forderungen wollen mich absorbieren. Aber ich habe mich festgemacht an IHM. Gottes Vaterherz ist zum festen Anker und Ausgangspunkt meines Lebens geworden. Da will ich fest dranbleiben!

Mein Schritt heute:

Ich schreibe auf mehrere Zettel das Wort „dranbleiben" und hänge sie mir zur Erinnerung in meiner Wohnung auf!

Im Lobpreis bleiben

Lernvers: Johannes 15,9
„Wie der Vater mich geliebt hat, habe ich euch geliebt! Bleibt in meiner Liebe!"

Gebet:

„Ich preise Dich vom frühen Morgen bis spät in die Nacht. Mein ganzes Leben soll ein Lobpreis sein auf Deine Güte und Liebe. Abba-Vater, alle Lieder, Sprachen und Instrumente sollen Dich verherrlichen. Alle Künste und jede Kreativität sollen Dich erheben, Du Schöpfer Himmels und der Erde. Du, Liebe meines Lebens!" …

Bibellese: Jakobus 5,13-18

Impuls:

Den Vater zu loben, wenn es einem gut geht, ist meistens nicht ganz so schwer. Aber wenn man Frust erlebt hat, wie der Meister in Nazareth, oder wie Paulus und Silas im Gefängnis von Philippi – dann noch zu preisen und auf Gott zu schauen, das heißt: dranbleiben im Lobpreis. Egal wie die Umstände sind. Danken schützt vor Wanken – und Loben zieht nach oben!

Lobpreis hat nicht in erster Linie mit schönen Gefühlen zu tun. Die kommen eventuell später, wenn wir uns aufgemacht haben. Wir preisen Gott für das, was und wer ER ist. SEINE Vater-Liebe bleibt die konstante Größe in unserem Leben, auch falls gerade mal wieder der Himmel uns auf den Kopf gefallen sein sollte. Den Vater zu preisen macht unseren Blick frei für die Wirklichkeit!

Der Apostel Jakobus lehrt die Kinder Gottes, wie man selbst unter schwierigen Herausforderungen des Lebens in der Liebe des Vaters bleiben kann. Kranke Geschwister sollen nicht mit ihrem Schmerz alleine bleiben, sondern das schützende und heilende Gebet der größeren Brüder und Schwestern suchen. Wer gerade durch eine Leidenszeit geht, der soll sich nicht in seinem Schmerz isolieren und zurückziehen. Vielmehr soll er mit seiner Not zum Vater kommen und sein Herz bei IHM ausschütten. Wer frohen Mutes ist, weil ihm etwas Gutes widerfahren ist, der möge seine Freude in Psalm-Liedern und Lobpreis zum Ausdruck bringen. Egal wie – mache aus allem ein Gebet! Spreche mit dem Vater darüber. Besser noch, singe es IHM!

Martin Luther sagte mal: „Einmal gesungen ist zweimal gebetet!" Ich will dranbleiben, meinen Gott und Vater zu loben!

Mein Schritt heute:

Ich werde den Vater heute loben, egal wie ich mich fühle, denn ER ist es wert!

In den Gebeten bleiben

Lernvers: Johannes 15,9
„Wie der Vater mich geliebt hat, habe ich euch geliebt! Bleibt in meiner Liebe!"

Gebet:

„Papa, ich brauche Deine Kraft, um dranzubleiben. Hilf mir bitte, nicht innerlich abzuknicken. Du weißt, was mich so schnell entmutigen kann. Ich will fest auf Dich sehen und Dich täglich in meinen Gebeten suchen, aufsuchen!" …

Bibellese: Apostelgeschichte 2,42-47

Impuls:

Kaum ein Kapitel im Neuen Testament inspiriert mich so sehr wie der Bericht über die erste Gemeinde in Apostelgeschichte 2. Das Lesen dieser Zeilen hat mich schon als junger Christ enorm begeistert. Ich stelle mir vor, wie die ersten Jünger in den Häusern zusammenkommen. Alles fühlt sich neu und unverbraucht an. Der Glanz und das Leuchten von einer nagelneuen Gemeinschaft. Welche Hoffnungen, Visionen und Ideale mögen durch die Herzen und Häuser wie Wellen von frischer Energie geschwappt sein?! Über allem schwebt noch der frische Segen des Neuen …

Jetzt aber Schluss mit der verklärten Romantik! Ich war selber etliche Male an der Gründung neuer Gemeinden und christlicher Gemeinschaften beteiligt. Aus Erfahrung weiß ich genau, dass der „Zauber des Neuanfangs" nur relativ kurz währt. Das hat Abba Sich so ausgedacht. ER holt uns bald wieder runter auf den Fußboden der Tatsachen – da, wo Kinder beim Spielen besser aufgehoben sind. Jemand fragte mal: „Wie können Igel miteinander kuscheln?" Das ist eine gute Frage, wenn es um das Miteinander im Vaterhaus geht.

Abba stellt uns in der Familie Gottes mit Menschen zusammen, die wir uns alleine wahrscheinlich niemals so ausgesucht hätten. Manche sind stachelig, andere eckig und andere zu glatt. Aber es sind alles SEINE Kids. Das nennt man: Familie!

Warum es in der Urgemeinde-Familie dann doch relativ friedlich, liebevoll und gnädig miteinander lief, mag verschiedene Gründe haben. Einer davon wird aber mit Sicherheit folgender sein: Abbas Kinder blieben im Gebet – oder genauer: in den Gebeten; gemeint sind verschiedene Formen und Gefäße von Gebet wie loben, danken, bitten, lachen, tanzen, soaken – halt alles, was man so in Papas Gegenwart macht. Gebetszeiten sind ein enorm einigender Faktor für alle im Vaterhaus Gottes. Wer Hände im Gebet zu Abba erhebt, hat keine Hand mehr frei, um Dummheiten zu begehen. Außerdem macht es Spaß, miteinander vor IHM zu sein und viele Register (in den Gebeten) zu ziehen! Also dranbleiben am Beten – am besten gemeinsam!

Mein Schritt heute:
Ich freue mich auf die nächste Gebetsgemeinschaft. Wo und wann werde ich sie miterleben können?

In der Familie Gottes bleiben

Lernvers: Johannes 15,9

„Wie der Vater mich geliebt hat, habe ich euch geliebt! Bleibt in meiner Liebe!"

Gebet:

„Vater, ich danke Dir für den Platz in meiner himmlischen Familie. Danke für meine lieben Weggefährten, für meine Schwestern und Brüder. Danke für das geistliche Zuhause, das Du uns im Miteinander wie ein Nest Deiner Liebe baust! Ich brauche die Familie so sehr!" …

Bibellese: Hebräer 10,24-25

Impuls:

Ich höre noch den alten Bruder vor mir, der mit sonorer Stimme sagte: „So spricht der HERR: Und verlasst nicht die Versammlungen!" – Ich habe sein Herz dahinter gesehen, auch wenn es nicht leicht zu entdecken war. Nur ich befürchte mit Drohgebärden und Befehlen lassen sich Menschen nicht in einer Kirche oder Gemeinde festhalten.

In den letzten Jahren begegnet mir eine wachsende Zahl von frustrierten Kindern Gottes, überall im Land und aus allen Denominationen. Der Grund für ihren Frust am Haus Gottes hat sehr unterschiedliche Ursachen: einige sind von zwischenmenschlichen Versagen enttäuscht; andere wachen auf einmal auf und finden sich in ungesunden Machtstrukturen und Systemen wieder; einige fühlen sich als Missbrauchsopfer von dominanten Leiterpersönlichkeiten; die meisten sind schlichtweg enttäuscht, dass sie so wenig echte Liebe und Freiheit erfahren haben.

Wie geht es dir mit Abbas Familie? Hast du deinen Platz gefunden? Wir durften in den letzten Jahren eine neue Qualität von Weggemeinschaft unter den vaterherzbewegten Kindern kennenlernen. Uns interessiert zunehmend weniger, was alles so äußerlich in Gemeinden abläuft, vielmehr ist unser Fokus auf das Vaterherz Gottes und auf echte authentische Herzensbeziehungen untereinander ausgerichtet.

So wächst ein Netzwerk von Herzen. In Gemeinden und Kirchen, wo es möglich ist; aber auch daneben, wo es sehnsüchtig gewünscht ist. Abbas Familie ist größer als eine Kirche oder Denomination. Jemand sagte mal: „Ich will nicht mehr und auch nicht weniger Brüder und Schwestern haben, als mein Vater im Himmel Kinder hat!"

Ich segne dich und bete für dich, dass du in Abbas Familie glücklich mitleben kannst, dich total geliebt und gesehen fühlst und gerne an den Geschwistern dranbleibst!

Mein Schritt heute:
Ich rufe heute jemanden aus meiner Gemeindefamilie an und werde ihm sagen, wie schön es ist, mit ihm zusammen in Abbas Vaterhaus zu sein!

Tag 356 — 22. Dezember

Im Wort Gottes bleiben

Lernvers: Johannes 15,9

„Wie der Vater mich geliebt hat, habe ich euch geliebt! Bleibt in meiner Liebe!"

Gebet:

„Vater, ich freue mich über Deine guten Worte, wie über eine große Beute, wie über einen Hauptgewinn. Danke, dass es die Bibel in meiner Muttersprache gibt, dass ich sie lesen und verstehen kann. Und danke für das prophetische Wort, das Du in mein Herz hineinsprichst. Ich höre Deine Stimme so gern!" …

Bibellese: Kolosser 3,15-17

Impuls:

Der Mensch lebt nicht allein vom Brot, sondern von einem jeden Wort aus dem Mund des Vaters. Lasst uns bitte uns nie daran gewöhnen – so, als ob es selbstverständlich sei, dass Gott redet. Stell dir mal dies Wunder vor: der Allmächtige redet zu SEINEN kleinen Geschöpfen, und dann noch so persönlich, geradezu zärtlich. Objektiv im Wort der Schrift, subjektiv von Herz zu Herz. Es ist ein Geschenk des Himmels, dass wir die Bibel haben. Das Wort wurde Fleisch. Und es ist ein Geschenk, dass wir den Geist Gottes haben, der aus diesen Worten die Liebesbriefe des Vaters werden lässt. Wir wollen SEIN Wort küssen, umarmen und reichlich unter uns wohnen lassen. Der Vater redet zu mir und ich werde hören!

Auf unseren zahlreichen Reisen kommen wir viel herum in den verschiedenen Kirchen und Konfessionen und erleben einen breiten Ausschnitt des Christentums. Was uns dabei aber immer wieder schmerzhaft auffällt, ist, wie wenig Hunger nach dem Wort Gottes, nach Bibellesen und Bibelstudium zu finden ist.

Warum fällt es vielen Zeitgenossen nur so schwer, in der Bibel zu lesen? Wir lesen doch sonst alles möglich andere und konsumieren haufenweise Informationen über die neuen Medien. Welches Missverständnis hat sich da wohlmöglich unmerklich eingeschlichen? Ich habe da so meinen Verdacht: Kann es sein, dass wir die Bibel wieder auf die „Erwachsenen-Tour" lesen – und dann bei in tausenden rationalen Fragen steckenbleiben?! – Gottes Worte erschließen sich aber nur für die Kinder, die auf die Stimme Abbas hören und an SEINEN Lippen hängen. Das verstehst du nur als geliebtes Kind!

Mein Schritt heute:

Ich werde mir heute Zeit zum Bibelstudium nehmen, indem ich viele „Vater-Stellen" nachschlage!

Beim Vertrauen bleiben

Lernvers: Johannes 15,9
„Wie der Vater mich geliebt hat, habe ich euch geliebt! Bleibt in meiner Liebe!"

Gebet:

„Papa, ich lege vertrauensvoll meine kleine Hand in Deine große Hand. Du hast mich so wunderbar alle Tage meines Lebens geführt. Meine Tagebücher sind Zeugen Deiner Treue. Du bist so gut zu mir, und ich sage es Dir neu: Ja, ich vertraue Dir – und springe in Deine Arme!"...

Bibellese: Römer 8,28-30

Impuls:

Beim Vater sind wir immer geborgen, selbst wenn wir das Leben mal nicht verstehen sollten (Gelegenheiten dazu gibt es ja bekanntlich genug!). Aber das Eine steht felsenfest: „Der Vater liebt mich! Und selbst wenn ich SEINE Wege jetzt gerade mal nicht verstehen kann, spreche ich doch voller Glauben das heilige „ES MUSS"! Alles muss mir zum Besten mitwirken, weil ich IHN liebe und ER es mir versprochen hat. Der Vater lügt nicht. ER wird aus den Trümmern meiner Träume etwas Gutes bauen. Aus dem Mist meines Versagens wird ER Dünger machen. Und aus der scheinbaren Niederlage einen großen Sieg – so wie damals auf Golgatha. Ich bleibe dabei: Ich vertraue Deiner Liebe!"

Und wieder Mal ist das Thema VERTRAUEN dran! Denn ohne Glauben läuft nichts. Und alles, was ohne Glauben laufen könnte, ist in Gottes Augen nichts! Je länger ich im Vaterhaus der Liebe Gottes lebe, umso klarer kann ich es erkennen. Alles in meinem kleinen Leben; ALLES, was mir anscheinend zufällig passiert oder was ich mit voller Absicht unternehmen mag; alles dient nur einem Ziel und Zweck: Abba will mich lehren, IHM immer, überall und unter allen Umständen MEHR zu vertrauen!

Meine ganze Biografie liest sich unter diesen Vorzeichen völlig anders. Mein himmlischer Vater verfolgt konsequent und liebevoll dies eine Ziel: „Wie kann mein Kind Mir nur noch mehr vertrauen?!" – Darum erspart ER uns auch nicht die schweren Stunden. Darum mutet ER uns so manche Bewährungsprobe zu. Vieles können wir auf den ersten Blick nicht SEINEN Liebesabsichten zuordnen. Aber wir können gewiss sein, dass ER nur dies eine Ziel weiterverfolgt, unser ganzes Leben lang, dass wir IHM mehr Vertrauen schenken!

Mein Schritt heute:

Ich betrachte die momentanen Probleme meines Lebens und hole mir eine zweite Meinung dazu ein, indem ich vertrauensvoll mit Abba darüber ins Gespräch komme.

Liebesgeflüster

Lernvers: Johannes 15,9

„Wie der Vater mich geliebt hat, habe ich euch geliebt! Bleibt in meiner Liebe!"

Gebet:

„Du bist nicht weiter als einen Herzschlag von mir entfernt. Und alles erinnert mich an Dich, jeder Sonnenaufgang, jede Blume, jedes Gesicht, in das ich schaue. Überall sehe ich Dich, schmecke ich Deine Küsse, spüre ich Deine Gegenwart. Oh, wie ich Dich liebe, ich erhebe meine Hände in Anbetung zu Dir!" …

Bibellese: Psalm 18

Impuls:

Beten ist Reden mit dem Vater und Hören. Beten ist Liebesgeflüster. Beten ist die Kommunikation zweier Liebender.

Leider kennen viele nur die mühselige Seite des Gebetes. Gebet sollte nicht zur stressreichen Arbeit verkommen oder zur Dienstbesprechung. Lerne Papa zu genießen, dann wird auch Gebet wieder zum Genuss. Beten ist weniger: „Bitte, danke, mach doch, Du weißt schon …" – sondern vielmehr: „Ja, Amen, so ist es, Du bist wunderschön …"

Bleib dran im Gebet, sprich mit dem Vater über alles – und gib IHM die Möglichkeit, mit dir über die Dinge zu reden, die IHN bewegen! „Vater, wie geht es Dir? Was hast Du auf Deinem Herzen? Was sind Deine Wünsche und Gedanken? Wie sieht es in Deinem Herzen aus?"

Wie würdest du es finden, wenn dich dein Freund von morgens bis abends einseitig zutexten würde mit seinen Wünschen, Gedanken und Anliegen? Ohne dass er auch nur einmal nachfragt, wie es dir geht und was bei dir momentan ansteht? Das wäre doch irgendwie schräg, oder? So kann doch keine echte Beziehung wachsen! Einseitige Monologe töten jede Freundschaft über kurz oder lang. Aber genauso behandeln wir oftmals unseren Abba. Wenn wir uns IHM nahen im Gebet, dann gleicht das eher einem Wunschzettel an den Weihnachtsmann, oder einer Dienstbesprechung auf der Arbeit. Jedoch Abba-Vater will unser bester Freund sein! ER will SEIN Herz mit uns teilen; und ER interessiert Sich aufrichtig für unsere Herzensanliegen!

Beten ist wie das Liebesgeflüster zwischen zwei Vertrauten. Das ist Nähe, Treue und absolute Aufrichtigkeit. Manchmal ist es sogar wissendes Schweigen oder geduldiges Abwarten. Mehr noch als von Worte oder Gesten lebt diese innige Freundschaft zu Abba von der Bereitschaft unserer Herzen. Herz und Herz vereint zusammen!

Mein Schritt heute:
Ich will heute mindestens genauso lange Gott zuhören, wie ich zu IHM im Gebet sprechen werde!

Liebe in der Praxis

Lernvers: Johannes 15,9

„Wie der Vater mich geliebt hat, habe ich euch geliebt! Bleibt in meiner Liebe!"

Gebet:

„Vater, da draußen ist eine Welt voll von Deinen geliebten Kindern. Ich will in Deinem Namen hinausgehen und in Deiner Liebe praktisch dienen lernen. Ich werde mich nicht vor der Arbeit drücken. Und in jedem Menschen, den ich berühre, lass mich Jesu Angesicht wiederfinden!" …

Bibellese: Matthäus 25,31-40

Impuls:

Das Land Israel ist voller Zeichen und Gleichnisse. So auch der Unterschied zwischen dem See Genezareth und dem Toten Meer. Der See Genezareth hat enormen Fischreichtum und wimmelt nur so voll Leben, während das Tote Meer ein Salzmeer in der Wüste ist. Wo liegt der gleichnishafte Unterschied?

Der See Genezareth hat einen Einfluss und einen Ausfluss, deshalb gibt es dort Leben. Das Tote Meer ist hingegen leblos und trostlos, denn es hat nur eine Einmündung. Das Gleiche gilt auch für uns Christen! Wenn wir die Liebe des Vaters persönlich empfangen und sie danach durch uns weiterfließen lassen, verbreiten wir Leben. Behalten wir sie aber egoistisch nur für uns, so werden wir bitter, ungenießbar und bringen letztendlich nur Tod.

Lieben ist ein Verb, ein Tu-Wort! Darum lasst uns praktisch lieben! Aber bitte aufgepasst! Draußen vor der Tür des Vaterhauses klingt das Wort *lieben* völlig anders. Da werden wieder Parolen und Handlungsanweisungen daraus, To-do-Listen und Hilfsprogramme. Auf einmal wird aus *praktisch lieben* wieder eine Aufgabe zur „Mitarbeit". Die Ärmel werden hochgekrempelt. Bestenfalls beten wir noch: „Vater, segne unsere Bemühungen und unseren enormen Einsatz!" Aber wir bleiben allein mit der ganzen Last der Überforderung und drohen auszubrennen.

Wenn wir aber drinnen im Vaterhaus leben, dann sieht *Liebe in der Praxis* anders aus. Abba füllt uns zuerst mit SEINER Agape, bis wir selber gesättigt und gestärkt sind. Bis SEIN Leben durch uns pulsiert, bis sie in unseren Herzen überläuft. Erst dann schickt ER uns los. Und ER erinnert uns ständig daran: „Trinken nicht vergessen! Ihr könnt nur fruchtbar anderen dienen, wenn ihr selber ständig überfließend voll und erfüllt in Meiner Liebe lebt!"

Mein Schritt heute:

Ich halte Ausschau, wo ich jemanden ganz praktisch lieben kann!

Zeuge der Liebe sein

Lernvers: Johannes 15,9
„Wie der Vater mich geliebt hat, habe ich euch geliebt! Bleibt in meiner Liebe!“

Gebet:

„Ich kann ja nicht schweigen. Ich muss es allen weitersagen, welche Liebe ich gefunden habe. Ich lebe mit dem Gott, der mich wie SEIN eigenes Kind liebt. Ja, genauso, wie ER Jesus liebt, liebt ER auch mich. Halleluja, Vater, alle sollen es hören!“ …

Bibellese: Apostelgeschichte 4,1-31

Impuls:

Wovon das Herz voll ist, davon geht der Mund über. Hast du dich schon einmal mit einem begeisterten Fußballfan unterhalten? Egal, worüber ihr sprechen werdet, am Schluss landet ihr doch wieder bei seinem Lieblingsthema: Fußball. Denn Fußball ist quasi sein Leben!

Und Jesus ist mein Leben! Dieser Jesus sagt: „Ich lebe für den Vater!“ Für den Sohn Gottes ist *Leben für den Vater* Lebensinhalt!

Ich will ein Zeuge dieser Vaterliebe Gottes sein. Ich will weitersagen, wie wunderbar SEINE Gnade und Güte sind. Ich kann und will nicht schweigen. Alle sollen es ruhig wissen, dass ich zu IHM gehöre. Ich schäme mich nicht, sondern bin dankbar, SEIN Kind zu sein. Ich würde ja auch meinen irdischen Vater nicht verleugnen. Ich kann es nicht lassen, denn die Freude drängt mich. Das ist die Frohe Botschaft! Gute Nachricht für alle Menschen!

Ein Zeuge ist kein Anwalt oder Verteidiger, er muss nicht etwas oder jemanden rechtfertigen. Er ist auch kein Sachverständiger, der Antwort auf alle Fragen haben müsste. Noch viel weniger ist er ein Vertreter der Anklage oder gar ein Richter, der schuldig spricht. Ein Zeuge kann und soll lediglich das weitersagen, was er selber glaubhaft miterlebt hat! Nicht mehr und nicht weniger.

Mir ist die wunderbare Liebe des Vaters persönlich begegnet. Diese rettende, befreiende, heilsame und beglückende Agape-Liebe ist zu meinem Lebensinhalt geworden. Auch ich kann nicht mehr anders – und will auch nicht anders. Ich freue mich, ein Botschafter dieser Vaterliebe Gottes zu sein. Wo immer diese Liebe mich noch hinführen wird. Bis ans Ende der Zeit. Bis ans Ende der Welt.

Mein Schritt heute:

Ich werde heute jemandem, der die Liebe des Vaters noch nicht kennt, ein Zeuge sein!

Tag 361 **27. Dezember**

Dankbar bleiben

Lernvers: Johannes 15,9

„Wie der Vater mich geliebt hat, habe ich euch geliebt! Bleibt in meiner Liebe!"

Gebet:

„Danke! Danke! Danke! Danke! Danke! Danke! Danke! Danke! Danke! Danke! Danke! Danke! Danke! Danke! Danke! Danke! Danke! Danke! Danke!" …

Bibellese: Psalm 50,23

Impuls:

Das deutsche Wort *danken* ist verwandt mit dem Wort *denken, nach-denken.* Danken ist Nach-danken, nach dem Nach-denken! Der Psalmist sagt: Wer Gott dankt, der bahnt damit einen Weg …, da ist der Weg, wo die ersehnte Rettung herkommen kann.

Dankbarkeit ist ein wichtiger Haustürschlüssel zum Vaterhaus Gottes.

Ich selber bin vor über 15 Jahren, mitten in einer tiefen Lebenskrise, nur mit diesem Schlüssel der Dankbarkeit in die Offenbarung von Gottes Vaterherz hineingekommen. Es kam mir tatsächlich so vor, als ob Abba darauf gewartet hat, dass ich den Schlüssel in die Haustür stecke und herumdrehe. Mir ging es damals innerlich und äußerlich echt sehr mies. Ich war so verzweifelt, dass ich in einem einsamen Ferienhaus eine Auszeit nahm und Gott suchte. Das war sozusagen „meine Hütte"! Ich hatte keine Ahnung, was ich von dieser *Hüttenzeit mit Gott* zu erwarten hatte. Umso mehr erstaunte ich, wie Gottes Gegenwart mich dort empfing und auffing. Und dann sagte ER zu mir, ich solle IHM danken! Das war doch eine Unverschämtheit. Sah Gott denn nicht, wie es mir innerlich ging? Mir war nach allem anderen zu Mute, als IHM Danklieder zu singen. Rachepsalmen oder Klagelieder, ja die wären noch gegangen!

In den darauffolgenden Stunden wurde Dankbarkeit zum Schlüssel, zuerst zu meinem eigenen Herzen, und dann zum Öffnen der Haustür des Vaterhauses der Liebe Gottes. Nach all den Jahren hat sich das nicht verändert. Abba liebt es, wenn ich mit Dankbarkeit zu IHM komme. Ich habe es nötig, immer noch dazuzulernen.

Früher gehörte ich als Waisenknabe zu der Fraktion, die sang: „Ich zähle täglich meine Sorgen!" Heute gehöre ich zu denen, die singen: „Ich zähle täglich Abbas Segnungen!"

Mein Schritt heute:

Ich will dem Vater heute für mindestens so viele Sachen danken, wie ich an Jahren alt geworden bin!

Tag 362 **28. Dezember**

Ein Freund Gottes bleiben

Lernvers: Johannes 15,9
„Wie der Vater mich geliebt hat, habe ich euch geliebt! Bleibt in meiner Liebe!"

Gebet:

„Abba – Du bist und bleibst mein ewigtreuer Freund. Freund für immer. Ich danke Dir für diese einzigartige Gemeinschaft und Herzensbeziehung. Ich stehe mit dem Allerhöchsten auf einer Herzensebene, auf Du und DU. Ich kann mein Glück kaum fassen!" …

Bibellese: Johannes 15,12-17

Impuls:

Eine steilere Karriere kann ich nicht mehr machen! Mehr Erfolg, Ruhm und Reichtum gehen nicht. Ich bin überaus himmelreich beschenkt, denn Gott, der Allerhöchste, ist mein Vater geworden und ER nennt mich: Sohn, Kind und Freund!

Dass ich IHN brauche, das liegt doch wohl klar auf der Hand! Ich bin ein schwaches, fehlbares und immer-noch-übergewichtiges Exemplar SEINER Werkstatt. Aber dass ER mich – also wirklich MICH! – unbedingt als Sohnemann und SEINEN persönlichen Freund haben will, das versetzt mich jeden Tag erneut in Staunen!

Es war und ist ein langer Weg für mein ängstliches Herz, dieser Wahrheit mehr und mehr Vertrauen zu schenken. In den ersten Jahren dachte ich noch, das ist ein pädagogischer Trick des Himmels. Ich argumentierte innerlich: „Gott sagt das nur so, dass ER uns als Freunde haben will, weil ER nett ist und es sich gut macht. Aber in Wahrheit braucht ER uns doch gar nicht. Ich bitte euch, schließlich, ist Gott doch Gott, damit sollte ER genug Möglichkeiten für bessere Unterhaltung haben, als uns irdische Winzlinge …!"

Nach Jahren der Herzens-Weggemeinschaft mit Abba weiß ich es jetzt besser: ER liebt tatsächlich MICH! Einzigartig MICH. Und natürlich auch einzigartig DICH!

Der Vater sieht etwas in jedem von uns Kindern, was so kostbar und herrlich für IHN ist – weil es direkt aus SEINEM Herzen entsprang – dass ER nicht widerstehen kann! ER gab das Kostbarste, was es im ganzen Universum und aller Himmel der Himmel gab, nämlich SEIN eigenes Herz, das ist unser Jesus. Und weil ER das Kostbarste sicherlich nur für das Kostbarste hergab, müssen auch du und ich ziemlich wertvoll in SEINEN Augen sein. Komm und lebe mit mir, als geliebter Freund von Abba – alle Tage unseres Lebens! Abba sagt: „Jetzt lebe ICH bei dir! – Dann lebst du bei mir!

Mein Schritt heute:

Ich werde diesen Satz heute öfters vor mich hinsagen: „Jetzt lebe ICH bei dir! Dann lebst du bei mir!"

Durchströmt von Liebe

Lernvers: Johannes 15,9
„Wie der Vater mich geliebt hat, habe ich euch geliebt! Bleibt in meiner Liebe!“

Gebet:

„Vater, ich will aus dem Strom Deiner Liebe nicht hinausgehen. Vielmehr will ich noch tiefer hineintauchen. Ich will darin schwimmen und täglich baden. Weiche mich ein in dem Öl Deiner Barmherzigkeit und durchströme mein ganzes Sein mit Deiner Herrlichkeit!“ …

Bibellese: Epheser 5,14-20

Impuls:

Sich volllaufen lassen, voll des Heiligen Geistes werden, durchströmt werden von SEINER Liebe und darin baden – das ist so enorm wichtig, wenn wir in der Liebe des Vaters bleiben wollen. Mache es zu deiner täglichen Gewohnheit, minutenlang „einfach nur“ im Strom der Liebe Gottes zu sein! Mache deine Lieblingslobpreis-CD an, lege dich entspannt auf den Teppich oder dein Bett und empfange die Liebe (jetzt musst du nicht mal mehr beten, in deiner Muttersprache oder in neuen Zungen). Du lässt vertrauensvoll alles los, so gut du kannst; öffnest dich für Papas Liebe und empfängst, wie ein offenes Buch. Gehe zum Vater – genieße SEINE Gegenwart – und fließe mit dem Strom des Heiligen Geistes in der Liebe des Himmels!

Ich liebe diese göttlichen „Badewannen-Wellness-Zeiten“. Diese *Soaking*-Ruhezonen. Mal im Schaumbad, mal unter dem Wasserfall, mal im stillen Gewässer und dann wieder im schäumenden Wellengang des Ozeans. Das ist für mich *Bleiben in SEINER Liebe* in Hochkultur.

In solchen besonderen Empfangszeiten wird die Liebe des Vaters ausgegossen in unsere Herzen. Der Strom Gottes fließt und durchströmt uns. Und während ER fließt und fließt, verändert ER mehr und mehr unser Wesen. SEINE Liebe macht unsere harten Herzen weicher, reiner und empfänglicher. Sie spült alles Dunkle aus uns hinaus und alles Lichtvolle in uns hinein.

Wer dieses Geheimnis für sich entdeckt: „Wer in Abbas Liebe ruht, kommt schneller ans Ziel!“ – der wird geradezu sehnsüchtig danach werden, täglich neu diese Ruhezonen aufzusuchen. So wie unser Meister Jesus schon früh am Morgen oder spät am Abend die Zweisamkeit mit SEINEM Abba suchte, um Sich neu durchströmen zu lassen. So, wie Paulus es den Kindern lehrt: „Werdet voll Geistes!“

Mein Schritt heute:

Ich werde heute eine liebesdurchströmte Teppichzeit genießen.

Leben heißt, IHN lieben

Lernvers: Johannes 15,9
„Wie der Vater mich geliebt hat, habe ich euch geliebt! Bleibt in meiner Liebe!“

Gebet:

„Himmlischer Vater, danke, dass ich Dich in den letzten Wochen und Monaten tiefer kennenlernen durfte. Danke für diese herrliche Reise zu Deinem Vaterherzen. Dich will ich immer mehr kennen und lieben. Wer den Sohn hat, hat den Vater. Und wer Dich hat, der hat das wahre Leben gefunden!“ …

Bibellese: Offenbarung 1

Impuls:

So sieht unser Gott also aus, der Gott, der uns in Ewigkeit liebt und lieben wird! ER ist voller Macht und Herrlichkeit, voller Glanz und Majestät. Die Himmel der Himmel mit Myriaden von Engeln jubeln IHM zu. SEIN Königreich ist nicht von dieser Welt, sondern besteht für alle Zeit. Im ewigen Vaterhaus der Liebe Gottes klingen die Siegeslieder, wie der Sohn den Tod bezwang und im Triumphzug Milliarden von Menschen aus der Hand des Feindes befreite. Immer werden wir davon singen. Immer werden wir IHN lieben. Denn IHN zu lieben, den himmlischen Vater und Jesus, dessen Sohn und Herzblatt, das ist das wahre, ewige Leben!

Nur Verliebte kommen in den Himmel. Nur vielgeliebte Kinder finden im Vaterhaus einen sicheren Zufluchtsort und Heimat. Alles dreht sich im Königreich unseres Abbas um diese Agabe-Liebe. Nur wer von dieser Vaterliebe Gottes durchströmt wird, der kann Gott schauen, wie ER wirklich ist. Nur wer geliebt lebt, kann die Lebensworte der Bibel begreifen und wird davon ergriffen. Nur wen die Vaterliebe Gottes umfängt, der bekommt Zugang zu der Offenbarungsebene der Kinder Gottes.

„Ich sehe was, was du nicht siehst“ – und was du auch niemals sehen wirst mit den Augen eines Erwachsenen! Um Gott schauen zu können, müssen wir kleiner werden. Werden wie die Kinder! Kinder Gottes!

Je länger ich im Vaterhaus der Liebe Gottes lebe und mich dem täglichen Geliebtleben hingebe, lerne ich tiefer zu verstehen: IHN, SEIN Vaterherz kennenzulernen, ist das wahre Ziel unseres Lebens!

Mein Schritt heute:

Ich schaue mir im Geist den Vater bedächtig an: ER sieht so wunderschön aus wie Jesus und doch ist ER noch so viel herrlicher, mächtiger und, und, und …

Tag 365 31. Dezember

Auf Papas Schoß sitzen bleiben

Lernvers: Johannes 15,9
„Wie der Vater mich geliebt hat, habe ich euch geliebt! Bleibt in meiner Liebe!"

Gebet:

„Danke für diese Reise, die mich näher, tiefer, weiter und höher an Dein liebendes Vaterherz geführt hat. Du hast mich gegründet, gesegnet, geheilt und glücklich gemacht. Ich lebe so gerne ganz nahe bei Dir im Vaterhaus Deiner Liebe, alle Tage meines Lebens!" …

Bibellese: Johannes 1,1-18

Impuls:

Was für eine herrliche Zeit durften wir in den vergangenen 365 Tage miteinander erleben?! Danke, lieber Leser, dass du so super mitgemacht hast! Täglich haben wir in Abbas Augen geschaut, SEINEN Worten gelauscht und so manche Verrücktheit miteinander ausprobiert. Ich hoffe, es hat dir auch so viel Lebensfreude gebracht wie mir! Nun haben wir das Ziel erreicht:

Herzlichen Glückwunsch zum Sitzenbleiben!

Das ist das Ziel der ganzen Übung gewesen! Darum ging es dem Vater und mir an jedem einzelnen Tag. Dass wir so verliebt, verloren und versunken in SEINER Liebe sind und bleiben und immer mehr werden! Dass wir bei IHM sitzen bleiben und nicht mehr aus SEINER Liebe weggehen wollen. Ganz nahe an SEINEM Vaterherzen. Auf SEINEM Schoß. Dort ist unser neuer Stammplatz. Dort ist unser Zuhause!

Lebe als die beste Version deiner selbst. Tanze deinen Tanz.

Sei einzig-Art-ICH! Du bist so wertvoll! Nur du kannst dem Vater schenken, was nur du hast und ganz tief drinnen bist! Du bist Papas Liebling, SEIN Freund oder SEINE Freundin. ER liebt dich genauso, wie ER Jesus liebt. Vergiss bitte nicht, dass nur Kinderherzen ins Vaterhaus hineinpassen. Darum mach einfach nicht mehr mit bei den blöden Spielen der „erwachsenen Verwachsenen". Geh lieber raus und spiel mit Jesus und dem Vater. Und dann komm ganz schnell wieder auf Abbas Schoß. ER will so gerne damit weitermachen, dich und mich gesund zu lieben in SEINEN liebenden Armen!

Mein Schritt heute:

Ich danke meinem Abba-Vater für die herrlichen 365 Tage in SEINER Liebe und entscheide mich, weiter auf SEINEM Schoß sitzen zu bleiben, ganz nahe an SEINEM Vaterherzen!

… und nun beginnen
die nächsten 365 Tage
in der wunderbaren
Liebe des Vaters …

ANHANG

1. Gottes Vaterherz im Alten Testament

Die größte Entdeckung

Das ist die größte Entdeckung meines Lebens: Der Gott, an den ich seit meiner Kindheit glaube, ist **mein liebender Abba-Papa**! ER besitzt ein Vaterherz voller Liebe für mich – und auch für jeden einzelnen Menschen auf der ganzen Welt. ER will mein Freund sein und hat alles dafür getan, dass ich ganz nahe bei IHM leben darf.

Diesen Schatz fand ich vor ein paar Jahren **mitten in einer tiefen Lebenskrise**. Das hat meine kleine Welt völlig auf den Kopf gestellt. Seitdem lebe ich nun täglich in dieser herrlichen Gewissheit. Nichts blieb so, wie es einmal war! Es ist, als ob ich noch einmal neu zu leben begonnen hätte. Nicht, dass mein bisheriger Alltag nur schlecht gewesen wäre. Ich hatte Familie, gute Freunde, einen Beruf, der mich meistens ausfüllte. Und vor allem hatte ich meinen Glauben an Jesus mit vielen lebendigen Erfahrungen.

Aber mein Leben war in einer schrecklichen **Schieflage**, die ich jetzt erst erkennen konnte, als ich wirklich am Ende meiner eigenen Kräfte angelangt war: Ich lebte **für** Jesus – das bedeutete, für den Dienst im Reich Gottes – aber viel zu wenig **mit** IHM! Das war es, was ich von klein auf verinnerlicht hatte: „Jesus tat alles für mich – was tue ich jetzt für IHN?" Also wurde mein Dienen, meine Hingabe, mein Engagement zum Beweis meiner Liebe für Jesus. Doch irgendwie hatte ich das Empfinden, nie zu genügen! Wann hat man jemals genug gebetet, Bibel gelesen, Sünden bekannt, anderen Gutes getan …? Ich war ständig unter Druck – bis hin zum Ausgebranntsein!

Da kam die **Botschaft von SEINER Vaterliebe** wie eine Erlösung zu mir. ER wollte nie zuerst meine Leistung, sondern immer mein Herz. IHM geht es vor allem um Beziehung, und nicht um die Erfüllung von Gesetzen. Selbst nach Jahren staune ich über diese grandiose Entdeckung des Vaterherzens Gottes! Und auch wenn ich im Laufe der Zeit mehrere Bücher darüber geschrieben habe, hunderte Seminare und Konferenzen zu diesem Aspekt gehalten habe und tausende Menschen in den unterschiedlichsten Kirchen, Generationen und Nationen mit der Vaterliebe segnen durfte – so bleibt es doch nach wie vor ein Wunder für mich! Der Schöpfer des ganzen Universums liebt mich – gerade mich! Diese Offenbarung überstrahlt meinen Lebensweg und durchflutet jeden Raum meiner Existenz. **Alles erscheint durch SEINE Agape-Liebe in einem neuen Licht!**

Mein Gottesbild hat sich dadurch vollkommen verändert: Nun weiß ich, dass mein Gott nur gut ist – ER kann gar nicht anders! ER hat nur gute Gedanken über mein Leben! Alle SEINE Wege, auch die schwersten, müssen mir mit zum Guten dienen! Diese Reise ans Vaterherz Gottes treten immer mehr Menschen in unserem Land und auf der ganzen Welt an. Was noch vor ein paar Jahren wie eine „exotische Sonderlehre" anmutete, wird heute mehr und mehr zu einem festen Bestandteil der Offenbarung des Evangeliums im Leib Jesu. Das stimmt mich glücklich!

Neuland betreten

Dennoch bleibt noch so viel **Neuland** zu entdecken und zu erobern. Dieses Buch soll dabei weiterhelfen. Ich möchte den Leser mitnehmen, das Vaterherz Gottes auch im Alten Testament zu entdecken. Für viele Christen ist die Liebe Gottes im Neuen Testament gut nachvollziehbar: Wenn man Jesus beobachtet, dann sieht man ja die Vaterliebe in Person und Aktion. Ständig ist hier von der Agape die Rede. Die junge christliche Gemeinde wurde an dieser Liebe erkannt.

Aber wie ist es im Alten Bund? Die meisten Menschen, die ich kenne, haben **Schwierigkeiten mit dem Alten Testament**. Vieles klingt fremd und altertümlich. Manches kann man gar nicht ohne Hintergrundinformationen verstehen. Aber vor allem scheint Gott so anders zu sein! ER wirkt weit weg, bizarr, furchterregend und oftmals zornig bis grausam. ER fordert Dinge, die wir nicht nachvollziehen können. Wir hören von Kriegen und Blutvergießen, von sonderbaren Gesetzen und eigentümlichen Ritualen. Kein Wunder, dass der Eindruck entstehen kann, unser Gott habe sich zwischen Alten Testament und Neuen Testament von einem zornigen Herrscher hin zu einem liebenden Vater verwandelt. Wir sind da mit unserem Problem nicht ganz allein. Im Laufe der Kirchengeschichte gab und gibt es immer wieder Stimmen (bis auf den heutigen Tag), die sagen, dass wir eigentlich das Alte Testament gar nicht mehr brauchen, weil es überholt sei. Das ist aber eine völlig irrige Meinung, die nur deutlich werden lässt, wie wenig diese Leute von der Liebe Gottes begriffen haben, beziehungsweise selbst davon ergriffen worden sind. Wer das Alte Testament wegschneiden will, schneidet die Wurzeln ab und behält eine kümmerliche Schnittblumenreligion.

Altes Testament und Neues Testament bilden eine **untrennbare Einheit**. Hier finden wir Verheißung und Erfüllung. **Die Bibel ist ein Buch!** Es ist die fortlaufende Geschichte Gottes mit SEINEN Menschen, aber auch die fortschreitende Enthüllung SEINER Person, SEINES Willens und Charakters. Wir sehen Ursachen, Wirkungen, Entwicklungen und ER-Lösungen. Es ist ein Weg, mit Anfang und Ziel. Es gibt sinnvolle Pläne und Abläufe im Hintergrund. Das darf man nicht x-beliebig auseinanderdividieren. Zudem besteht das Neue Testament zu einem hohen Anteil aus Zitaten des Alten Testaments. Ohne den Alten Bund würde auch der Neue Bund gar keinen Sinn ergeben! Anstatt als Kurzschlussreaktion das Alte Testament über Bord zu werfen, weil es anscheinend mit dem Gottesbild eines liebenden Vaters nicht übereinstimmen kann, sollten wir uns auf das Abenteuer einlassen, die ersten 39 Bücher der Bibel ganz neu im Licht der Vater-Offenbarung zu lesen. Wir werden staunen, wie viel Vaterherz bereits im Alten Testament sichtbar wird! **Die ganze Bibel ist nämlich ein Liebesbrief von Abba-Vater an uns!** Überall kommt ER uns als liebender Vater entgegen!

Jahwe – der Gottesname

Das fängt schon bei SEINEM geheimnisvollen **Namen** an: **Jahwe** – so hat sich der Gott der Bibel SEINEM Volk Israel offenbart (2. Mose 3). Weil die Juden zur damaligen Zeit nur ein sehr bruchstückhaftes Verständnis von ihrem Gott hatten, begegneten sie IHM aus der Distanz mit Furcht und wagten nicht einmal, SEINEN Namen auszusprechen. Deshalb lag lange Zeit die wahre Bedeutung der Buchstaben „JHWH" im Dunkeln. Der „Ich bin, der ich bin", so übersetzt man es meistens aus dem Hebräischen. Jedoch nach neuesten Erkenntnissen hat der Gottesname wohl folgende Bedeutung gehabt: Der **„Ich bin für euch da und Ich bin wirklich für euch da!"** (siehe: www.wikipedia – Artikel über Jahwe *Ich werde für euch da sein* oder *Ich werde mich für euch hilfreich erweisen*) – also eine doppelte (semitisch häufig gebrauchte) Bekräftigung für Gottes absolutes Für-uns-Sein als Versorger, Beschützer, Vater und Freund! Was für eine revolutionäre Sichtweise! (Hätte der Reformator Martin Luther dieses Wissen bereits damals, bei seiner Bibelübersetzung in die deutsche Sprache, gehabt und es berücksichtigen können – wie hätte das unser Gottesbild über die Jahrhunderte anders geprägt?)

Dann ist Jahwe tatsächlich Abba! So sehen wir es zum Beispiel in Psalm 23: *„Jahwe – der Gott, der für mich ist und wirklich für mich ist – ist mein Hirte … mir fehlt nichts …!"*

- *Jahwe Rohi* = der mein guter Hirte ist
- *Jahwe Tzikenu* = der mir Gerechtigkeit verschafft
- *Jahwe Jireh* = der meine Bedürfnisse sieht, mich versorgt
- *Jahwe Schamma* = der mein Rufen hört
- *Jahwe Rapha* = der mich heilt
- *Jahwe Nissi* = der mein Siegeszeichen ist, mir Sieg verleiht
- *Jahwe Schalom* = der mir Frieden und Wohlbefinden schenkt

Das ergibt ein völlig neues Bild, wenn wir überall an den fast 7000 Stellen im Alten Testament, an denen „Jahwe" (bzw. in deutschen Bibeln „HERR") steht, das liebende Vaterherz Gottes sehen. Selbst Bibelstellen, in deren Zusammenhang vom „Zorn Gottes" oder vom „Gericht Gottes" gesprochen wird, bekommen dann eine ganz andere Bedeutung, wenn wir den „Gott, der für uns ist und der wirklich für uns da ist!", der es also absolut gut mit uns meint, dahinter entdecken können.

Anthropomorphismen

Eine weitere Spur, die uns auf das Vaterherz Gottes im Alten Testament hinweist, sind die zahlreichen „Anthropomorphismen", das heißt, die **menschliche**

Redeweise über Gott in der Bibel. Obwohl Gott als Schöpfer weit über allem Geschaffenen steht, ist doch der Mensch nach dem Bilde Gottes gemacht (1. Mose 1-2). Wir sind „ganz der Papa“ – einzigartig und doch mit IHM auf geheimnisvolle Weise verwandt. Deshalb betont die Bibel, und dabei besonders das Alte Testament, zwei Aspekte gleichermaßen:

Jahwe ist göttlicher als wir denken

Wir werden Gott niemals in eine Box stecken können. ER wird immer so viel größer und herrlicher sein als alles Irdische, was wir kennen. ER ist unverfügbar, souverän und autonom. ER ist der Himmlische, der Allmächtige, der Heilige, der Ganz-Andere. Wir haben noch nicht einmal angefangen zu begreifen, wer und wie ER ist. ER verfügt über unvorstellbare Macht, Ressourcen und Fähigkeiten. ER ist vollkommen, rein und schön; ohne Fehler und unsterblich. Schon das allein unterscheidet uns Menschen diametral von IHM. ER lebt in einer völlig anderen Dimension. Als Ewig-Vater (Jesaja 6) herrscht ER über Raum und Zeit. Doch bei all SEINER Göttlichkeit bleibt ER uns Menschen immer in menschlicher Weise zugewandt. Schließlich geschieht das Unfassbare: Gott wird Mensch in Jesus Christus! Wie heißt es so zutreffend: „Schon viele Menschen wollten Gott sein, aber nur ein Gott wollte Mensch werden!“

In Jesu Leben, Dienen, Leiden, Tod und Auferstehung finden Gottes Weisheit und Schöpferkraft den höchsten Ausdruck. Nirgendwo hier auf Erden erkennen wir die Göttlichkeit unseres Gottes mehr als am Ostermorgen.

Jahwe ist menschlicher als wir denken

Der biblische Befund ist überraschend; obwohl unser Gott einerseits Ruach-Geist ist, das heißt ganz anders als wir, spricht die Bibel andererseits in sehr menschlichen Kategorien über IHN. Gott hat Augen zu sehen, Ohren zu hören, einen Mund zu sprechen. ER hat Nase, Hand und Füße. Wir sollen SEIN Angesicht suchen. Selbst von SEINEM Herzen ist oftmals die Rede (Psalm 33,11; 1. Mose 6,6; 1. Mose 8,21; 1. Samuel 13,14; Jeremia 31,20; Hosea 11,8). ER stellt Sich uns vor als Individuum mit Gedanken, Gefühlen und Willen, sowie als Persönlichkeit mit Charakter und Geschmack. Gottes Wesen ist zu menschlichen Gefühlsregungen fähig, von Freude bis Zorn, von Lachen bis Schmerz. Wie ein menschliches Gegenüber tritt ER mit uns Menschenkindern in Beziehung.

Da ist sogar von Freundschaft, von Erziehung, von Eifersucht und Leidenschaft, von Küssen bis Tränenabwischen die Rede. Alles sehnt sich nach Nähe und spricht die Sprache der Vertrautheit. Das Wort *„jada“* im Hebräischen, was soviel bedeutet wie „intime Beziehung zwischen zwei Liebenden“, wird zum Synonym für die Innigkeit der Gemeinschaft, die Gott mit uns Menschen haben will.

Das Alte Testament erzählt viele solcher **Freundschaftsgeschichten** zwischen Gott und einzelnen Menschen – Adam und Eva, Henoch, Noah, Abraham und Sara, Isaak, Jakob (Israel), Josef, Mose, Josua, Ruth, Gideon, Samuel,

David, Salomon, Jesaja, Jeremia, Hosea, Jona, Daniel, Ester, Nehemia ..., in jeder dieser Lebensgeschichten lässt sich etwas vom Vaterherzen Gottes wiederfinden.

Die Psalmen

Aber nirgendwo im Alten Testament kommt uns die Liebe von Abba-Vater so klar und deutlich entgegen wie in dem Buch der Psalmen. Diese Lieder und Gebete des Volkes Gottes sind **Ausdruck gelebter Gottesbeziehung und Gotteserfahrung**. Deshalb kann man an ihnen auch so gut ablesen, welche Gottesbilder im Volk Israel, bzw. im Leben der einzelnen Beter wie David, Asaph oder Salomon, vorherrschten. Wer kennt sie nicht, den „guten Hirten", den „Schirm des Höchsten", die „feste Burg", den „Schatten SEINER Flügel", den „Fels des Heils", des „Fußes Leuchte", „von allen Seiten umgibst Du mich" und „SEINE Gnade währet ewiglich"?! Die Worte und Bilder der Psalmen sind ein Kernstück biblischen Glaubens. Wir kennen sie in- und auswendig. Ihre Wirkungsgeschichte ist enorm, bis zum heutigen Tag. Wir werden im nächsten Kapitel sehen, wie auch unser Glaubensleben davon profitieren kann.

Ungeklärte Geheimnisse des Alten Testaments

Trotz der enorm vielen Hinweise auf Gottes Liebe und Güte wird für uns dennoch manch **Ungeklärtes und Ungereimtes im Alten Testament** übrigbleiben. Es geht auch gar nicht darum, alle Spannungen und Fragezeichen aus den „unbequemen" Bibelstellen herauszustreichen: Warum mussten alle Kanaaniter als Feinde Israels bedingungslos vernichtet werden? Warum segnete Gott Jakob/Israel und rechtfertigte scheinbar dessen Polygamie (Vielweiberei)? Weshalb ändert Gott manchmal SEINE Pläne, wie zum Beispiel die Zerstörung Ninives bei Jona?

Ich sage oftmals: „Ich liebe meine Frau – aber ich verstehe sie bei Weitem nicht immer!" Genauso geht es uns mit unserem Gott doch wohl auch?!

Es gibt noch so viel mehr, was wir über Gottes Wege lernen können. Seine ewigen Gedanken sind so viel höher als unsere menschlichen. Wir verstehen in vielen Situationen seine Wegführungen nicht. Aber wir ruhen in der Gewissheit, dass wir seinen unveränderlichen, liebevollen Charakter kennen dürfen. Wichtig erscheint mir, dass wir in unseren Herzen erst einmal grundsätzlich davon ausgehen, dass ein Gott der Liebe, nämlich unser Abba-Vater, hinter allen Begebenheiten des Alten Bundes (und auch des Neuen Bundes, sowie unseres ganzen Lebens) steht. Das bedeutet: Selbst, wenn wir einmal bestimmte Handlungen oder Aussagen Gottes nicht auf den ersten Blick verstehen oder nachvollziehen können, **vertrauen wir weiter**, dass Gott mit SEINEN Liebesabsichten den Überblick behalten und am Schluss das Beste für alle Beteiligten herausholen wird. **Wir kennen doch das Herz unseres guten Vaters – und das hat sich niemals verändert und wird sich nie verändern. In alle Ewigkeiten!**

2. Die Psalmen

Mitten in der Bibel

Schon rein optisch befinden sich die Psalmen mittendrin, wenn wir unsere Bibel aufschlagen. Hier haben wir im wahrsten Sinne die Mitte des Wortes Gottes! Mehr noch als die Geschichtsbücher oder die Schriften der Propheten im Alten Testament spiegeln die Psalmen das Glaubensleben Israels wider. In **150 Gebeten und Liedern** können wir den Herzschlag einzelner Gläubiger sowie der ganzen Gemeinde hören. Die Psalmen fallen aus dem Rahmen des bisher Gewohnten. Sie erzählen nicht in erster Linie Heilsgeschichte(n) und weisen auch nicht zuerst auf Gottes zukünftige Pläne und Verheißungen hin. Sie sind vielmehr Ausdruck von **gelebter Frömmigkeit im Hier und Heute**. Wie einzelne verschiedene Perlen sind sie nebeneinander aufgereiht. Es fällt schwer, eine innere Systematik in ihrer Abfolge zu finden. Sie sind eher ein Patchwork-Teppich geistlicher Erfahrungen und eine Schatzkiste göttlicher Weisheit. Obwohl diese zumeist künstlerisch poetisch abgefassten Texte auch ihren geschichtlichen Sitz im Leben haben, stellen sie **ein Stück zeitlose Literatur des Gottesvolkes** dar. Unter ihren Verfassern finden wir Berühmtheiten wie Moses, David, Salomon – auch Anbetungsleiter wie Asaph und die Söhne Korahs – daneben bleiben aber viele namentlich unerwähnt. Die Schreiber treten in den Hintergrund. Sie verleihen lediglich dem menschlichen Herzen eine Stimme.

Mitten im Leben

Diese Lieder und Gebete stammen aus der Mitte der Alltagserfahrungen von Menschen. Sie sind **mittendrin im Leben** – das macht sie so anziehend für Gläubige zu allen Zeiten. In den Psalmen finden wir **die ganze bunte Palette von Lebensthemen**, wie wir sie selbst kennen: Geburt und Sterben, Krieg und Frieden, Streit und Versöhnung, Leiderfahrungen und wundersame Rettung, Familienleben und Einsamkeit, Glaube und Zweifel, Zuversicht und Anfechtung … fast nichts wird ausgelassen. Wir sehen die Beter in den unterschiedlichsten Lebenslagen und emotionalen Stimmungen. Mal betet der Einzelne und dann singt wieder der ganze Chor der Gläubigen. Das macht es so faszinierend! Wir nehmen Teil an gelebter **Gottesbeziehung**. Da wird gelobt und gedankt, aber auch geklagt und mit Gott gerungen. Da wird Schuld bekannt und in tiefer Not zu Jahwe laut gerufen. Da wird fröhlich gesungen und gefeiert, oder schweigend gewartet. Und dann wieder gezweifelt, bis man zu neuem Glauben durchgedrungen ist. Wir sehen nicht nur die fertigen Ergebnisse, sondern werden persönliche Begleiter der Prozesse auf dem Weg. In keiner Religion finden wir Vergleichbares! Israel lebt hautnah mit seinem herrlichen und wunderbaren Jahwe-Gott. Und der Gott Israels mischt sich ein in die irdischen Alltäglichkeiten SEINER Menschenkinder. Das ist Freundschaft! Das ist lebendige Kommunikation! **Beten ist Reden mit Gott und Hören!** Da finden wir keine bloßen Stereotypen, geheimnisvollen Formeln und komischen Rituale – kein religiöser Firlefanz. Da passiert etwas Dynamisches zwischen Gott und Mensch!

Ein naher Gott

Das Gottesbild, das uns in den Psalmen vermittelt wird, ist **durchgehend positiv und drückt Nähe aus**. Die Beter nahen sich einem nahbaren Gott. Ein Gott, der sie liebt und für sie ist! Trotz Ehrfurcht vor SEINER Größe und Allmacht wagen es die Menschen, zu IHM zu kommen. Selbst mit ihren Fragen und Klagen, mit Vorwürfen und innerer Zerrissenheit. Auch in tiefster Dunkelheit von Zweifel und Anfechtung wenden sie sich immer noch an diesen Gott, den sie oft nicht verstehen können. Sie schreien ihre Not heraus, wollen Antworten haben und lassen nicht locker. Ohne respektlos zu werden klammern sie sich an IHN. Lieber gehen sie zu IHM hin und setzen sich mit IHM auseinander, obwohl sie ihre Probleme mit IHM haben, als dass sie vor IHM weglaufen und IHN verlieren würden. Das alles ist ein Hinweis auf ihre Sicht von Gott: Für sie ist Jahwe der gute Hirte, der Zufluchtsort, der liebende Freund und Vater – Retter, Versorger, Beschützer. Ihre Gebete strahlen eine enorme innere Gewissheit aus, dass ihr Gott letztendlich **nur Gutes** für sie hat. Gerade deshalb besteht zwischen den Psalmen und dem Neuen Testament solch eine große Übereinstimmung. Nirgendwo sonst im Alten Testament kommt uns Gott so nahe wie hier. Das hat damit zu tun, dass ER ein Gott ist, der **Beziehung** will. **ER sucht unsere Gemeinschaft und will uns SEINE Liebe schenken.** In den Psalmen nahen sich IHM Menschen im Gebet; im Neuen Testament naht sich uns Gott durch SEINEN Sohn Jesus Christus.

Die Güte Gottes

Auch wenn die Psalmen unterschiedliche Themen behandeln, so gibt es einen roten Faden, der sich durch (fast) alle 150 Gebete und Lieder zieht: Es geht um **Gottes Güte!** Im hebräischen Urtext finden wir hier das Wort *„chäsäd"*, was übersetzt „Gnade, Güte, Treue" bedeutet! Dieses Wort steht für die innige Verbundenheit und Großherzigkeit Gottes. Es ist ein Schlüsselbegriff in der ganzen Bibel – wenn nicht <u>das</u> Schlüsselthema überhaupt. Jahwe ist ewig und nur gut! Deshalb bleibt SEINE Güte auch ewig über uns Menschen. Ein sehr häufiger Refrain in den Liedern Israels lautet: *„Preist den Herrn, denn ER ist gut. Und SEINE Güte währt ewiglich!"* (Psalm 136). Dieser Song hat eine enorme Wirkungsgeschichte. Dort, wo er gesungen wurde, kam der Himmel in Bewegung. So war es bei der Einweihung des Tempels von Salomon (2. Chronik 5,13-14+7,3); und auch später beim zweiten Tempel unter Esra (Esra 3,11). Denn hier wird der Kern göttlicher Offenbarung getroffen. **SEIN liebevolles Gutsein ist das Hauptcharakteristikum unseres Gottes!** Hierin unterscheidet ER Sich am meisten von allen anderen Göttern und Götzen – aber auch von allen falschen Gottesbildern in uns! An SEINER Güte wird ER von SEINEN Kindern erkannt. Deshalb suchten die Beter in den Psalmen nach Gottes *„chäsäd"* in allen Lebenslagen.

Vertrauen ist das Ziel

Das Ziel in den Psalmen können wir folgendermaßen beschreiben: **Der Güte Gottes vertrauen!** Das Wort für Vertrauen, das wir hier am häufigsten finden, lautet *„batach"*. Es umfasst das ganze Bedeutungsspektrum von: vertrauen, trauen, sich verlassen, sicher und geborgen sein, sorglos sein. Erstaunlich ist der biblische Befund. Dieses Wort wird im Alten Testament fast ausschließlich negativ im Bezug auf Menschen verwandt. Das bedeutet, wenn wir unser Vertrauen auf Menschen setzen, müssen wir enttäuscht werden. Aber umgekehrt wird das Wort *„batach"* in Bezug auf Gott nur positiv eingesetzt. Das heißt, **unser Gott ist absolut vertrauenswürdig!** ER sehnt Sich danach, dass IHM SEINE Kinder ihr Vertrauen schenken. ER will mit uns in einer intimen Liebesbeziehung leben, die auf gegenseitigem Vertrauen aufgebaut ist. Voraussetzung dafür ist das Basiswissen um SEIN Gutsein. Christlicher Glaube ist also kein bloßes Anerkennen von biblischen Wahrheiten (Dogmen), sondern vor allem eine **Herzensbeziehung**. Glauben bedeutet Vertrauen. Und Vertrauen baut die Gottesbeziehung; Misstrauen zerstört sie. Mit den Psalmen beten lernen bedeutet dann: **Wir lernen, die Güte Gottes in allen Lebenslagen zu entdecken und darin Gott zu vertrauen!**

3. Kraftquelle für unseren Alltag

Zu viel Alltag für zu wenig Leben

Dieser Slogan gibt ganz gut das Lebensgefühl vieler Menschen in der postmodernen Gesellschaft wieder. Die Generationen vor uns mögen körperlich härter gearbeitet oder auch vor größeren Herausforderungen des Wiederaufbaus gestanden haben als wir, aber unsere Gesellschaft ist die **Generation der Gestressten**, die unter permanentem Druck stehen. Das fängt an bei der Qual der Wahl von Handytarifen, und hört auf bei den diversen Angeboten von Heilsbringern. Das Medienzeitalter überflutet uns mit einer Fülle von Informationen, die kein Mensch mehr verarbeiten kann. Unsere Generation leidet unter dem kollektiven Überforderungsgefühl: „Alle wollen etwas von mir! Überall wird mein Engagement erwartet!" In uns nagt der Zweifel: „Genüge ich denn überhaupt? Werden die Mittel reichen?" Kein Wunder, dass die psychosomatischen Erkrankungen derart zunehmen. Selbst Kinder leiden bereits unter „Stress" und „Burnout"; ganz zu schweigen von Erwachsenen, besonders denjenigen in der Lebensmitte und in Verantwortung. Der Alltag mit seinen Forderungen erscheint so übergroß, dass viele Menschen sich ständig „reif für die Insel" fühlen.

Inseln schaffen

Selbst bei knapper werdenden Kassen wird nicht gespart, wenn es um Gesundheit, Wellness und Freizeitkultur geht. Die Menschen spüren fast instinktiv, dass wir einen Gegenpol von **Entspannung** brauchen, um überleben zu können bei dem enormen Druck, der bedrohlich auf uns lastet. Wir brauchen Erholungsinseln mitten in unserem Alltag, wenn wir nicht ausbrennen wollen. Das gilt auch für unser geistliches Leben! Wir können nicht immer nur geben und dienen – wir brauchen Orte zum Auftanken und Atemholen. Wer dauerhaft über seine Grenzen hinaus lebt, wird krank werden! Er wird früher oder später feststellen müssen: „Ich kann nur weiterreichen, was ich zuvor selbst empfangen habe!" Zu viele Christen dienen bereits viel zu lange aus ihrem Mangel heraus und verlieren dabei die Freude an einem Leben mit Gott. So hat Sich der Vater das aber niemals vorgestellt! Jesus spricht vom überfließenden Lebensglück und von intensiver Lebensqualität. Dafür wurden wir erschaffen! Wir werden eingeladen, zu IHM zu kommen und Ruhe für unsere Seelen zu finden! Die **tägliche Freundschaftszeit mit Abba-Vater** will solch eine Insel der Herrlichkeit sein. In SEINER Gegenwart können wir neue Kraft für unseren Alltag gewinnen.

Göttliche Kraftquelle

In dem Buch „Freundschaft mit Abba-Vater" beschreibe ich ausführlicher, wie wir eine beglückende Beziehung mit unserem Gott im Alltag führen können. Wer dieses Geheimnis für sich entdeckt hat, wird ein Leben lang brauchen, dieser großartigen Liebe täglich nachzuspüren. Wie heißt es so passend in Psalm 87,7:

„Alle meine Quellen sind in dir!"

Weitere Bücher von Matthias Hoffmann

Das Standardbuch zur Vaterliebe!

Gottes Vaterherz entdecken
Buch 52 50407
Hörbuch 52 00407

Freundschaft mit Abba-Vater
Buch 52 50403

Neues Leben wagen mit Abba-Vater
Buch 52 50408

Halleluja, es ist nicht zu schaffen
Buch 52 50406

Eine Erweckung der Herzen
Buch 52 50442

Baudolino – der Clown,
der den Menschen Tränen schenkte
52 50404

Das größte Geschenk
52 50488